中债研究精品系列丛书

绿色发展与绿色评估

冯光华等 编著

中国金融出版社

责任编辑：张智慧　王雪珂

责任校对：刘　明

责任印制：裴　刚

图书在版编目（CIP）数据

绿色发展与绿色评估/冯光华等编著. —北京：中国金融出版社，
2019.6

ISBN 978 - 7 - 5220 - 0050 - 3

Ⅰ.①绿…　Ⅱ.①冯…　Ⅲ.①绿色经济—经济发展—研究—中国
Ⅳ.①F124.5

中国版本图书馆CIP数据核字（2019）第056715号

绿色发展与绿色评估
Lüse Fazhan yu Lüse Pinggu

出版

发行　**中国金融出版社**

社址　北京市丰台区益泽路2号
市场开发部　（010）63266347，63805472，63439533（传真）
网上书店　http://www.chinafph.com
　　　　　　（010）63286832，63365686（传真）
读者服务部　（010）66070833，62568380
邮编　100071
经销　新华书店
印刷　北京侨友印刷有限公司
装订　平阳装订厂
尺寸　169毫米×239毫米
印张　32.5
字数　466千
版次　2019年6月第1版
印次　2019年6月第1次印刷
定价　89.00元
ISBN 978 - 7 - 5220 - 0050 - 3
如出现印装错误本社负责调换　联系电话（010）63263947

编 委 会

编 写 组

编写组成员（按姓氏笔画排序）：

马西杰　马　璇　王云鹤　王　伟　朱　慧

刘金玲　闫丽琼　江　璐　孙静嫒　李志博

何佳易　周俊涛　顾　鹏　高任飞　霍志辉

前　言

　　党的十八大以来，加强生态环境保护和生态文明建设，实现绿色发展已经成为国家的重大发展战略，发展绿色金融是实现绿色发展的重要推动力量。当前，我国正处于经济结构调整和向高质量发展方式转变的关键时期，对支持绿色产业和经济社会可持续发展的绿色金融需求持续扩大。完善绿色金融的制度设计，构建绿色金融体系，将金融资源配置更多的向环境保护、生态宜居方向倾斜，使金融系统成为经济系统绿色转型的支撑平台，是贯彻落实"创新、协调、绿色、开放、共享"五大发展理念和发挥金融服务供给侧结构性改革作用的重要举措。

　　绿色债券是绿色金融体系的重要一环。以中国人民银行〔2015〕39号公告作为国内绿色债券市场的启动标志，在公告发布的三年多以来，中国绿色债券市场的政策框架得以建立，"绿色"项目范围界定得以明确，绿色债券市场得以迅速发展壮大。目前市场已经推出了绿色金融债、绿色公司债、绿色债务融资工具、绿色企业债、绿色资产支持证券等多个品种的绿色债券。2016—2018年，中国共有181个主体累计发行296只绿色债券，发行金额合计6 323.63亿元，累计注册金额超过7 061亿元；2018年，中国境内发行绿色债券金额达2 203.53亿元人民币，同比增长6.6%，高出全球绿色债券市场增长率3.6个百分点，成为中国绿色金融发展的重要载体。

　　中国绿色债券市场的快速发展，离不开国家政策的明确引导和推动作用。目前国内包括绿色债券在内的绿色金融政策，总体上立足于中国现阶段的社会经济发展现状、资源能源禀赋、自然生态环境条件等实际国情，各项政策亦旨在引导绿色融资推动我国的产业结构调整，实现绿色发展，建设美丽中国。那何为绿色发展？绿色经济又是何种经济发展模式？有哪些典型的绿色经济形式？绿色金融如何促进社会经济的绿色转型？包括绿色债券在内的典型绿色金融产品的发展现状如何？而支持不同类型项目的绿色债券，应当如何进行适当充分的评估？中债资信此次出版《绿色发展与绿色评估》一书，正是要尝试总结、研究和分析这些主要问题。本书以中国绿色发展战略为切入点，从绿色经济、绿色金融、绿色债券市场发展变迁角度展开论述，形成了详尽的市场实践回顾与总结；同时，也重点阐述了绿色经济与绿色评估的关系、各个产业绿色转型发展的路径、典型绿色行业环境效益评估方法等内容。特别地，本书在绿色行业环境效益评估方法部分，充分考虑了绿色债券市场主流绿色项目的评估需求，体系化的梳理了典型绿色项目所属行业的发展动态、政策支持力度、技术工艺进展和具体的环境效益表现形式，并以此给出中债资信的评估认证方案。

作为国内最早从事绿色债券评估认证的机构之一，中债资信已开展了大量绿色债券评估相关业务，并深耕绿色金融领域的技术研究；同时也参与到人民银行等监管部门牵头的绿色金融标准体系建设工作之中，并发挥了积极的作用。本书在编撰成稿时，充分结合了过往公司在绿色债券领域积累的实践经验以及技术积淀。望此书可为市场参与各方提供一定的建设性参考，进而助推我国绿色金融市场持续快速健康发展。

目录 CONTENTS

第1章
绿色发展与绿色经济

　　绿色发展是在传统发展基础上的一种模式创新，是建立在生态环境容量和资源承载力的约束条件下，将环境保护作为实现可持续发展重要支柱的一种新型发展模式。绿色发展，将环境资源作为社会经济发展的内在要素，同时将实现经济、社会和环境的可持续发展作为目标，并把经济活动过程和结果的"绿色化"作为绿色发展的主要内容和途径。

　　实现绿色发展是一个美好愿景，但事实上人类文明进入工业化之后，已经走了不少弯路，污染问题、全球气候变化问题等层出不穷。伴随着对传统工业化和城市化模式弊端的不断质疑，绿色理念的提出已经有五十多年。实现绿色发展，离不开发展绿色经济，甚至只有通过绿色经济这一途径，才能有效突破资源环境瓶颈制约，在经济社会长远发展中占据主动和有利位置，实现经济、社会、环境的和谐共生与可持续发展。通过绿色经济全面实现绿色发展，这也是对既有的粗放型生产生活方式的反省和调整。

　　本章将对我国绿色发展的战略演进、绿色发展定义的探索、绿色经济的主要形态进行阐释和论述。

1.1 目标"绿水青山就是金山银山"：我国绿色发展的战略演进

从内涵看，绿色发展是在传统发展基础上的一种模式创新，是建立在生态环境容量和资源承载力的约束条件下，将环境保护作为实现可持续发展重要支柱的一种新型发展模式。具体来说包括以下几点：一是要将环境资源作为社会经济发展的内在要素；二是要把实现经济、社会和环境的可持续发展作为绿色发展的目标；三是要把经济活动过程和结果的"绿色化""生态化"作为绿色发展的主要内容和途径。在理念方面，绿色发展以人与自然和谐为价值取向，以绿色低碳循环为主要原则，以生态文明建设为基本抓手。

1.1.1 我国绿色发展战略演进

我国关于绿色发展的探索起步于 1972 年参加的联合国第一次人类环境会议，1978 年《宪法》第十一条规定"国家保护环境和自然资源，防治污染和其他公害"，这是新中国成立以来首次以根本大法的形式对环境保护作出规定。改革开放以来我国绿色发展战略与支持政策的演变主要可分为两个阶段：第一阶段（1978—2010 年）是我国绿色发展的萌芽和起步阶段，这个阶段按照我国经济社会发展以及突出的资源环境问题，又可细分为 20 世纪 80 年代、20 世纪 90 年代、21 世纪前 10 年三个时期；第二阶段（2011 年至今）是我国绿色发展加速推进阶段，也是我国绿色发展政策加速完善的阶段，[①] 特别是党的十八大以来，我国牢固树立了生态文明建设和绿色发展的先进理念，并形成了一整套逻辑严密的绿色发展政策体系。

1.1.1.1 20 世纪 80 年代：确立环境保护为基本国策，提出环境与发展的战略方针

20 世纪 80 年代，我国经济发展速度较快，但经济基础薄弱、体量小，

---

① 王海芹，高世楫.我国绿色发展萌芽、起步与政策演进：若干阶段性特征观察 [J].改革，2016（3）：6-26.

发展经济、脱离贫困的压力较大，在工业发展的同时，资源能源供应日益短缺，大中城市的环境污染问题显现。1983 年 12 月第二次全国环境保护会议上，首次提出"保护环境是我国必须长期坚持的一项基本国策"，同时提出了"三同步"和"三统一"的环境与发展的战略方针，即经济建设、城乡建设、环境建设要同步规划、同步实施、同步发展，实现经济效益、社会效益、环境效益相统一；形成了以"预防为主、防治结合""谁污染、谁治理""强化环境管理"为主的政策体系。另外，此阶段我国将资源节约和环境保护纳入国民经济和社会发展计划，"六五"和"七五"两个五年计划对能源节约、水资源利用、林业建设、国土开发和整治、环境保护等领域都提出了工作目标和定量指标。

此阶段是我国环境保护立法的第一个黄金发展时期，生态环境保护逐渐走上法制化之路。首先，1982 年宪法中增加有关自然资源利用和环境保护的规定，为专业化资源节约和环境保护体系的建设奠定了立法依据；其次，环境保护各单项专业立法全面开展，依次制定了《海洋环境保护法》（1982 年）、《水污染防治法》（1984 年）、《大气污染防治法》（1987 年），并制定了 6 部自然资源法律，1989 年 12 月修订后的《环境保护法》通过，标志我国环境法制进入了新阶段。

1.1.1.2　20 世纪 90 年代：实施可持续发展战略

此阶段我国改革开放和社会主义现代化建设进入了新的发展阶段，但伴随着突出的资源环境问题，资源能源供应紧张，城市煤烟型污染突出，生态环境加剧恶化，中国环境与发展国际合作委员会研究结果显示，1999 年中国环境污染损失占 GDP 的 9.7%。

1992 年，联合国环境与发展大会提出并通过了全球的可持续发展战略《21 世纪议程》，1994 年，国务院批准了我国的第一个国家级可持续发展战略《中国 21 世纪人口、环境与发展白皮书》，将可持续发展原则贯穿于我国经济、社会、资源合理利用、环境保护等诸多领域。此外，国民经济计划中亦增加了资源节约与环境保护的内容，"八五"和"九五"期间，我国继续把资源节约和环境保护纳入国民经济和社会发展计划，且相关任务和指标也进一步增多，对环境污染防治的要求更加严格。

此阶段是我国资源环境立法修法的又一个黄金时期，资源环境政策和法规体系基本成型。一是自然资源领域的立法修法工作密集开展，制定了《水土保持法》（1991年）等5部相关法律，修订了《森林法》（1998年）等3部法律；二是环境污染防治立法修法继续推进，新颁布了《固体废弃物污染环境防治法》（1995年）、《噪声污染防治法》（1996年），并修订了《大气污染防治法》（1995年）、《海洋环境保护法》（1999年）；三是生态环境建设相关的管理规章加速建立，1994年颁布了《自然保护区条例》，自此自然保护区建设工作逐步步入正轨，1998年长江特大洪水灾害后，我国及时出台了一系列加强生态环境建设的政策文件。

1.1.1.3 21世纪前10年：深入推进可持续发展，以发展循环经济促进发展方式转变

此阶段我国坚持发展是解决所有问题的关键，以科学发展观统领经济社会发展全局，综合国力和人民生活水平实现明显提升；与此同时，资源环境问题依然突出，资源能源利用效率不高，环境污染物排放居高不下，环境污染损失加大。据统计，2005—2010年，中国经济增长的资源环境成本占GDP的比重从13.5%下降到12.3%，尽管占比减少，但按可比价计算的环境污染损失却在增加。

2003年3月，中央人口资源环境工作座谈会提出"要加快转变经济增长方式，将循环经济的发展理念贯彻到区域经济发展、城乡建设和产品生产中，使资源得以最有效利用"。发展循环经济战略决策的提出，意味着我国开始用发展来解决环境问题。2003年10月，党的十六届三中全会提出科学发展观，要求"坚持以人为本，树立全面、协调、可持续的发展观，促进经济社会和人的全面发展"；2005年，党的十六届五中全会提出"要加快建设资源节约型、环境友好型社会"；2007年，党的十七大报告指出"要加快转变经济发展方式"，并首次提出建设生态文明。此外，从"十一五"起，我国开始把节能减排作为经济社会发展的约束性目标。

此阶段，在资源环境立法修法方面，我国制定了《清洁生产促进法》

（2003 年）和《循环经济促进法》（2008 年），标志着我国开始用发展的方式来解决环境问题，经济发展与环境保护不再是对立关系。在资源能源领域，我国颁布了《可再生能源法》（2005 年），修订了《节约能源法》（2008 年），同时修订了《草原法》（2002 年）等；在环境保护领域，颁布了《环境影响评价法》（2003 年）、《放射性污染防治法》（2003 年）、《突发事件应对法》（2007 年），修订了《大气污染防治法》（2000 年第二次修订）等；在生态建设领域，颁布了《防沙治沙法》（2002 年），修订了《野生动物保护法》（2004 年）。

1.1.1.4　2011 年至今：绿色发展加速推进阶段

2011 年至今，是我国绿色发展加速推进阶段，此阶段我国经济发展进入新常态，提高发展质量和效益为中心，供给侧改革为主线。期间资源环境问题仍然突出，能源清洁化和低碳化转型压力不断加大，大气、水、土壤污染形势严峻，污染类型由煤烟型转变为复合型，全国 PM2.5 污染严重，灰霾重污染天气频发，生态环境风险加大。

2012 年，党的十八大明确"五位一体"的总体布局，提出"要把生态文明建设放在突出地位，融入经济建设、政治建设、文化建设、社会建设各方面和全过程，努力建设美丽中国，实现中华民族永续发展"。党的十八大以来，我国绿色发展步伐加快，绿色发展的政策体系日趋完善。"十三五"规划建议中提出"坚持绿色富国、绿色惠民，为人民提供更多优质生态产品，推动形成绿色发展方式和生活方式，协调推进人民富裕、国家富强、中国美丽"。为加快推进生态文明建设，2015 年我国发布了《关于加快推进生态文明建设的意见》《生态文明体制改革总体方案》及若干配套改革方案。《生态文明体制改革总体方案》明确提出建立包括自然资源资产产权制度、国土空间开发保护制度、空间规划体系、资源总量管理和全面节约制度、资源有偿使用和生态补偿制度、环境治理体系、环境治理和生态保护市场体系、绩效评价考核和责任追究制度等系统完整的生态文明制度体系（见表 1–1），其中新建制度 22 项、健全和完善制度 25 项。

表 1-1   党的十八大以来构建的生态文明制度体系框架

总制度	细分制度	类型
自然资源资产产权制度	统一的自然资源确权登记系统	新建
	权责明确的自然资源资产产权系统	新建
	国家自然资源资产管理体制	健全和完善
	建立分级行使所有权的体制	新建
	水流和湿地产权确权试点	新建
国土空间开发保护制度	主体功能区制度	健全和完善
	国土空间用途管制度	健全和完善
	国家公园体制	新建
	自然资源监管体制	健全和完善
空间规划体系	编制空间规划	新建
	市县"多规合一"	新建
	市县空间规划编制方法	新建
资源总量管理和全面节约制度	耕地保护制度和土地节约集约利用制度	健全和完善
	最严格的水资源管理制度	健全和完善
	能源消费总量管理和节约制度	健全和完善
	天然林保护制度	新建
	草原保护制度	新建
	湿地保护制度	新建
	沙化土地封禁保护制度	新建
	海洋资源开发保护制度	健全和完善
	矿产资源开发利用管理制度	健全和完善
	资源循环利用制度	健全和完善
资源有偿使用和生态补偿制度	自然资源及其产品价格改革	健全和完善
	土地有偿使用制度	健全和完善
	矿产资源有偿使用制度	健全和完善
	海域海岛有偿使用制度	健全和完善
	资源环境税费	健全和完善
	生态补偿体制	健全和完善
	生态保护修复资金使用机制	健全和完善
	耕地草原河湖休养生息制度	新建

总制度	细分制度	类型
环境治理体系	污染物排放许可制度	健全和完善
	污染防治区域联动机制	新建
	农村环境治理体制机制	新建
	环境信息公开制度	健全和完善
	生态环境损害赔偿制度	健全和完善
	环境保护管理制度	健全和完善
环境治理和生态保护市场体系	培育环境治理和生态保护市场主体	健全和完善
	推行用能权和碳排放权交易制度	健全和完善
	排污权交易制度	健全和完善
	水权交易制度	健全和完善
	绿色金融体系	新建
	统一的绿色产品体系	新建
绩效评价考核和责任追究制度	生态文明目标体系	新建
	资源环境承载能力监测预警机制	新建
	自然资源资产负债表	新建
	自然资源资产离任审计	新建
	生态环境损害责任终身追究制度	新建

资料来源：《生态文明体制改革总体方案》，人民出版社，2015。

　　此阶段绿色发展领域的立法修法工作进入了新时期。据统计，2011 年以来，我国共计颁布、修订、修正了 14 部与生态文明建设和绿色发展直接或间接相关的法律，包括资源能源领域 2 部，环境保护领域 4 部，清洁生产领域 1 部，环境立法与执法程序领域 4 部，环境司法领域 3 部。其中《环境保护法》（2014 年修订）被誉为"史上最严环保法"，增加了按日计罚、查封扣押、行政拘留等条款；《大气污染防治法》（2015 年修订）对大气污染防治标准、防治措施、监督管理、重污染天气应对等均作了明确规定。此外，国务院颁布了一系列促进绿色发展的规范性文件和行政法规，部门规章密集制定。《大气污染防治行动计划》和《水污染防治行动计划》明确提出全国空气质量和水环境质量的改善目标。2013 年国务院颁布《关于化解产能过剩矛盾的指导意见》，提出通过严格环保标准化解过剩产能，实现经济发展和环境保护双赢。

1.1.2 发展绿色经济的探索

实现绿色发展，走出一条经济发展与环境改善双赢之路，无疑是一项长期而艰巨的系统工程。作为国民经济转型升级的重要导向，"绿色经济"已成为实现绿色发展的重要途径，近年来这一理念已经开始从理论转向实践，从宏观层面逐渐渗透到各行各业中。对于如何通过发展绿色经济来实现绿色发展，我国近年进行了探索和实践，在一些重点地区、行业和重要领域取得了一系列成果。

1.1.2.1 典型城市的探索

● 北京市发展绿色经济探索及经验

近年来，北京市经济社会发展面临的资源与环境约束日益增强，2001年申办奥运会成功后，北京市在优化产业结构、提高绿色发展水平方面进行了一系列探索和实践[①]。

已有产业的调整提升——近年对于首钢、北京焦化厂、北京化工二厂等高能耗、高污染产业，北京市主要采取关停手段进行调整，近千家企业实现搬迁或关停。2014年11月，北京市人大表决通过《北京工业污染行业、生产工艺调整退出及设备淘汰目录（2014年版）》，这是《北京市大气污染防治条例》后颁布的首份针对污染行业的淘汰退出目录，该目录涉及11个工业大类行业，105个污染行业工艺、50项落后生产设备被明确列入"负面清单"，并明确了退出时限，大多需要立即退出。对于那些由于装备、技术落后造成高能耗、高污染的行业，主要通过技术升级改造改善能耗和排放水平。

新增产业的源头控制——北京市通过强化能评和环评审批的源头控制作用，要求新建项目单位产值能耗达到国际先进水平，对于新增排放量的

---

① 吕薇等.绿色发展：体制机制与政策 [M].北京：中国发展出版社，2015.

工业建设项目实施"减二增一"（即以新代老、总量减半）的减量替代审批制度，同时尝试碳评审批，将二氧化碳排放纳入节能评估和审查。2014年7月，北京市发展改革委等10个相关部门共同发布了《北京市新增产业的禁止和限制目录》，分不同的城市功能区，从能耗、水耗、用工情况、土地利用水平4个方面设定准入标准，从源头对高耗能、高污染产业进行限制，引导社会资源投向符合首都城市战略定位的产业。

合同能源管理——合同能源管理是一种新型市场化节能机制，实质是以减少的能源费用来支付节能项目成本的投资方式，这种投资方式允许用能单位使用未来的节能收益为工厂和设备升级，以降低目前的运行成本，提高能源的利用效率。能源合同管理在实施节能项目的企业与专门的节能服务公司之间签订。国家鼓励和支持节能服务公司以合同能源管理机制开展节能服务，北京市在落实国家政策的基础上，提高了支持力度，将能源费用托管型项目纳入市级财政资金奖励范围，补贴标准高于国家标准。

碳交易市场——2012年3月，北京市正式启动碳排放权交易试点，目前北京碳交易试点已形成"1+1+N"的较为完备的政策法规体系。2013年11月28日，北京市碳排放权交易市场开市交易。2013年和2014年，北京市重点排放单位主要覆盖电力、热力、水泥、石化、其他工业、服务业六大行业，固定设施年直接与间接排放二氧化碳1万吨（含）以上的单位。2016年起，北京市重点排放单位的覆盖范围调整为，本市行政区域内的固定设施和移动设施年二氧化碳直接与间接排放总量5千吨（含）以上，且在中国境内注册的企业、事业单位、国家机关及其他单位。据统计，2017年北京市共有943家重点排放单位和621家报告单位。截至2017年末，累计成交量2 013万吨，累计成交额7.1亿元，分别占全国总量的11.03%和19.44%。

推广促进绿色消费——北京市充分调动政府、企业、居民等多主体参与，大力推广绿色低碳技术产品，促进节能产品销售，2011年4月，北京市发展改革委等7个部门联合搭建了"北京市节能低碳发展创新服务平台"，该服务平台每年都会发布节能低碳技术产品推荐目录和典型案例。

此外，北京市积极发展绿色交通，不断加快轨道交通建设，调整地面公交线路，发展公共交通，鼓励自行车、步行等零碳交通方式出行，并推广新能源汽车的应用。

● 深圳市发展绿色经济探索及经验

深圳市是我国绿色低碳发展的典型城市，从总体思路来看，深圳市谋划绿色发展最早是从产业结构调整升级入手，通过调整产业布局降低能耗和排放水平，随着产业结构的逐渐优化，深圳市又在城市布局规划、推广绿色建筑、绿色园区试点、倡导绿色交通等方面推进绿色发展工作，政策机制不断完善，形成了全面推动绿色发展的新格局。

推进产业结构调整——"十五"期间，深圳市提出要以高新技术产业、现代物流业、现代金融业为支柱，以传统优势产业为基础，实现三次产业协调发展和全面升级；"十一五"期间，深圳市发展思路强调"创新"和"生态"，至2010年已基本建成国家生态市；"十二五"期间，深圳市提出要在未来一段时间走"质量型发展"之路，从"深圳速度"向"深圳质量"转型，进一步提高服务业、高新技术产业、战略性新兴产业在经济结构中的比重，保证在经济总量大幅提升的前提下，逐步实现单位产出物耗、能耗显著下降的目标。2017年，深圳新兴产业增加值合计9 183.55亿元，占GDP比重的40.9%。

规划"组团式"城市——2005年以来，深圳市着手规划"组团式"城市，从地理上打造绿色布局。2005年深圳市规划了国内第一条生态控制线，并制定了国内第一部关于保护城市整体生态系统的法规《深圳市基本生态控制线管理规定》，将974平方千米土地正式纳入基本生态控制线范围，约占全市陆地总面积的50%。《深圳市经济特区总体规划（1986—2000）》首次提出了"带状组团式"城市规划理念，到《深圳市城市总体规划（2010—2020年）》则明确以中心城区为核心，以西、中、东三条发展轴和南、北两条发展带为基本骨架，形成"三轴两带多中心"的轴带组团结构。"组团式"规划为城市预留了通风道和生态廊道，可降低城市的热岛效应，并减少制冷能耗。

推广绿色建筑——深圳市大力推广绿色建筑,积极培育涵盖绿色建筑设计咨询、节能改造、建筑工业化、可再生能源建筑应用、建筑废弃物综合利用等环节和领域的创新型绿色低碳产业链条。目前,深圳已形成规模超千亿元的绿色建筑产业集群,累计新建节能建筑面积已超过 1.4 亿平方米,绿色建筑超过 6 500 万平方米,占全国绿色建筑面积的 10%,共有 724 个项目获得绿色建筑评价标识。与此同时,深圳是全国首个全面强制新建民用建筑执行节能绿建标准的城市,率先颁布实施了建筑节能条例、建筑废弃物减排与利用条例、绿色建筑促进办法等地方性法规规章,先后出台了 38 部相关配套规范性文件和 20 部地方标准,为建设领域绿色低碳发展创造了良好的政策环境。

建设绿色低碳试点园区——深圳选择国际低碳城开展低碳示范城区建设,聚集低碳技术和资源,探索尚处在工业化城镇化阶段的区域如何兼具发展经济和降低碳排放强度。深圳国际低碳城位于发展相对滞后的龙岗区坪地街道,规划面积 53 平方千米,为了顺利推进低碳城建设,深圳进行了多方面努力。一是制定低碳城发展指标体系,探索碳排放约束条件下的新型城镇化发展路径,把低碳城发展目标和指标体系分解到规划、用地、建设和运营管理等各个领域;二是调整完成城区发展功能,将碳排放约束融入城区规划,探索建立产业规划、空间规划、用地规划和低碳规划"四规合一"的规划体系;三是编制低碳城产业准入目录,探索建立项目碳排放评价体系,重点发展节能环保、航空航天、生命健康、新能源和都市农业等低碳型高端产业,通过转型升级推动落后区域实现跨越式发展;四是通过打造低碳城市基础设施示范试点,努力营造良好的生产生活生态环境。

倡导绿色交通——深圳市是我国首个"公交都市"示范城市,也是交通运输部确定的首批 10 个低碳交通运输体系试点城市之一,深圳市在发展绿色交通方面开展了多项工作。如开展交通运输重点节能减排工程、推广应用新能源与清洁能源汽车等。此外,深圳市还开展了绿色低碳港区建设项目,推进盐田、赤湾、蛇口、大铲湾等主要港口装卸机械的"油改电"项目改造,推广使用 LNG 港区内拖车,加快推进港口船舶岸电、船用低硫油应用。在多方努力之下，深圳市绿色交通成效较为显著，已成为全世界将新能源汽车最大规模应用于公共交通领域的城市，以及我国纯电动公交车推广规模最大的城市，开启了公交全面电动化新时代。2017年末，深圳率先实现全市专营公交车辆全部纯电动化，并成为全国乃至全球特大型城市中，首个实现公交全面纯电动化的城市。根据深圳晚报2018年底披露的新闻，深圳已经基本实现出租车全面电动化，顺利实现此前提出的目标；此外，深圳市计划实现2020年物流车50%纯电动化，2020年前网约车全面电动化。

● 上海市发展绿色经济探索及经验

近年来，上海市在自身环境约束增强的背景下，加大对环境保护、绿色发展的投入力度，主动探索绿色发展之路，在事前策划、事后监管与服务以及调动市场积极性方面初见成效，取得了宝贵经验。

产业转移与升级——上海市根据自身优势与发展目标，确立了逐步去除重工业化的产业发展思路。2012年7月，上海市政府与宝钢集团就推进上海宝山地区钢铁产业结构调整签署合作协议，标志着上海宝山地区产业结构调整工作正式启动。对上海宝山吴淞工业区以及罗泾生产基地进行调整，迁出宝钢部分产能，逐步转型成为战略性新兴产业的发展基地，以此实现宝钢在全国的战略布局，同时在上海延伸产业链，逐步提高宝钢汽车、家电、船舶用钢及电工钢等高端产品的比重和制造能力，致力于把宝钢的上海钢铁产业打造成为世界一流的碳钢扁平材精品基地。

水资源梯级利用——"水资源梯级利用"是参照生态工业园区的理念发展而来，按照水质不同逐级利用水资源的一种方式。上海市为了促进节水型社会建设，推动了作为国家级生态工业园区和上海市节水型工业园区试点的金桥出口加工区的水资源梯级利用项目。2011年起，"水资源梯级利用"在上海金桥工业园区成功落地，该项目经过两年多调研和准备，在2013年4月完成了中水管道施工和验收，项目最终选择了可口可乐上海申美饮料公司和夏普公司率先开展了企业间的"中水买卖"。其后金桥项目稳步扩容，更多的中水供水企业和受水企业参与其中，水资源梯级利用得到了更为广泛的应用。

新能源汽车推广——在推广新能源汽车方面，上海市进行了一系列创新性的探索。其一，上海市以租赁服务培育电动汽车市场。2013 年 3 月，一嗨汽车租赁有限公司正式启动电动汽车租赁业务，同年 4 月起，一嗨租车在安亭上海国际汽车城建立了 4 家电动车租赁门店，随后几年网点数量和范围不断扩大；另外，上海国际汽车城也进行了 B2B/B2C 尝试，成立了新能源汽车运营服务有限公司，这也是上海市第一家经营新能源汽车租赁和共享的专业公司，2013 年 10 月，试水推出 B2B 的企业长租服务和 B2C 的分时租赁共享服务两种租赁模式，上海宝信软件、宝钢集团、同济大学等企业和个人积极参与到电动车商业试用。其二，为了解决新能源汽车充电问题，在相关部委及企业配合下，截至 2017 年末，上海市已有 805 个充电站点对外开放，平均每 7.88 平方公里设一个充电站，另外，上海市新能源汽车公共数据采集与监测研究中心正式发布了一款"车易充"APP 应用程序，是一款电动汽车充电基础设施、路径规划和共享软件，方便了电动车用户寻找地理位置最近的公共充电桩，在很大程度上解决了充电的后顾之忧。2014 年 11 月，国内首座智能太阳能光伏公共超级充电站正式落户上海市，每天可满足 2.5 万辆电动汽车的充电需求。

推动大气污染联防联治——2014 年 7 月，被称为史上最严的《上海市大气污染防治条例》获得高票通过，其中最大亮点在于，将"长三角区域大气污染防治协作"单独成章。该条例于 2014 年 10 月正式实施，将长三角大气污染联防联控以法律形式固定下来。上海的绿色发展机制，最终体现为长三角地区协同的绿色发展，这不仅是经济发展过程中的切实环境需求，也是区域生态文明建设的重要内容。对于依托"长江经济带""京津冀经济圈"等几大城市圈的建设，以及"一带一路"倡议的发展，具有较为重要的借鉴意义。

1.1.2.2　低碳交通

2016 年下半年以来，共享单车的数量以指数增长之势在我国各大城市不断增长，移动互联网技术、移动支付方式和运营模式创新，让共享单车使用便捷性大幅提升。共享单车的出现，既满足了大量短距离出行需求，又有助于解决交通拥堵、环境污染等城市顽疾，更契合了"绿色出行"发展理念。共享单车短期内迅速崛起，吸引了大量社会资本进入，也使得共享经济迅速发展。

交通运输部于2017年8月公开发布《关于鼓励和规范互联网租赁自行车发展的指导意见》，指导意见明确了共享单车发展定位，是城市绿色交通系统的组成部分，实施鼓励发展政策。共享单车符合国家倡导的绿色发展理念，而且能促进大众健康、推动创新创业。国务院曾先后发布《关于城市优先发展公共交通的指导意见》《关于加强城市基础设施的指导意见》等文件，要求加快推进城市公共自行车建设。中国模式的共享单车已经成为发展绿色经济的重要创新实践，共享单车也成为推动"双创"的重要试验田，为各地创业企业提供了巨大空间。

1.1.2.3　海绵城市

作为"绿色中国"的重要载体以及"十三五"规划期间加强城市规划建设管理的重要目标，海绵城市建设近年受到极大重视。目前财政部、住建部和水利部已公布两批海绵城市试点，总共有30个城市进入名单，中央财政对海绵城市建设试点给予专项资金补助。

海绵城市是指具有良好吸水、蓄水、净水、释水功能的城市体，指城市能够像海绵一样，在适应环境变化和应对自然灾害等方面具有良好的"弹性"。海绵城市建设涉及包括生态修复、园林绿化、绿色建材、管网建设与运营、智慧城市与物联网技术、污水污泥处理等多个行业。

北川新县城重建历时近3年，于2011年形成城镇基本功能，早于海绵城市理念的提出，建设过程中将低影响开发、可持续排水系统、绿色基础设施等生态城市理念融入城市建设的各方面，在严格的管理制度保障之下，取得了海绵城市建设效果。新县城建设以"安全、宜居、特色、繁荣、文明、和谐"为纲领，提倡绿色生态文明，以不影响大气、水、自然环境为准则，以生态、低碳、低影响开发、低运营成本为目标，创新人居环境模式和规划理念，因地制宜地利用当地自然条件，塑造优美的山、水、林、城于一体的城市环境，与"海绵城市"提出的建设目标高度契合。

目前，全国各海绵城市试点正在积极响应国家号召，开展海绵城市的规划和建设工作，通过海绵城市的建设来实现循环发展、绿色发展。

1.1.2.4　节能减排工作

我国的节能减排工作开始于"十一五"规划纲要，在"十三五"规划中提出的节能减排具体目标为，与 2015 年相比，2020 年单位 GDP 能耗降低 15%，非化石能源占一次能源的比例从 12% 上升至 15%，单位 GDP 二氧化碳排放降低 18%，能源消耗总量控制在 50 亿吨标准煤。

煤炭在我国能源消费结构中占据着主体地位，煤炭在开发、运输与利用过程中产生的污染对生态环境造成的负面效应较大，促进煤炭清洁高效利用是实现煤炭行业节能减排的有效路径。山西省作为典型的煤炭大省，多年来在煤炭清洁高效利用方面开展了大量研究和推广工作，目前已经形成以政策为引导、以企业为主体、以技术为支撑的煤炭清洁高效利用模式[①]。以政策为引导方面，2014 年以来山西省先后出台了《国家创新驱动发展战略山西行动计划（2014—2020 年）》《山西省低碳创新行动计划》《围绕煤炭安全低碳高效发展重点安排的科技攻关项目指南》《山西省"十三五"循环经济发展规划》等，紧扣煤炭科技创新，编制了煤层气、煤电、煤化工、煤焦化、煤机装备、煤基新材料等煤基产业创新链，煤炭科技发展取得进展。以企业为主体方面，以焦煤集团、晋煤集团、潞安集团、同煤集团、阳煤集团五大集团为核心，以天脊、三维、山焦、太化、兰花、南风、蓝焰等为重点的煤基产业企业已成为煤炭清洁化的主体。以技术为支撑方面，山西省在煤焦产业技术、煤电技术、煤机装备技术、煤基新材料等方面均取得了重大突破与发展。整体来看，山西省已逐步走出了一条煤炭清洁化发展之路，节能减排效果显著。

1.1.2.5　植树造林

随着工业化进程的加快，植被减少、水土流失已成为不容忽视的问题，

---

① 韩芸 . 山西煤炭清洁化发展研究 [J]. 能源与节能，2018（4）：77–81.

植树造林作为改善植被环境的重要途径，近年越发受到重视。以近年在植树造林方面成效显著、逐步建立起了首都生态屏障的张家口市为例，张家口市先后实施了京津风沙源治理、退耕还林、京冀生态水源保护林等重大生态工程，自2000年以来，全市累计完成国家重点林业生态建设任务近2 000万亩，林草植被快速恢复，水土流失得到有效控制，风沙危害进一步减轻，生态环境向良性化方向发展。目前，全市森林面积达到1 930万亩，森林覆盖率达到34.90%，森林蓄积量达到2 490万立方米，构建起了多层次、网格化的首都绿色生态屏障。张家口市下一步将继续实施京津风沙源治理二期、坝上防护林改造等绿化工程，确保每年造林规模不少于130万亩，到2020年森林覆盖率达到44%左右。

1.1.2.6　绿色金融改革创新试验区

2017年6月，国务院第176次常务会议审定，在浙江、广东、贵州、江西、新疆五省区部分地区建设各有侧重、各具特色的绿色金融改革创新试验区，在体制机制上探索可复制可推广的经验。浙江两个城市要重点探索"绿水青山就是金山银山"在金融方面的实现机制，创新绿色金融对传统产业转型升级等的服务；广东侧重发展绿色金融市场；新疆着力探索绿色金融支持现代农业、清洁能源资源，充分发挥建设绿色丝绸之路的示范和辐射作用；贵州和江西要探索如何避免再走"先污染后治理"的老路，利用良好的绿色资源发展绿色金融机制。"此次推动绿色金融改革创新试验区落地，是我国推动绿色金融发展的重大部署，标志着地方绿色金融体系建设正式进入落地实践阶段。"

其中，作为试验区之一的新疆地区在绿色金融改革创新试验区建设方面已经初见成效。截至2018年3月末，试验区绿色信贷余额336.09亿元，占各项贷款总额的14.27%。新疆率先在全国五省试验区中建立绿色项目库管理制度，以绿色项目建设为抓手，统一绿色项目支持标准，加快推进绿色金融资源向试验区绿色行业、绿色产业聚集。3个试验区已有365个"纯绿"项目纳入绿色项目库，总投资5 750亿元，融资需求3 400亿元。在2018年1月举办的新疆绿色金融改革创新试验区绿色项目发布会上，

14 家金融机构与 42 家企业就 13 项"纯绿"项目达成合作协议，签约总金额近 90 亿元。

发展绿色经济是实现绿色发展的重要路径，促进绿色发展是发展绿色经济的最终目标。整体来看，目前我国绿色经济发展方兴未艾，在低碳经济、循环经济、生态经济等主要绿色经济形态均进行了探索与实践，并取得重要成果。未来，随着绿色经济表现形式的丰富，以及绿色经济发展水平的提高，其对于绿色发展的推动作用也将会更加显著。

1.1.3　小结与展望

我国的绿色发展政策演进，伴随着社会经济发展与生态环境保护工作的推进而逐步健全和完善。特别是党的十八大以来，生态文明建设被放在了突出地位；十九大则明确提出美丽中国"四大举措"，即需推进绿色发展、要着力解决突出环境问题、要加大生态系统保护力度、要改革生态环境监管体制。我国政府对于绿色发展的关注程度越来越高，走绿色发展的可持续道路是中国的必然选择。

通过主要城市的绿色发展探索、全国节能减排工作推进、绿色金融改革创新等诸多领域的实践探索，我国在发展绿色经济领域开展了卓有成效的工作和探索。未来，我国社会经济各方面中覆盖面更为广泛的产业结构调整、制造业技术升级、居民消费模式和生活方式优化等领域，还需要持续性地推动相关领域的工作开展。各种措施齐头并进，实现全国范围内的绿水青山指日可待。

1.2　我国绿色发展定义的探索

1.2.1　绿色相关定义的探索与实践

在绿色金融、绿色产品、绿色施工、绿色制造、绿色旅游、绿色交通、地方绿色标准等诸多方面，我国多个部门和地区开展了较多的绿色概念厘定的探索，并取得了良好的进展和经验。

1.2.1.1　绿色金融相关领域

2012 年银监会发布《绿色信贷指引》，对于绿色信贷进行有效规范和指导，绿色信贷规模日益扩大。2015 年末，中国人民银行发布《关于在银行间债券市场发行绿色金融债券的公告》（中国人民银行公告〔2015〕第 39 号，以下简称《39 号公告》）及其附录《绿色债券支持项目目录（2015 年版）》（以下简称《目录》），国家发展改革委出台《绿色债券发行指引》（发改办财金〔2015〕3504 号）（以下简称《指引》），对我国绿色债券市场的绿色项目进行了系统的梳理和规范。在上述政策文件的指导下，我国的绿色债券市场发展良好。绿色金融相关领域的探索，本书将在后续第 2 章、第 3 章节中展开论述，在此暂不详细说明。

1.2.1.2　绿色产品相关领域

1999 年，商务部会同中宣部、科技部、财政部、环境保护部、交通运输部、铁道部、卫生部、工商总局、食品药品监管局、国家认监委、国家标准委和全国供销总社等 13 部门共同实施了以"提倡绿色消费、培育绿色市场、开辟绿色通道"为主要内容的三绿工程，在各地区、各部门的共同努力下，绿色消费、绿色市场、绿色通道得以良好发展。在此基础上，质检总局 2003 年推出了关于农副产品绿色零售 / 批发市场的国家推荐标准。

2006 年，农业部陆续更新了 2000 年关于绿色食品的国家标准，具体如表 1-2 所示。此即为《目录》所支持"6.2 生态农牧渔业"的绿色食品范畴所对应的标准范畴。绿色食品对于产地环境质量、农药使用等方面要求的严格程度，高于普通的"无公害农作物"，但仍低于"有机食品"的标准。绿色食品相关标准的推出，推动了农产品生产运输等领域开始关注农业的可持续发展，提高农产品的质量，减少因过度使用农药化肥等带来的产品瑕疵。随着公众越来越关注食品安全，绿色食品标准亦在某种程度上，推动合理使用农药化肥，并进而减少农业面源的污染。

2017 年，国家质量监督检验检疫总局（以下简称质检总局）推出了《绿色产品评价通则》；此标准由中国科学院生态环境研究中心等单位起草，定义了绿色产品为"在全生命周期过程中，符合环境保护要求、对生态环境和人体健康无害或危害小、资源能源消耗少、品质高的产品"。此后在 2017 年 12 月，陆续推出了一系列绿色产品的评价标准，并从 2018 年 7 月

1 日起实行。虽然绿色产品目前仅有十个标准推出，尚未覆盖数量众多的工业和民用消费产品，但绿色产品作为新的产品消费导向，可以在一定程度上倒逼相关行业重视环境友好的绿色化生产模式，提升产品的技术含量，摒除落后粗放的生产模式，降低能源和资源消耗，进而促进制造行业的整体进步和转型升级。

表 1–2　关于绿色产品相关的主要政策和标准

类别	时间	出台单位	政策或标准文件名称	主要内容
三绿工程	2003-06-23	国家质量监督检验检疫总局	GB/T 19221—2003 农副产品绿色零售市场 GB/T 19220—2003 农副产品绿色批发市场	推进"三绿工程"建设，完善我国农副产品流通环节的食品安全保障体系，提升我国农副产品批发 / 零售市场的管理技术和设施水平。规定批发 / 零售市场使用的术语和遵循的原则，对市场场地环境、设施设备、商品质量、商品管理、交易管理、市场管理、市场信用的要求。零售市场还包括：现场食品加工、定牌食品生产方面的要求。
绿色产品	2017-05-12	国家质量监督检验检疫总局、中国国家标准化管理委员会	GB/T 33761—2017 绿色产品评价通则	规定了绿色产品评价的基本原则、评价指标和评价方法；适用于具体绿色产品评价标准制度的修订工作。
	2017-12-08	国家质量监督检验检疫总局、中国国家标准化管理委员会	GB/T 35613—2017 绿色产品评价　纸和纸制品	规定了纸和纸制品的绿色产品评价要求和评价方法；适用于企业自主生产的生活用纸、生活用纸制品及装饰用纸的绿色产品评价。
绿色食品	2006-01-26	农业部	NY/T 1056—2006 绿色食品　贮藏运输准则	规定了绿色食品贮藏运输的要求。
	2013-12-13	农业部	NY/T 391—2013 绿色食品　产地环境质量	绿色食品指产自优良生态环境、按照绿色食品标准生产、实行全程质量控制并获得绿色食品标志使用权的安全、优质食用农产品及相关产品。 规定了绿色食品产地的术语和定义、生态环境、空气质量、水质、土壤质量要求；适用于绿色食品生产。
	2013-12-13	农业部	NY/T 393—2013 绿色食品　农药使用准则	绿色食品生产和仓储中有害生物防治原则、农药选用、农药使用规范和绿色食品农药残留要求。

续表

类别	时间	出台单位	政策或标准文件名称	主要内容
绿色食品	2013-12-13	农业部	NY/T 394—2013 绿色食品 肥料使用准则	绿色食品生产中肥料使用原则、肥料种类及使用规定。
	2013-12-13	农业部	NY/T 472—2013 绿色食品 兽药使用准则	绿色食品生产中兽药使用的术语和定义、基本原则、生产 AA 级和 A 级绿色食品的兽药使用原则;适用于绿色食品畜禽及其产品的生产与管理。
	2013-12-13	农业部	NY/T 755—2013 绿色食品 渔药使用准则	绿色食品水产养殖过程中渔药使用的术语和定义、基本原则和使用规定;适用于绿色食品水产养殖过程中疾病的预防和治疗。
	2013-12-13	农业部	NY/T 1054—2013 绿色食品 产地环境调查、监测与评价规范	规定了绿色食品产地环境调查、产地环境质量监测和产地环境质量评价的要求。
	2015-05-21	农业部	NY/T 658—2015 绿色食品 包装通用准则	绿色食品包装的术语和定义、基本要求、安全卫生要求、生产要求、环保要求、标志与标签要求和标识、包装、贮存与运输要求;适用于绿色食品包装的生产与使用。
	2015-05-21	农业部	NY/T 1055—2015 绿色食品 产品检验规则	规定了绿色食品产品的检验分类、抽样、检验依据和判断规则;适用于绿色食品的产品检验。
绿色家具	2011-06-16	国家质量监督检验检疫总局、中国国家标准化管理委员会	GB/T 26694—2011 家具绿色设计评价规范	在设计阶段强调家具产品的环境性能,减少并预测家具产品在其生命周期内所产生的废弃物及对环境的污染。

资料来源:公开资料,中债资信整理。此处未包含《目录》中已列出的有机食品国家推荐标准。

1.2.1.3 绿色施工相关领域

在建筑施工范畴,在筹备 2008 年奥运会场馆建设过程中,第 29 届奥运会组委会在 2003 年 11 月提出了《奥运工程绿色施工指南》,绿色奥运理念在此届奥运会中得以集中展示。此后,建设部 2007 年发布了《绿色施工导则》(建质〔2007〕223 号),明确提出了绿色施工的概念,是指工程建设中,在保证质量、安全等基本要求的前提下,通过科学管理和技术进步，最大限度地节约资源与减少对环境负面影响的施工活动，实现"四节一环保"（节能、节地、节水、节材和环境保护）。

表 1–3　关于绿色施工相关的主要政策和标准

类别	时间	出台单位	政策或标准文件名称	主要内容
绿色施工	2003–11–18	第 29 届奥运会组委会秘书行政部	《第 29 届奥运会组委会关于印发奥运工程绿色施工指南的通知》（奥组委〔2003〕99 号）	规范奥运工程施工管理，贯彻绿色奥运理念，将施工对环境的影响减小到最低限度。
	2007–09–10	建设部	关于印发《绿色施工导则》的通知（建质〔2007〕223 号）	指导建筑工程的绿色施工，并可供其他建设工程的绿色施工参考。实现四节一环保（节能、节地、节水、节材和环境保护）。
	2010–11–03	住房和城乡建设部、国家质量监督检验检疫总局	GB/T 50640—2010 建筑工程绿色施工评价标准	推进绿色施工，规范建筑工程绿色施工评价方法，适用于建筑工程绿色施工的评价；最大限度地节约资源，减少对环境负面影响，实现"四节一环保"。
	2014–01–29	住房和城乡建设部、国家质量监督检验检疫总局	GB/T 50905—2014 建筑工程绿色施工规范	规范建筑工程绿色施工，做到节约资源、保护环境以及保障施工人员的安全与健康；适用于新建、扩建、改建及拆除等建筑工程的绿色施工；实现"四节一环保"。
绿色建筑	2015–04–08	住房和城乡建设部、国家质量监督检验检疫总局	GB/T 51100—2015 绿色商店建筑评价标准	适用于绿色商店建筑的评价；遵循因地制宜的原则，结合商店的具体业态和规模，对建筑全寿命期内"四节一环保"等性能进行综合评价。
	2015–12–03	住房和城乡建设部、国家质量监督检验检疫总局	GB/T 51141—2015 既有建筑绿色改造评价标准	适用于既有建筑绿色改造评价；遵循因地制宜的原则，结合建筑类型和使用功能，及其所在地域的气候、环境、资源、经济、文化等特点，对规划与建筑、结构与材料、暖通空调、给水排水、电气、施工管理、运营管理等方面综合评价。

资料来源：公开资料，中债资信整理。按照时间先后排列。此处未包含《目录》中已列出的绿色建筑国家推荐标准。

此后，2010—2015 年，住房和城乡建设部会同质检总局共推出了 4 项与建筑相关的推荐国家标准，绿色建筑已经成为建筑领域的重要关注点。截至 2016 年底，全国累计绿色建筑面积超过 8 亿平方米；全国累计获得绿色建筑一星标识项目 4 186 个，占全国累计绿色建筑评价标识项目的 57.91%；累计获得绿色建筑二星标识项目 2 243 个，占比 31.03%；累计获得绿色建筑三星标识项目 800 个，占比 11.07%；三星标识项目总体偏少[①]。

1.2.1.4 绿色制造相关领域

绿色制造领域，最早就有推出，即 2011 年初推出的《GB/T 26119—2010 绿色制造　机械产品生命周期评价总则》，主要针对机械产品生命周期评价（LCA）的评价；2012 年 6 月，发布了 6 项关于绿色制造的相关标准，包括工艺规划、干式切削、机床再制造、铸造等相关方面。此后，2016 年 8 月，在绿色制造机械产品生命周期评价的总则基础上，推出了细则标准，即《GB/T 32813—2016 绿色制造　机械产品生命周期评价细则》。总体上看，关于机械产品相关的绿色制造领域，已经有较多的规范和要求。

在机械产品之外，工信部从 2016 年起，为贯彻落实《中国制造 2025》战略部署，一直在推动绿色制造 / 绿色工厂相关的工作，包括推出 2016 年的《绿色制造标准体系建设指南》和《工业绿色发展规划（2016—2020 年）》，以及 2017 年征求各方意见的《绿色工厂评价通则》。2018 年 5 月，《GB/T 36132—2018 绿色工厂评价通则》作为国家推荐标准正式发布，即实施绿色制造工程，积极构建绿色制造体系，这也是我国首次制定发布绿色工厂相关标准。

---

① 前瞻产业研究院，《2018—2023 年中国绿色建筑行业发展模式与投资预测分析报告》。

表 1-4　关于绿色制造与绿色工厂相关的主要政策和标准

类别	时间	出台单位	政策或标准文件名称	主要内容
机械产品绿色制造	2011-01-10	国家质量监督检验检疫总局、中国国家标准化管理委员会	GB/T 26119—2010 绿色制造　机械产品生命周期评价总则	确定和评价机械产品全生命周期或指定阶段潜在的环境影响，为机械产品绿色制造决策提供科学依据。
	2016-08-29	国家质量监督检验检疫总局、中国国家标准化管理委员会	GB/T 32813—2016 绿色制造　机械产品生命周期评价细则	规定了机械产品生命周期评价（LCA）的评价阶段及流程、目的和范围确定、清单分析、生命周期影响评价、生命周期解释、报告与鉴定性评审。
	2012-06-29	国家质量监督检验检疫总局、中国国家标准化管理委员会	GB/T 28612—2012 机械产品绿色制造术语 GB/T 28613—2012 机械产品绿色制造工艺规划导则 GB/T 28614—2012 绿色制造　干式切削通用技术指南 GB/T 28615—2012 绿色制造　金属切削机床再制造技术　导则 GB/T 28616—2012 绿色制造属性　机械产品 GB/T 28617—2012 绿色制造通用技术　导则　铸造	同一日发布 6 个关于绿色制造的标准。分别规定了机械产品绿色制造相关术语的表示与定义，覆盖生命周期全过程； 机械产品绿色制造工艺规划的总体目标、基本原则、总体框架、主要内容、工程程序和工艺绿色性综合评价； 干式切削一般要求及干式切削机床、刀具、工件、加工工艺参数的一般技术要求；金属切削机床再制造的一般要求、机械部分要求、电气部分要求及其他要求； 机械产品绿色制造属性的分类基本原则、分类体系、内容及衡量指标； 制造业铸件设计和生产过程宜采用的技术与工艺及适用范围、可被替代技术、注意事项等内容。
绿色制造与绿色工厂	2016-09-07	工业和信息化部、中国国家标准化管理委员会	关于印发《绿色制造标准体系建设指南》的通知（工信部联节〔2016〕304 号）	贯彻落实《中国制造 2025》战略部署，全面推行绿色制造，加快实施绿色制造工程，进一步发挥标准的规范和引领作用，推进绿色制造标准化工作。
	2016-07-18	工业和信息化部节能与综合利用司	关于印发《工业绿色发展规划（2016—2020 年）》的通知（工信部规〔2016〕225 号）	为贯彻落实《十三个五年规划纲要》和《中国制造 2025》，加快推进生态文明建设，促进工业绿色发展。到 2020 年，绿色发展理念成为工业全领域全过程的普遍要求，工业绿色发展推进机制基本形成，绿色制造产业成为经济增长新引擎和国际竞争新优势，工业绿色发展整体水平显著提升。

续表

类别	时间	出台单位	政策或标准文件名称	主要内容
绿色制造与绿色工厂	2017-03-13	工业和信息化部节能与综合利用司	关于对《绿色工厂评价通则》国家标准征求意见的函	推进绿色制造体系建设，促进工业绿色发展。由工业和信息化部节能与综合利用司提出，中国电子技术标准化研究院联合钢铁、石化、建材、机械、汽车等重点行业协会、研究机构和重点企业等共同编制。
	2018-05-14	国家市场监督管理总局、中国国家标准化管理委员会	GB/T 36132—2018绿色工厂评价通则	实施绿色制造工程，积极构建绿色制造体系，这是我国首次制定发布绿色工厂相关标准。标准明确了绿色工厂术语定义，从基本要求、基础设施、管理体系、能源资源投入、产品、环境排放、绩效等方面，按照"厂房集约化、原料无害化、生产洁净化、废物资源化、能源低碳化"的原则，建立了绿色工厂系统评价指标体系，提出了绿色工厂评价通用要求。

资料来源：公开资料，中债资信整理。

1.2.1.5 绿色旅游相关领域

旅游业是现代服务业的重要组成部分。绿色饭店方面，早在 2002 年，我国国家经济贸易委员会参考丹麦和加拿大等国关于绿色饭店的相关管理文件，制定发布了我国的商业行业标准《SB/T 10356—2002 绿色饭店等级评定规定》。此后，国家旅游局在 2006 年推出旅游行业标准《LB/T 007—2006 绿色旅游饭店》，将绿色旅游饭店（Green Hotel）定义为：以可持续发展为理念，坚持清洁生产、倡导绿色消费、保护生态环境和合理使用资源的饭店。此后在两者基础上，2007 年国家标准《GB/T 21084—2007 绿色饭店》发布，并将绿色饭店定义为在规划、建设和经营过程中，以节约资源、保护环境、安全健康为理念，以科学的设计和有效的管理、技术措施为手段，以资源效率最大化、环境影响最小化为目标，为消费者提供安全、健康服务的饭店。绿色景区方面，国家旅游局分别于 2011 年和 2016 年推出了 2 项旅游行业标准，《LB/T 015—2011 绿色旅游景区》和《LB/T 048—2016 国家绿色旅游示范基地》，对相关景区和基地实施绿色管理和服务的规范要求和技术指标进行了规定。此外，对于绿色饭店相关的建筑，住建部联合质检总局于 2016 年发布了《GB/T 51165—2016 绿色饭店建筑评价标准》，要求绿色饭店建筑需结合所处地区的实际情况，对饭店建筑全寿命期内"四节一环保"等性能进行综合评价。

　　绿色旅游相关的标准以行业标准为主，对应的国家标准则是建立在行业标准的基础之上。旅游业本身属于资源能源消耗量不太显著的服务业，但由于游客行为和管理直接面向景区，尤其对于生态承载力有限的自然文化遗产类型的景区，妥善设置合理的管理边界、安排适当的业务经营，才能实现景区的可持续发展与生态环境保护的协调统一。总体上，随着公众环保意识的觉醒和舆论宣传的深入，我国景区相关的环境治理和绿色旅游理念的推进，在向着积极的方向转变。

表 1–5　关于绿色旅游相关的主要标准

类别	时间	出台单位	政策或标准文件名称	主要内容
绿色饭店	2002-12-25	国家经济贸易委员会	SB/T 10356—2002 绿色饭店等级评定规定	商业行业标准；参考丹麦《绿色钥匙——饭店、青年旅馆、会议和娱乐中心的环境证书》、加拿大的《绿色叶子》等规范；规定了绿色饭店的术语和定义、等级划分及标识、等级评定和管理原则及评定条件。
	2006-03-23	国家旅游局	LB/T 007—2006 绿色旅游饭店	旅游行业标准；规定了创建绿色旅游饭店、实施和改进环境管理的要求；适用于任何要求创建绿色旅游饭店、实施和改进环境管理的旅游饭店。
	2007-09-20	国家质量监督检验检疫总局、中国国家标准化管理委员会	GB/T 21084—2007 绿色饭店	借鉴了《SB/T 10356—2002 绿色饭店等级评定规定》和《LB/T 007—2006 绿色旅游饭店》；规定了绿色饭店相关的术语及定义、基本要求、绿色设计、安全管理、节能管理、降耗管理、环境保护、健康管理和评定原则。
	2016-04-15	住房和城乡建设部、国家质量监督检验检疫总局	GB/T 51165—2016 绿色饭店建筑评价标准	适用于绿色饭店建筑的评价。评价应遵循因地制宜的原则，结合饭店建筑所在地域的气候、环境、资源、经济及文化等特点，对饭店建筑全寿命期内"四节一环保"等性能进行综合评价。

续表

类别	时间	出台单位	政策或标准文件名称	主要内容
绿色景区	2011-02-01	国家旅游局	LB/T 015—2011 绿色旅游景区	旅游行业标准;规定了旅游景区实施绿色管理和服务的规范要求和技术指标;旨在旅游景区引入绿色管理理念,为旅游景区实施生态化管理提供依据和技术规范,保护旅游景区的生态环境和旅游资源,提升旅游产业发展内在素质。
	2016-01-05	国家旅游局	LB/T 048—2016 国家绿色旅游示范基地	旅游行业标准;规定了国家绿色旅游示范基地建设与管理的基本要求;适用于全国范围内的国家绿色旅游示范基地的建设与管理;旨在打造一批产业要素齐全、产业链条完备、旅游环境舒适、在国内外具有影响力的综合性生态旅游目的地。

资料来源:公开资料,中债资信整理。按照时间先后排列。

1.2.1.6 绿色交通等其他领域

除了前述的主要领域的绿色概念探索之外,包括公路和航空等交通领域、采矿业、拆船业等领域,均有绿色相关概念的推出。

交通方面,传统领域如公路、航空等亦在探索合理的绿色发展途径。比较典型的包括,由交通运输部 2016 年 8 月提出的《关于实施绿色公路建设的指导意见》,要求到 2020 年基本建立绿色公路建设标准和评估体系,并开展一批示范工程。在传统意义上,公路属于高碳排放和大气污染线源的范畴,但是亦可以在节能减排领域开展相应的行动。类似的也有机场建设和航站楼的建设,由于民航业运输工具的特殊性,飞行以及为飞行配套的机场和航站楼,通常也存在较高的排放和能源消耗。2017 年初,民航局推出了民航行业标准《MH/T 5033—2017 绿色航站楼标准》和《民用机场绿色施工指南》,用以指导绿色航站楼和绿色机场的建设运营,推动节能减排等方面的努力。

采矿业方面,作为传统的非可再生资源开发利用的领域,通常被视为与绿色概念范畴距离较远。国土资源部、环境保护部等六部委 2017 年推出了《关于加快建设绿色矿山的实施意见》，提出将绿色发展理念贯穿于矿产资源规划、勘查、开发利用与保护全过程，力争到 2020 年，形成符合生态文明建设要求的矿业发展新模式。

此外，2005 年 2 月发展改革委推出的物资管理行业标准《WB/T 1022—2005 绿色拆船通用规范》，属于循环经济范畴的规范和指导；2017 年 5 月水利部发布的《SL 752—2017 绿色小水电评价标准》，本身就属于《目录》之 "5.6 水力发电" 的范畴，但相比在生态和社会方面影响较大的大型水电建设，小水电本身的绿色属性更为清晰明确，在国际上亦被广泛认可为清洁的可再生能源。

总体而言，除了传统概念中适用于绿色环保的行业领域，其他被视为非可再生资源开发、高碳高排放等行业领域，均重视本行业部门的绿色化转型和发展，绿色理念亦越来越被各个行业所关注和实践。

表 1-6　关于绿色交通等其他部门相关的主要政策和标准

类别	时间	出台单位	政策或标准文件名称	主要内容
其他绿色交通	2016-08-03	交通运输部	发布《关于实施绿色公路建设的指导意见》	为完成《交通运输节能环保 "十三五" 发展规划》目标，推进绿色公路建设；到 2020 年，绿色公路建设标准和评估体系基本建立，绿色公路建设理念深入人心，建成一批绿色公路示范工程，形成一套可复制、可推广的经验，行业推动和示范效果显著，绿色公路建设取得明显进展。
	2017-01-03	中国民用航空局	MH/T 5033—2017 绿色航站楼标准	行业标准；基于总结国内外航站楼绿色实践经验、吸收借鉴国内外绿色建筑相关标准、开展国内典型机场航站楼绿色性能测试与专项研究；规范机场航站楼绿色建设和运行，节约资源、保护环境，促进机场可持续发展；适用于航站楼新建、改（扩）建、既有航站楼设施设备系统改造以及航站楼运行管理。
	2017-02-13	中国民用航空局机场司	AC-158-CA-2017-02 民用机场绿色施工指南	适应于我国绿色机场建设需要，指导民用机场绿色施工；绿色施工是指通过科学的施工规划、合理的施工工艺、高效的施工管理和先进适宜的新技术、新材料、新设备、新工艺（四新技术）的应用，实现资源消耗低、环境影响小和以人为本的施工活动。

续表

类别	时间	出台单位	政策或标准文件名称	主要内容
绿色水电	2017-05-05	水利部	SL 752—2017 绿色小水电评价标准	水利行业标准；规定了绿色小水电评价的基本条件、评价内容和评价方法。适用于除抽水蓄能电站和潮汐电站以外的总装机容量 50 兆瓦及以下的已建小型水电站。新建小型水电站的规划、设计及施工中可参照执行。
绿色矿山	2017-05-11	国土资源部、财政部、环境保护部、国家质检总局、银监会、证监会	《关于加快建设绿色矿山的实施意见》	加快绿色矿山建设进程，将绿色发展理念贯穿于矿产资源规划、勘查、开发利用与保护全过程；力争到 2020 年，形成符合生态文明建设要求的矿业发展新模式。主要内容：一是制定领跑标准，打造绿色矿山；二是加大政策支持，加快建设进程；三是创新评价机制，强化监督管理；四是落实责任分工，统筹协调推进。
绿色拆船	2005-02-14	发展改革委	WB/T 1022—2005 绿色拆船通用规范	物资管理行业标准；拆船业是循环经济的组成部分，规范和引导拆船业的环境行为和安全行为，倡导绿色拆船，实现行业可持续发展；规定了绿色拆船的环境保护、安全生产和人员健康保障的要求，绿色拆船企业的管理要求以及绿色拆船企业的认定原则。

资料来源：公开资料，中债资信整理。

1.2.1.7 地方绿色标准的探索

在国家各部门层面的政策、国家标准、行业标准之外，各地方也在相关领域开展了绿色概念的探索和实践，并推出了一系列的地方标准。本书列示了部分城市的主要标准，主要包括北京市、重庆市、广州市的绿色施工相关的地方标准，以及绿色金融试点区之一的湖州市，在 2017 年推出的《绿色矿山湿法工艺水循环处理规范》的地方标准。

总体上看，地方标准是在国家标准等基础上，根据地方实际情况，因地制宜地制定有针对性的标准和规范。目前具有代表性的地方绿色标准探索实践主要集中在绿色施工领域，这也与工程施工与城市建设和城市居民及企事业社会团体的关系更为密切，不良施工造成的社会和环境影响也较为直接，妥善规范施工领域绿色化变革的实际需求显得迫切，带来的积极效应亦更为直接，获得关注和推广的可能性更大；湖州市绿色矿山领域地方标准，则为工艺水循环处理和利用的技术规范，也是对前述国土资源部推出的绿色矿山政策意见的积极响应，但此标准需限定在特定场所与特定生产环节，应用面相对较小。

表 1–7　各地方关于绿色相关的主要标准

时间	出台单位	政策或标准文件名称	主要内容
2008–02–03	北京市建设委员会、北京市质量技术监督局	DB11 513—2008 绿色施工管理规程	贯彻落实建设工程节地、节能、节水、节材和保护环境的技术经济政策，建设资源节约型、环境友好型社会，通过采用先进的技术措施和管理，最大限度地节约资源，提高能源利用率，减少施工活动对环境造成的不利影响，规范绿色施工管理。
2015–12–16	重庆市城乡建设委员会	DBJ50T—228—2015 建设工程绿色施工规范	贯彻落实国家关于建设工程施工管理、节能、节材、节水、节地和保护环境的技术经济政策，规范重庆市建设工程绿色施工管理工作，提供重庆市建设工程绿色施工水平。
2016–12–29	广州市质量技术监督局	DBJ440100/T 277—2016 广州市建筑工程绿色施工管理与评价标准	为绿色施工的推广与普及，促进绿色施工管理水平的不断提升，达到节约资源、保护环境和施工人员健康的目的。
2017–12–25	湖州市质量技术监督局	DB3305/T 49—2017 绿色矿山湿法工艺水循环处理规范	规定了绿色矿山湿法工艺水循环处理的工艺流程以及泥沙分离、泥水分离、水循环利用等技术规范和指标。

资料来源：公开资料，中债资信整理。

1.2.2　绿色定义或概念的讨论

如前一小节的整理所示，我国主要生产制造等行业部门在《目录》所列示的绿色项目界定范畴之外，在多个领域开展了关于绿色方面的探索和实践，定义了分别适用于不同领域的绿色概念。总体而言，各部门的政策标准有各自的行业特征。

对于何为绿色，这是一个较为复杂的问题，存在可探讨的空间。本节主要针对以工业生产领域的产业形式，结合相关的行业属性，初步进行简要分析和探讨。对于何为绿色，本书认为，可以从绝对绿色和相对绿色两个维度去分析。

1.2.2.1 绝对绿色

所谓绝对绿色，即某些行业因为其本身的技术特点、行业运行模式、对资源和能源的消耗程度等方面的固有属性，决定了其行业在生产或者运营过程中，对生态系统、自然环境和社会环境造成的影响或破坏很小，甚至可以加入生态系统和自然环境中去。

例如林业，除去单纯的伐木业之外，以保护性或持续性利用为目的的林业开发，在没有外来物种入侵的前提下，基本是可以融入局地的生态环境，并且可以形成稳定的生态系统生产者，为野生动植物提供栖息地环境，改善局地的小气候，并可以迟滞沙尘、改善水土流失、延缓土地荒漠化。再例如风力发电，除去有个别项目可能在候鸟迁徙路线上而对鸟类形成一定的干扰，以及风力发电机运行中的噪声之外，风电场通常远离城市建成区，风机本身占地面积小，对土地资源基本不形成占用，不影响地面生态系统的正常运行，且发电环节基本无任何污染物排放。

当然，在绝对绿色中的部分行业类型也存在一定的差异性，即部分行业的运行模式，通常在主要的环境要素或者生态系统环节中不造成显著的影响，但在部分环节或者相关联的部分领域，则存在负面影响。例如光伏太阳能发电，对于分布式的光伏发电系统，通常可以见缝插针，有效利用办公楼宇、工农业设施等闲置的受光面积，实现并网发电；但是对于集中式的光伏电站，则需要占用相当面积的土地资源，才能实现一定规模的装机容量，受土地资源的限制，集中式光伏电站通常需要选择城市建设用地和工农业用地之外的土地进行建设。

1.2.2.2 相对绿色

所谓相对绿色，即对于大多数的工业形式而言，均需要消耗可观数量的能源和资源，并通过各种技术工艺手段，将能源和资源转换成为工业产品，并进而服务于下游工业生产或居民的生产与生活消费；而伴随生产的过程，通常有能源转化和资源消耗等过程伴随的污染物排放，如燃用化石燃料的大气污染物、以水为溶剂或生产物料而产生的废水排放、边角废料等固体废物；特别对于某些产能很大的行业，其伴生的废弃物排放量和能源消耗量非常可观。此时如果采用新型的技术手段，改善工艺流程，减少物料和能源消耗，控制或削减污染物排放，均能有效地降低最终的污染物排放量和能源消耗量。在某些固有高污染、高排放、高能耗的行业中，通过各种手段进行节能减排，并且能产生相对量很大的节约与减排效果。这样的节能减排行为，可能不能改变行业本身的污染属性，但是却可以视为相对绿色，也可以视为在某个行业内的最先进水平，值得行业学习效仿，并进而推动全行业的技术进步。

此外，相对绿色还包括污染防治、环境整治等行业或者项目。污染防治是普通公众最初接触到的环保类概念的产业形式，就是包括处理工业废水和生活污水、各类型烟气的脱硫脱硝除尘、处理处置固体废弃物、屏蔽隔绝噪声污染等形式，尤以工业领域的废水、废气、废渣三个方面的污染防治和控制最早受到社会关注，行业发展也较为成熟。然而，受限于污染防治的认识程度及可采取措施的便利程度，目前仍多集中在污染治理这一末端治理的环节。同时，污染物的治理设施仍然是重要的污染点源，如处理后烟气经烟囱排放、污水处理厂的尾水等仍然是污染物，虽然浓度和总量经过大幅削减，但只是局部控制了污染物的超标排放，仍需要依靠环境容量的消纳和降解。目前通常的污染治理，通常相当于污染从一种形式转换为另一种形式，如烟气脱硫里的脱硫石膏、除尘领域的粗细灰和废水、污水处理厂的污泥，等等，均需要深层次的妥善利用或处理处置。因而污染防治，可以视为减缓了污染，或者说是将污染物从一种形式 / 状态转换为另一种形式 / 状态，却没有从本质上消除污染，因而此类型仍仅能视为相对绿色。

1.2.3　小结与展望

本书不完全统计了多个部门的政策意见、国家标准和行业标准及规范，主要部门均在推动其绿色发展，减少资源和能源消耗，降低对环境的影响和破坏，实现人与生态环境的良好相处，发展绿色经济。总结各类标准文件不难发现，文中所涉及的国家标准，均为国家推荐标准（编号 GB/T），这也即意味着，此类国家标准仍未上升为强制性的国家标准；同样地，相关的行业标准亦大部分为行业推荐标准。

各个行业部门在绿色概念的实践和探索应用中，通常亦重点考虑和关注包括节约能源、节约资源、减少排放、降低环境影响等方面的工作，如前述的"三绿工程""四节一环保""产品全生命周期"等概念。不同行业由于技术工艺、运行模式等因素的差异，本身存在特定的行业属性，这也决定了行业本身是否具有环保友好的能力。绿色概念的探索，总体上是各行业在探索可持续的发展路径、开展节能减排的努力、为实现生态环境保护最终目标的调整与完善，这值得充分肯定和支持；但不同行业的绿色实践仍存在着差异性。例如，重污染行业节能减排的努力值得鼓励，但却无法从本质上改变行业污染的特性，除非技术升级的全面进步能带来行业属性的质变。

我国已把绿色发展作为国民社会经济发展的基本理念，那么社会经济的多个领域和部门，均会或多或少地面对本行业内的绿色转型升级。同样都是绿色的称谓，可以考虑对主要行业领域的相关工作，比如项目、建设和运营等全领域确定统一的绿色界定标准，并进而考虑绿色的分层。例如，可以考虑确定绿色的行业，此类行业内企业的融资行为均可视为绿色融资，绿色金融工具可以优先予以支持；对于一般行业，对于行业内应用先进性节能环保技术的先进企业或者项目公司，亦可以视为绿色，绿色金融予以一定的支持；对于一般行业的一般企业，则仅考虑一般的金融支持。这样可以通过绿色金融产品和工具带来的分层支持的效应，将资金优先用以支持绿色属性明确的行业和企业的发展，同时鼓励支持一般行业内的一批先进企业采用新型技术、环保友好技术、清洁生产等手段，努力跻身行业前列，进而带动全行业的技术进步，推进行业的转型升级。当然，我国社会经济规模很大，仅仅制造业就门类众多，涉及方面很广，推动此项工作难度很大，也可考虑在典型绿色行业和能源资源消耗特别大的典型一般行业，开展一定的探索和试点，逐步推动我国绿色界定的标准化工作。

1.3　绿色经济的主要形态

2017年我国的世界环境日主题是"绿水青山就是金山银山",旨在动员、引导社会各界牢固树立"绿水青山就是金山银山"的强烈意识,尊重自然、顺应自然、保护自然,自觉践行绿色生活,共同建设美丽中国。"绿水青山就是金山银山"充分强调了自然生态环境对经济发展的基础作用;而实现既有绿水青山又有金山银山这一愿景,则需要变革当前仍存在的粗放增长模式,大力发展绿色经济,推动我国的绿色发展。

1.3.1　绿色经济的基本概念

工业革命以来,随着科技进步以及生产力水平的不断提高,人类社会、经济得以迅速发展,与此同时,人口、资源与环境问题日渐突出。从污染治理和生态环境保护成为影响人类社会发展的重要问题之一时,学术界和各国政府均开始探讨如何能在减少对环境破坏的前提下,有序地发展社会经济,提高人类生活水平,保护以及改善生态环境质量。传统工业时代的高污染、高耗能、高资源消耗的经济形式,即通常意义上的褐色经济,虽然创造了可观的经济收入、带来了大量的就业机会、提供了众多的工业产品,但其伴生的严重环境污染和生态破坏及其发展的不可持续性,逐渐受到人们的重新审视和评判。

1.3.1.1　绿色经济概念形成的背景

1972 年,联合国人类环境会议召开,会议发表了《人类环境宣言》,以鼓舞和指导世界各国人民保护和改善人类环境;同年,联合国环境规划署(UNEP)成立,这标志着环境保护被提上人类发展的议事日程;也是同年,罗马俱乐部出版了《增长的极限》,超前性地提出用强可持续性的模式替代无限增长的褐色经济模式。

1989 年,英国环境经济学家戴维·皮尔斯(David Pierce)等在《绿色经济蓝皮书》中首次提到"绿色经济"一词,认为经济发展必须是自然环境和人类自身可以承受的,首次主张从社会及生态条件出发,建立一种"可承受的经济";不过书中并没有对绿色经济进行明确定义,仅对于其蓝图进行了模糊的阐释。

2009 年，联合国环境规划署发表《全球绿色新政政策纲要》（Global Green New Deal Policy Brief [①]），倡议世界经济向绿色经济转变。2011 年，第 64 届联大第 236 号决议提出将"可持续发展和消除贫穷背景下的绿色经济"列为 2012 年联合国可持续发展大会的主题之一。2011 年联合国环境规划署发布了《绿色经济报告：发展中国家成功的故事》（Green Economy：Developing Countries Success Stories [②]），将绿色经济定义为可促成提高人类福祉和社会公平，同时显著降低环境风险与生态稀缺的经济。同年，环境规划署在北京首次发布了绿色经济综合报告《迈向绿色经济：实现可持续发展和消除贫困的各种途径》（Towards a Green Economy：Pathways to Sustainable Development and Poverty Eradication [③]）提出绿色经济不仅会实现财富增长，而且还会产生更高的国内生产总值增长率，并呼吁加大对劳动力的技能培训和积极绿化 10 大核心经济部门 [④]。

到 2012 年，即里约环境与发展大会 20 周年之际，"里约 +20"联合国可持续发展大会，在呼吁经济范式变革的意义上提出了绿色经济新理念。绿色经济新理论有两个特征：一是提出了基于强可持续发展的绿色思想，强调地球关键自然资本的非减发展，意味着人类经济社会发展必须尊重地球边界和自然极限；二是提出了包含自然资本在内的生产函数，要求绿色经济在提高人造资本的资源生产率的同时，要将投资从传统的消耗自然资本转向维护和扩展自然资本，要求通过教育、学习等方式积累和提高有利于绿色经济的人力资本 [⑤]。

[①] 全文可参见：http://sa.indiaenvironmentportal.org.in/files/A_Global_Green_New_Deal_Policy_Brief.pdf.

[②] 全文可参见：http://www.greengrowthknowledge.org/sites/default/files/downloads/resource/GE_developing_countries_success_stories_UNEP.pdf.

[③] 全文可参见：http://sustainabledevelopment.un.org/content/documents/126GER_synthesis_en.pdf.

[④] 彭斯震，孙新章 . 中国发展绿色经济的主要挑战和战略对策研究 [J]. 中国人口·资源与环境，2014（3）；1–4.

[⑤] 诸大建 . 从"里约 +20"看绿色经济新理念和新趋势 [J]. 中国人口·资源与环境，2012（9）：1–7.

从上述绿色经济的理论发展和形成背景看，绿色经济理念是伴随着人类认识和探索如何解决环境污染和生态破坏问题、实现生态环境和社会经济协调发展的历程中逐步形成并发展完善的，也是对在 1992 年里约人类环境大会上首次提出的可持续发展概念上的进一步深化和完善。

绿色经济所包含的具体理念内涵丰富，国内外各机构和学者开展了多种不同形式的研究和探讨，具体可从宏观和微观两个视角展开。

1.3.1.2　宏观视角的绿色经济

宏观视角上的绿色经济，指的是宏观经济层面，即面向社会、经济和生态环境的综合、协调和可持续的发展。

英国环境经济学家戴维·皮尔斯在《绿色经济蓝皮书》中首次提到"绿色经济"一词，但并没有明确定义绿色经济。这之后，如前述章节中所述，联合国环境规划署通过多份研究报告和国际环境大会，逐步确立了一个广受各方接受的绿色经济概念。在"里约 +20"会议上，乐施会的高级研究员凯特·拉沃斯则对绿色经济提出了多纳圈或甜甜圈理论，即按照安全和包容的绿色经济的概念，所谓的"多纳圈"就是指这两个界限之间的空间，前者是地球边界，后者是社会边界，在此圈内每个人都能获得满足生活需要的资源，但人类整体又生活在地球的承载能力范围内。

在我国的学术界和政府部门，对于绿色经济亦有更符合中国国情的观点。早在 2001 年，中国生态经济学会会长刘思华就在《绿色经济论》[1]一书中界定了绿色经济概念，即绿色经济是可持续经济的实现形态和形象概括，它的本质是以生态经济协调发展为核心的可持续发展经济。成思危在 2010 年一次会议上的发言[2]认为，绿色经济是中国当前可持续发展的重点，绿色经济意味着将"三低"（低污染、低排放、低能耗）作为当前经济发展的重点。在 2010 年绿色经济与应对气候变化国际合作会议上，时任发

---

[1] 刘思华.绿色经济论 [M].北京：中国财政经济出版社，2001.

[2] 成思危.可持续发展与绿色经济 [R].中国过程系统工程年会发言，2010.

展改革委副主任的解振华指出 ①，在未来相当一段时间，中国能源需求还会合理地增长，但绝不重复发达国家传统的发展道路，也不会靠无约束地排放温室气体来实现经济发展，中国将把应对气候变化作为国家重大战略纳入国民经济和社会发展的中长期规划，大力发展以低碳排放、循环利用为内涵的绿色经济，逐步建立以低碳排放为特征的工业、建筑、交通体系，加快形成科技含量高，资源消耗少，经济和环境效益好的国民经济结构。

1.3.1.3 微观视角的绿色经济

微观层面的绿色经济，即为绿色产业。所谓绿色产业，首先是指立足于可更新或可再生资源的可持续利用的产业，其次是指那些虽然消耗不可更新资源、但已经达到环保标准或满足清洁生产标准的产业。

比较典型的绿色产业，包括风力发电、光伏发电等形式的可再生能源的生产，森林养护、有机或绿色农牧渔业的开发，自然保护区、野生动植物栖息地保护、生态修复等建设，轨道交通线路、公共电汽车运输等公共交通领域设施运营，新能源汽车等低碳交通方式的运用，污水处理、烟气治理等污染物治理设施运营，产业园区的循环化运行、资源回收再利用，等等。

对此类绿色产业的发展，世界很多国家都出台一定鼓励和支持手段。例如，在推进绿色经济方面走在世界前列的欧盟，将治理污染、发展环保产业、促进新能源开发利用、节能减排等都纳入绿色经济范畴加以扶持。2009 年 3 月 9 日，欧盟正式启动了整体的绿色经济发展计划，在 2013 年之前投资 1 050 亿欧元支持欧盟地区的"绿色经济"，促进绿色就业和经济增长，并以此作为欧盟产业及刺激经济复苏的重要支撑点，以实现促进就业和经济增长的两大目标 ②。此外，发达国家的代表性国家中，德国大

---

① 解振华 . 中国为绿色经济付出了巨大努力 [R]. 绿色经济与应对气候变化国际合作会议发言，2010.

② 朱婧，孙新章，刘学敏，宋敏 . 中国绿色经济战略研究 [J]. 中国人口·资源与环境，2012（4）：7-12.

力实施"绿色新政"是以绿色能源技术革命为核心；法国的"绿色新政"重点是发展核能和可再生能源，涵盖了生物能源、太阳能、风能、地热能及水力发电等多个领域，还投资研发电动汽车等清洁能源汽车；美国在奥巴马政府时期，主张对新能源进行长期开发投资，"绿色新政"可细分为节能增效、开发新能源、应对气候变化等多个方面并大力促进绿色建筑等的开发，制订全新的智能电网计划；英国则把发展绿色能源放在"绿色战略"的首位，其发布的《低碳转型计划》的国家战略文件，涉及能源、工业、交通和住房等多个方面；我国则将绿色产业类型若以项目建设或运营形式开展，多数都可以纳入《目录》，在融资方面提供一定支持。

1.3.2　典型绿色经济之一——低碳经济

目前关注较高的典型绿色经济形式，主要包括：低碳经济、生态经济和循环经济三个类别，而这三种典型的绿色经济形式，基本涵盖了绿色经济对于节约资源、减少能源消耗、实现资源循环利用、减少污染和保护生态环境等基本要求。本小节及后续两个小节将对此三种经济形式进行阐释和说明。

1.3.2.1　低碳经济的概念

从工业化（1875 年）开始到现在，全球升温已接近 1℃，并带来了全球气候变化，进而引发全球变暖、极端气象等各种生态问题与气候问题日益多发，造成全球性生态环境和气候问题，威胁到人类的可持续发展。造成全球升温的主要原因是过量温室气体的排放，主要源自能源、废物处理、林业、农业、牲畜和工业过程部门，其中又以化石能源燃烧和工业过程中所排放的二氧化碳构成全球温室气体增长的主要来源。目前，温室气体的构成主要包括二氧化碳（CO_2）、甲烷（CH_4）、氧化亚氮（N_2O）、氢氟烃（HFC_S）、全氟碳（PFC_S）、六氟化硫（SF_6）、三氟化氮（NF_3）、五氟化硫三氟化碳（SF_5CF_3）、卤化醚以及《蒙特利尔议定书》未涵盖的其他卤烃等[1]，其中二氧化碳和甲烷对温室效应的贡献占全部温室气体贡

---

[1]《2006 年 IPCC 国家温室气体清单指南》。

献的比重最大，合计达到 75% 以上。我国目前统计的温室气体主要包括前六种。

目前评估温室气体排放量、削减量、碳排放交易配额或减排量，通常以吨二氧化碳或二氧化碳当量（CO_2e）为单位计量。二氧化碳当量为其他温室气体，如甲烷、一氧化二氮、氢氟碳化物、全氟化碳、六氟化硫及三氟化氮等气体的全球变暖潜能值（Global Warming Potential，GWP）[1]，也即各种温室气体的温室效应对应于相同效应的二氧化碳的质量。

2014 年政府间气候变化专门委员会（IPCC）发布第五次评估报告（AR5）指出：人类对气候系统的影响是明确的，自 20 世纪中叶以来，全球平均气温升高很有可能（95%）是由于人为温室气体浓度增加所导致[2]。

20 世纪末至今，国际社会相继通过《联合国气候变化框架公约》《京都议定书》和《巴黎协定》，在全球范围内实施碳减排政策，如表 1-8 所示。低碳化的经济发展之路应运而生，并逐步被世界各国认可并付诸实施。

表 1-8　关于气候变化相关国际条约

时间 / 地点	国际条约	主要内容
1992 年 6 月 / 里约	《联合国气候变化框架公约》	该公约是第一个应对全球气候变暖的国际公约，也是应对全球气候变化问题进行国际合作的基本框架。公约首次提出全面控制二氧化碳等温室气体排放。一、将大气温室气体的浓度稳定在防止气候系统受到危险的人为干扰的水平上。这一水平应当在足以使生态系统能够可持续进行的时间范围内实现。二、确立国际合作应对气候变化的基本原则，主要包括"共同但有区别的责任"原则、公平原则、各自能力原则和可持续发展原则等。三、明确发达国家应承担率先减排和向发展中国家提供资金技术支持的义务。《公约》附件一国家缔约方（发达国家和经济转型国家）应率先减排。附件二国家（发达国家）应向发展中国家提供资金和技术，帮助发展中国家应对气候变化。四、承认发展中国家有消除贫困、发展经济的优先需要。《公约》承认发展中国家的人均排放仍相对较低，因此在全球排放中所占的份额将增加，经济和社会发展以及消除贫困是发展中国家首要和压倒一切的优先任务。

[1] PMR，ICAP. 碳排放交易实践：设计与实施手册 [M]. 2016.

[2] IPCC. IPCC Fifth assessment report: Climate Change 2014[J]. Cambridge: Cambridge University Press.

时间 / 地点	国际条约	主要内容
1997 年 12 月 / 京都	《京都议定书》	一、附件一国家整体在 2008 年至 2012 年应将其年均温室气体排放总量在 1990 年基础上至少减少 5%。欧盟 27 个成员国、澳大利亚、挪威、瑞士、乌克兰等 37 个发达国家缔约方和一个国家集团（欧盟）参加了第二承诺期，整体在 2013 年至 2020 年承诺期内将温室气体的全部排放量从 1990 年水平至少减少 18%。二、减排多种温室气体。《京都议定书》规定的有二氧化碳（CO_2）、甲烷（CH_4）、氧化亚氮（N_2O）、氢氟碳化物（HFC_S）、全氟碳化物（PFC_S）和六氟化硫（SF_6）。《多哈修正案》将三氟化氮（NF_3）纳入管控范围，使受管控的温室气体达到 7 种。三、发达国家可采取"排放贸易""共同履行""清洁发展机制"三种"灵活履约机制"作为完成减排义务的补充手段。
2015 年 12 月 / 巴黎	《巴黎协定》	一、长期目标。重申 2℃ 的全球温升控制目标，同时提出要努力实现 1.5℃ 的目标，并且提出在 21 世纪下半叶实现温室气体人为排放与清除之间的平衡。二、国家自主贡献。各国应制定、通报并保持其"国家自主贡献"，通报频率是每五年一次。新的贡献应比上一次贡献有所加强，并反映该国可实现的最大力度。三、减缓。要求发达国家继续提出全球经济范围绝对量减排目标，鼓励发展中国家根据自身国情逐步向全球经济范围绝对量减排或限排目标迈进。四、资金。明确发达国家要继续向发展中国家提供资金支持，鼓励其他国家在自愿基础上出资。五、透明度。建立"强化"的透明度框架，重申遵循非侵入性、非惩罚性的原则，并为发展中国家提供灵活性。透明度的具体模式、程序和指南将由后续谈判制定。六、全球盘点。每五年进行定期盘点，推动各方不断提高行动力度，并于 2023 年进行首次全球盘点。

资料来源：公开资料，中债资信整理。

表 1–9　2010 年全球温室气体排放构成

温室气体类别	占全部温室气体比重
二氧化碳	76%
甲烷	16%
氧化亚氮	6%
氟化气体	2%

资料来源：IPCC 第五次评估报告，中国气象局，中债资信整理。

9.60%

25%

21%

490亿吨CO₂当量
（2010年）

14%

6.40%

24%

■ 电力和热能生产部门

■ 土地利用部门

■ 建筑部门

■ 交通部门

■ 工业部门

■ 其他能源

资料来源：IPCC 第五次评估报告，中国气象局，中债资信整理。

图 1-1　2010 年世界各经济部门人为温室气体排放

"低碳经济"的概念最早是在 2003 年英国能源白皮书《我们能源的未来：创建低碳经济》中出现的。2008 年世界环境日提出"转变传统观念，推行低碳经济"，进一步促使低碳经济成为全世界各国的共识。

"低碳经济"首先与碳有着莫大的关联，而碳又是作为导致全球气候变化的温室气体的重要部分。低碳经济顾名思义，是在降低温室气体排放的同时，保证经济的发展甚至实现更高水平的发展。

低碳经济是低碳发展、低碳产业、低碳生产、低碳技术、低碳生活等一系列经济形态的总称[①]。低碳经济是以低能耗、低排放、低污染为基本特征，以应对碳基能源对于气候变化影响为基本方向，以提高能源利用效率和改变清洁能源使用占比为核心，以实现经济社会的可持续发展为基本目的。低碳经济的实质为提升能源的高效利用、促进产品的低碳开发、推行社会的清洁发展和维持全球的生态平衡，是一种从高碳能源时代向低碳能源时代演化的经济发展模式。

1.3.2.2　低碳经济的实现路径——减排与交易

低碳经济的实现，需要从社会经济的各个方面开展切实有效的碳减排

---

① 冯之浚，周荣. 低碳经济：中国实现绿色发展的根本途径 [J]. 中国人口·资源与环境，2010（4）：1-7.

行动；同时，从全社会或者全球实现最大减排效率的角度，则需要建立起
"总量控制—交易"（Cap & Trade）的交易制度体系，允许减排技术先进
者获得资金回报，也促进减排成本高昂的国家或单位降低减排成本，并促
使其逐步提升技术水平。

● 碳减排行动——传统社会发展模式实现从高碳经济向低碳经济的
转变，需要付出各方面的减排行动和努力。根据碳排放的主要来源部门，
具体可推动的低碳行动，需要包括下述各个方面的行动。

● 低碳能源：增加清洁能源的占比，减少煤、石油等化石能源的使用，
提高能源生产尤其是传统火电生产的效率，并建立一次能源和电力生产的
碳排放信息管理和信息披露系统；

● 低碳城市与低碳建筑：推动城市增加低碳能源的使用率，提高燃
气普及率，提高城市绿化率，提高废弃物处理处置率；推广低碳建筑和绿
色建筑，提高建筑的能源利用效率，推广使用节能电器和保温住宅，建立
各类型建筑的能源管理系统；

● 低碳交通运输与物流：推广公共交通，推行轻轨地铁等城市轨道
交通，提高公交出行比率，鼓励民众骑行和乘坐公共交通，增强低碳出行
意识，制定和规范小客车碳排放标准；优化发展减排型物流路线，推广智
能分拣、综合调度等技术应用，提高物流效率；

● 低碳产业：推动产业技术革新与升级，减少能源消耗，降低物料
消耗，减少相关环节的温室气体排放，实现碳排放产品或工序的信息公开，
推动产品碳标识等信息公示；

● 低碳企业：统计、核算并公布企业碳排放信息，制定减排规划，
提倡企业减排的社会责任，向公众披露企业的碳减排信息；

● 低碳商品服务与低碳消费市场：鼓励具有碳标识的产品进入市场，
推动低碳商品的消费、交易和进出口贸易；提倡低碳旅游、低碳餐饮等服
务；鼓励居民选择低碳消费；

● 低碳技术研发与推广：推动工业、能源、建筑、交通等各领域低
碳技术的研发，开发经济可行的碳捕捉和储存技术，并推广相关技术的使

用经验；

● 增加碳汇：退耕还林还草，恢复植被，增加森林覆盖面积，增加林木蓄积量，适度支持可持续开发的林业。

通过上述各方面的努力，各国均可以建立既能有效减少温室气体排放，又可获得经济增长机会的社会经济体。

碳排放交易——虽然碳减排是全球各国均应当积极参与的实际行动，但是受限于各国的经济发展阶段和技术能力的差异，各国所开展行动的有效程度以及实际碳减排量将会出现较大的不同。因而从提升全球碳减排行动效率的角度，《京都议定书》设定了碳排放交易机制。《京都议定书》针对国家或区域间的碳排放权交易而搭建的交易机制，具体包括清洁发展机制（Clean Development Mechanism，CDM）、联合履行机制（Joint Implementation，JI）和国际排放交易机制（International Emission Trading，IET）三种。其中，清洁发展机制是附件一缔约方（主要为发达国家，以下简称附件一国家）通过提供资金和技术的方式、与发展中国家开展通过项目实现"经核证的减排量"（Certification Emission Reduction，CER）；联合履行机制则是附件一国家之间基于项目型的合作与交易，实现"排放减量单位"（Emission Reduction Unit，ERU）；国际排放交易机制则是附件一国家之间相互交易"碳排放配额"（Assigned Amount Units，AAU），即超额完成减排的国家的富余配额可出售，转让方配额上扣减相应的交易额度。

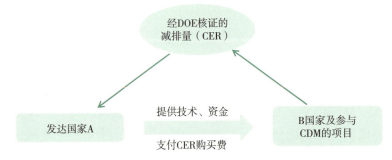

资料来源：兴业证券，中债资信整理。

图1-2　清洁发展机制（CDM）

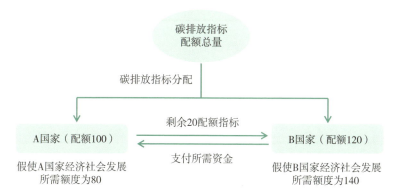

资料来源：公开资料，中债资信整理。图中数据仅供示例。

图 1-3　国际排放交易机制（IET）

除了《京都议定书》创造的国际碳交易市场之外，为促进完成温室气体减排目标，部分地区和国家也建立了自己的碳排放权交易体系。作为低碳减排的重要组成部分，碳排放交易已经在多国付诸实施。

其中，最具代表性的是欧盟排放交易体系（European Union Greenhouse Gas Emission Trading Scheme，EU-ETS[①]）、英国排放交易体系（UK Emissions Trading Group，UK-ETG）、美国芝加哥气候交易所（Chicago Climate Exchange，CCX）和澳大利亚国家信托（National Trust of Australia，NSW）温室气体减排体系。由于美国及澳洲均非《京都议定书》成员国，所以只有欧盟排放权交易制及英国排放权交易制是国际性的交易所。目前，EU-ETS 是全球碳排放交易市场中运行经验最为丰富，也是最

---

① 欧盟排放交易体系（EU-ETS）是依据《联合国气候变化公约》《京都议定书》，于 2005 年成立的多国碳排放交易体系，体系内成员根据《京都议定书》以减量分担协议作为目标，履行京都减量承诺，执行温室气体排放量核配规划工作。各成员国根据国家计划将排放配额分配给各企业，各企业通过技术升级、改造等手段，达到减少二氧化碳排放的要求后，可将用不完的排放权卖给其他未完成减少排放目标的企业，以此减少温室气体排放。所有体系内成员必须符合欧盟温室气体排放交易指令的规定。

大的碳排放总量控制与交易体系，占到欧盟二氧化碳排放总量的 1/2[①]，另一重要的碳排放权交易市场为北美 CCX。

在 EU–ETS 市场中，交易的产品主要是 EUA（European Union Allowance，欧盟碳排放配额）和 CER。自 2013 年后，欧盟不再接受中国、印度等新兴国家新批准的 CDM 减排量指标。

如同其他大宗商品交易市场一样，碳市场中的价格也主要取决于供需关系。排放权交易配额初始供给及最终需求皆来自政府，交易期初政府依据减排目标确定配额发放总量。企业根据自身的减排决策形成二级市场的供需，但政府配额总量供给通常不受价格影响，因此企业实际排放和减排行动成为市场中唯一的变量。

图 1-4　2005—2017 年 EU-ETS 的 EUA 期货成交价格与成交量走势

① 商务部 .《欧盟碳排放交易体系》. http：//ee.mofcom.gov.cn/article/ztdy/201502/20150200888593.shtml.

图 1-5 2008—2017 年 EU-ETS 的 CER 期货成交价格与成交量走势

欧盟碳市场自二期（2008—2012 年）以来，引入配额跨期存储机制，允许企业在二期获得的 EUA 及部分 CER/ERU 存储到三期（2013—2020 年）使用。然而，CER 与一般商品市场中的互补类替代商品不同的是，CER 相对于 EUA 的替代是单向的，也就是说当 EUA 供应不足，价格上涨时，将带动 CER 价格上涨，CER 供应增加；但当 EUA 供应过量时，CER 价格的下跌却不能引起供应的减少。显然，当配额市场供大于求时，CER 必然下跌。配额 EUA 的供给总体上不稀缺甚至量很大，这样的情况也能在一定程度上解释 2013 年前后市场价格的暴跌。因而从排放权交易理论的角度，以及参考欧盟市场的经验，碳市场的健康发展需要政府的引导及扶持，政府在碳市场的政策执行过程中的及时学习、评估、调整是十分必要的。

1.3.2.3 我国低碳经济的实践

根据官方编制的温室气体排放清单，2005 年中国的各类别温室气体排放总量为 74.67 亿吨，其中能源活动是温室气体的主要来源，达到 57.69 亿吨，占到全部温室排放比重的 77.25%。目前，我国正在编制第三次国家温室气体排放清单，尚未正式发布 2005 年之后的温室气体清单。2016 年 9 月我国正式批准实施《巴黎协定》，承诺以 2005 年为基准，至 2020 年将碳排放强度降低 45%，2030 年降低 65%。

表 1-10　2005 年中国温室气体排放构成

单位：万吨

温室气体类别	二氧化碳	甲烷	氧化亚氮	氢氟碳化物	全氟化碳	六氟化硫	合计
温室气体排放总量	597 557	93 282	39 370	14 890	570	1 040	746 709
能源活动	540 431	32 403	4 030	—	—	—	576 864
工业生产过程	56 860	—	3 410	14 890	570	1 040	76 770
农业活动	—	52 857	29 140	—	—	—	81 997
废弃物处理	266	8 022	2 790	—	—	—	11 078
土地利用变化与林业	−42 153	66	7	—	—	—	−42 080
温室气体净排放总量（扣除土地利用变化与林业吸收汇）	555 404	93 348	39 377	14 890	570	1 040	704 629

资料来源：2005 年国家温室气体排放清单，中债资信整理。

表 1-11　我国国家层面涉及碳减排政策文件

地区	政策文件	主要内容
国务院	《"十三五"控制温室气体排放工作方案》	到 2020 年，单位国内生产总值二氧化碳排放比 2015 年下降 18%，碳排放总量得到有效控制。支持优化开发区域碳排放率先达到峰值，力争部分重化工业 2020 年左右实现率先达峰，能源体系、产业体系和消费领域低碳转型取得积极成效。全国碳排放权交易市场启动运行，应对气候变化法律法规和标准体系初步建立，统计核算、评价考核和责任追究制度得到健全，低碳试点示范不断深化，减污减碳协同作用进一步加强，公众低碳意识明显提升。
国家发展改革委	《温室气体自愿减排交易管理暂行办法》	鼓励基于项目的温室气体自愿减排交易。
国务院	《能源发展"十三五"规划》	至 2020 年末，能源消费总量控制在 50 亿吨标准煤以内，煤炭消费总量控制在 41 亿吨以内。非化石能源消费比重提高到 15% 以上，天然气消费比重力争达到 10%，煤炭消费比重降到 58% 以下，发电用煤占煤炭消费比重提高到 55% 以上，单位国内生产总值二氧化碳排放比 2015 年下降 18%。能源行业环保水平显著提高，燃煤电厂污染物排放显著降低，具备改造条件的煤电机组全部实现超低排放。

续表

地区	政策文件	主要内容
国务院	《可再生能源发展"十三五"规划》	到 2020 年，全部可再生能源年利用量 7.3 亿吨标准煤。其中，商品化可再生能源利用量 5.8 亿吨标准煤。实现 2020 年非化石能源占一次能源消费比重达到 15%。
国家发展改革委	《企业温室气体核算方法与报告指南》	为企业核算温室气体排放提供技术支持。
国务院	《国家应对气候变化规划（2014—2020 年）》	制定控制温室气体排放行动目标全面完成，低碳试点示范取得显著进展，适应气候变化能力大幅提升等目标。
国家发展改革委	《碳排放权交易管理条例》	加强对温室气体排放的控制和管理，规范碳排放权交易市场的建设和运行。

　　根据我国 2000—2015 年的能源消费数据，中债资信测算的我国能源消费带来的二氧化碳排放情况如图 1-6 所示。"十五"、"十一五"期间，伴随我国经济快速发展和能源消费的大幅提升，能源消费的二氧化碳排放量整体增长趋势较为显著；到"十二五"期间，随着我国调整产业结构、改善能源结构和节能减排工作的推进，以及社会经济逐步进入新常态发展阶段，能源消费的二氧化碳排放量增长幅度渐趋平缓，其中 2015 年比 2014 年的排放量有小幅的下降。

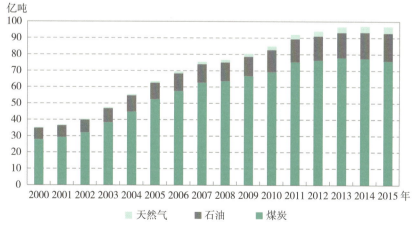

资料来源：中债资信根据国家统计局能源消费量数据，IPCC 推荐的原煤、原油和天然气的单位热值二氧化碳排放系数测算所得。

图 1-6　2000—2015 年我国能源二氧化碳排放量变化

此外，根据 2017 年 7 月 5 日，《BP 世界能源统计年鉴（2017 年）》（中文版）发布的数据显示，中国 2016 年的二氧化碳排放量连续两年下降，降幅为 0.7%；同时，煤炭虽仍是中国能源消费中的主要燃料（占比为 62%），但是其产量下降 7.9%，创下自该年鉴 1981 年开始追踪该数据以来的最大年度降幅。

由于我国仍是世界上最大的发展中国家，工业化进程和基础设施建设仍在进行中，我国碳排放量总体上仍有继续增长的趋势。针对此实际情况，为了实现我国承诺的减排和达峰目标，我国也在多个方面开展实际行动，推动能源结构调整，推广低碳技术，发展低碳产业，并全面开展碳排放交易体系的建设。

改善能源结构——碳排放强度与能源消耗最为紧密相关，推进可再生能源在一次能源消费的比重，提高能源利用效率，成为低碳发展的有效途径。我国在 2010 年超越美国成为世界最大的能源消费国，根据国家统计局发布的《2017 年国民经济和社会发展统计公报》中的初步核算，2017 年全年能源消费总量 44.9 亿吨标准煤，比上年增长 2.9%。煤炭消费量增长 0.4%，原油消费量增长 5.2%，天然气消费量增长 14.8%，电力消费量增长 6.6%。煤炭消费量占能源消费总量的 60.4%，比上年下降 1.6 个百分点；天然气、水电、核电、风电等清洁能源消费量占能源消费总量的 20.8%，上升 1.3 个百分点。总体上看，我国能源消费结构正在逐步改善，其中煤炭消费占比仍在持续减小，天然气等相对低碳的化石能源消费比重略有上升，而清洁能源的比重仍在继续增长。

在国家发展改革委和能源局联合发布的《能源发展"十三五"规划》中，能源的环保低碳成为重要目标之一，至 2020 年，规划要求单位国内生产总值二氧化碳排放比 2015 年下降 18%；此外，煤电平均供电煤耗下降到每千瓦时 310 克标准煤以下、非化石能源消费比重提高到 15% 以上、煤炭消费比重降低到 58% 以下均作为约束性指标列入规划。

低碳技术推广——作为推进我国低碳发展的重要政府部门，国家发展改革委一直致力于大力推动节能低碳的相关技术应用，并持续发布多项技

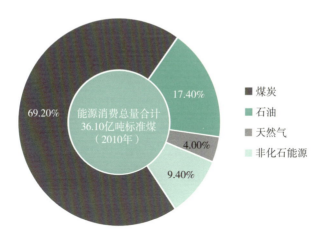

资料来源：《能源发展"十三五"规划》，中债资信整理。

图 1-7　2010 年我国一次能源消费结构

资料来源：国家统计局，中债资信整理。

图 1-8　2016 年我国一次能源消费结构

术指导性文件，将各时期各重点行业适用的节能低碳最新相关技术，进行整理汇总和发布推广。

2008 年 5 月，发展改革委为加快重点节能技术的推广普及，引导企业采用先进的节能新工艺、新技术和新设备，大幅度提高能源利用效率，公布了《国家重点节能技术推广目录（第一批）》，文件涉及煤炭、电力、钢铁、有色金属、石油石化、化工、建材、机械、纺织 9 个行业，共 50

项高效节能技术。

2014 年 12 月底，发展改革委对 2008 年后共计六批的《国家重点节能技术推广目录》的技术进行了更新，并征集了一批当时的最新技术，更新为《国家重点节能低碳技术推广目录（2014 年本，节能部分）》（以下简称《低碳推广目录》）。《低碳推广目录》旨在加快节能技术进步和推广普及，引导用能单位采用先进适用的节能新技术、新装备、新工艺，促进能源资源节约集约利用，缓解资源环境压力。此后，2015 年 12 月和 2016 年 12 月又按年度进行了更新完善，并同时废止上一年度的《低碳推广目录》。目前，2016 年 12 月的最新版本《低碳推广目录》涉及煤炭、电力、钢铁、有色、石油石化、化工、建材、机械、轻工、纺织、建筑、交通、通信 13 个行业，共 296 项重点节能技术，较 2014 年增加了 78 项。

2017 年 3 月，发改委又发布了《国家重点节能低碳技术推广目录》（2017 年版，低碳部分），此文件为《低碳推广目录》的补充性文件，涵盖非化石能源、燃料及原材料替代、工艺过程等非二氧化碳减排、碳捕集利用与封存、碳汇等领域，共 27 项国家重点推广的低碳技术。

发展低碳产业——碳减排行动中通常涉及社会经济生活中的方方面面，但从行业发展的角度，我国低碳产业的发展也开展了诸多的实践。

新能源电力产业方面，我国的风电和光伏发电基本均是从 2005 年前后开始起步，经历了十年多的时间，均已一跃成为全球光伏与风力电力生产行业的首位；此外，包括核电、水电在内的清洁能源在整体能源结构中占比持续增高，有助于实现我国总体能源的低碳化和清洁化。

2017 年，我国光伏发电新增装机容量 5 337 万千瓦，累计装机容量 13 025 万千瓦，新增和累计装机容量均为全球第一。其中，光伏电站累计装机容量 10 059 万千瓦，分布式累计装机容量 2 966 万千瓦。全年发电量 1 182 亿千瓦时，占我国全年总发电量的 2%。

2017 年，全国风电全年新增风电装机 1 952 万千瓦，累计并网装机容量达到 1.64 亿千瓦，占全部发电装机容量的 9%；风电发电量 3 057 亿千瓦时，占全部发电量的 5%；2017 年，全国风电平均利用小时数 1 948 小时，同比增加 206 小时，全年弃风电量 419 亿千瓦时。

不过，我国多地区仍受限于负荷中心与电力生产中心存在距离，且远距离输电网仍需进一步完善，弃风弃光的现象仍不同程度存在。后续能源结构、电力生产与电网调度的整体优化升级，则是相关行业需要重点提升的方面。此外，新能源电力生产的上游设备制造，如光伏行业上游的多晶硅生产行业、风机等设备制造业，在生产环节同样需要消耗可观的资源与能源，并伴生一定的污染。所以从全产业链或者全社会效益最大化的角度，也应当注意相关行业的技术升级和改造，降低环境污染，减少能源消耗。

低碳交通方面，低碳交通领域突飞猛进。主要包括大力推进公共交通事业的发展和新能源汽车的推广普及。我国新能源汽车市场从 2006 年前后起步，2006—2010 年年均产量不足 7 000 辆，市场规模非常小。但由于新能源汽车所受到的政策倾斜、财政补贴和部分小汽车限购城市优先配置等实际便利，从 2014 年开始快速增长，到 2016 年，我国新能源汽车产量51.7 万辆，销量 50.7 万辆。虽然相比同期我国汽车市场总体 2 800 万辆的总产销量规模，新能源汽车这一细分市场的占比仍微小，但我国新能源汽车市场所取得的进步确实值得肯定。国际上不同国家关于新能源汽车的定义目前虽仍有所差异，但中国新能源汽车市场的规模整体上处于世界前茅。并且，新能源汽车相对更节约能源，且在运营或使用阶段的低排放或者零排放，将进一步有助于减少城市能源消耗，改善城市的空气质量，并减少交通源的碳排放。当然从全产业角度看，生产中动力电池生产环节的污染控制、后续报废环节废弃的动力电池的妥善处理处置和无害化，亦需要持续做好相应的工作。

城市交通中，轨道交通通常被认为是最为低碳的出行方式。截至 2016年末，中国大陆地区（不含港澳台）共 30 个城市开通城市轨道交通运营，共计 133 条线路，运营线路总长度达 4 152.8 公里；其中，地铁 3 168.7 公里，其他制式运营线路长度 984.1 公里。截至 2016 年末，全国有 48 个城市在建轨道交通线路 5 636.5 公里；获得城市轨道交通项目建设批复的城市有 58 个，规划线路总长度 7 305.3 公里，2016 年累计完成客流量 160.9 亿人次，客运周转量总计为 1 328.5 亿人公里；轨道交通平均负荷强度 0.83 万人次／（日·公里）。按城市地铁运行里程排名，我国的上海和北京占据世界各城市的前两位，前 30 名中国城市就占据了 9 席。地铁作为低碳的出行方式，其单位客运周转量的能耗仅为公共汽车的约 1/15，小汽车的约 1/40，地铁出行也因其低碳准时、舒适便捷，而日益成为城市居民的优先选择。

重点行业的低碳节能升级——"十二五"以来，我国已制定了 73 项单位产品能耗限额标准和 54 项终端用能产品能效标准，对重点行业的强制性能效、能耗限额标准适时进行更新和调整。2014 年 12 月，工信部为贯彻落实《节约能源法》，充分发挥能效标准、标识和行业能效标杆在促进工业企业持续提升能效方面的引领作用，制定《全国工业能效指南（2014 年版）》。指南涉及了六大重点耗能行业包括钢铁、有色、石油、化工、建材、电力行业。2015 年，我国工业能源消费总量占全社会能耗 67.99%，而其中上述六大重点行业消费总量占工业能源消费总量的 74.41%，此份额比文件中披露的 2012 年占比 72.41% 又提高了 2 个百分点。重点行业的产品或工序设定能耗的准入值、限定值，并标明行业的平均值和先进值，有助于项目建设审批环节，确认相关行业建设的先进程度，并推动对应行业的企业根据产品或工序的行业水平，开展相应的节能升级和技术改造。目前《全国工业能效指南》尚未有更新版公布。

推进环保产业——我国一直在推动水、大气、土壤污染防治的行动计划，中央政府先后出台了"大气十条""水十条""土十条"等环境保护措施，推动污染防治区域、流域联动与海陆统筹，推进污染治理和环境改善。污染集中治理和资源循环利用，可以实现能源节约和资源的高效率使用，并减少污染排放，同样有助于碳减排。

2016 年末我国城市污水处理厂日处理能力 14 823 万立方米，城市污水处理率为 92.4%；城市生活垃圾无害化处理率为 95.0%。我国城市的污水处理能力和处理率、垃圾处理处置水平，已经达到了国际较为先进的水平，但是农村的污水处理、垃圾处理处置等方面，则仍有待建设和完善。此外，包括污水处理厂、垃圾填埋场等污染处理处置设施的温室气体排放控制，目前国内所做工作尚不充分，后续仍需推动相关设施运行管理的改进和完善。

大气污染治理方面，从我国燃用一半左右煤炭的电力行业看，截至 2016 年底，全国已投运火电厂烟气脱硫机组容量约 8.8 亿千瓦，占全国煤电机组容量的 93.0%，如果考虑具有脱硫作用的循环流化床锅炉，全国脱硫机组占煤电机组比例接近 100%；已投运火电厂烟气脱硝机组容量约 9.1 亿千瓦，占全国火电机组容量 85.8%。同时，我国单位火电发电量二氧化碳排放约 822 克 / 千瓦时，比 2005 年下降 21.6%。此外，全国燃煤电厂粉煤灰产量约 5.0 亿吨，综合利用率约为 72%。非电行业的大气污染控制工作，目前也已经陆续开展，包括石化、钢铁、水泥等行业领域的均开始开展脱硫脱硝和除尘的工作。

我国对应的污染治理的相关设备生产、工程施工、项目运营的相关产业，均得到了快速发展。我国环保产业的总产值从 2000 年的不足 2 000 亿元增加到 2015 年的 45 531.7 亿元[1]。未来随着大气治理、水治理和土壤治理工作的需求，以及包括河道治理等厂外治理、环境监测等项目的需求，环保产业将得以进一步发展。

低碳城市试点——国家发展改革委分别于 2010 年和 2012 年组织开展了两批低碳省区和城市试点，2017 年 1 月，发展改革委发布了《关于开展第三批国家低碳城市试点工作的通知》（发改气候〔2017〕66 号），确定在内蒙古自治区乌海市等 45 个城市（区、县）开展第三批低碳城市试点。加上前两批低碳试点省市总数 42 个（6 个省区低碳试点，36 个低碳试点

---

① 中国环境网 . http://www.cenews.com.cn/zfzj_3479/xydt/201712/t20171201_860039.html.

城市），目前我国开展低碳试点的省市总数共计 97 个。试点工作鼓励更多的城市探索和总结低碳发展经验，结合本地区自然条件、资源禀赋和经济基础等方面情况，积极探索适合本地区的低碳绿色发展模式和发展路径，加快建立以低碳为特征的工业、能源、建筑、交通等产业体系和低碳生活方式。

碳排放交易体系建设——我国碳排放权交易市场的发展至今可以分为三个阶段，首先为 2002 年启动的 CDM 阶段，其次为 2011 年推动的碳排放权交易所试点，再者就是 2017 年末建立的全国统一碳排放权配额交易市场。

我国 CDM 机制实施最早可追溯到 2002 年与荷兰政府签订的内蒙古地区辉腾锡勒风电项目。2006 年，我国超越印度、巴西成为 CDM 项目第一大国。截至 2017 年 8 月末，我国已获得 CERs 签发 CDM 项目为 1 557 个。由于欧盟自 2013 年后不再接受中国、印度等新兴国家新批准的 CDM 减排量指标。受此影响，我国 CDM 项目逐步转为国内市场。依据 CDM 机制运行思路，鼓励基于项目的温室气体自愿减排交易，我国在 2012 年 5 月出台了《温室气体自愿减排交易管理暂行办法》，建立起温室气体自愿减排交易机制，只需国家发展改革委审批即可进行项目实施的减排机制，经备案的减排量称为"核证自愿减排量"（Chinese Certified Emission Reduction，CCER）[①]。企业在取得 CCER 之后，即可在交易所内开展 CCER 等碳资产交易。我国温室气体自愿减排交易机制涵盖二氧化碳、甲烷、氧化亚氮、氢氟化合物、全氟化碳和六氟化硫六种温室气体。目前，国内参与自愿减排的企业主要处于项目注册阶段。

---

① 单位为吨二氧化碳当量（tCO_2e）。

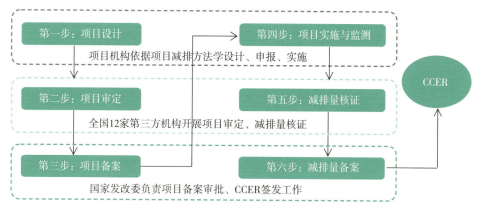

资料来源：公开资料，中债资信整理。

图 1-9　我国自愿减排交易机制运行机制

截至 2016 年 8 月 23 日，国家发展改革委批准的全部 CDM 项目 5 074 项，合计减排量 7.82 亿吨二氧化碳当量。截至 2015 年 7 月，我国在 EB 注册的全部 CDM 项目合计 3 807 项，估计年减排量 6.27 亿吨二氧化碳当量。另外，截至 2017 年 8 月末，我国已获得 CERs 签发的全部 CDM 项目 1 557 项，估计年减排量为 3.58 亿吨二氧化碳当量，其中以四川、山西、内蒙古、云南、江苏、浙江、山东等省区的年核证减排量领先于其他省区。

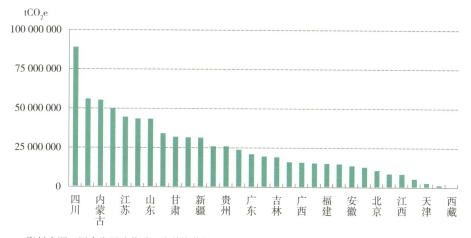

资料来源：国家发展改革委，中债资信整理。

图 1-10　截至 2016 年 8 月国家发展改革委批准的全部 CDM 项目估计年减排情况

　　碳排放交易试点建设方面，我国于"十二五"期间正式启动碳排放权交易市场建设工作，2011年10月首期确定北京市、天津市、上海市、重庆市、湖北省、广东省及深圳市七地为碳排放权交易市场试点地区，碳排放权交易工作步入实施阶段；而后，2016年12月，福建省、四川省相继成为我国第二批碳排放权交易试点地区。碳排放权交易试点逐步启动运行，共纳入近3 000家重点排放单位，截至2017年底，7个试点碳市场累计成交量突破2亿吨，累计成交金额超过47亿元人民币。2017年12月18日，国家发展改革委下发了《全国碳排放权交易市场建设方案（发电行业）》，12月19日国家发展改革委召开全国电视电话工作会议，就全面落实《方案》任务要求，推动全国碳排放权交易市场建设作动员部署，全国碳排放权交易市场正式启动。

　　根据全国碳排放权交易试点五年来的运行表现来看，早期的碳排放权交易示范意义大于实际意义，碳排放权交易价格在2013年达到高点以后，逐步走低趋稳。以最早开展碳排放权交易试点的深圳排放权交易所为例，2013年10月17日，深圳碳排放权交易价格达到122.97元/吨，之后交易价格逐步走低，至2017年9月末，深圳交易所碳排放权交易价格维持在27元/吨波动。

表1-12　我国碳排放权交易试点地区

碳排放权交易试点地区	交易市场	启动时间
北京	北京环境交易所	2013年11月
天津	天津排放权交易中心	2013年12月
上海	上海环境能源交易所	2013年11月
重庆	重庆碳排放权交易中心	2014年6月
湖北	湖北碳排放权交易中心	2014年4月
广东	广州碳排放权交易中心	2013年12月
深圳	深圳排放权交易所	2013年6月
四川	四川碳市场交易平台	2016年12月
福建	福建海峡股权交易中心	2016年12月

资料来源：公开资料，中债资信整理。

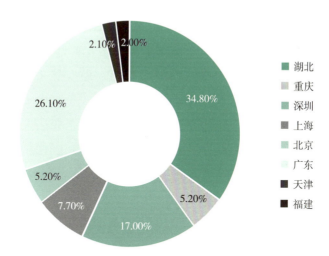

资料来源：中国碳排放交易网，中债资信整理。

图 1-11　截至 2018 年 5 月试点碳排放交易地区情况

资料来源：公开资料，中债资信整理。

图 1-12　全国碳排放权交易试点地区运行情况

　　统一碳排放交易市场建设方面，作为碳排放权交易体系的基础工作，确定覆盖范围、碳排放总量和配额的分配制度显得尤为重要。首先，确定覆盖范围即是确认碳排放权交易市场所覆盖的行业与温室气体种类，同时对碳排放的履约主体设置一定的"门槛"，对纳入门槛内的企业进行碳排放监管。我国自 2016 年初启动全国统一碳排放交易市场建设工作，一期共覆盖石化、化工、建材、钢铁、有色、造纸、航空等 8 个行业，市场参与主体初步考虑为业务涉及上述重点行业，其 2013—2015 年中任意一年综合能源消费总量达到 1 万吨标准煤以上（含）的企业法人单位或独立核算企业单位。其中参与主体的碳排放核算方法可参考国家发展改革委在 2013—2015 年发布的覆盖电力、化工、钢铁、水泥、航空、石油生产等 24 个行业的温室气体排放核算方法[①]。

其次，碳排放总量是指政府设定碳排放权交易体系中各行业所允许排放温室气体的最大总量值，其通常与区域内的总体节能减排目标保持一致，并随着时间逐步下降。我国碳排放总量预计将在 2030 年达到峰值，总量约为 110 亿吨。为此，我国提出到 2030 年单位国内生产总值二氧化碳排放将比 2005 年下降 60%~65%，森林蓄积量比 2005 年增加 45 亿立方米左右[②]。"十三五"期间，我国将在重点行业和各省区逐步实施碳排放总量控制步骤，计划到 2020 年，单位国内生产总值二氧化碳排放比 2015 年下降 18%。其中，能源消费总量控制在 50 亿吨标准煤以内，单位国内生产总值能源消费比 2015 年下降 15%，非化石能源比重达到 15%，大型发电集团单位供电二氧化碳排放控制在 550 克二氧化碳／千瓦时以内，有效控制碳排放总量的增长幅度。

2017 年 12 月，《全国碳排放权交易市场建设方案（发电行业）》的正式印发，标志着全国统一碳排放交易市场成立，选择以电力行业为突破口启动全国碳排放交易体系，是因为电力行业是目前条件最为具备、数据最为完整的行业，未来将逐步扩大参与碳市场的行业范围和交易主体范围、增加交易品种。

---

① 发改办气候〔2013〕2526 号、发改办气候〔2014〕2920 号和发改办气候〔2015〕1722 号。
② 2015 年 9 月《中美元首气候变化联合声明》。

1.3.3　典型绿色经济之一——循环经济

从物质流动的方向看，传统工业社会的经济是一种单向流动的线性经济，即"资源→产品→废物"，这一模式下经济的增长，依靠的是高强度的开采和消耗资源，进而给生态环境带来较重的负担与压力。与之对应的是，循环经济的增长模式是"资源→产品→再生资源"，是一种物质闭环流动型的经济模式，能够实现有限资源的高效利用。随着人类社会对生态环境保护与可持续发展理论的认识不断深入，循环经济受到社会越来越多的重视。

1.3.3.1　循环经济的概念

循环经济，是指在生产、流通和消费等过程中进行的减量化、再利用与资源化活动。循环经济的三大基础性原则（又名"3R 原则"）包括资源利用的减量化原则、产品生产的再使用原则、废弃物的再循环原则。以上三大原则构建了循环经济的逻辑性框架。

其中，减量化原则是指在生产、流通和消费等过程中减少资源消耗和废物产生，要求在产品生命周期的前端提高效率、减少消耗，进而从源头控制住流入生产与消费环节的物质和能量。再使用原则是指将废物直接作为产品或者经修复、翻新、再制造后继续作为产品使用，或者将废物的全部或者部分作为其他产品的部件予以使用。再循环原则是指将废物直接作为原料进行利用或者对废物进行再生利用，是产品生命周期的末端，仅针对那些经过减量化、再使用仍无法进入循环的物质或能量，通过工艺创新使其重塑或改变形式，作为生产原料再次进入循环。总体而言，循环经济的三大基础原则以产品的生命周期为基础，环环相扣，互为因果，构成了循环经济模型的理论体系。

实践中，可以从微观、中观和宏观三个层面实现循环经济的原则。微观层面，企业可以在产区内部构建一个微型循环系统，如化工企业加强提纯工艺，并将副产物再次转化为原料重新进入循环。中观层面，可以开展循环经济产业园的建设，实现上下游企业间的物质循环。宏观层面，可以由上述各微观循环和中观循环构成，社会经济活动的每个参与者均完成大循环中的某一项职责，进而实现宏观经济领域的循环。

1.3.3.2 我国循环经济的实践

1.3.3.2.1 循环经济的政策法规的推动

法律方面，我国于 2009 年 1 月 1 日开始施行《循环经济促进法》，从促进循环经济发展的基本管理制度、减量化、再利用和资源化、激励措施及法律责任等方面作出了规定，标志着我国发展循环经济有了法律依据与保障。

政策方面，我国循环经济政策总体上可分为指导文件、产业政策、财政政策、税收政策和投融资政策几大类，其主要内容具体如表 1-13 所示。

表 1-13　国内循环经济主要政策文件梳理

政策类别	政策名称	文号	主要内容
指导文件	关于加快发展循环经济的若干意见	国发〔2005〕22 号	明确发展循环经济的重点工作和重点环节，加强对循环经济发展的宏观指导，加快循环经济技术开发和标准体系建设，建立和完善促进循环经济发展的政策机制，坚持依法推进循环经济发展，加强对发展循环经济工作的组织和领导。
	关于印发循环经济发展战略及近期行动计划的通知	国发〔2013〕5 号	分析循环经济的发展与现状，明确指导思想、基本原则和主要目标，构建循环型工业、农业、服务业体系，推进社会层面循环经济发展，实施循环经济"十百千"示范行动。
产业政策	关于推进再制造产业发展的意见	发改环资〔2010〕991 号	明确推进再制造产业发展的重大意义，分析我国再制造产业发展现状，指出推进再制造产业发展的指导思想和基本原则，细化重点领域，同时强调支撑体系与政策保障。
	关于印发农业综合开发区域生态循环农业项目指引（2017—2020 年）的通知	农办计〔2016〕93 号	明确我国发展循环农业的总体目标，即 2017—2020 年建设区域生态循环农业项目 300 个左右，积极推动资源节约型、环境友好型和生态保育型农业发展，进一步指出主要建设内容。
	关于印发《高端智能再制造行动计划（2018—2020 年）》的通知	工信部节〔2017〕265 号	指出我国发展高端智能再制造行动计划的目标，包括到 2020 年，突破一批制约我国高端智能再制造发展的拆解、检测、成形加工等关键共性技术，智能检测、成形加工技术达到国际先进水平等，细化主要任务。

续表

政策类别	政策名称	文号	主要内容
财政政策	中央财政清洁生产专项资金管理暂行办法	财建〔2009〕707 号	明确对应用示范项目，按照不超过项目总投资的 20% 给予资金补助；对推广示范项目，按照不超过项目实际投资额的 15% 给予资金奖励。
	关于印发循环经济发展专项资金支持餐厨废弃物资源化利用和无害化处理试点城市建设实施方案的通知	发改办环资〔2011〕1111 号	对于餐厨废弃物资源化利用和无害化处理试点城市建设，中央财政采取预拨与清算相结合的综合财政补助方式予以支持，补助资金由地方政府根据有关建设方案统筹使用，专项用于餐厨废弃物收运和利用体系建设。
税收政策	关于再生资源增值税政策的通知	财税〔2008〕157 号	对再生资源产品、污泥处置等资源综合再利用产品及相关企业给予增值税与企业所得税方面的税收优惠。
	关于资源综合利用及其他产品增值税政策的通知	财税〔2008〕156 号	
	关于公布资源综合利用企业所得税优惠目录（2008年版）的通知	财税〔2008〕117 号	
投融资政策	关于支持循环经济发展的投融资政策措施意见的通知	发改环资〔2010〕801 号	全面改进和提升支持循环经济发展的金融服务，明确信贷支持重点，积极创新金融产品和服务方式，积极通过各类债权融资产品和手段支持循环经济发展，发挥股权投资基金和创业投资企业的资本支持作用，支持资源循环利用企业融资。

资料来源：公开资料，中债资信整理。

可以看出，我国已制定多项政策文件，保障循环经济发展战略的落实。鉴于循环经济发展的层次性与复杂性，同时也需要地方政府结合国家整体战略与地方产业特点制定差异性政策。其中，甘肃省、江苏省、广东省、陕西省、山西省、大连市等地已制定地方性循环经济促进条例或实施办法。

1.3.3.2.2　循环经济试点示范的推广

我国亦重视推动国内循环经济的发展。2005 年以来，国家发展改革委等部委开展了两批国家循环经济试点示范工作。经过试点前期的探索与实践，第一批 84 家、第二批 66 家国家循环经济试点示范单位分别于 2014年 11 月、2015 年 5 月通过验收。考虑到按照循环经济的尺度，可将其实践划分为宏观的合作消费、零废弃物社会，中观的生态产业园，以及微观的清洁生产机制，分别对应省市、园区及企业 3 个级别，中债资信拟据此将通过验收的试点单位进行分类，具体如图 1-13 所示。

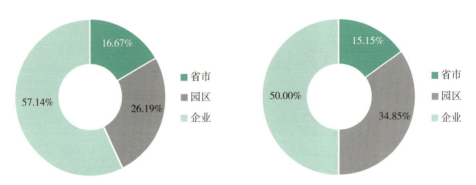

注：含原则通过的试点示范单位。
资料来源：国家发展改革委网站，中债资信整理。

图 1-13　第一批验收的循环经济试点示范（左）、第二批（右）单位分类

从以上统计结果中可以看出，两批通过验收的试点单位以企业为主。企业是社会实践应用循环经济理念的基础主体，从其所属行业类型来看，这些企业多集中于化工、钢铁、冶金及再生资源等高能耗、高物耗重点行业，具体如图 1-14 所示。

注：含原则通过的试点示范单位。
资料来源：国家发展改革委网站，中债资信整理。

图 1-14　第一批验收的循环经济试点企业（左）、第二批（右）行业分类

基于循环经济实践的层次性，中债资信分别选取了区域、园区、行业三个层次的典型案例，对其应用循环经济的方式、模式及成效进行了总结，概括展现循环经济理念在国内的实践情况。

（1）浙江省

浙江省循环经济发展起步较早，并于"十五"时期正式启动循环经济工作。2007 年 12 月，浙江省被确定为循环经济试点省，先后印发实施《浙江省循环经济试点实施方案》《浙江省人民政府关于加快循环经济发展的若干意见》等指导性文件，探索发展循环经济。

具体实践层面，浙江省于 2011 年发布了《浙江省循环经济"991"行动计划（2011—2015 年）》，作为省内推动循环经济工作的行动纲要。其中，"991"行动计划具体指发展循环经济九大领域、打造循环经济九大载体、实施循环经济十大工程。2008—2015 年，浙江省每年编制下发全省发展循环经济"991"行动计划重点项目，在城市矿产、园区循环化改造、餐厨废弃物资源化利用和无害化处理等领域筛选一批重点示范型项目加以推进和实施，在此期间，共实施此类项目 1 818 个，总投资 5 265.2 亿元，形成了较好带动作用，其在循环经济方面近年实现及近期规划的指标具体如表 1–14 所示。

表 1–14 浙江省循环经济发展指标实现及规划情况

指标类型	序号	指标名称	单位	2010 年	2015 年	2020 年（规划）
综合指标	1	万元 GDP 能耗	吨标煤 / 万元	0.72	0.48	—
	2	万元 GDP 用水量	立方米 / 万元	94	45	35
	3	单位建设用地生产总值	万元 / 亩	15.9	22.4	32
专项指标	4	主要再生资源回收利用率	%	—	—	75
	5	工业固体废弃物综合利用率	%	91.2	93.2	95
	6	农作物秸秆综合利用率	%	75	89	95
	7	规模畜禽养殖场整治达标率	%		92.9	100
	8	农田灌溉水有效利用系数			0.582	0.60
	9	非化石能源占一次能源消费比重	%	9.8	16	20 左右
	10	节能环保产业总产值	亿元	—	（5 300）	10 000

资料来源：浙江省发展改革委，中债资信整理。其中，（ ）内数据为 2014 年现状值。

（2）山东省"城市矿产"产业园区

"城市矿产"是对城市废弃资源再生利用规模化发展的形象比喻。因为"城市矿产"中含有大量废钢铁、废有色金属、废塑料、废橡胶、废造纸原料、废玻璃、废弃电子产品及报废机动车，载有原生资源加工过程中的能耗、物耗等，其充分回收利用，对落实循环经济有重要意义。

山东省按照"城市矿产"不同重点品种聚集地和合理经济流向，先后设立了青岛新天地静脉产业园等3个国家级的"城市矿产"示范基地，在滨州邹平县青阳镇等地区设立了8个省级"城市矿产"示范产业园，在17个市设立了30个市县级"城市矿产"产业园。通过设立以上专项产业园或聚集区，解决了"城市矿产"产生于工业生产、社会生活的各个领域，其回收利用不能仅依靠原有"小、散、弱"分布格局的问题。

"十二五"期间，山东省以废钢铁、废有色金属、废塑料、废橡胶、废造纸原料、废玻璃、报废机动车和废弃电子产品8大类的"城市矿产"回收利用总量为6 502.58万吨，主要"城市矿产"综合回收利用率为65%，较好实现了循环经济对有限资源高效利用的目标[1]。

重点行业的循环经济实践

（3）化工行业

当前，我国化工行业的发展正朝着工业园区建设的方向而努力，通过化工园区的建立来实现循环经济发展模式的落实。因为化工行业具有产品链长、关联度高的特点，往往上游工序的产品可作为下游工序的原料，生产装置可以通过管道连接。化工园区的建设不仅可节省原料运输费用，而且相互关联的化工装置聚在一起，有利于生产控制、安全操作及"三废"的集中治理[2]。

---

[1] 王立来，邱明琦.山东省"城市矿产"产业园区建设运营情况简析 [J].再生资源与循环经济，2017，10（2）：17-20.

[2] 谢家平，孔令丞，籍巍.化工园区循环经济建设模式与启示 [J].当代经济管理，2009，31（2）：25-28.

表 1-15 化工园区循环经济运行模式的比较分析

模式名称	特征	代表性案例
核心企业模式	围绕一家或几家大型核心化工企业形成，大型企业主导模式运行	四川泸州"西部化工城"
复合共生模式	各节点企业复合共生；受利益驱动，市场为主要调节手段	天津经开区化学工业园区、沧州临港化学工业园区、浙江衢州沈家生态工业园区
联合生产模式	大型化工企业构成主体网络，中小企业形成子网络，融合了核心企业和复合共生的特点	上海化学工业园区

（4）钢铁行业

钢铁行业具有钢铁生产、能源转换、废弃物回收利用三大功能，该行业循环经济发展模式也是围绕这三大功能而展开，具体通过大、中、小三个循环来实现[①]。以曹妃甸为例，曹妃甸是我国重要的钢铁产业基地，随着首钢整体搬迁至曹妃甸，曹妃甸一跃而成为我国北方最大的钢铁生产中心，而循环经济思想贯穿其发展的各方面，其循环经济应用的具体模式如表 1-16 所示。

表 1-16 曹妃甸钢铁产业开展循环经济建设的具体模式

模式	定义	典型实践操作
小循环模式	钢铁企业内部以生产为核心的多个连续工序间的循环	铁元素、废弃能源、废水、固体废弃物的循环利用
中循环模式	钢企与曹妃甸工业园内的其他机械、化工、建材、供电等企业组建资源与能源共享的产业链	首钢利用回收的干熄焦高温余热、高炉炉顶煤气余压来发电，使钢厂产生的富余煤气全部得到利用
大循环模式	钢铁企业与社会之间的物质和能量流动	钢厂余热发电可以服务社会，余热可供厂区周边社区取暖以替代燃煤锅炉

1.3.3.2.3 循环经济评价体系的探索

循环经济的目标是最大限度地利用有限的自然资源推进经济社会的进

---

① 白婕 . 曹妃甸钢铁产业循环经济模式及对策研究 [J]. 河北企业，2014（9）：29-30.

步，其覆盖范围涉及较广。分析与监测循环经济的发展状况与实现程度，需要建立一套科学、严谨、完整的循环经济评价指标体系，进而为循环经济的发展规划提供决策服务。

国家及省域循环经济评价指标——国家发展改革委等部委于 2016 年底联合发布了《循环经济发展评价指标体系（2017 年版）》，该指标体系从体例上分为综合指标、专项指标和参考指标 3 大类。上级政府可以根据主要评价指标，对下级政府发展循环经济的状况定期进行考核，并将主要评价指标完成情况作为对地方政府及其负责人考核评价的内容。

其中，综合指标主要从资源利用水平和资源循环水平方面进行考虑，包括 2 个指标。专项指标包括 11 个指标，主要可分为资源产出效率指标、资源循环利用（综合利用）指标和资源循环产业指标。参考指标主要是废弃物末端处理处置指标，包括 4 个指标，用于描述工业固体废物、工业废水、城市垃圾和污染物的最终排放量。在专项指标的具体选择上，资源产出效率指标主要从能源资源、水资源、建设用地等方面进行考察；资源循环利用（综合利用）指标的选择，兼顾了农业、工业、城市生产生活等；资源循环产业指标，则主要从相应产业规模方面进行考察，包括资源循环利用产业总产值指标。

表 1-17　国家及省域循环经济发展评价指标体系及计算方法

分类	序号	指标	单位	计算方法
综合指标	1.1	主要资源产出率	元 / 吨	国内生产总值与主要资源实物消费量的比值
	1.2	主要废弃物循环利用率	%	主要废弃物（农作物秸秆、一般工业固体废物、主要再生资源、建筑垃圾、餐厨废弃物）资源化利用率相关指标的赋权平均值
专项指标	2.1	能源产出率	万元 / 吨标煤	国内生产总值与能源消费量的比值
	2.2	水资源产出率	元 / 吨	国内生产总值与总用水量之比
	2.3	建设用地产出率	万元 / 公顷	国内生产总值与建设用地总面积之比
	2.4	农作物秸秆综合利用率	%	秸秆肥料化（含还田）、饲料化、食用菌基料化、燃料化、工业原料化利用总量与秸秆产生量比值

续表

分类	序号	指标	单位	计算方法
专项指标	2.5	一般工业固体废物综合利用率	%	一般工业固体废物综合利用量占工业固体废物产生量（包括综合利用往年贮存量）的百分率
	2.6	规模以上工业企业重复用水率	%	规模以上工业企业重复用水量占企业用水总量的比率
	2.7	主要再生资源回收率	%	废钢、废有色金属、废纸、废塑料、废橡胶、报废汽车、废弃电器电子产品七类主要再生资源回收量与产生量的比值
	2.8	城市餐厨废弃物资源化处理率	%	城市建成区餐厨废弃物资源化处理总量占产生量比率
	2.9	城市建筑垃圾资源化处理率	%	城市建成区建筑垃圾资源化处理总量占产生量的比率
	2.10	城市再生水利用率	%	城市再生水利用量占城市污水处理总量的比率
	2.11	资源循环利用产业总产值	亿元	开展资源循环利用活动所产生的总产值
参考指标	3.1	工业固体废物处置量	亿吨	指企业将工业固体废物焚烧和其他方法达到减少或消除危险成分的活动，或者最终置于符合环保要求的填埋场的活动中，所消纳固体废物的量
	3.2	工业废水排放量	亿吨	经过企业厂区所有排放口排到企业外部的工业废水量
	3.3	城镇生活垃圾填埋处理量	亿吨	采用卫生填埋方式处置生活垃圾的总量
	3.4	重点污染物排放量（分别计算）	万吨	化学需氧量、氨氮、二氧化硫、氮氧化物及地区环境质量超标污染物的排放量，分别统计

资料来源：《循环经济发展评价指标体系（2017 年版）》，中债资信整理。

　　以上指标体系，适用于国家、省域等两个层面。对于市县级循环经济评价指标体系，可以根据以上指标体系原则制定。

　　煤炭矿区循环经济评价指标——当前我国已经发布了 2 000 多项循环经济相关的标准，但在关于园区的循环经济发展水平评价方面，只有 GB/T 28397—2012《煤炭矿区循环经济评价指标及计算方法》和 GB/T 31088—2014《工业园区循环经济管理通则》2 项标准[①]。

――――――――――

① 贾爱娟. 基于 3R 原则的循环经济标准体系研究 [J]. 标准科学，2016（10）：26-30.

　　煤炭矿区循环经济评价指标体系包括一级指标和二级指标。一级指标具有普适性、概括性，可分为资源产出指标、资源消耗指标、资源综合利用指标、废物减排指标。二级指标在一级指标的基础上，可代表煤炭矿区循环经济特点的、可操作及可验证的指标，具体如表 1-18 所示。

表 1-18　煤炭矿区循环经济评价指标体系及计算方法

一级指标	二级指标		
	指标项目	单位	计算方法
资源产出指标	采区回采率	%	采区实际采出煤量与采区动用储量比值
	开采万吨煤炭产出率	万元/万吨	生产总值与煤炭产量的比值
	土地产出率	万元/公顷	生产总值与占地面积的比值
	水资源产出率	万元/万吨	生产总值与水资源消耗总量的比值
资源消耗指标	万元生产总值储量消耗	万吨/万元	煤炭动用储量与生产总值的比值
	万元生产总值能耗	吨标煤/万元	能源消耗总量与生产总值的比值
	开采万吨煤炭能耗	吨标煤/万吨	煤炭开采能源消耗总量与煤炭产量的比值
	开采万吨煤炭水耗	万吨/万吨	煤炭开采水消耗总量与煤炭产量的比值
	加工万吨煤炭能耗	吨标煤/万吨	煤炭加工能源消耗总量与煤炭加工量的比值
	加工万吨煤炭水耗	万吨/万吨	煤炭加工水消耗总量与煤炭加工量的比值
	转化万吨煤炭能耗	吨标煤/万吨	煤炭转化利用能耗总量与转化利用量的比值
	转化万吨水炭能耗	万吨/万吨	煤炭转化利用水耗总量与转化利用量的比值
资源综合利用指标	煤矸石利用率	%	煤矸石利用量与本年煤矸石产生量的比值
	伴生矿产采出率	%	伴生矿产采出量与其动用资源量的比值
	矿井水利用率	%	矿井水利用量与工业用水总量的比值
	工业用水循环利用率	%	工业循环用水量与工业用水总量的比值
	煤层气利用率	%	煤层气利用量与产出量的比值
	土地复垦利用率	%	土地复垦面积与塌陷区总面积的比值
	粉煤灰及灰渣利用率	%	粉煤灰及灰渣利用量与产生量的比值
	煤化工废渣利用率	%	煤化工废渣利用量与产生量的比值

一级指标	二级指标		
	指标项目	单位	计算方法
废物减排指标	煤矸石减排率	%	单位煤炭产量煤矸石减排量与上年排放量的比值
	粉煤灰及灰渣减排率	%	单位发电量粉煤灰及灰渣减排量与上年排放量的比值
	煤化工废渣减排率	%	单位煤化工产品灰渣减排量与上年排放量的比值
	废水减排率	%	单位产值废水减排量与上年排放量的比值
	废气减排率	%	单位产值废气减排量与上年排放量的比值

资料来源：GB/T 28397—2012，《煤炭矿区循环经济评价指标及计算方法》，中债资信整理。

长期以来，以采掘为主的传统煤炭产业，过度依赖资源消耗来实现经济增长，由此造成矿区资源枯竭、环境污染、生态承载力下降等严重的社会问题，亟待发展循环经济来解决。以上煤炭矿区循环经济评价指标的提出，能更好地指导对其循环经济发展水平的评价，进而提高该行业发展的质量与水平。

1.3.4　典型绿色经济之一——生态经济

1.3.4.1　生态经济的概念

生态经济是基于生态环境保护意识的普遍觉醒发展起来的，其主要解决的问题是大规模工业化发展所带来的环境污染问题，内涵在于保证经济增长的同时，按照生态发展规律构建经济发展体系，发展环保产业，以减少环境污染，降低生态破坏，加强环境保护。

工业经济时代经过了对自然资源的大规模开发和利用，破坏性开发环境的后果逐步显现后，人类才开始意识到生态保护的重要性。1968 年，美国经济学家肯尼斯·鲍尔丁在《一门科学——生态经济学》一书中正式提出"生态经济学"的概念。1980 年，联合国环境规划署召开了以"人口、资源、环境和发展"为主题的会议，并确定将"生态经济"作为 1981 年《环境状况报告》的第一项主题，由此，生态经济概念得以逐步完善。

可持续发展是生态经济学研究的核心问题。1987 年，世界环境与发展委员会发表的《我们共同的未来》报告明确可持续发展的概念，"既满足当代人的需求又不危及后代满足其需求的发展"，可持续发展概念最为重要之处是将代内公平和代际公平引入了人类的目标，而不是仅仅考虑经济增长。可持续发展概念的提出得到了多国领导和学术界的重视，生态经济学的研究范畴从生态与经济的关系扩展到可持续发展。1989年，美国著名生态经济学家科斯坦扎在《Ecological Economics》创刊号的首篇文章中给出了生态经济学的概念，可以概括为：生态经济学是研究生态系统和经济系统之间的关系，特别是利用跨学科和多学科的方法去研究当前的生态经济问题[①]。进入20世纪90年代后，以科斯坦扎为代表的生态经济学家们大都认为，现有的学科均不能对生态系统和经济系统之间的这些关系予以很好的研究，生态经济学是从最广泛的意义上阐述生态系统和经济系统之间关系的学科，鼓励将现代经典环境经济学和受生态学影响的学科都纳入其子学科之列，也鼓励用新方法来考虑生态系统和经济系统之间的联系，同时明确地把生态经济学定义为"可持续性的科学与管理"[②]。

生态经济重新思考了生态与经济的关系，在理论上作出了修正与创新，总的来说生态经济正视了人对生态的需求和生态资源有限性，在此基础上，提出以经济发展的目标取代单纯的经济增长，并开始重视生态环境的承载能力及其与经济的关系。

1.3.4.2　生态经济评价指标体系

生态经济评价指标体系是对生态经济的复合作用结果进行评价，相比单纯的经济评价指标，生态经济评价指标纳入了生态系统服务价值的计量。货币化形式的评价指标体系主要有生态系统服务价值评估和绿色GDP，又包括了正面影响分析和负面影响分析两个方面。物化指标的评价体系主要有生态足迹理论。

---

① 周立华，生态经济与生态经济学 [J]. 自然杂志，26（4）：238–241.
② 刘则渊，王贤文，生态经济学研究前沿及其演进的可视化分析 [J]. 西南林学院学报，2008（8）：3–11.

　　生态系统服务价值评估——正面影响分析就是把生态系统顺向演替所带来的有利影响货币化，最有代表性的理论是生态系统服务价值评估（Ecosystem Service Value）。生态系统服务价值评估是把生态系统中能够促进人类福利的功能价值化、货币化。生态系统服务功能，是指生态系统与生态过程所形成及所维持的人类赖以生存的自然环境条件与效用，其内涵可以包括有机质的合成与生产、生物多样性的产生与维持、调节气候、营养物质贮存与循环、土壤肥力的更新与维持、环境净化与有害有毒物质的降解、植物花粉的传播与种子的扩散、有害生物的控制、减轻自然灾害等许多方面。2001 年由联合国发起的千年生态系统评估（Millennium Ecosystem Assessment，MA），是世界上首个针对全球陆地和水生生态系统开展的多尺度、综合性评估项目。国际千年生态系统评估项目组的专家们将这些划分为 4 大类生态服务：（1）供给服务，是指人类从生态系统获取的各种产品；（2）调节服务，是指人类从生态系统过程的调节作用中获取的各种收益；（3）文化服务，是指人类从生态系统获得的各种非物质收益；（4）支持服务，是指生产其他所有的生态系统服务必需的那些生态系统服务。[①]

　　科斯坦扎等人在 1997 年发表在《自然》杂志上的论文，最先对全球生态系统服务价值及自然资本进行核算。他们把全球生态系统提供给人类的“生态服务”功能分为 17 种类型，把全球生态系统分为 20 个生物群落区，采用或构造了物质量评价法、能值分析法、市场价值法、机会成本法、条件价值法等一系列方法分别对每一类子生态系统进行测算，估算全球生态系统服务及自然资本的年度价值。其结果表明，1997 年全球生态系统服务的平均年度价值为 33 万亿美元，相当于同期全球国民生产总值（约 18 万

① 戴君虎，王焕炯，王红丽，陈春阳 . 生态系统服务价值评估理论框架与生态补偿实践 [J]. 地理科学进展，2012（7）：963–969.

亿美元）的 1.8 倍[①]。

绿色 GDP——把人类活动给生态系统逆向演替所带来的不利影响货币化，即从现行统计的 GDP 中，扣除由于环境污染、自然资源退化等因素引起的经济损失成本，从而得出真实的国民财富总量，是一种负面影响分析。绿色 GDP 从国民经济核算中扣除不属于真正财富积累的虚假部分，再现一个真实的科学的指标来衡量一个国家或区域的真实发展，能更确切地说明经济增长与经济发展的数量表达。绿色 GDP 占 GDP 的比重越高，表明国民经济增长的正面效应越高，负面效应越低。

挪威是世界上最早开始进行自然资源核算的国家，其利用实物指标首次编制了自然资源核算账户，并将自然资源核算分成两类，一类是物质资源核算，包括能源核算、鱼类存量核算、森林存量核算；另一类是环境资源核算，包括废气、废水排放、主要人口和农业的排泄物、废旧物品再生利用、环境费用支出等的核算。关于物质资源，重要的是要设计与国民经济账户相似的账户，以便分析它们在经济部门中的使用。关于环境资源，重点放在污染水平和资源使用的信息资料收集方面。

绿色 GDP 为建设可持续发展社会提供了有效的评价工具。1996 年，北京大学通过运用"投入产出表"基本原理，对我国资源、经济、环境进行了绿色 GDP 核算，计算了 1992 年我国的绿色 GDP；2006 年，国家统计局和国家环保总局共同发布《中国绿色国民经济核算研究报告 2004》，结论认为，2004 年因环境污染造成的经济损失为 5 118 亿元，占 GDP 的 3.05%，其中水污染的环境成本为 2 862.8 亿元，占总成本的 55.9%，大气污染的环境成本为 2 198.0 亿元，占总成本的 42.9%；固体废物和污染事故造成的经济损失 57.4 亿元，占总成本的 1.2%。

生态足迹分析——用货币作为自然资本的核算工具受到了一些生态经济学家的反对，他们主张用实物量来核算自然资本，其核算工具是生态足

---

① 谢高地，鲁春霞，成升魁 . 全球生态系统服务价值评估研究进展 [J]. 资源科学，2001（11）：5–11.

迹。生态足迹通过测度现今人类为了维持自己生存而利用的自然资源量来评估对生态系统的影响，并假定任何已知人口的生态足迹就是生产这些人口消费的所有资源和吸纳这些人口所产生的所有废弃物所需要的生物生产的总面积（包括陆地和水域），借此来表征区域内可持续发展的状态[①]。生态足迹指标假设人类的一切活动和消费均可以换算成土地占用面积（生态足迹）来衡量，计算方法是以生态生产性土地为统一度量基准，首先计算出人均生态承载力，然后计算人均生态足迹，即汇总生产各种消费项目人均占用的各类生态生产性土地，人均生态赤字等于人均生态承载力减去人均生态足迹，若数字大于零，则为人均生态盈余，否则为生态赤字[②]。

从 2000 年起，世界自然基金会（World Wide Fund for Nature，WWF）每两年一次发表关于生态足迹的报告。2010 年发表了第六份关于生态足迹的报告 Living Planet Report 2010 指出，全球生态足迹持续增长，目前人类对资源的需求已经需要 1.5 个地球才能满足。2008 年起中国环境与发展国际合作委员会等与 WWF 同步发表中国生态足迹报告，2010 年发表了《中国生态足迹报告 2010——生态承载力、城市与发展》。

1.3.4.3　生态经济产业形式

生态经济产业是指按照生态经济学原理和知识经济规律，以生态学理论为指导，基于生态系统承载能力，在社会生产活动中应用生态工程的方法，突出了整体预防、生态效率、环境战略、全生命周期等重要概念，模拟自然生态系统，建立的一种高效的产业体系。整体而言，生态经济产业的主要特征包括：①以协调人与自然关系和谐为发展目标；②以物质和能量的多级利用为主要方式；③以形成生态—经济—社会复合系统为最终形态。生态产业的内容十分丰富，按照三大产业的分类，可分为生态农业、

---

① 白钰，曾辉，魏建兵. 关于生态足迹分析若干理论与方法论问题的思考 [J]. 北京大学学报（自然科学版），2008（6）：173-181.

② 谭伟文，文礼章，仝宝生，沈佐锐，高觅. 生态足迹理论综述与应用展望 [J]. 生态经济，2012（6）：493-500.

生态工业和生态服务业。

生态农业——是指在保护、改善农业生态环境的前提下，遵循生态学、生态经济学规律，运用系统工程方法和现代科学技术，集约化经营的农业发展模式。生态农业是一个农业生态经济复合系统，将农业生态系统同农业经济系统综合统一起来，以取得最大的生态经济效益。发展生态农业是应对现代化农业环境污染日趋严重，农业资源短缺、质量退化，过度垦荒、乱砍滥伐导致水土流失及土壤沙化的有效手段。

19世纪工业革命将科学技术应用于农业，欧美发达国家率先结束传统农业，开始了以工业化和化学化为标志的"石油农业"时期，农产品产量及生产效率大幅提高，但化肥、农药以及机械等现代化工业成果的大量使用，对农业生态环境和资源造成了严重的负面影响，导致了农业面源污染、生态破坏、水土流失、土地退化等环境问题。在此背景下，学术界和产业界开始寻求农业可持续发展的途径，生态农业应运而生。国际上生态农业的发展大致经历了以下路径：

（1）1924年，德国农学家 Rudolph Steinen 提出在生物学和生态学基础上建立农业系统的思想；

（2）1970年美国土壤学家 William Albrech 首次提出"生态农业"一词；

（3）1972年致力于拯救农业生态环境、促进健康安全食品生产的组织——国际有机农业运动联合会（IFOAM）成立；

（4）20世纪70年代起欧美发达国家相继制定推行保护农业生态环境的政策，生态农业在西方逐步兴起；

（5）20世纪70年代末，以菲律宾为代表的东南亚地区开始了生态农业探索和实践；

（6）20世纪90年代开始，生态农业在世界范围内迅速发展，根据IFOAM统计，截至2015年末全球生态农业用地面积已经达到5 090万公顷。

世界各国也相继制定政策扶持和促进生态农业发展。生态农业率先在欧美等发达国家发展起来，美国、德国、日本是较早进行生态农业实践的几个国家，在政策层面对生态农业加以规范和引导，通过相关法律对生态农业发展、农业环境和资源保护、生态标识、生态农业补贴等作出了详细规定，逐渐形成了较为完备的生态农业生产体系、加工体系、质量安全监管体系、市场营销体系、服务体系、支持体系。

表 1-19　国外发展生态农业的法律法规及政策

国家	法律法规	相应内容
美国	《农业法案》（2014 年修订）	制定了农地保护计划，大规模实施退耕还草、退耕还树或休耕
	《有机食品生产法》（1990 年）、《有机农业条例》（2000 年）	成立了有机标准委员会，对有机农产品的定义、适用性、有机农作物等作了详细的界定
	《农场安全与农村投资法案》（2002 年）	实施生态保护补贴计划，以现金补贴或技术援助等方式把资金直接分发到农民手中或用于各种生态保护补贴项目
德国	《欧共体生态农业条例》（1991 年）	明确规定了农产品和食品的生态性标准，以及生产方式和生产过程中允许使用的物质
	《生态农业法》（2003 年）	对如何推动生态农业的发展作出了详细的规定。只允许进口生态食品和生态农产品，且对生态农产品、生态食品的标准作出了限定
	《生态标识法》（2001 年）	对生态产品加上标识，将其与传统农产品区分，生态标识上必须注明产地等信息
日本	《食物、农业、农村基本法》（1999 年）	核心在于实现农业可持续发展，确保实物的稳定供给，发挥农业、农村的多种功能
	《可持续农业法》（1999 年）	促进实施可持续农业生产方式的规范性法律
	《生态农业推广法》（2001 年）	规定了国家保障生态农业发展的责任和义务，明确规定中央及自治体政府须对农业生产者和组织从技术开发、资金等方面进行支援

资料来源：公开资料，中债资信整理。

我国在 20 世纪 80 年代初引入生态农业概念并开展相应研究，先后经历了探索和实践阶段（20 世纪 80—90 年代中期）、全面推进阶段（20 世纪 90 年代后期）以及产业化与创新发展阶段（2000 年以来）。截至 2017 年 9 月，我国已先后 2 批建成国家级生态农业示范县 100 余个，带动省级生态农业示范县 500 多个，建成生态农业示范点 2 000 多处，探索形成一大批典型生态农业模式。

同时，在法律及政策层面也对生态农业的发展方向作出了相关规划。

整体来看，目前我国促进生态农业发展以宏观政策引导为主，预计后续仍将陆续出台相关政策，对生态农业发展目标、相应标准规范、生态农业企业的生产经营活动的监管、对违法经营者的处罚作出统一规定。

表 1-20　近年来中国生态农业相关法规及政策

法规名称	发布时间	相关内容
《中华人民共和国农业法》	2013 年修订版	发展农业和农村经济必须合理利用和保护土地、水、森林、草原、野生动植物等自然资源，合理开发和利用水能、沼气、太阳能、风能等可再生能源和清洁能源，发展生态农业，保护和改善生态环境
《环境保护法》	2015 年修订版	对农业环境保护，农业污染治理、农药及化肥的使用等作出了规定
《关于国民经济和社会发展第十三个五年规划纲要》	2016 年 3 月	确保农产品质量安全，促进农业可持续发展，大力发展生态友好型农业
《国务院办公厅关于建立统一的绿色产品标准、认证、标识体系的意见》	2016 年 12 月	统一绿色产品内涵和评价方法，构建统一的绿色产品标准、认证、标识体系，实施统一的绿色产品评价标准清单和认证目录
《建立以绿色生态为导向的农业补贴制度改革方案》	2016 年 12 月	到 2020 年，基本建成以绿色生态为导向、促进农业资源合理利用与生态环境保护的农业补贴政策体系和激励约束机制
2017 年中央一号文件	2017 年 2 月	推进农业清洁生产，大规模实施农业节水工程，集中治理农业环境突出问题，加强重大生态工程建设
《关于创新体制机制推进农业绿色发展的意见》	2017 年 10 月	优化农业主体功能与空间布局，强化资源保护与节约利用、加强产地环境保护与治理，养护修复农业生态系统

资料来源：公开资料，中债资信整理。

生态工业——是指根据生态学及生态经济学原理，模拟自然生态系统中物质流动的方式重新规划工业生产、消费和废物处置系统，形成的循环生产，集约经营管理的综合工业生产体系，其目标是生产过程低消耗、低污染或无污染，工业发展与生态环境相协调。与传统工业相比，生态工业具有以下几点特征：

（1）工业生产由单纯追求利润，转向追求经济与生态系统相统一的生态经济目标；

（2）工艺设计上重视废物资源化，废气、废热能源化，在系统内部形成闭路循环；

（3）系统内各生产过程通过物质流、能量流、信息流相互关联；

（4）将生态环境保护、节约资源及能源纳入工业生产经营决策要素中。

生态工业的实践始于 20 世纪 70 年代，丹麦卡伦堡市的数家工业企业出于节约成本的目的，相互间进行资源和能源副产物的共享互换，形成了全新的工业共生体系。1989 年，美国通用汽车公司研究人员发表了题为《可持续工业发展战略》的文章，正式提出了"工业生态学"的概念。1991 年 10 月，联合国工业发展组织提出了"生态可持续工业发展"。此后，以欧美发达国家为代表，在世界范围内开展了一系列生态工业的研究和实践。

生态工业的主要实践形式是生态工业园，20 世纪 90 年代以来，以美国和加拿大为代表的发达国家率先开展生态工业园的探索和建设。美国是当前世界上最为积极致力于生态工业园规划和建设的国家，1993 年美国已有 20 个城市规划建立生态工业园区。1994 年美国可持续发展总统委员会资助 4 个生态工业园区示范项目的建设；加拿大于 1992 年在 Burnside 工业园启动"生态系统与工业园区"项目，开启了工业园区生态化转型道路，目前拥有 40 多座生态工业园，涉及造纸、化工、发电、钢铁等多个行业。

表 1-21　各国典型生态工业园及特征

国家	工业园名称	主要特征
美国	Chattanooga 生态工业园	改造型生态工业园，为减少污染、提高效益，推行企业零排放改革，其突出特征是重新利用老工业企业的工业废弃物
	Brownsville 生态工业园	虚拟生态工业园，通过区域废弃物交换，使不在同一区域的企业联系在一起
	Choctaw 生态工业园	全新规划园区，基于园区所在地丰富的特定资源，采用废物资源化技术构建核心工业生态链，进而扩展成工业共生网络
加拿大	Burnside 生态工业园	改造型生态工业园，推动 1 200 多家公司实现"绿色化"，推动资源高效利用，减少废弃物，以及废弃物和能量交换
日本	Fujisawa 生态工业园、Kokubo 生态工业园、酿造工业群落	主要特点为物料交换以及废弃物再利用，促使工业和商业寻求降低对原始资源的依赖性以及减少废弃物的新途径

资料来源：公开资料，中债资信整理。

　　我国生态工业园区建设起步较晚，自 1999 年开始启动生态工业示范园区建设试点工作，2001 年 8 月广西贵港正式被国家环境保护总局确认为第一个国家生态工业（制糖）建设示范园区，随后又有 12 个生态工业示范园区陆续获批建设，涉及造纸、化工、铝业、制糖、电子信息、新材料、机械等行业。生态工业园发展在政策层面亦得到大力支持，生态工业园区建设工作开展迅速，经过多年发展已初具规模，截至 2017 年 1 月，已有 48 个工业园区获批挂牌为国家生态工业示范园区，45 个工业园区获批开展国家生态工业示范园区建设。

　　生态服务业——是指依据生态学原理的服务业生态化发展，是在合理开发利用生态环境资源基础上发展的服务业，是依靠现代化科学技术，拓展第三产业的服务领域，改进工艺设计，促进产品与服务的非物质化。生态服务业主要包括绿色商业服务业、生态旅游业、现代物流业、绿色公共管理服务等细分领域。服务业生态化主要体现在：服务主体生态化、服务过程清洁化、消费模式绿色化以及与其他产业相结合四个方面。

　　与生态农业和生态工业不同，生态服务业细分行业多，涉及面广，多数国家并未从整体层面对其进行规划，而是在细分领域内进行生态化改造，相应的实践形式也有很多类型。例如，生态服务业的核心理论——去物质化，指出服务业主要通过提供产品功能，而非产品，来满足消费者的需求，该理论在实践中的典型应用之一，就是鼓励公众通过公共交通出行而非私家车，最终达到降低能耗和污染物排放的生态效益。

　　生态服务业在我国的最典型实践是生态旅游业。生态旅游是将生态效益、经济效益、社会效益相结合的旅游模式，其目标是对自然及人文景观实施保护、对旅游者及当地居民进行教育、促进地区经济发展。我国的生态旅游主要依托于自然保护区、森林公园、风景名胜区发展起来。20 世纪 90 年代以来，各地结合当地特色发展生态旅游，其中以香格里拉、西双版纳、长白山等地为典型代表。除旅游业外，我国服务业其他领域的生态化改造仍有很大发展空间，但须根据我国的实际情况，政府、企业、社会共同协作，共同解决服务业发展过程中面临的生态问题。

1.3.4.4　生态经济的实践

国内外生态农业实践——欧美等发达国家和地区率先展开了生态农业探索，20 世纪 70 年代末以菲律宾为代表的发展中国家开始进行生态农业实践。生态农业模式因所处地域不同呈现一定差异，美国生态农业发展以有机农业种植为主，即完全或者基本不使用人工合成的化肥、农药、生长调节剂和家禽饲料添加剂的生产体系，尽可能依靠作物轮作、秸秆、家畜粪便、豆科作物和生物防治病虫害等方法以保持土壤肥力和耕性。欧洲生态农业发展路径与美国相似，积极发展有机农业，且各国均对有机农产品实行较高的价格政策，其中德国有机农产品价格比常规产品高出 50%~100%。日本国内农业资源有限，农业生产多为小规模经营，其生态农业发展形式往往因地制宜，主要包括四种类型：①再生利用型；②有机农业；③稻作—畜产—水产三位一体型；④畜禽—稻作—沼气型。

表 1-22　不同国家和地区生态农业实践形式

国家及地区	实践形式	规模	主要特征
美国	有机农业	中、小型农场	不使用化学合成品
欧洲	有机农业	中、小型农场	不使用化学合成品
日本	再生利用型	小规模经营	农业废弃物再生利用
	有机农业	小规模经营	不使用化学合成品
	稻作—畜产—水产三位一体型	小规模经营	形成小型农业生态循环
	畜禽—稻作—沼气型	小规模经营	形成小型农业生态循环

资料来源：公开资料，中债资信整理。

菲律宾是东南亚地区生态农业发展起步较早的国家，其中以位于菲律宾首都马尼拉附近的玛雅农场最具代表性。玛雅农场经过 10 余年的发展和建设，由一座面粉厂形成了一个农林牧副渔生产良性循环的农业生态系统，在该系统中，物料进行如下循环：（1）面粉厂生产过程中产生的麸皮运往养畜场合鱼塘用作饲料；（2）养畜厂和鱼塘的养殖产出品在肉食加工和罐头制造厂进行加工后销售；（3）将饲养猪、牛、鸭等牲畜产生的粪便用于生产沼气，供农场生产和家庭生活使用；（4）生产沼气产生的沼渣，部分进行回收加工后，可用作牲畜饲料，其余可用作有机肥料用于作物种植；（5）产气后的沼液经藻类氧化塘处理后，输入鱼塘养鱼养鸭；（6）取用鱼塘水、塘泥肥田；（7）种植产出的粮食运入面粉厂进行加工。

　　玛雅农场通过麸皮养鱼、肉食加工、沼气生产、有机肥还田以及粮食生产形成完整的生态农业体系，在农场范围内实现农业资源的高效利用，达到物质循环、能量梯级利用、废弃物全部处理的目标，不需从外部输入原料、燃料、肥料而保持良性循环，且未造成废气、废水和废渣污染，形成了农林牧副渔生产良性循环的场区性农业生态系统。

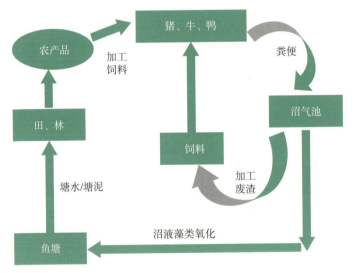

资料来源：公开资料，中债资信整理。

图 1–15　玛雅农场生态循环模式

　　我国生态农业实践多数是以家庭为基础的小规模经营，通过小范围的畜牧业、施用农家肥、实行作物轮作等途径，实现系统内部的自我循环。2002 年农业部筛选出十大类型生态农业模式进行重点推广，其中"四位一体"能源生态农业模式在我国北方地区作为典型大规模推广，其主要方式是在塑膜日光温室旁，建立容积为 8~10 立方米的地下沼气池，沼气池上方建面积 20 立方米左右的圈舍及厕所，形成一个封闭的能源生态系统。

在此系统内，圈舍温度在冬天提高 3~5 摄氏度，为猪等禽畜提供了更适宜的生长条件，使猪的生长期大幅缩短约 150 天。禽畜粪便为沼气池提供原料，产出的沼气用于家庭供暖，残留的沼渣、沼液作为温室作物的肥料。此外，猪等禽畜呼吸排出的二氧化碳可促进温室内作物光合作用，蔬菜产量和质量明显提高。

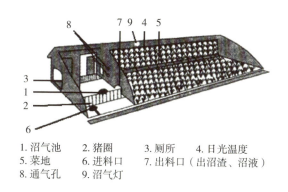

1. 沼气池　　2. 猪圈　　　3. 厕所　　4. 日光温度
5. 菜地　　　6. 进料口　　7. 出料口（出沼渣、沼液）
8. 通气孔　　9. 沼气灯

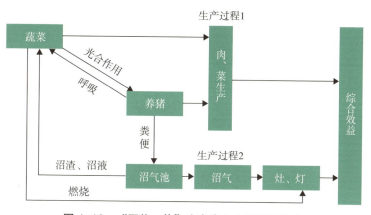

图 1-16　"四位一体"生态农业物质循环模式

不同生态农业模式可根据气候、农业生产方式、农业资源类型等因素应用于不同地区和农业生产部门。在南方地区大规模推广的"猪—沼—果"模式与"四位一体"模式类似，将禽畜养殖、沼气生产、作物种植结合，形成一个良性循环的生态系统。草地生态恢复与持续利用模式、生态畜牧业生产模式适用于我国西北草原农业地区；设施生态农业以有机肥料替代化学肥料，以生物和物理措施防治病虫害，适用于广大作物种植区域。我国农业资源丰富，各地在发展生态农业的过程中，整体上遵循因地制宜的原则，并且兼顾农业的经济效益、社会效益和生态效益。

国内外生态工业实践——生态工业园区的建设和运行是生态工业实践的主要形式。自丹麦卡伦堡生态工业园于 20 世纪 70~80 年代自发形成以来，许多国家开展了生态工业园的探索。美国的 Chattanooga 生态工业园通过对老工业园进行改造，对工业废弃物进行资源化利用；Brownsville "虚拟"生态工业园将不在同一区域的企业通过废弃物交换联系在一起；加拿大 Burnside 工业园从设计之初将 "绿色化" 考虑在内，使园区内的企业建立工业共生网络；日本 Fujisawa 工业园通过废弃物转化新技术实现园区内零排放的目标。各国的生态工业园实践都强调物质和能量的资源化利用，园区内的企业互通有无，实现经济和环境效益的双重目标。

丹麦卡伦堡工业园被认为是世界上第一个生态工业园。自 20 世纪 70 年代起，卡伦堡的几个主要企业在节约成本、废料管理和淡水使用等方面寻求合作，形成生态工业园的最初形态并不断发展和完善，其核心是将不同的工厂联结起来，形成资源共享和副产品互换的工业共生体系。卡伦堡工业园主要由电厂、炼油厂、制药厂、石膏板生产厂和废物处理公司构成，其中电厂是该工业生态系统的中心，围绕电厂形成了以下工业生态链：①电厂将发电过程中产生的蒸汽输送给炼油厂和制药厂，分别用于加热油罐、输油管道以及设备的加热和杀菌；②电厂利用余热为卡伦堡市的 4 500 户家庭以及渔场供暖；③电厂燃煤飞灰被用于修路以及生产水泥；④电厂烟气脱硫产生的工业石膏供应给石膏板生产厂；⑤炼油厂将炼油产生的炼化气供应给石膏厂和电厂，分别用于石膏板干燥以及电厂燃烧；⑥炼油厂产生的废水经过净化处理后输送至电厂用作冷却水；⑦制药厂生产工业酶过程中产生的发酵副产物作为肥料供应至农业生产部门；⑧废物处理公司从各个企业中收集废弃物，经处理后进行综合再利用。

卡伦堡工业园区内的企业通过资源和能源共享，实现了可观的经济效益及生态环境效益：每年节约 290 万立方米水资源，电厂和炼油厂每年提供 8 万吨灰烬用于基建，电厂每年提供 20 万吨石膏，每年减排二氧化碳（CO_2）17.5 万吨、二氧化硫（SO_2）1.02 万吨，每年节约 4.5 万吨石油、1.5 万吨煤炭。

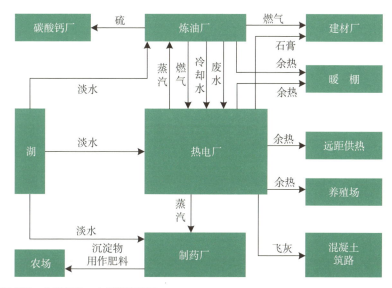

资料来源：公开资料，中债资信整理。

图 1-17　卡伦堡生态工业循环模式

我国生态工业实践。我国生态工业园是在过去经济技术开发区和高新技术开发区基础上形成的更高层次的工业园形态。广西贵港（制糖）工业园是我国第一个国家级生态工业园，工业园由六个子系统构成：蔗田系统、制糖系统、酒精系统、造纸系统、热电联产系统、环境综合处理系统，各子系统通过如下物质和能量交换相互联系：①生态甘蔗园为制糖系统提供有机甘蔗；②制糖系统是整个工业园的核心，利用甘蔗生产精炼糖、有机糖、低聚果糖；③酒精系统利用制糖副产物糖蜜生产能源酒精及酵母精；④造纸系统利用制糖副产物蔗渣生产纸制品及 CMC（羧甲基纤维素钠）；⑤热电联产系统利用制糖副产物蔗髓替代部分燃煤，为整个园区供应电力和蒸汽；⑥环境综合处理系统提供环境服务，包括烟气脱硫除尘，废水处理回收烧碱及纸纤维，废物再利用生产水泥、轻钙、复合肥等副产品，并提供回用水实现水资源节约。通过上述六个子系统，工业园内形成了完整闭合的生态工业网络，传统制糖工业的废水、废渣得到资源化利用，创造出额外的经济效益，并最大限度地减少了污染物排放。作为我国第一个国家级生态工业园，广西贵港（制糖）工业园形成了很好的示范效应。

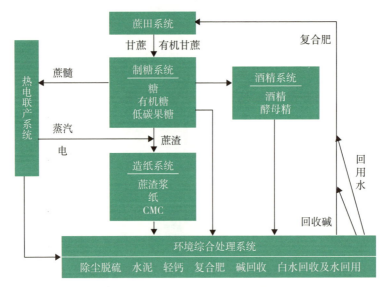

图 1-18　广西贵港（制糖）工业园循环模式

　　总体而言，生态经济实践在原则上要遵循生态经济学原理，以人与自然的可持续发展为主要目标，在规划、建设和运营过程中应整体考量行业特性、技术水平、运行模式、环境压力等因素，在此原则和目标下，生态经济的实践形式是多种多样的，并且每种实践形式可通过因地制宜的优化最终形成良性生态循环和规模效应。

1.3.5　我国绿色经济发展规划

　　绿色经济的内涵很丰富，各类型的绿色经济均突出了其"协调性"的特质，总体上是一种可持续发展经济，追求生态环境和经济的协调发展，将清洁生产和其他环保技术转化为先进生产力，保护资源和能源，维护生态环境。本质上看，绿色经济以可持续发展为原则，以传统的产业经济为基础，并且以资源、环境和社会的协调发展为内容，以经济和社会以及自然环境的和谐为目的而发展起来的一种新的经济模式，是产业经济为适应人类新的需要而表现出来的一种形式。

我国自改革开放以来，国民经济快速发展，以数十年时间走过西方发达国家逾百年的工业化历程。与此同时，中国也消耗了大量的能源与资源、付出了相当的生态环境成本，资源消耗、环境污染和生态破坏造成的影响已经不断显现。为从根本上转变国民经济的发展模式，发展可持续的绿色经济，我国开展了诸多的探索，制定了相应的发展规划。

从能源角度（应对气候变化及发展低碳经济），2009 年 11 月，国务院会议提出 2020 年单位 GDP 的二氧化碳排放比 2005 年下降 40%~45%，并作为约束性指标纳入国民经济和社会发展中长期规划。会议还提出到 2020 年非化石燃料占一次能源消费的比重达到 15% 左右；森林面积比 2005 年增加 4 000 万立方米，森林储蓄量比 2005 年增加 13 亿立方米。上述数据的公布，是我国低碳经济领域的里程碑事件，表明我国正积极为全球气候变化承担义务。

2012 年 1 月，国务院发布《"十二五"控制温室气体排放工作方案》提出至 2015 年末全国单位国内生产总值二氧化碳排放比 2010 年下降 17%，节能降耗，优化能源结构，增加碳汇，加快形成低碳为特征的产业体系和生活方式。2014 年《中美气候变化联合声明》中，中国政府提出计划 2030 年左右二氧化碳排放达到峰值且将努力早日达峰，并计划到 2030 年非化石能源占一次能源消费比重提高到 20% 左右。2016 年 10 月，国务院印发的《"十三五"控制温室气体排放工作方案》中再次提出确保完成"十三五"规划纲要确定的低碳发展目标任务，推动我国二氧化碳排放 2030 年左右达到峰值并争取尽早达到峰值，到 2020 年，单位国内生产总值二氧化碳排放比 2015 年下降 18%。

从生态环境保护角度（保护生态环境和实现生态经济），2016 年 3 月，我国政府发布的《国民经济和社会发展第十三个五年规划纲要》中首次把"绿色"理念与"创新、协调、开放、共享"一起作为全面建成小康社会的指导思想，明确 2016—2020 年实现社会生态环境质量总体改善——生产方式和生活方式绿色、低碳水平上升；能源资源开发利用效率大幅提高，能源和水资源消耗、建设用地、碳排放总量得到有效控制，主要污染物排放总量大幅减少；主体功能区布局和生态安全屏障基本形成[1]。

从工业发展质量角度（建立清洁生产和循环经济），2016 年 7 月，工信部发布旨在加快推进生态文明建设、促进工业绿色发展的《工业绿色发展规划（2016—2020 年）》的文件，以落实"十三五"规划纲要和《中国制造 2025》。此次工业绿色发展规划提出至 2020 年我国工业规模以上企业单位工业增加值能耗下降 18%，单位工业增加值二氧化碳排放下降 22%，单位工业增加值用水量下降 23%，重点行业主要污染物排放强度下降 20%。另外，本次发展规划亦提出我国工业固体废物综合利用率、主要再生资源回收利用量分别提升至 73% 和 3.5 亿吨。在绿色低碳领域，我国政府计划在"十三五"期末将绿色制造产业产值提升至 10 万亿元，绿色低碳能源占工业能源消费量比重提升 3 个百分点至 15%，六大高耗能行业占工业增加值比重降低 2.8 个百分点至 25%。

表 1–23　"十三五"时期工业绿色发展主要指标

指标	2015 年	2020 年	累计降速
（1）规模以上企业单位工业增加值能耗下降（%）	—	—	18
（2）单位工业增加值二氧化碳排放下降（%）	—	—	22
（3）单位工业增加值用水量下降（%）	—	—	23
（4）重点行业主要污染物排放强度下降（%）	—	—	20
（5）工业固体废物综合利用率（%）	65	73	
（6）主要再生资源回收利用量（亿吨）	2.2	3.5	
（7）绿色低碳能源占工业能源消费量比重（%）	12	15	
（8）六大高耗能行业占工业增加值比重（%）	27.8	25	
（9）绿色制造产业产值（万亿元）	5.3	10	

注：《工业绿色发展规划（2016—2020 年）》，中债资信整理。

---

[1] 中华人民共和国国民经济和社会发展第十三个五年规划纲要。

作为今后五年社会经济发展指导，"十三五"规划中亦明确建立绿色金融体系，发展绿色信贷，绿色债券，设立绿色发展基金。在相应的财税政策和绿色金融等配套保障措施上，"十三五"规划纲要和"工业绿色发展规划"皆提出充分利用中央预算内投资等建设基金以及 PPP 模式，同时扩大工业绿色信贷和绿色债券规模，积极开展绿色消费信贷业务，设立工业绿色发展基金等，保障我国工业绿色发展规划有效落地实施。

此外，为进一步推动国家"一带一路"倡议的绿色发展，2017 年 5 月底，环境保护部、外交部、国家发展改革委、商务部联合发布了《关于推进绿色"一带一路"建设的指导意见》，明确指出要促进绿色金融体系发展，鼓励金融机构、中国参与发起的多边开发机构以及相关企业采用环境风险管理的自愿原则，支持绿色"一带一路"建设，并且积极推动绿色产业发展和生态环保合作项目落地。这也意味着我国在实施"一带一路"倡议的进程中，将推动落实绿色发展。

环境保护立法方面，在全球范围内，绿色经济法规指的是以《联合国气候变化框架公约》（1992 年）、《京都议定书》（1997 年）、《哥本哈根协议》（2009 年）和《巴黎气候变化协定》（2015 年）四个具有里程碑意义的国际协议为框架的一个法律体系。我国绿色经济相关的法律法规建设最早可以追溯到 20 世纪 70 年代的环境立法，中间借鉴国外环境保护经验以及国际公约，逐步拓展到能源立法等。目前我国绿色经济法律法规体系是以宪法为基础，《环境保护法》与相关能源法律为主体，配套各部委行政法规以及地方政府出台的相关制度构成的一个体系。

1973 年 8 月国务院通过的《关于保护和改善环境的若干规定》是我国环保领域的第一个政策法规。此后 1978 年通过的《中华人民共和国宪法》第一次对环境保护作出规定："国家保护环境和自然资源，防止污染和其他公害"，为今后的环保立法提供了宪法依据。此后我国先后颁布《中华人民共和国环境保护法》（1989 年，2014 年修订）、《大气污染防治法》（1987 年，2015 年修订）、《水污染防治法》（1984 年，1996 年、2008 年修订）、《环境噪声污染防治法》（1996 年）、《固体废物污染环境防治法》（1995 年，2016 年修订）、《放射性污染防治法》（2003 年）、《海洋环境保护法》（1999 年，2016 年修订）等专业性法规；而在资源保护方面，《森林法》《草原法》《渔业法》《土地管理法》《水法》《矿产资源保护法》等法律的出台，为资源保护、合理有序开采奠定法律基础。

此外，能源法律法规的建立与完善亦是保障我国绿色经济未来健康发展的重要法律支撑。自 20 世纪 90 年代以来，我国相继颁布实施《中华人民共和国电力法》《煤炭法》《矿产资源法》《节约能源法》《循环经济促进法》《清洁生产促进法》等法律，2005 年具有鲜明清晰的可持续发展理念的《可再生能源法》颁布实施，至今我国能源法制建设已有 5 部法律和 15 部法规。围绕着《可再生能源法》，对风能、太阳能、核能以及生物质能源的开发利用，我国相继开展可再生清洁能源领域的法律法规建设。自 2007 年国家相关部委及地方政府相继制定《可再生能源中长期发展规划》《太阳能光电建筑应用财政补助资金管理暂行办法》《海上风电开发建设管理暂行办法》等行政法规。为促进能源交易的高效开展，国家能源局在 2017 年 2 月表示同意开展可再生能源增量现货交易试点，配套的可再生能源现货交易规则已经下发征求意见。

改革开放至今，环境保护与能源法制建设取得长足进步，但当前的环境保护机制与能源机制体制中仍存在许多不适应社会经济发展的地方，与绿色发展理念的要求相比亦存在较大差距，相关法律法规亟须修订与完善。

1.3.6 绿色经济转型存在的问题

从整体上看，中国经济已经开始进入新常态的发展阶段。不管是政府层面有意识地淘汰落后产能、产业结构调整、规划发展更适应生态环境承载力的经济形式等方面的系列举措，还是广大人民群众生态环保意识的日益增强、对于具备更高安全性和更低健康风险的发展形式的诉求，都在事实上推动着中国迈向绿色经济的新时代。然而，中国经济从传统的粗放型增长模式，转型到可持续的、协调均衡的绿色经济发展形式，仍然面临着一些待解决的问题。

1.3.6.1　我国仍处于工业化后期和城镇化中期

我国传统粗放的经济形式比重仍较大，传统发展的思维惯性仍很强烈，产业结构调整和技术升级对于技术、资金和时间都有较强的需求。

钢铁、化工、水泥、制造等传统产业是高消耗、高污染、高排放行业，在我国经济结构中仍具有重要作用。中国社会科学院主办的"第四届中国工业发展论坛"所发布《中国工业发展报告 2015》指出，"十二五"期间，我国实现了从工业化中期到工业化后期的飞跃，"十三五"期末即 2020 年，将基本实现工业化；国家统计局数据显示，2016 年中国城镇化率达到 57.35%。总体上看，我国仍处于工业化后期、城镇化中期（城市人口占总人口比重在 30%~70%），工业化进程和城镇化建设自身的发展对这些传统产业的旺盛需求还将有所持续。这些传统行业在承担工业化和城镇化基础作用之外，在即将进入后工业化时代时，在传统需求大幅下降、差异化绿色化产品需求上升的现实情况下，必须慎重考虑如何化解落后产能，提升技术水平和产品竞争力，并实现转型升级。向绿色经济的转型，必然需要相应的技术升级改造，这都需要前期的技术研究开发和储备、需要项目开展的资金配套、需要具体实施的合理时间表。这些都成为绿色经济转型升级中必须面对的困境。

另外，我国的水、能源、矿产等自然环境要素的价值被严重低估，而诸如水、大气、土壤污染等环境损害更是游离于企业生产的成本效益之外。绿色经济的最大优势在于全生命周期的资源环境成本较低，自然环境要素的成本过低，这导致绿色生产带来的节约资源能源的相对竞争优势得不到发挥，盈利空间被大幅压缩。同时，因为使用新鲜资源或能源的成本太低，传统生产型企业对于诸如节约用水、减少能耗、重复回收利用部分废弃物的动力不强，抑制了其向绿色生产改进的积极性，因此在开展绿色经济时，缺乏对新型产品的创新和开发，同时在对节约资源和能源、资源回收与再生的开发利用上的投资较少，难以推动对于可再生资源开发和利用效率。

1.3.6.2　绿色经济盈利模式和市场需开拓

不同形式的绿色经济盈利模式需要开发和完善，市场需要拓展和培育，对应财税等方面的扶持或优惠手段需要明确，同时绿色金融需要充分发挥作用、助力绿色经济的发展。

相比传统的褐色经济，绿色经济在开展初期成本较高，市场化发展缓慢。一些企业的绿色技术发展尚处于初级阶段，不能有效地实现本质性的技术跨越，产品或技术并不具备完全的竞争力；一些企业的绿色产品在营销阶段仅仅处于起步阶段，缺乏良好的营销渠道；而一些公益属性强的行业，诸如污水处理、垃圾处理处置等公用事业类污染治理行业、公共交通等行业，若仅凭借自身的业务经营难以保证良好的利润空间，对政府补贴等扶持的需求较大。

在传统垄断性的行业以及新兴产业的技术障碍等因素综合影响下，部分绿色行业的国内市场培育缓慢，产能相对过剩。以光伏新能源产业为例，从光伏产品上下游的情况看，我国多晶硅产量占全球总产量的比重由 2009 年的不足 30% 提升至 2016 年的 52.7%；2016 年，我国的硅片产量超过 63 吉瓦（全球 69 吉瓦），电池片产量超过 49 吉瓦（全球 69 吉瓦），组件产量约 53 吉瓦（全球 72 吉瓦），所占全球产量的比重分别为 91.30%、71.01% 和 73.61%，而最下游的光伏发电端，2016 年全球光伏新增装机约 73 吉瓦，其中中国 34.54 吉瓦，占 47.32%。国内新能源目前已经受到大力的鼓励和支持，且 2016 年光伏发电新增装机受政策调控存在抢装等现象，比 2015 年全年新增装机 15.13 吉瓦大幅增长 128.29%，但对比前述主要光伏产品的份额，国内新增光伏发电装机规模仍然相对较低。由于在多晶硅、硅片、电池片等生产环节存在高消耗、高污染，且这些基本环节大部分在我国境内生产，光伏产业如继续走出口拉动型道路，向全球供应光伏产品，固然能获得一定的经济收益，但在一定程度上带来了加快国外能源转型、却加速国内环境污染的结果。这也就意味着，类似此种的绿色经济形式的上游和下游的行业供需仍不匹配，未能实现我国绿色发展和生态环境保护的同步协调发展。

国内的绿色产业大多处于起步阶段，其融资渠道较为单一，融资平台主要是以商业银行和政府投资为主，绿色产业缺乏必要融资工具和渠道，而政府着力推动基础设施建设、通常无法兼顾各类型绿色经济的投资，一些项目难以顺利获得融资和发展。因此，现实的融资困境需要开发出相应类型的绿色金融产品，建立完善能基本覆盖各类型绿色经济形式需求的绿色金融市场，推动绿色经济的发展成熟。绿色经济未来的发展将会对绿色金融市场提出了更多更具体的服务需求。

1.3.6.3　产业转移问题仍客观存在

传统产业从经济发达地区向欠发达地区转移的问题仍将存在，绿色经济在我国全面发展仍面临障碍。我国地区间发展不均衡，各地方对于经济发展的诉求不一，一些地区不断淘汰传统产业，另一些地区又在新上马传统产业。东部沿海发达地区逐步在淘汰传统的两高一剩类产业，而中西部欠发达地区对于经济增长仍有极为迫切的需要。因而事实上，传统产业从经济发达地区向欠发达地区转移的情况客观存在，这也就使得绿色经济在我国全面发展仍面临障碍。例如，"十二五"时期全国有 26 个省把钢铁作为重点产业，25 个省把石油化工列为重点产业，20 个省把有色金属列为重要产业，产业重型化特征将继续强化，在区域布局方面呈现由东部发达地区向中西部落后地区转移趋向。在地区发展不均衡的情况下，如何实现全国范围内均向绿色经济转型，将是比较棘手的问题。

1.3.6.4　绿色消费模式仍非主流

绿色消费，是指以节约资源和保护环境为特征的消费行为，主要表现为崇尚勤俭节约，减少损失浪费，选择高效、环保的产品和服务，降低消费过程中的资源消耗和污染排放。包含政府、企业和居民在内的社会全体消费者，亟须建立起绿色消费模式，从消费端支持绿色经济产品，配合供给侧改革，拉动绿色经济增长。也就是说，在政府采购行为中、企业选购设备或原料时，以及居民日常消费中，能优先考虑选择环境友好的消费品、具备更高节能水平或更低排放水平的家用或商用设备。以消费端的信号，推动绿色经济生产单位获得更多的关注、赢得更多的利润，进而形成良性发展和循环互动。事实上，国内已经有家电的节能认证标识，国际上也有诸如"碳标签"这样的产品信息标识，以节能低碳等方面的环境信息明确告知消费者产品的生态环境属性。

然而，总体上看，我国的经济发展水平仍有限，政府、居民和企事业单位的环境意识虽在提升，但是现阶段我国消费者对绿色消费的认识薄弱，很多时候价格或经济成本仍成为决定性因素，绿色产品的价格受到技术创新和低污染的影响，就使得绿色产品的价格要比传统的产品要高，而普通产品潜在的负外部性并未充分地纳入消费者的考虑范围之内。此外，绿色产品市场不够规范，消费市场亦不够完善，这使得我国绿色消费仍旧处于初级阶段，严重制约了我国绿色经济的发展。

随着社会各界更加了解环境污染事件的影响及危害和生态环保的重要程度，加之舆论宣传的宣教推动，消费者将会逐步倾向于选择绿色产品消费。尽管这仍将是一个较为漫长的转变过程，但方向终归是明确的。

1.3.7　绿色经济发展展望

我国现阶段仍面临着较为严重的资源能源浪费、生态破坏和环境污染，而此种粗放的经济发展模式同时又带来多数行业的产能过剩、竞争剧烈、利润微薄，此种低质量类型的经济发展将不可持续。发展绿色经济是我国深化改革、推进生态文明建设的必然选择。除了传统经济的产业结构调整和技术升级，绿色经济的未来发展，可以在以下几个方面予以重点关注。

1.3.7.1　走新型和绿色城镇化之路

新型城镇化的发展，通过引导实施绿色基础设施、绿色建筑、绿色交通等，完善传统产业淘汰／升级机制，促进产业结构调整，实现传统经济形式转型升级为绿色经济形式，进而带动包括各类型绿色实体经济的全面发展。

我国仍处于城市化进程中，主要的基础设施建设、建筑和公用事业仍有很大规模的需求。新型城镇化建设中，从蓝图开始，即在建设之初就将绿色化发展纳入总体设计，配合城市布局和不同功能区的总体规划，建设具有重大节能效益和生态环保的基础设施，诸如地下综合管廊、海绵城市、交通路网等，并采用包括绿色建筑在内的绿色设计方案和建筑工程建设。这些举措可将新型城镇化真正成为发展绿色经济的物质基础。

在新型城镇经济或产业规划中，制定科学合理的标准体系，为新兴绿色产业发展创造市场空间。新型城镇发展需要严把产业承接关，防止成为高污染和其他中低端产业跨区转移的目的地；新型城镇与新兴产业的布局要与主体功能区战略相协调，通过加快健全生态补偿制度实现区域发展的协调性和公平性。

1.3.7.2 建立绿色核算和自然要素产权制度

国家及地方政府层面的绿色 GDP 核算与企业层面环境成本核算，建立完善健全自然资源资产产权和使用制度，应当成为发展绿色经济的重要基础性工作。

在地方发展评价中试行绿色国民经济的核算制度，建立以全要素生产率为主的经济发展考核体系，从根本上转变 GDP 至上的政绩观。此外，需要建立资源性产品的价格市场形成机制，将环境损害（效益）定价并纳入企业生产成本，将绿色生产水平先进与否，作为传统产业准入门槛。通过这些举措，各级政府能明确了解地区经济增长的质量和经济的绿色程度，而工业企业也能明确生产的负外部性的大小；以此建立起绿色核算体系，促进国民经济的绿色转型。同时，对于公共自然资源定价过低的问题，需要推动落实党的十八届三中全会公报所提出的健全自然资源资产产权与用途管制制度，促进全民保护和珍视自然资源，实现社会与经济的可持续发展。

1.3.7.3 抓住新兴技术发展契机推动升级

抓住新兴产业技术发展的契机，推动传统产业的技术升级和产业结构调整。

进一步加大对新兴产业核心技术创新的支持，尤其是环境治理技术、生态产品开发技术、新能源技术、电动汽车、新节能环保材料技术等绿色技术创新的支持；同时，充分应用"互联网 +"、物联网技术、智能电网、人工智能等先进技术，提高全社会经济运行的效率，减少不必要的资源和能源消耗，并促进各相关行业的技术升级。此外，通过对生态环境产品研发补贴和相应的税费优惠等政策，引导民间资本尽快由当前聚焦于地产等转向新兴绿色产业等实体经济领域。

1.3.7.4　积极推动全社会的绿色消费

弘扬中华民族勤俭节约的美德，大力倡导绿色消费、低碳生活，增强公众对绿色消费的认知和参与。积极推行电子商务、现代物流，切实减少消费环节的资源消耗，通过政府采购和绿色消费补贴等形式，如节能产品消费补贴等，促进各类型消费者群体采购绿色产品，在全社会构建绿色消费模式，进而推动绿色经济的全面转型发展。

第 2 章
绿色金融

经济的发展离不开金融的支持，而绿色经济和绿色发展，同样离不开绿色金融的推动。绿色金融有两层含义：一个是金融业如何促进环保和经济社会的可持续发展，另一个是金融业自身的可持续发展。前者指出绿色金融的作用主要是引导资金流向节约资源技术开发和生态环境保护产业，引导企业生产注重绿色环保，引导消费者形成绿色消费理念；后者则明确金融业要保持可持续发展，避免注重短期利益的过度投机行为。

本章将围绕绿色金融的起源与发展、国际市场的绿色金融产品创新、国内绿色金融的发展实践，以及如何通过绿色金融推动绿色经济的转型升级等内容，进行阐释和论述。

2.1 绿色金融的起源、发展体系与框架

金融指货币的发行、流通和回笼，贷款的发放和收回，存款的存入和提取，汇兑的往来等经济活动；是对现有资源进行重新整合之后，实现价值和利润的等效流通，实行从储蓄到投资的过程。狭义的理解，金融是动态的货币经济学。

2.1.1 绿色金融的定义和特征

与传统金融相比，绿色金融更强调人类社会的生存环境利益，它将对环境保护和对资源的有效利用程度作为计量其活动成效的标准之一，通过自身活动引导各经济主体注重自然生态平衡。绿色金融讲求金融活动与环境保护、生态平衡的协调发展，最终实现经济社会的可持续发展。

2.1.1.1 绿色金融的定义

长期以来，国际上并没有一个被广泛采纳的绿色金融定义。关于绿色金融，由于生态保护与污染治理，资源节约利用，以及应对气候变化等可持续发展目标之间具有广泛的交叉和重叠，因此"绿色金融、环境金融、可持续金融、气候金融、绿色投资"等概念经常混用。这些概念涵盖的范围往往并不明确，这在很大程度上制约了绿色金融的发展，因此统一绿色金融的定义和标准十分迫切。目前只有为数不多的机构和研究对绿色金融作出了相对明确的定义，从国际上已有的绿色金融定义来看，因为发达国家目前已经脱离了污染治理的发展阶段，其绿色金融出发点和实践领域多为应对气候变化挑战、自然资源保护以及可持续发展等。

表 2-1 绿色金融的国际定义[1][2][3]

机构名称	定义
国际发展融资俱乐部	绿色金融是一个宽泛概念,指金融投资流入可持续发展项目、环保产品等,以及鼓励可持续经济发展的政策支持。绿色金融包含但不限于气候金融,还包括其他环境目标,例如工业污染控制、水环境卫生以及生物多样性保护等
英国议会"绿色金融专题听证会"	为发展低碳能源、提高能效、适应气候变化,以及保护环境和自然资源领域的投资,其中特别强调了金融体系在减缓气候变化行动领域的作用

续表

机构名称	定义
德国发展研究所（DIE）	包括所有将环境影响和增强环境可持续性考虑在内的投资或贷款。该报告同时指出，绿色金融的关键要素是以环境筛查和风险评估作为投资和贷款的决策的基础，以满足环境可持续的标准

注：① Niklas Höhne, Sumalee Khosla, Hanna Feketeetal. Mapping of Green Finance Delivered by IDFC Members in 2011[R]. Ecofys, 2012.

② UK Parliament home page. http://www.publications.parliament.uk/pa/cm201314/cmselect/cmenvaud/191/19102.htm.

③ Böhnke, Eidt, Knierim, Richert, Röber & Volz（2016）: How to Make Green Finance Work – Empirical Evidence from Bank and Company Surveys, German Development Institute / Deutsches Institutfür Entwicklungspolitik（DIE）.

资料来源：公开资料，中债资信整理。

在中国的倡议下，2016 年 G20 峰会将绿色金融纳入议题，并成立了由中国人民银行和英格兰银行为共同主席的 G20 绿色金融研究小组。该小组在 2016 年 9 月发布的《G20 绿色金融综合报告》中[①]，提出了绿色金融定义：绿色金融指能产生环境效益以支持可持续发展的投融资活动。这些环境效益包括减少空气、水和土壤污染，降低温室气体排放，提高资源使用效率，减缓和适应气候变化并体现其协同效应等。发展绿色金融要求将环境外部性内部化，并强化金融机构对环境风险的认知，以提升环境友好型的投资和抑制污染型的投资。

核心要求是将环境外部性内部化，并强调了认知环境风险的重要性。该定义中涵盖的投资领域广泛，包含污染防治、应对气候变化、提高资源使用效率等，是迄今为止国际上较为全面的绿色金融定义。

2.1.1.2 绿色金融的特征

● 基本的金融业务属性

金融业务属性是由绿色金融的本质决定的。从本质上讲，绿色金融还是属于金融业务范畴，追求盈利仍是商业银行等参与主体从事此类业务的

---

① G20 绿色金融研究小组 .G20 绿色金融综合报告 [R].2016.

基本前提。从历史表现来看，对于投资主体而言，绿色金融业务的利润率较常规业务更低，但是单体项目对资金需求量大、收益相对稳定等特点亦使得金融机构对绿色金融业务较为青睐，但绿色金融业务的爆发增长，更多的是因为绿色金融业务的社会责任属性而带来的国家优惠政策和一定程度上的风险背书。

● 适度的社会责任属性

社会责任属性是由于绿色金融所支持的环保项目现阶段经济回报率较低所决定的。抛开国际、国内对于绿色领域认知倾向的差别，绿色金融支持的项目普遍具有投资回报期长、经济效益较小或无法内部化等特征。项目环境效益和经济效益难以统一，即环境效益高而经济效益低，这与金融追求经济效益最大化的诉求相违背。尤其在绿色经济发展初期，相关项目的经济效益不确定性更强，单纯依靠金融市场的自我运行无法达到金融资源向绿色经济领域的有效配置，绿色金融需要政策引导和支持。

从国际上看，与国际发达国家成熟的市场经济运行机制对应，其绿色金融主要以市场化形式发展，但由于不少绿色项目仍具有一定的公共属性，且规模较大，因此政府也采取了一定的扶持措施。

鉴于绿色金融兼具金融业务属性和社会责任属性的特点，全球范围内的主要发达国家通过政府的支持和引导，在不改变市场化运作的前提下，通过政府少量的资金撬动了大量社会资源投入绿色项目，在资金运用上起到了良好的杠杆效应。

绿色金融通过金融机构将环境评估纳入流程，在投融资行为中注重对生态环境的保护，注重绿色产业的发展。

表2-2 全球部分国家绿色金融政策制度

国家及地区	政策制度
德国	1. 要求监管部门、环保部门、企业与商业银行间保持信息透明； 2. 政府用贴息方式支持银行发展绿色信贷业务。
欧洲	1. 强化面向投资者的环境风险披露要求； 2. 着眼于长期融资； 3. 对环境风险评估越来越审慎。

续表

国家及地区	政策制度
美国	1. 出台《综合环境相应补偿及责任法》，规定商业银行的融资活动需承担环境连带责任； 2. 出台《超级基金法案》，明确提出"谁污染谁治理"，金融机构若投资破坏环境的企业，将受到连带责任并支付环境治理费用； 3. 企业申请贷款需经环保部门与银行共同审定环保指标，甚至对环境友好型企业不需要抵押品； 4. 发展绿色债务市场，在标准（如证书、保险和信贷评级方法）方面开展创新； 5. 出台财政激励性政策推动绿色金融企业、绿色金融机构发展。
英国	1. 鼓励低碳节能技术，对高耗能、高污染企业征收气候变化税； 2. 对绿色信贷项目和证券化产品给予税收优惠。

资料来源：公开资料，中债资信整理。

2.1.2 绿色金融的发展阶段

2.1.2.1 绿色金融的萌芽（20 世纪 70 年代至 90 年代初）

绿色金融起源于欧美工业发达国家，现已被巴西、孟加拉国、南非、中国等发展中国家所接受。从最初起源看，是发达工业国家在面临工业发展带来的巨大环境问题时所开始的尝试。20 世纪 70 年代，美国爆发了严重的棕地污染，需要大量的修复资金和赔偿资金。因为土壤污染的长期潜伏性，其爆发的时间往往距离污染排放的时间有几十年的滞后期，因此，很难用污染者付费原则从直接的污染企业获得污染修复和赔偿费用，而棕地都聚集在城市市中心，污染修复和赔偿损失资金额度非常大，财政无法承受。这时，一些环境经济学家提出应该对污染者付费原则中的污染者进行重新定义，除了直接的污染企业外，所有享受了污染红利的机构都应该纳入污染者概念，并承担付费责任。作为资金提供者的金融机构毫无疑问是享受了污染红利的，因此被作为污染责任人之一，被写进法律。很多法院开始在各种污染诉讼案件中裁定金融机构也应共同承担清污修复和赔偿责任，由此给金融机构带来很大的资金损失和声誉损失，金融机构开始主动推动环境和社会风险管理。

2.1.2.2 绿色金融的兴起（20 世纪 90 年代初至 2003 年）

随着国内对全球气候变化与节能减排问题重视程度的不断提高，绿色金融逐步在全球范围内兴起。20世纪90年代，绿色金融的可持续发展理念逐渐在各个领域渗透，金融行业亦然，可持续金融理念开始发展。1992年，联合国环境发展大会在巴西里约热内卢召开，在可持续发展领域具有里程碑意义。180多个国家派出代表团出席并通过了《里约环境与发展宣言》和《21世纪议程》两份纲领文件，这也成为多个国家制定可持续发展战略的基础。

大会期间，在联合国环境署（UNEP）的支持下，金融行业倡议也初具雏形，若干国际商业银行率先签署了UNEP银行业倡议，倡导金融机构在推动全球经济可持续发展方面发挥作用，承诺在业务中全面融入对环境议题的考虑，加大对环保科技和服务领域的资金支持。

2.1.2.3　绿色金融的发展壮大（2003年至今）

绿色金融的发展壮大始于"赤道原则"（Equator Principles）这一在绿色金融领域具有划时代意义的"纲领文件"的发布。当银行对大型项目提供融资后，由项目所带来的生态环境破坏和其他社会问题一直以来备受批评，社会普遍认为银行有责任对融资项目的潜在环境影响和社会问题进行调查和评估，以决定拒绝为项目提供融资，或要求并监督借款人采取有效措施消除或减缓项目的负面影响。

在此背景下，2002年10月，国际金融公司（IFC）与包括荷兰银行在内的9家银行在伦敦共同提出了一套针对项目融资中规避环境与社会风险的指南（也称为贷款准则），这就是绿色金融领域最为著名的"赤道原则"。2003年6月，荷兰、美国等7国的10家主要银行宣布接受"赤道原则"，赤道原则结合了世界银行的环境保护标准与国际金融公司的社会责任方针，旨在建立一个判断、评估和管理项目融资中的环境问题与社会风险的金融行业基准，以增加银行业的社会责任，缓解越来越严重的环境与社会问题。

赤道原则的内容和结构均较为简单，对于总投资1 000万美元及以上的新项目，以及可能对环境和社会产生重大影响的原项目扩容等，必须满足国际金融公司按行业细分的《环境、健康和安全指引》；同时，需要根据项目潜在的环境破坏或社会风险的严重程度，从高到低将项目分为 A 类、B 类和 C 类。银行对 A 类和 B 类项目进行环境和社会评估，对于评估中所发现的环境和社会问题，借款人必须制订有效的行动计划和完善的环境管理方案，以减轻、监控环境和社会风险。只有在借款人能够证明项目执行对环境和社会负责的前提下，银行才会对项目提供融资，否则，赤道原则将建议银行减少甚至拒绝为问题项目提供授信。通过对项目实施进行综合评估，赤道原则第一次为银行评估和管理环境与社会风险提供了具体操作指南，所确立的项目融资行业标准也为金融机构推进环境保护与和谐发展提供了可供参照的一般准则。截至 2017 年 4 月末，已有来自 37 个国家的 90 家金融机构声明遵守"赤道原则"，其中包括兴业银行、江苏银行两家中国金融机构。从国际地区角度分析，欧洲声明遵守"赤道原则"的金融机构数量最多，达 38 家，占比为 42.22%；北美洲次之，达 14 家，占比为 15.56%。从国家的角度分析，加拿大、西班牙、荷兰宣布遵守"赤道原则"的金融机构数量最多，分别为 7 家、7 家、6 家，占比分别为 7.78%、7.78%、6.67%。不难发现，声明遵守"赤道原则"的金融机构在国家间的分布较为分散，但主要集中于欧美发达国家；未来，随着中国、印度等新兴经济体的发展，亚洲以及广大发展中国家将成为新增"赤道银行"的主要市场。总体上，赤道原则为全球银行类金融机构发放绿色信贷提供了操作性指引，遵守赤道原则已成为商业银行向公众展示其环境与社会责任的重要途径。

在"赤道原则"诞生之后，全球范围内的绿色金融创新和规模扩容迎来快速发展。2007 年，欧洲投资银行发行全球首只气候相关债券；2013 年，国际金融公司（International Finance Corporation，IFC）与纽约摩根大通共同发行 IFC 绿色债券，绿色金融市场开始蓬勃发展；2015 年 3 月，国际资本市场协会（International Capital Market Association，ICMA）公布的《绿色债券原则》（Green Bond Principles，GBP）成为绿色债券国际标准的雏形，对绿色债券的发展具有里程碑式的意义，目前 GBP 的最新版本为 2018 年版。根据国际能源机构的估计，2050 年，全球对绿色项目的投资将增加 36 万亿美元。以绿色信贷、绿色债券、绿色保险、绿色基金以及绿色担保等为主的绿色金融产品发展日趋完善。

2.2 国际市场上绿色金融产品的创新与配套基础

2.2.1 绿色金融的产品创新

目前国际发达国家的绿色金融产品创新包括绿色信贷、绿色债券、绿色保险、绿色担保等，涉及生产、消费各个环节。早在 1974 年，当时的联邦德国即成立了全球首家政策性环保银行，负责为商业银行不愿授信的环保工程项目提供优惠贷款。1992 年，联合国环境署联合众多国际商业银行共同发布《银行业关于环境和可持续发展的声明书》，正式推出联合国环境署银行计划（UNEPBI）。1995 年，联合国环境署发布《保险业关于环境和可持续发展的声明书》，标志着联合国环境署银行计划延伸到保险业。1997 年，联合国环境署银行计划更名为金融机构计划（UNEPFII），绿色金融服务从单一银行业务扩展到一般性金融服务。

具体到产品方面，在绿色信贷上，为支持绿色技术研发，各国的绿色信贷门槛不断降低，如美国银行创新了支持节油技术发展的无抵押兼优惠贷款；在绿色证券上，欧洲投资银行在 2007 年创新发行了首只绿色债券，并通过担保方式创新提高信用级别，至今欧洲投资银行仍是绿色债券市场的主要发行人；在绿色保险上，1988 年美国成立了专业的环境保护保险公司，之后在强制保险方式、个性化的保险设计、政府担保上不断创新；在绿色消费上，荷兰银行将绿色消费金融产品扩展到建筑领域，并向家庭提供房屋节能减排的绿色抵押贷款。整体看，绿色金融产品的发展日趋完善，产品成熟度逐步提高。

2.2.1.1 绿色信贷

绿色信贷是绿色金融各类产品中发展起步最早、规模最大、运行最为成熟的产品类型，在全球范围内多个国家已经形成了较为多样的产品设计和创新。绿色信贷是指银行类金融机构在进行贷款审批时，除传统要件外，还应对项目的环境监测指标、污染治理效果、生态保护效益等环境与社会因素进行综合考量；提升对高污染、高耗能企业的贷款门槛，进而引导资金向有利于环保的项目与贷款主体倾斜，以实现可持续发展的目标。

　　绿色信贷起源于 20 世纪 70 年代的美国与德国，并逐步成为全球银行业所推崇的信贷政策。2002 年 10 月，世界银行下属的国际金融公司与荷兰银行一道，联合花旗银行、巴克莱银行、西德意志银行等国际主流金融机构，共同起草了一份以解决项目融资中有关环境与社会风险的非官方自愿性准则，即"赤道原则"［现行版本为 2013 年 6 月发布的第三版，"The Equator Principles（EP）Ⅲ"］。"赤道原则"被认定为"一套在融资过程中用于确定、评估和管理项目所涉及的环境和社会风险的金融行业准则"。"赤道原则"适用于向全行业提供的以下四种金融产品：

　　（1）项目资金总成本达到或超过 1 000 万美元的项目融资咨询服务；

　　（2）项目资金总成本达到或超过 1 000 万美元的项目融资；

　　（3）符合下述四项标准的用于项目的公司贷款（包括出口融资中的买方信贷形式）：

　　①大部分贷款与客户拥有实际经营控制权（直接或间接）的单一项目有关；

　　②贷款总额为至少 1 亿美元；

　　③ EPFI 单独贷款承诺（银团贷款或顺销前）为至少 5 000 万美元；

　　④贷款期限为至少两年；

　　（4）过桥贷款，贷款期限少于两年，且计划借由预期符合上述相应标准的项目融资或一种用于项目的公司贷款进行再融资。

　　对于符合以上要求的项目，"赤道原则"将从审查和分类、环境和社会评估、适用的环境和社会标准、环境和社会管理系统以及赤道原则行动计划、利益相关者的参与、投诉机制、独立审查、承诺性条款、独立监测和报告、报告和透明度十项原则声明出发，对绿色信贷项目的合规性进行审查。其中，就审查和分类方面，"赤道原则"将目标项目分为 A 类、B 类与 C 类。

表 2-3　遵守"赤道原则"的金融机构

金融机构	采纳"赤道原则"的时间	国家	地区
荷兰银行（ABN Amro）	2009/8/3	荷兰	欧洲
通道银行（Access Bank Plc）	2009/6/4	尼日利亚	非洲
阿赫里联合银行 B.S.C（Ahli United Bank B.S.C.）	2011/5/1	巴林	中东地区
国际阿拉伯非洲银行（Arab African International Bank）	2009/1/25	埃及	非洲
ASN 银行（ASN Bank N.V.）	2009/11/25	荷兰	欧洲
澳大利亚和新西兰银行集团有限公司（Australia and New Zealand Banking Group Limited, ANZ）	2006/12/15	澳大利亚	大洋洲
西班牙对外银行（Banco Bilbao Vizcaya Argentaria，S.A. BBVA）	2004/5/18	西班牙	欧洲
巴西布拉德斯科银行（Banco Bradesco, S.A.）	2004/9/8	巴西	拉丁美洲
信贷银行（Banco de Crédito）	2013/1/22	秘鲁	拉丁美洲
布宣诺斯蒋利斯加利西亚银行（Banco de Galicia y Buenos Aires S.A.）	2007/3/19	阿根廷	拉丁美洲
乌拉圭东方银行（Banco de la República Oriental del Uruguay）	2008/1/3	乌拉圭	拉丁美洲
巴西银行（Banco do Brasil）	2006/7/6	巴西	拉丁美洲
诺特银行（Banco Mercantil del Norte S.A.）	2012/3/12	墨西哥	北美洲
西班牙人民银行（Banco Popular Español）	2013/5/20	西班牙	欧洲
西班牙萨瓦德尔银行（Banco Sabadell）	2011/9/29	西班牙	欧洲
西班牙国家银行（Banco Santander S.A.）	2009/4/30	西班牙	欧洲
沃托兰廷银行（Banco Votorantim SA）	2016/6/30	巴西	拉丁美洲
哥伦比亚银行（Bancolombia S.A.）	2008/12/11	哥伦比亚	拉丁美洲
马斯喀特银行（Bank Muscat S.A.O.G.）	2007/8/18	阿曼	中东地区
美洲银行公司（Bank of America Corporation）	2004/4/15	美国	北美洲
江苏银行（Bank of Jiangsu）	2017/1/20	中国	亚洲
蒙特利尔银行（Bank of Montreal）	2005/9/15	加拿大	北美洲
加拿大丰业银行（Bank of Nova Scotia）	2006/9/25	加拿大	北美洲
东京三菱日联银行有限公司（Bank of Tokyo–Mitsubishi UFJ，Limited）	2005/12/22	日本	亚洲
西班牙洲际银行（Bankinter）	2016/12/12	西班牙	欧洲

续表

金融机构	采纳"赤道原则"的时间	国家	地区
英国巴克莱银行（Barclays plc）	2003/6/4	英国	欧洲
摩洛哥对外贸易银行（BMCE Bank）	2010/5/10	摩洛哥	非洲
法国巴黎银行（BNP Paribas）	2008/10/24	法国	欧洲
巴西联邦储蓄银行（CAIXA Econômica Federal）	2009/11/18	巴西	拉丁美洲
储蓄银行（CaixaBank）	2007/3/19	西班牙	欧洲
加拿大帝国商业银行（Canadian Imperial Bank of Commerce, CIBC）	2003/12/3	加拿大	北美洲
国泰世华银行（Cathay United Bank Co., Ltd）	2015/3/23	中国台湾	亚洲
CI 银行（CIBanco S.A.）	2012/3/7	墨西哥	北美洲
美洲基础设施融资公司［CIFI（CorporacionInteramericana Para El Financiamiento de Infraestructura S.A.）］	2007/4/6	巴拿马	拉丁美洲
花旗集团（Citigroup Inc.）	2003/6/4	美国	北美洲
澳洲联邦银行（Commonwealth Bank of Australia）	2014/5/26	澳大利亚	大洋洲
荷兰合作银行（Coöperatieve Rabobank U.A.）	2003/6/4	荷兰	欧洲
瑞信集团（Credit Suisse Group）	2003/6/4	瑞士	欧洲
法国东方汇理银行（Crédit Agricole Corporate and Investment Bank）	2003/6/4	法国	欧洲
德意志银行（Deka Bank Deutsche Girozentrale）	2011/3/1	德国	欧洲
挪威 DNB 银行（DNB）	2008/5/29	挪威	欧洲
德国中央合作银行（DZ Bank AG）	2013/1/1	德国	欧洲
玉山银行（E.SUN Commercial Bank，LTD）	2015/12/28	中国台湾	亚洲
跨国有限商业银行（Ecobank Transnational Incorporated）	2012/1/1	多哥	非洲
澳大利亚出口融资和保险公司（Efic）	2009/3/3	澳大利亚	大洋洲
丹麦出口信贷基金会（Eksport Kredit Fonden）	2004/5/14	丹麦	欧洲
美国进出口银行（Ex-Im Bank）	2011/3/31	美国	北美洲
挪威出口信贷（Export Credit Norway）	2014/6/27	挪威	欧洲
加拿大出口发展局（Export Development Canada）	2007/10/25	加拿大	北美洲
富达银行（Fidelity Bank Plc）	2012/11/1	尼日利亚	非洲
南非第一兰德银行（First Rand Limited）	2009/7/13	南非	非洲

续表

金融机构	采纳"赤道原则"的时间	国家	地区
荷兰发展金融公司〔FMO（Netherlands Development Finance Company）〕	2005/10/19	荷兰	欧洲
汇丰控股（HSBC Holdings plc）	2003/9/4	英国	欧洲
印度基础设施发展金融公司（IDFC Bank）	2013/6/3	印度	亚洲
商业银行（Industrial Bank Co., Ltd）	2008/10/31	中国	亚洲
荷兰商业银行（ING Bank N.V.）	2003/6/23	荷兰	欧洲
国家信用办公室（Instituto de Crédito Oficial, ICO）	2016/10/26	西班牙	欧洲
联合圣保罗银行（Intesa SanpaoloSpA）	2006/8/4	意大利	欧洲
艾诗巴西联合银行（Itaú Unibanco S.A.）	2004/8/12	巴西	拉丁美洲
摩根大通银行（JPMorgan Chase Bank，N.A.）	2006/12/4	美国	北美洲
比利时联合金融集团（KBC Group N.V.）	2004/1/27	比利时	欧洲
伊佩克斯银行（KfW IPEX–Bank GmbH）	2008/3/3	德国	欧洲
韩国产业银行（Korea Development Bank）	2017/1/2	韩国	亚洲
英国劳埃德银行集团（Lloyds Banking Group Plc）	2008/1/31	英国	欧洲
宏利金融（Manulife）	2005/5/11	加拿大	北美洲
毛里求斯商业银行（Mauritius Commercial Bank Ltd.）	2012/5/15	毛里求斯	非洲
日本瑞穗银行（Mizuho Bank, Ltd.）	2003/10/27	日本	亚洲
澳洲银行（National Australia Bank Limited）	2007/10/25	澳大利亚	大洋洲
阿布扎比国家银行（National Bank of Abu Dhabi PJSC）	2015/9/20	阿联酋	中东地区
法国外贸银行（Natixis）	2010/12/30	法国	欧洲
莱利银行（Nedbank Limited）	2005/11/10	南非	非洲
尼伯克银行（NIBC Bank N.V.）	2010/11/9	荷兰	欧洲
北欧联合银行集团〔Nordea Bank AB（publ）〕	2007/2/21	瑞典	欧洲
OP 金融集团（OP Financial Group）	2016/12/16	芬兰	欧洲
加拿大皇家银行（Royal Bank of Canada）	2003/7/21	加拿大	北美洲
苏格兰皇家银行（Royal Bank of Scotland）	2003/6/4	苏格兰	欧洲
瑞典北欧斯安银行（Skandinaviska Enskilda Banken AB）	2007/4/3	瑞典	欧洲
法国兴业银行（Société Générale）	2007/9/3	法国	欧洲

续表

金融机构	采纳"赤道原则"的时间	国家	地区
南非标准银行有限公司（Standard Bank of South Africa Limited）	2009/2/2	南非	非洲
渣打银行（Standard Chartered PLC）	2003/10/8	英国	欧洲
日本三井住友银行（Sumitomo Mitsui Banking Corporation）	2006/1/23	日本	亚洲
住友三井信托银行有限公司（Sumitomo Mitsui Trust Bank, Limited）	2016/2/1	日本	亚洲
瑞典商业银行［Svenska Handelsbanken AB（publ）］	2016/6/23	瑞典	欧洲
加拿大道明银行金融集团（TD Bank Financial Group）	2007/4/12	加拿大	北美洲
日本农村中央金库（The Norinchukin Bank）	2017/5/1	日本	亚洲
英国出口融资（UK Export Finance）	2016/3/31	英国	欧洲
英国绿色投资银行（UK Green Investment Bank plc）	2013/12/2	英国	欧洲
意大利联合信贷银行（Uni CreditSpA）	2003/6/4	意大利	欧洲
美国富国银行（Wells Fargo Bank，N.A.）	2005/7/12	美国	北美洲
澳大利亚西太平洋银行（Westpac Banking Corporation）	2003/6/4	澳大利亚	大洋洲

资料来源：公开资料，中债资信整理。

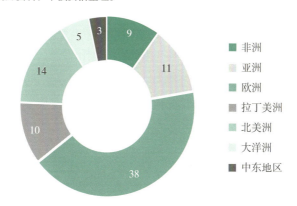

非洲
亚洲
欧洲
拉丁美洲
北美洲
大洋洲
中东地区

资料来源：公开资料，中债资信整理。

图 2-1　"赤道银行"金融机构全球分布（单位：家）

（1）从典型银行的实践角度看国外绿色信贷发展

花旗银行。美国的非营利组织对环境保护的关注较为突出，其行为影响了政府政策的制定和法律法规的颁布，其健全的环境保护法律严格规定了污染者和公共机构的行为，商业银行在此约束下，信贷投放首先考虑其资金所需承担的环境责任。因此，美国的商业银行普遍较为重视银行所面临的环境风险、法律风险和声誉风险。作为赤道原则的重要发起人，为了从信贷风险和声誉风险的角度来调控环境与社会风险，花旗银行于2003年制定了环境与社会风险管理（ESRM）体系。与赤道原则对项目贷款的划分标准相类似，花旗银行环境与社会风险管理政策将全球交易分为A、B、C三类：A类是对环境或社会有着潜在的重大不利影响，并且涉及多样的、不可逆转的或前所未有的影响的项目；B类是对环境或社会可能造成的不利影响有限、数量较少的项目，并且该项目的不利影响一般局限于当地范围，且大部分可以逆转并易于通过减缓措施加以解决；C类是对环境或社会造成的影响轻微或无不利影响的项目。在初期市场营销阶段就将其相关信息录入系统，凡是属于A类的交易，都需要得到指定高级信贷员和环境与社会风险管理部门总监的共同评估。此外，花旗银行专门设立了环保和社会风险政策审查委员会，由花旗企业公民总监负责，银行不同部门的高层经理担任委员，为环境事务部门、环境与社会风险管理部门以及操作环境政策与倡议的相关部门提供咨询服务，保证ESRM体系高效运转。同时，花旗银行将ESRM体系与银行原有的信贷系统相结合，对环保和社会风险评估实行更为严格的信贷流程。例如超过1 000万美元的项目融资，花旗银行需要经过四个阶段的信贷审批流程。完善的环境与社会风险管理体系和严格的信贷审批流程，使得更多花旗银行员工认识并参与到绿色信贷产品与服务的开发创新活动中，在赤道原则的指导下，通过严格的环境与社会指标审查和评估，建设花旗的绿色投资，加强对各类风险的管理能力，从而提高其综合竞争能力。

荷兰合作银行与荷兰银行。荷兰合作银行将环境评级贯穿信贷环境风险评估的每个阶段。不仅如此，荷兰合作银行非常重视利益相关者和环境负责人的意见，在各个阶段充分征求、咨询各方意见，一旦发现该客户存在严重的环境问题，如果是新客户，则立即停止客户关系；若是老客户，则寻求解决途径，若未解决该问题，则停止客户关系。荷兰另一家全球领先的跨国银行——荷兰银行，在创新可持续发展有关产品和服务方面，走在世界前列。荷兰银行在 20 世纪末明确了可持续发展方向，于 2003 年设立了可持续发展部，此后，其可持续发展战略目标从管理风险逐步向发掘商业机会转变。2005 年底，荷兰银行相继推出了与水资源、可再生能源、气候变化、环境指数等环保概念相挂钩的理财产品，使银行与客户在获取丰厚投资收益的同时，间接实现社会责任。近年来，荷兰银行以"创造更多的可能"为宗旨，不断丰富、完善其可持续发展相关的产品和服务，从最初单一的信贷业务，逐步拓展为涵盖理财产品、贷款融资、投资基金等多种形式的产品服务体系，不仅成为银行新的利润增长点，更对环境保护和银行的可持续发展产生重要影响。

日本瑞穗实业银行。2003 年 10 月，日本瑞穗实业银行成为日本以及亚洲首家赤道银行，其根据本国基本行业的实际情况，详尽编写了针对内部 38 个行业的行业指南细则和赤道原则实施手册，于 2004 年开始执行。2006 年 3 月，瑞穗实业银行设立了可持续发展室，并宣布接受当年修订的新版赤道原则，同年 11 月，由于在可持续发展方面的出色表现，其成为采用赤道原则金融机构事务局银行。具体来说，瑞穗实业银行根据国际金融公司的 EHS 指南和绩效标准制定出适用于本行的"行业环境影响筛选表"，从国际金融公司环境指南包含的 63 个项目中筛选出与瑞穗实业银行的业务直接相关的 38 个行业，不仅包含了 EHS 通用指南中的常见行业，也包含了核能源、生物伦理等 EHS 所未涵盖的行业。通过筛选，瑞穗实业银行对赤道原则规定的 A、B 类项目按照不同的行业标准加以审核，以全面了解项目融资的社会和环境责任情况，考察其资金成本、融资方法、项目开展地点等，确定其是否可以纳入赤道原则范围。若融资项目可以纳入赤道原则，瑞穗实业银行营业部则针对项目规模、位置以及对社会环境影响程度等不同因素，确定项目级别，撰写报告，将其送交可持续发展室，再由可持续发展室送交审查部门进行融资贷款审查。日本瑞穗实业银行在实行赤道原则时不仅将可持续发展概念引入再融资过程中，同时强化产品创新以推动其绿色信贷的发展，例如推出大宗商品衍生品和专门与生态、环境相关的结构性产品，创新可再生资源和碳交易的企业经纪业务，加强社会责任投资和可再生能源私募基金等。正因为如此，日本瑞穗实业银行在2003年采纳赤道原则之前，其项目融资业绩世界排第18位，至2006年，其项目融资业绩排名上升至第3位，业绩大幅度提升。

英国巴克莱银行。英国巴克莱银行于2003年宣布采纳赤道原则，其综合考虑社会和环境因素，制定了涵盖所有融资条款，涉及50多个行业的信贷指引，详细规定了客户可能存在的环境违法信息和各个等级的环境风险，便于信贷审查部门对融资项目进行审查和评估。该信贷指引，在联合国环境规划署的努力下，成为全球170多个金融机构的信贷指引模板，为全球商业银行评估和审核贷款提供了重要的导向。同时，巴克莱银行重视人才的培养，以具有竞争力的薪资吸引年轻的环保金融专业人才，重视对内部员工的培训，通过从外部聘请相关专家或与专业咨询公司合作等方式，为银行的可持续发展提供高水平专业人才，建立起本行的环境风险评估人才储备库。

（2）从各国政策要求角度看国外绿色信贷发展

第一，健全绿色信贷法律法规体系。美国方面，美国是世界上最早通过法律建设来界定环境风险责任主体的国家之一。20世纪70年代以来，美国国会先后通过了26部有关环境保护的法律和相应促进绿色信贷发展的法律法规，明晰政府、企业、银行三方的权、责、利，明确绿色信贷的风险责任主体。由于法律规定银行是企业环境风险的连带责任承担者，严厉的法律制裁和经济处罚使美国的银行成为国际上最先考虑与信贷风险相关的环境政策的银行。英国方面，推行严格的环境标准是英国环境控制体制的核心。与美国一样，英国也是从20世纪70年代开始依靠法律建设制定环境标准，控制环境风险，先后发布了《环境保护法》《污染预防法》《水资源法》以及《废弃物管理法》等法律。在许多法律法规中甚至对关键生产工艺提出具体的技术规定和检验标准。例如，《污染预防法》规定了9 000个工艺过程，企业运用这些工艺必须首先获得环保部门的许可，这就从源头上有效地控制了污染。日本方面，在 20 世纪 60 年代制造业高速发展的时候，日本就制定了一套比较完整的环境保护法律法规，对环境污染程度、公害处罚、公害防止、公害纠纷处理以及对受害人赔偿等重点领域给出了详尽的法律条款，明确了定量化、数值化的标准。相关法律法规还对各级政府、企业及法人的法律义务与责任作出了明确的、易于执行和监督的细则规定。1993 年颁布的《环境基本法》成为相关法律的上位法，使得环境保护与节能减排相关的法律法规的完善更加系统化。这一切为商业银行绿色信贷政策的实施提供了操作性强的法律依据。

第二，建立绿色信贷风险评估机制。绿色信贷风险主要指环境风险。环境风险是指由于借款人的环境污染或环境违法行为突破了环境的承载能力，导致环境和生态恶化，对人类社会及其生存、发展的基础环境产生破坏、损失乃至毁灭性的影响。在产业升级和环境标准持续提升的时代，环境风险也意味着随着标准提升，原有技术不再达标所带来的商业损失。这样投资项目的环境风险最终导致项目亏损，甚至导致企业陷入财务困境，进而引发银行所承担的违约风险。美国方面，美国是世界上最早通过立法程序实践绿色信贷，管理环境风险的国家之一。美国国会于 1980 年通过了全面环境响应、补偿和负债法案，即《超级基金法案》。银行的环境责任分担是该法案最为突出的理念创新。根据该法案的规定，银行要对借款人造成的环境污染负责，只有借款人能够保证项目在执行中会对社会和环境负责的前提下，金融机构才能对项目提供信贷资金，同时对信贷资金的使用承担相应的环境责任。如果项目实施污染了环境，破坏了生态，即使其环境风险是潜在的，银行也必须承担责任并付出修复代价，一些银行甚至因该法案而破产。法律的约束和制裁使美国银行高度关注和防范由于潜在环境污染而导致的信贷风险。英国方面，英国是低碳经济思想的首创国家。从 20 世纪 70 年代开始，英国政府逐步形成了一套环境标准、风险衡量、风险控制、可持续发展的法律法规体系。由于法律规定污染企业必须支付高额罚金，银行向污染企业提供信贷就有可能发生坏账风险，因此银行自愿地将衡量环境风险作为信贷风险管理的主要内容。巴克莱银行是英国最大的商业银行之一，也是世界上最大的商业银行之一，该行充分发挥其优势，制定了一个涵盖所有融资条款和 50 多个行业的信贷指引。指引明确划分了环境风险的等级，同时也规定了企业环境违法的认定标准，从而为银行评估环境风险和贷款审核提供了有力支持。英国汇丰银行也通过制定集团环境政策，发布环境风险标准，制定能源、林业、化工、淡水净化等行业绿色信贷业务指南来衡量评估环境风险。日本方面，日本是国土小国、经济强国和环保大国，近年来，由于绿色金融而采取的系统而主动的措施，有力保障了日本的环境保护进入全面可持续发展阶段。日本根据本国的特点设计了一套科学的评估企业社会责任的指标体系，该指标从企业的环境、管理和雇用等五个方面评估、衡量企业的环境风险，并对客户进行全面评价。瑞穗实业银行于 2003 年开始执行赤道原则，制定了包括内部 38 个行业实施细则的手册；2004 年编制了《瑞穗实业银行赤道原则实施手册》，并在其全球的项目融资和财务顾问活动中全面应用；2006 年设立了可持续发展部门，同时对项目融资审批流程进行了优化改造，由客户填写好"筛选表格"后，根据筛选的结果将项目分为 ABC 三大类，其中 A 类和 B 类是对社会和环境具有重大或者较大潜在不良影响的项目。被筛选为 A 类和 B 类的项目，可持续发展部门将会根据其"行业环境清单"开展彻底的环境审查，将环境审查报告提交信贷部门，作为信贷发放决策的关键指标。

第三，建立绿色信贷政策激励体系。美国方面，美国政府主导制定的激励政策是美国绿色信贷可持续发展的重要保障。以税收政策为例，1978 年颁布的《能源税收法》规定，对购买清洁能源设备，如太阳能和风能能源设备，可将其付款金额中最初 2 000 美元的 30%，以及其后 8 000 美元的 20%，从当年需缴纳的所得税中予以抵扣。英国方面，英国政府制定了系统配套性政策，激励企业的绿色环保行为。以政府的贷款担保计划为例，该计划主要对环境友好型企业进行担保，对清洁生产、环保发展的典范企业，即使是规模小且贷款能力不强的企业，也可以在该担保计划下从金融机构获得高达 75 万英镑的贷款，政府承诺担保高达 80%。政府作为担保主体必然也是风险责任的承担主体，必须首先对企业投资项目的环境风险进行评估，这样就淘汰了大量中小型污染企业，大量环境友好型中小企业因此而获得更多的银行贷款支持。这个做法是实施产业绿色升级的非常有效的手段。日本方面，日本政府及相关部门对绿色信贷企业或者环保技术项目实施了财政补贴、税收减免、优惠利率（政府贴息）等一系列激励性措施。例如，民间企业若从事 3R（回收利用、再循环、减排）项目的研究开发、设备投资、工艺改进等活动，可以在政策支持下享受一定的优惠利率；企业建立资源回收系统可以从政策性金融机构获得中长期优惠利率贷款；实施循环经济的企业或者项目，则可以享受多种税收优惠。

第四，不断推进绿色信贷产品创新。美国方面，美国银行设立了基金，专门为那些致力于提供绿色服务的公司发放贷款。例如，为建造节能写字楼的公司、为节能家庭、为投资节油技术的货车公司等提供优惠利率的贷款。花旗环球消费信贷业务团队向消费者提供环保抵押、银行卡和商业融资产品；花旗抵押贷款公司和夏普电子公司合作，为民众购买、安装节能环保的太阳能电力系统提供便利的融资途径；花旗集团将省电等节能指标纳入贷款申请人的信用评分体系，主要目标客户为中低收入阶层顾客。富国银行为通过绿色建筑（LEED）认证的节能商业建筑提供第一抵押贷款和再融资。英国方面，巴克莱银行推出了绿色信用卡产品，持卡用户在购买绿色产品和服务时，可以享受一定的折扣以及比较低的借款利率，同时信用卡利润的 50% 将被应用于世界范围内的碳减排项目。英国联合金融服务社（CFS）推出生态家庭贷款，客户在进行房屋买卖交易时，可以免费获得家用能源评估及二氧化碳抵消服务，仅 2005 年，该贷款就成功抵消了 5 万吨二氧化碳排放。日本方面，瑞穗实业银行参与温室气体排放额度交易机制，进行可再生资源和碳信用额方面的企业经纪，推出大宗商品衍生品以及完全与生态有关的结构性产品，加强社会责任投资和可再生能源私募基金等。三井住友银行内部专门建立了一个综合研究所，聘请行业专家，其主要业务之一就是为企业制定环保、节能的具体执行方案提供专门化服务，服务可以具体到帮助企业改善生产设备或者改进生产过程的生产环节，从而达到节能减排的目的。

第五，建立绿色信贷社会监督体系。发达国家绿色信贷服务的社会参与程度很高。它们首先考虑了社区的利益，其次还明确了环境、社会影响评估必须有第三方独立评估的规定，同时要求资金双方必须和社区就环境与社会问题达成共识，这些都确保了社会力量的参与。加拿大通过建立政府行为和企业环境表现公开制度，将政府有关环保的政策和方针、城市发展和环境质量、重点流域水质等状况的信息及时向社会公布，鼓励公众对政府和企业的环境行为进行监督。政府还建立了生态环境评估和巡查制度，并向社会公告企业的污染预防计划摘要，接受公众监督。政府在生态环境建设方面给予积极的政策性指导，这对加拿大发展绿色信贷发挥了极其重要的作用。政府还联合社会团体和居民社区对全国的生态和环保状况保持密切关注和及时沟通。为方便公众监督，加拿大政府每半年都会发布《加拿大生态环境状况》，并通过媒体向全体公民免费发布生态环境状况和环境保护的信息。这些措施将社会监督纳入政府引导的环境保护综合机制，推动了全社会绿色文化的形成。这种文化的力量为商业银行实施绿色信贷奠定了坚实的社会基础。

表 2-4　全球范围内部分银行的绿色信贷产品

信贷种类	银行	产品名称	产品属性
住房抵押信贷	花旗银行	结构化节能抵押品	将省电等节能指标纳入贷款申请人的信用评价体系
	英国联合金融服务社	生态家庭贷款	为所有房屋交易提供免费家用能源评估
商业建筑信贷	美国新能源银行	优惠贷款	为绿色建筑项目提供贷款优惠
	美国富国银行	抵押贷款	为 LEED 认证的商业建筑项目提供抵押贷款和再次融资，开发商不必为"绿色"建筑商业建筑支付初始的保险费
房屋净值信贷	花旗银行	便捷融资	与夏普电器公司签订联合营销协议，向购置民用太阳能技术的客户提供便捷的融资
	美国新能源银行	一站式太阳能融资	25 年期的"一站式太阳能融资"，相当于太阳能面板的保质期
	美洲银行	贷款捐赠	根据环保房屋净值贷款人申请使用 VISA 卡消费金额，按一定比例捐献给环保组织

续表

信贷种类	银行	产品名称	产品属性
汽车信贷	加拿大 Van City 银行	清洁空气汽车贷款	向所有低排放的车型提供优惠贷款利率
	澳大利亚 MECU 银行	GoGreen 汽车贷款	要求贷款人种树以吸收私家汽车排放的贷款
运输节能信贷	美洲银行	小企业管理快速贷款	以快速审批流程，向火车公司提供无抵押优惠贷款，资助其投资节油技术，帮助购买 SmartWay 升级设备
绿色信用卡	Rabobank		每年按信用卡购买能源密集型产品或服务的金额捐献一定比例给世界野生动物基金会
	英国巴克莱银行		向持卡人分期购买绿色产品和服务提供折扣及较低的借款利率，卡利润的 50% 用于世界范围内的碳减排项目
	美洲银行		持卡人可将信用卡积分捐赠给投资温室气体减排的组织，或兑换"绿色"商品
项目融资	爱尔兰银行	转废为能项目的融资	给予长达 25 年的贷款支持，只需与当地政府签订废物处理合同并承诺支持合同外的废物处理
生态存款	太平洋岸边银行	生态存款	用于贷款给节能公司

资料来源：联合国环境规划署金融行动机构（2013）。

2.2.1.2　绿色债券

　　绿色债券是指募集资金专门用于符合规定条件的绿色项目或为这些项目进行再融资的债券工具，主要目的在于促进环境的可持续发展。绿色项目具体包括但不限于：节能、污染治理、资源节约与循环利用、清洁交通、清洁能源、生态保护和适应气候变化等领域。

　　根据气候债券倡议组织（CBI）的统计，2017 年全球绿色债券发行期数超过 1 500 期，发行规模达到 1 555 亿美元（约 1.01 万亿元人民币），发行规模较上年增幅高达 78%，创造年度发行规模的新纪录；绿色债券共涉及发行人 239 家，涵盖多边开发银行、主权国家、地方政府、政府支持机构、金融机构、非金融企业等多种类型，绿色债券发行人家数较上年增长近两倍，绿色债券的参与主体继续扩张。与上年相比，资产支持证券、地方政府债券、政府支持债券以及主权债发行规模增幅较明显，政府及其相关机构成为国际绿色债券市场发展的重要推动力。

分地区来看，2017年全球新发行绿色债券共涉及6大洲的37个国家，其中有10个为新增主权发行主体。美国、中国和法国是全球绿色债券发行规模排名前三的国家，绿色债券发行规模合计占全球总规模的56%。从募集资金投向来看，2017年新能源行业仍为绿色债券募集资金投向最大的领域，投向低碳建筑和能效项目领域的资金规模较上年增长明显（40%）。

2.2.1.3　绿色保险

绿色保险制度是对在发生污染事故后维护受害人权益的一种有效的理赔制度，一是可以降低环境纠纷的交易成本，及时、有效地保护公民权益；二是有助于分散企业的经营风险，提高环境管理水平；三是抬高高污染企业的进入门槛，建立有效的风险转移机制。绿色保险制度主要起源于工业化国家。迄今为止，主要发达国家的绿色保险制度已经进入较为成熟阶段，并成为其通过社会化途径解决环境损害赔偿责任问题的主要方式之一。国外绿色保险呈现以下主要特点：一是强制保险方式是发展趋势；二是保险范围逐渐扩大；三是保险费率的个性化和赔付限额制；四是保险索赔时效的长期化；五是保险范围集中在重大环境风险；六是保险机构的专门化和政府环保部门的支持。

以下案例介绍了美国、德国、法国、日本、巴西等部分国家的绿色保险的实践。

美国方面，美国的环境污染责任保险又称污染法律责任保险（Pollution Legal Liability Insurance），主要包括两个方面：一是明确被保险人因污染水、土地或空气等而依法承担的环境损害责任保险；二是明确自有场地治理责任保险。前者承担被保险人因其污染环境造成邻近土地上的任何第三人的人身损害或财产损失而发生的赔偿责任；后者承担被保险人因其污染自有或者使用的场地而依法支出的治理费用。美国的保险人一般只对非故意的、突发性的环境污染事故所造成的人身、财产损害承担保险责任。对企业正常、累积的排污行为所致的污染损害也可予以特别承保。美国采取了以下措施来确保环境污染责任保险落到实处：一是针对有毒物质和废弃物的处理所可能引发的损害赔偿责任实行强制保险制度。二是明确环境污染责任保险的承保机构，设立了专门的保险机构经营环境污染责任保险。在美国，企业污染环境被视为环境侵权，对这种侵权给予严厉惩罚是美国司法体制中比较有特色的一项制度。在审理环境侵权案件中，美国法院往往判给原告远远超过实际财产损失的赔偿金，防止某些财大气粗的污染企业宁可罚款也不治污的现象发生。

德国方面，德国在环境责任保险领域起步较早，已经有近 20 年的历史，在运作中问题较少，积累了丰富的经验：一是德国环境污染责任保险是采取强制责任保险与财务保证或担保相结合的制度。1990 年颁布了《环境责任法》，于 1991 年生效，《环境责任法》规定，存在重大环境责任风险的"特定设施"的所有人必须采取一定的预先保障义务履行的措施，包括与保险公司签订损害赔偿责任保险合同，或由州、联邦政府和金融机构提供财务保证或担保。该法直接以附件方式，列举了"特定设施"名录。该名录覆盖了关系国计民生的所有行业，对于如"通过化学转化过程对物质的商业制造设备"等高环境风险的"特定设施"，不管规模和容量如何，都要求其所有者投保环境责任保险。二是《环境责任法》规定企业对环境污染负有推定责任（"严格责任"），即企业若无法证明自身没有责任，就必须承担责任。三是德国《环境责任法》规定，企业有义务对其环境风险采取必要的"预防措施"，即购买保险、提供政府担保或银行担保。德国企业不论公营私营均采用购买保险的方式满足法律要求。四是德国《环境责任法》将企业的赔付上限定为 8 500 万欧元，若实际损失超过最高限额，则每个索赔人得到的赔偿将按比例降低。五是德国环境责任保险中的责任是指对第三方造成人身及财产损害而应承担的赔偿责任，比如企业排污而造成附近居民生病等人身伤害，造成附近居民种的庄稼死亡等财产伤害，都属于保险范畴。

日本方面，日本于 1992 年开始推广环境污染赔偿责任保险，实行自愿性商业保险模式，至今已近 30 年。日本的环境污染赔偿责任保险不属于强制险，企业根据自身经营中发生环境污染事故风险的高低，自行决定是否有参保的必要。在环境污染事故发生后，被保险者因支付净化污染的费用，赔偿第三方罹患公害病所需治疗费、误工损失和慰问金等带来的损失，以及被保险者就对诉讼产生的费用等损失都属于保险赔付的范畴。在保费方面，即使面对同一个被保险者，各家保险公司开出的保费都有所不同，保费的计算方法是公司的商业秘密，不便透露。但申请加入环境污染责任保险的法人所处的行业整体发生环境污染事故的风险较高，保险公司收取的保费也相应偏高。另外，双方签约的时候商定的理赔最高额度越高，保费就越高。在日本，环境污染赔偿责任保险不是企业想投保就投保的，保险公司首先调查企业的环境管理水平。如果企业自己的环境管理一塌糊涂，寄希望于出了事故后由保险公司赔付，这样的企业没有资格参加环境污染赔偿责任保险。只有企业按要求整改，使自身的环境管理水平达到一定标准，才能参保。此规定的目的是促进企业要首先采取措施，避免环境污染事故的发生。

巴西方面，目前，巴西市场上的环境污染保险主要分为意外污染险和环境污染险。意外污染险是指如阀门损坏致使污染物泄漏等突发事故造成的污染事件；环境污染险负责的不仅仅是突发事件，还包括那些可能数月甚至数年才发现的渐进性污染。保险赔偿范围包括对第三者造成的伤害和损失、清理污染物的费用、法庭公诉费用和律师费用、企业停工造成的损失等，赔付金额最多为 3 500 万美元。此种保险适用于那些使用燃料或其他有污染物质的原材料的企业、在生产过程中会产生可能污染环境的垃圾的企业、在第三者的设施上进行危险物品操作的企业，以及可能造成其工厂土地污染或者类似危险的企业等。巴西从 20 世纪 90 年代开始，建立了企业环保证书制度。根据巴西《环境法》规定，对环境造成破坏和污染的行为必须受到处罚。环境污染保险具有强制性，从事可能造成环境恶化、对其他人和环境伤害活动的个人和法人都必须参与污染者民事责任险，有了这项保险，企业和个人才能够获得国家环境体系颁发的环保证书。最近，巴西本国以及外国银行都开始要求企业客户采取措施降低环境风险，将企业是否能够出具保险单或控制污染的保证条款作为批准给予贷款的条件。

法国方面，1977 年，由外国保险公司和法国保险公司组成污染再联营（GARPOL），制定了特别保险单，从此，保险公司的承保范围不再局限于偶然性、突发性的环境侵权事故，开始承保因单独、反复性或继续性事故所引起的环境侵权损害。以法国为代表的国家是以任意责任保险为主，强制责任保险为辅的保险模式为特征。

表 2-5　部分国家绿色保险制度简介

国家	政策要求	具体做法
美国	1976 年美国《资源保全与恢复法》授权美国联邦环保局发布行政命令，要求业者就日后对第三人的损害赔偿责任和关闭估算费用等进行投保；在有关危险废物贮存、处理、处置的法规中，强制要求管理者应为在该设施的运行期间内、因危险废物的管理和操作所造成的对他人人身或者财产的损害购买保险。	主要采取两项措施确保环境污染责任保险落实，即针对有害物质和废弃物的处理所可能引发的损害赔偿责任实行强制保险制度；明确环境污染责任保险的承保机构，成立专业的环境污染风险的保险公司。
德国	《环境责任法》规定了存在重大环境责任风险的"特定设施"的所有人必须采取一定的预先保障义务履行的预防措施，包括与保险公司签订损害赔偿责任保险合同，或由州、联邦政府、金融机构提供财务保证或担保。	
法国	1977 年，由外国保险公司和法国保险公司组成的污染再保险联盟（GARPOL），制定了污染特别保险单。	法国采取柔性渐进方式，以自愿保险为主，强制保险为辅。在一般情况下，由企业自愿决定是否就环境责任投保，法律规定必须投保的则应依法投保。
日本	日本的环境污染赔偿责任保险不属于强制险，企业根据自身经营中发生环境污染事故风险的高低，自行决定是否有参保的必要。	由保险公司根据企业的环境管理水平决定企业的投保资格。
印度	为保障受害者及其家属补偿的需要，事后印度制定了专门的环境责任保险法规，开始推行环境污染责任强制保险。1991 年 1 月 22 日印度议会通过了《公共责任保险法》。印度环境部于 1992 年 3 月 24 日公布了《适用公共责任法的化学物质名录和数量限值》，具体列举了 5 大类 182 种"危险物质"的种类和各自数量限值。	企业在从事经营活动之前必须与保险公司签订保险合同并出示保险单；政府和国有公司实行保险基金制度，可以不必购买商业保险，而是通过向印度国家银行或者任何国有化后的银行，存入一笔公共责任保险。

续表

国家	政策要求	具体做法
巴西	巴西《环境法》规定，对环境造成破坏和污染的行为必须受到处罚。环境污染保险具有强制性，从事可能造成环境恶化、对其他人和环境伤害活动的个人和法人都必须参与污染者民事责任险。	主要分为意外污染险和环境污染险。意外污染险是指如阀门损坏致使污染物泄漏等突发事故造成的污染事件；环境污染险负责的不仅仅是突发事件，还包括那些可能数月甚至数年才发现的渐进性污染。意外污染险在巴西国内市场已有广泛的接受率，几乎所有存在造成污染可能性的企业都上了意外污染险，但是渐进环境污染险的市场份额很小。
瑞典	瑞典《环境保护法》，政府或者政府指定的机构应当按照批准的条件制定环境损害保险单，从事需要许可证和需要审批的活动的人，应按照政府或政府指定机构制定的价目表按年度缴纳保险费；缴纳通知发出30天后，义务人仍未缴纳环境损害保险费的，保险人应当将这一情况向监督机构报告，监督机构可以责令义务人履行义务，并处以罚款。	

资料来源：公开资料，中债资信整理。

2.2.1.4 绿色基金

绿色基金是专门针对节能减排战略、低碳经济发展、环境优化改造项目而建立的专项投资基金，可以用于雾霾治理、水环境治理、土壤治理、污染防治、清洁能源、绿化和风沙治理、资源利用效率和循环利用、绿色交通、绿色建筑、生态保护和气候适应等领域，在绿色金融体系中资金来源最为广泛，具有举足轻重的作用。

美国是世界上社会责任投资（SRI，关注道德和社会责任）发展最早和最完善的国家。在20世纪60~70年代环保运动的影响和推动下，1982年世界上第一只将环境指标纳入考核标准的绿色投资基金——Calvert Balanced Portfolio A在美国面世。此后，英国于1988年推出了其第一只绿色投资基金——Merlin Ecology Fund。绿色投资基金的概念虽然在20世纪80年代就已出现，但是直到20世纪末期，绿色投资基金的数量增长仍十分缓慢。

随着各国对环境问题以及经济可持续发展的重视，近年来，绿色基金在美国、日本和欧洲等发达国家和地区得到了较大发展。美国市场相继有更多的SRI将生态环境作为重要筛选指标，通过股东话语权来促使企业提高对环境的重视，这便是美国绿色投资基金初期的构成形式。进入 21 世纪后，绿色投资基金进入高速发展阶段，极大地促进了美国社会经济生态效率的提高。在日本，曾经的粗放型经济增长模式造成的严重危害也使得企业逐渐认识到环境的改善能节约成本，而通过绿色投资基金可以在取得良好经济效益的同时又推动生态环境的改善，这极大地促进了绿色投资在日本的发展。在西欧地区，绿色投资基金是社会责任投资的第三代金融产品，更专注于环境等某个具体的领域，而且其资产增速也大于市场资产的平均增速。

2.2.1.5　**绿色担保**

绿色担保是通过对企业进行绿色信贷等融资提供贷款担保，提高企业的资信水平等方式来提高企业获得绿色信贷等融资的可能性，可以有效缓解相关企业融资困难的困境。目前，在全球范围内多个国家及部分国际经济组织在绿色信贷担保方面已经进行了诸多有益的尝试并积累了一定的成功经验，如美国能源部对绿色能源项目的贷款担保，中美洲和巴拿马地区可再生能源投资加速担保项目，英国政府出台"政府贷款担保计划"，世界银行以及全球环境基金对中国节能促进项目的贷款担保，国际金融公司对中国节能减排融资项目的贷款担保支持计划等，该部分尝试对完善金融手段支持节能低碳、生态环保的产业发展提供了很大帮助。其中，美国和英国的绿色担保配套政策更具代表性，美国制定了联邦经济刺激方案，对可再生能源技术和电力传输技术提供贷款担保；能源部推出"金融机构合作计划"，通过加强与获批的私营贷款商的合作，撬动私营部门的人力和资金；农业部计划为农产品生产者和农村小型企业提供担保贷款融资和补助资金。英国政府出台"政府贷款担保计划"，为取得政府审核通过从事环境保护的企业和项目提供融资担保，其中 80% 的贷款资金由政府担保解决；地方政府为地方中小企业的绿色信贷提供资金方面支持，建立了风险投资资金公司。日本政府设立了"产业基础准备基金"，为企业节能设备安装、建筑节能改造、节能技术开发及热能有效利用等项目贷款提供担保。

（1）国际绿色担保的主要模式

信用担保（Credit Guarantee）模式是最主要的担保模式。该类担保用于降低技术及信用风险所带来的贷款违约风险。资金提供者（Lender）缺乏绿色项目的相关知识、绿色项目缺少合格的抵押物以及现金流不确定等因素提高了绿色项目的融资门槛，而信用担保通过为绿色项目融资提供担保，更容易撬动私营资本投入。如美国能源部于 2009 年推出"金融机构合作计划"（Financial Institution Partnership Program，FIPP），通过加强与获批的私营贷款商的合作，撬动私营部门的人力和资金，该项目在美国《经济复苏与再投资法案》框架下获得了 7.5 亿美元融资，该笔资金为 80 亿美元的贷款提供了担保。此外，绩效担保（Performance Guarantee）模式是重要补充。该类担保用于降低因技术风险而未达到预期或合同节能量所引起的贷款违约风险。通过担保方式保证绿色项目的节能量有助于资金提供者对贷款合理定价。绩效担保的最终目标是使得资金出借者接受以绿色项目的现金流作为抵押的贷款条件。绩效担保和信用担保的不同之处在于绩效担保适用范围较信用担保窄，且没有解决信用风险问题，即使节能量达到预期值，借款人仍然可能出现信用违约。

若按照担保人（Guarantor）划分，则可以分为政府担保模式、国家开发银行和多边机构担保模式、专门的绿色银行担保模式、投资基金担保模式和公司担保模式。

A. 政府担保模式。即由政府或相关部门为担保人的模式。如美国能源部贷款项目办公室（LPO）具体负责执行新能源贷款担保计划，LPO 需要综合、审慎考虑项目申请单位的技术能力、财务状况、管理水平以及市场需求等众多因素，从而恰当选择贷款担保项目。美国农业部农村能源计划（REAP）为农产品生产者和农村小型企业提供担保贷款融资和补助资金，以助其购置或安装可再生能源系统或提高能源效率。

B. 国家开发银行和多边机构担保模式。即由国家开发银行或国际多边机构为担保人的模式。如中美洲经济合作银行确定为危地马拉、萨尔瓦多、洪都拉斯、尼加拉瓜、哥斯达黎加和巴拿马 6 国小于 10MW 的小型可再

生能源项目提供贷款担保；欧洲 2020 项目债券计划通过由欧洲投资银行
（EIB）购买劣后级债券的方式为优先级债券提供增信。国际金融公司（IFC）
对中国节能减排融资项目的贷款担保支持计划（CHUEE）。IFC 和兴业银
行、浦发银行共同建立绿色信贷担保机制，对涉及能效和可再生能源的贷
款进行担保。亚洲开发银行（ADB）投入 8 亿元人民币提供部分信用担保
以支持中国南部和东部地区楼宇能源效率提高项目。

　　C. 专门的绿色银行担保模式。即由专门的绿色银行承担担保人职责的
模式。如纽约绿色银行积极与私营部门合作，针对清洁能源项目实际金融
需求，提供信用增级、贷款损失准备金和贷款捆绑等金融产品，降低绿色
项目风险；英国的绿色投资银行已利用 30 亿美元的英国政府基金，向诸
如废弃物再利用、海上风力发电等优先发展行业提供商业贷款和担保。

　　D. 投资基金担保模式。即由投资基金承担担保人职责的模式。中美
洲和巴拿马地区 ARECA 项目由全球环境基金（GEF）融资，建立了可再
生能源投资加速基金，降低了商业银行为小型可再生能源项目贷款的风险。
世界银行 / 全球环境基金（WB/GEF）中国节能促进项目，利用 GEF 赠款
建立专项担保资金。法国环境与能源控制署和中小企业开发银行于 2000
年 11 月成立了节能担保基金（FOGIME），专门对中小企业在节能方面
投资提供贷款担保，使中小企业易于获得能源效率方面的投资贷款。纽约
州环保部门准许州清洁用水周转基金（CWSRF）为纽约州能源研究和发
展管理局 2 600 万美元的住宅能效贷款组合证券化资产的偿付提供担保。

　　E. 公司担保模式。即由担保公司承担担保人职责的模式。如意大利的
国有担保公司 SACE 为意大利 44MW 的 Montaltodi Castro 太阳能园区一
期债券进行担保。通过 SACE 的担保，该债券的息票率达 5.715%，达到
AA2 评级。

　　（2）国际绿色担保的主要原则

　　A. 充分发挥政府的引领和支持作用。由于许多绿色项目投资环境的
评级偏低，评级机构极少有绿色信贷履约表现的历史信息，投资者大部分
无法接受绿色投资较低的回报或较高风险预期。各国政府在引领绿色市场、

拓宽绿色投资融资渠道、降低绿色投资风险、投资者培育等方面发挥重要作用。如美国政府历来重视发展绿色能源经济，从国家战略层面，将贷款担保作为一种行之有效并普遍采用的金融手段，美国奥巴马政府时期，在具体政策实施层面，要求每年确保在新能源技术的开发方面投入资金，并向可再生能源公司提供贷款担保，政府利用掌握的信息优势和政府信用，为新能源企业寻找信贷资金或风险投资资金，并为之提供担保及政策支持。日本企业节能设备安装、建筑节能改造、节能技术开发，包括余热利用及热能有效利用等项目，向商业银行贷款的，可以通过日本政府"产业基础整备基金"为项目贷款提供担保。英国可再生能源项目可以在政府担保下，向欧洲投行申请特别融资，总的资金上限为40亿英镑。

B. 建立完善的贷款担保流程。为了保证绿色担保的顺利实施，绿色担保的担保人、合作银行和贷款银行建立了系统完善的贷款担保流程。如中美洲和巴拿马地区可再生能源投资加速担保项目（ARECA）中，由中美洲经济合作银行（CABEI）负责实施可再生能源投资加速担保项目，CABEI成立了专门的项目协调部评估和预审担保申请，对担保协议进行评审认定，最终由CABEI信贷委员会决定，若获批准，将发出担保同意函，CABEI与经认定的金融机构签署信贷担保协议。由荷兰国际事务部国际合作司主导的可持续农业担保基金（SAGF）对非洲和拉丁美洲可持续性农业贷款担保项目中，SAGF与非洲、拉丁美洲国内2~4家银行建立合作关系，SAGF对贷款的部分损失提供担保，并与合作银行签订风险分担协议。SAGF和合作银行分别审定借款人，实施尽职调查，通过各自的内部程序审批贷款。从贷款担保申请到SAGF向当地金融机构提供贷款担保需要2.5~3个月的时间，由当地金融机构负责向指定的农业公司或者中小企业发放贷款。

C. 通过技术援助（Technical Assistance）方式保证贷款担保计划顺利实施。技术援助可以促进资金提供者认可绿色项目，对借款人（Borrower）而言，技术援助帮助其建立可行的财务规划来吸引更多的投资，增强绿色可持续发展理念。典型的技术援助包括增强可持续发展项目的选址、能源审计、环境影响评估等方面的技能。如中美洲和巴拿马地区可再生能源投资加速担保项目中，中美洲经济合作银行通过培训金融机构增强其识别和评估小型的可再生能源项目能力，促进了 ARECA 项目的成功实施。

D. 积极防控担保机构的担保风险。为降低担保风险，实现担保机构的可持续发展目标，担保机构通过完善风险防控制度、制定合理的风险分担机制、设立担保退出机制等手段控制风险。一是完善风险防控制度。如美国能源部贷款项目办公室对贷款担保项目的审慎评估、尽职调查和后续跟踪监督贯穿于项目的始末，要求企业定期报送项目的技术、工程报告，如 LPO 因为美国铀浓缩公司 USEC 存在的技术和财务问题，驳回了其提交的第一份贷款担保申请。CABEI 与经认定的金融机构签署信贷担保协议后，后续要按季度监测担保情况，考察相关金融机构和担保项目，CABEI还注重提升投资者、金融机构和相关组织对可再生能源项目的识别和评估能力。中国节能促进项目由中投保公司对 EMCO 企业资信状况、经营销售状况、环境评估、项目可行性审定、贷款额度审定、贷后管理、反担保措施等制定严格的要求，商业银行也制订了专门的"EMCO 贷款担保计划"，对申请的基本条件、程序等作出明确规定。二是制定合理的风险分担机制。由于有担保机构的担保，资金提供者对绿色项目贷款可能存在逆向选择的风险，为控制这一风险，担保机构通过设定合理的贷款风险覆盖率（Coverage Ratio）方式，一方面，在一定程度上降低资金提供者的风险，降低绿色项目的贷款门槛；另一方面，通过提供部分而非全部风险覆盖，资金提供者也需要分担部分风险，从而降低了担保项目的逆向选择风险。如 ARECA 项目的贷款风险覆盖率最高达 75%。三是设立担保退出机制。为绿色项目担保的目的主要在于增进金融机构对绿色项目的认可度，降低金融机构对绿色项目的较高风险预期，随着金融机构对绿色项目的介入，对绿色项目认可度提升和风险预期降低，担保机构设立了相应的担保退出机制。如可持续农业担保基金对非洲和拉丁美洲可持续性农业贷款担保项目中，SAGF 为绿色项目设定了动态的贷款风险覆盖率，随着时间的推移，金融机构风险分担比重增加，SAGF 风险分担比重相应减少。经过 3~4 年，担保机构彻底退出绿色项目的担保，绿色项目风险完全由金融机构承担。

E. 通过多种方式为绿色产品提供增信。针对绿色项目实际金融需求，担保机构提供信用增级、贷款捆绑等金融产品，以降低绿色项目风险。一是信用增级。信用增级主要是指直接或间接向私人资本提供者运用担保、信用证等工具达成信用提升。比如纽约绿色银行针对单个居民，可以通过建立清洁能源贷款或租赁资金池，使资金池中的客户整体 FICO（个人信用）评分达到信贷发放标准，从而获得融资。二是贷款捆绑。纽约绿色银行与几家私人金融机构合作，共同为清洁能源项目提供小型工商业能源贷款，当贷款捆绑产品中的资金量达到一定规模，就能出售或获得再融资，从而增强绿色银行资金的流动性。三是贷款和投资。以纽约绿色银行太阳能贷款项目为例，纽约绿色银行可以和高级债券持有者一起，共同为太阳能项目发行次级债券向项目投资，并确定由绿色银行来承担首次违约损失。

此外，欧洲 2020 项目债券计划通过由欧洲投资银行（EIB）购买劣后级债券的方式为优先级债券提供增信。如为便利西班牙地下天然气储存项目发行 14 亿欧元的债券，EIB 提供 2 亿欧元的流动性支持和作为锚定投资者（Anchorinvestor）购买 3 亿元的债券来吸引私人投资者。

2.2.1.6 其他绿色金融产品

除主流产品外，各国在促进建立减排者获益和超排者支付成本上发挥了重要作用，如与碳交易有关的期货、期权等金融产品，为发达国家绿色金融资金提供了丰富的投资渠道，使得绿色金融资金供给与需求形成相互促进的良性循环。

碳金融产品是一项新兴的绿色金融产品，此类产品在抵押标的物、资产管理、市场交易等方面不断创新升级，2005 年以来全球碳市场的交易规模持续扩大。碳交易量从 2005 年的 7.1 亿吨上升到 2008 年的 48.1 亿吨，年均增长率达到 89.2%，同期，碳交易额从 2005 年的 108.6 亿美元上升到 2008 年的 1 263.5 亿美元，年均增长率更是高达 126.6%。碳交易机制随着《京都议定书》的生效而不断完善。碳交易现货、期货和其他衍生产品的交易市场陆续推出。2008 年 2 月，首个碳排放权全球交易平台 BLUENEXT 开始运行，紧接着该交易平台又推出了期货市场；其他交易市场包括英国排放交易体系市场（UKETS）、澳洲新南威尔士体系（NSW）和美国芝加哥气候交易所（CCX）也都实现了比较快速的扩张。市场的参与主体日益增加，世界各国的金融机构，包括商业银行、投资银行、保险机构、风险投资、基金等纷纷涉足碳金融领域，在全球范围内积极地开展碳金融业务。

2.2.2　绿色金融的配套基础

从绿色金融最基本的金融业务属性出发，仍具有较强的盈利需求，因此在交易等环节的配套基础建设方面，全球范围内推进绿色金融发展的各国亦进行不断尝试，加强绿色金融产品产权交易市场的建设，如美国建立了芝加哥气候交易所（CCX），欧盟成立了排放交易体系（EU-ETS），澳大利亚创新的新南威尔士交易体系；在英国伦敦证券交易所也大力支持可持续投资，目前已挂牌 40 只绿色债券，这些债券累计筹集资金 105 亿美元，挂牌交易的 14 只绿色基金总市值超过 50 亿美元，另外还拥有 50 种各类环境、社会和治理（以下简称 ESG）指数；日本瑞穗实业银行积极参与温室气体排放控制，针对可再生资源和碳排放量期货交易推出了经纪业务以及大宗期货交易产品和服务，为从事可再生能源研发和推广企业提供融资支持；三井住友银行成立了一个环境保护发展研究中心，邀请业内专家和学者负责环保政策制定和相关业务咨询，为发展绿色信贷项目提供专业指导。

2.2.3　可供借鉴的绿色金融发展经验

当前，全球可持续发展进入了以绿色经济为主驱动力的新阶段。美国的"绿色新政"，日本的"绿色发展战略"，德国的"绿色经济"总体规划等表明，经济的"绿色化"已经成为全球增长的新引擎，而绿色金融作为推动绿色经济发展的重要工具功不可没。从全球范围内绿色金融的发展历程看，各国绿色金融产品在法律基础、风险评价机制、激励政策、信息披露方面积累了宝贵的经验，可供我国参考。

2.2.3.1　建立完善的法律基础

20世纪70年代以来，受国内工业发展带来的严峻环境问题影响，发达国家较早地进行了环境保护方面的立法尝试，并为绿色金融的发展奠定了良好的法律基础、创设了相对完善的制度环境。美国方面，20世纪70年代以来，美国先后颁发了多部环境保护、绿色信贷方面的法律文件，明确了政府、企业和银行在发放绿色信贷过程中的责任和义务，为推行绿色信贷奠定了坚实的法律基础。其中，1980年美国颁布的《超级基金法案》是一部专门的环境金融法律，该部法律明确规定了商业银行在环境保护中应承担的责任，商业银行要对其发放信贷资金的项目环境污染负责，只有在保证项目不对环境产生有害威胁的前提下，商业银行才可以对其发放信贷资金，同时承担永久环境保护责任；如果项目取得信贷资金后，对环境造成了污染，那么商业银行要承担连带责任。该规定使得不少商业银行承担了巨大的经济损失，在严格的法律制度之下，企业和银行都十分重视信贷项目环境保护问题。英国方面，20世纪70年代，英国紧跟美国步伐，加快了环境保护立法和建设，先后制定了一系列环境保护法律，例如《国家环境保护法》《污染治理法》《水资源保护法》以及《固体污染物管理法》等，上述法律对污染控制具体措施和标准提出了十分明确的要求。德国方面，20世纪70年代开始，德国制定了一系列的环境保护立法，这些立法主要遵循了预防原则、污染者付费原则以及合作原则，尽管德国没有颁布绿色信贷法、绿色保险法或绿色银行法等绿色金融相关立法，但通过发达的环境保护法律体系，并以这些环境保护法律为基础，将其循环经济核心理念贯穿其中，通过推动其循环经济立法和政策实践的实施，促进绿色金融的快速发展。日本方面，20世纪60年代，日本经济迎来了黄金发展时期，此时日本政府也意识到了环境保护的重要性，并颁布了多项法律法规，对破坏生态环境的生产和消费行为，制定了十分严格的查处、惩罚措施，并对环境污染评估提供了具体的操作细则和标准，对政府、企业和商业银行的责任与义务作出了明确规定，具有很强的操作性和适用性。1993年，日本颁布了《环境基本法》，该法是所有环境法的上位法，这进一步完善了绿色法律体系。整体来看，各国在面临环境问题是，通过制定一套完善的环境保护法律，使得以商业银行为主的绿色金融实施主体在开展绿色金融业务时有了充分的法律依据。

表 2-6　部分国家绿色金融相关法律法规

国家	绿色金融相关法规
美国	《国家环境政策法》《清洁空气法》《清洁水法》《综合环境反应补偿与责任法》《超级基金法案》《贷款人责任规则》《美国复苏与再投资法案》《美国清洁能源与安全法案》
英国	《有毒废物处置法》《国家环境保护法》《污染治理法》《水资源保护法》《固体污染物管理法》《气候变化法案》《贷款担保计划》
日本	《废弃物管理法》《环境责任法》《循环经济与废弃物法》《可再生能源促进法》《环境损害保险—般条款》《环境责任保险条款》

资料来源：公开资料，中债资信整理。

2.2.3.2　建立绿色信贷风险评价机制

在实际开展业务过程中，各国金融机构主要坚持赤道原则对绿色金融业务进行风险评价。美国方面，花旗银行是最早签署联合国环境声明的金融机构之一，花旗银行制定了十分完善的绿色信贷审批管理制度，其实行的环境与社会风险评估制度，要求所有信贷项目都必须通过该项审批才能够发放。日本方面，根据本国环境保护需要，制定了一套企业社会责任评估体系，通过项目环境、员工培训、排放量等方面对企业经营风险进行全方位评估；其中，瑞穗实业银行制定了覆盖 38 个行业的业务指导手册，要求全行所有信贷项目遵循赤道原则。英国方面，其商业银行在发放信贷资金时，都十分重视环境风险审查，其中，巴克莱银行制定了一套覆盖范围十分广泛的行业信贷审批管理办法，明确了环境风险评级方法，并对涉事企业惩处作出了具体规定，为开展绿色信贷审批提供了充分的依据；汇丰银行也制定了环境风险评估制度，规定涉及环境类的信贷项目都要通过严格的污染风险评估。

表 2-7　主要国家绿色金融评价体系

国家	代表银行	评价要求
美国	花旗银行	制定了十分完善的绿色信贷审批管理制度,实行环境与社会风险评估制度,要求所有信贷项目都必须通过该项审批才能够发放。
英国	巴克莱银行、汇丰银行	明确了环境风险评级方法,并对涉事企业惩处作出了具体规定,为开展绿色信贷审批提供了充分的依据;制定了环境风险评估制度,规定涉及环境类的信贷项目都要通过严格的污染风险评估。
日本	瑞穗实业银行	2003 年,制定了覆盖 38 个行业的业务指导手册; 2004 年,制定了《瑞穗实业银行实施赤道原则操作指引》,要求全行所有信贷项目遵循赤道原则; 2006 年,瑞穗实业银行成立了可持续发展部,负责信贷项目绿色审核和评估,并重新调整了信贷审核流程,对客户信贷项目进行分类评级管理,将信贷项目分成 A、B、C 三类,其中 A 类和 B 类信贷项目对环境存在或者可能会带来巨大污染,一旦被列入 A、B 类信贷项目,可持续发展部门会对申请人进行全面审查,并提交一份完整的环境评估报告,为信贷部门提供决策参考。

资料来源:公开资料,中债资信整理。

2.2.3.3　完善配套激励政策

绿色金融所涉及的绿色项目一般具有建设周期长、经济回收周期长的特点,对于金融机构而言此类项目具有相对较高的风险和较低的投资收益,为克服此类困难以推动绿色金融发展,各国通过税收优惠、利息补贴或减免等手段对绿色金融机构进行支持;此外在居民消费端,亦通过实施折扣优惠等形式,促进居民对绿色产品的消费。对待金融机构方面,英国政府为了保证环境保护政策贯彻落实,制定了一套激励配套机制,以融资担保为例,该业务主要是政府为从事环境保护的企业和项目提供融资担保,对于引入清洁项目、环境友好生产线的企业,不管其经营实力如何,也不管其还款能力强弱,都可以申请政府融资担保,获得最高 7.5 万英镑的低息信贷资金,其中 80% 的资金由政府担保解决,这为促进和鼓励绿色产业发展创造了良好的融资环境;美国向持有清洁可再生能源债券(CREBs)和合格的节能债券(QECBs)的投资人提供 70% 的税收优惠或补贴来代替债券利息的支付,亦或通过发行直接补贴债券,向债券发行人发放现金退税补贴债券发行人的利息支出;巴西政府通过发行免税债券对风电项目进行融资;德国政府通过优惠补贴等措施支持德国复兴信贷银行积极践行绿色信贷政策并于 1974 年主导成立了世界第一家生态银行，这为德国绿色信贷的发展提供了长期、稳定的资金支持。促进居民消费方面，1978 年，美国国会颁布了《能源税收法》，该法明确规定凡是购买绿色节能产品（例如充电式机动车或节能产品）的消费者，购买额度低于 2 000 美元的可以享受 30% 的购置税折扣，超过 2 000 美元的可以享受 20% 的购置税折扣，优惠幅度十分大。

表 2-8　部分国家发展绿色金融的相关激励政策

国家	绿色金融激励政策
美国	美国联邦政府清洁可再生能源债券（CREBs）和合格的节能债券（QECBs），美国联邦政府向这些债券的持有人提供 70% 的税收优惠或补贴来代替债券利息的支付。 1978 年，美国国会颁布了《能源税收法》，该法明确规定凡是购买绿色节能产品（例如充电式机动车或节能产品）的消费者，购买额度低于 2 000 美元的可以享受 30% 的购置税折扣，超过 2 000 美元的可以享受 20% 的购置税折扣，优惠幅度十分大。
英国	对于引入清洁项目、环境友好生产线的企业，不管其经营实力如何，也不管其还款能力强弱，都可以申请政府融资担保，获得最高 7.5 万英镑的低息信贷资金，其中 80% 的资金由政府担保解决。
德国	对于环保、节能项目金融机构给予一定额度的贷款贴息，对于环境友好的项目，给予不到 1% 的贷款优惠利率，企业项目贷款期限可以持续 10 年，从而满足环保项目建设周期长、经济收效长的特征。
巴西	发行免税债券对风电项目进行融资。

资料来源：公开资料，中债资信整理。

2.2.3.4　健全绿色金融信息披露制度

目前，全球范围内形成了赤道原则、GRI、TCFD 工作组建议等绿色信贷信息披露体系，主要绿色金融较为发达的国家亦在此体系的基础上建立绿色信贷信息披露制度。赤道原则规定了金融机构的年度报告制度义务，"赤道原则金融机构承诺在考虑相应的保密因素的前提下，最少每年向公众报告一次其执行赤道原则的过程和经验。报告的内容至少包括各家赤道金融机构的交易数量、交易分类以及实施赤道原则的有关信息"。GRI 指标体系（全球报告倡议组织指标体系，联合国环境规划署和美国非政府组织在 1997 年共同提议成立）作为国际标准，以可持续发展为基本依据，以社会、环境和经济三个方面为切入点进行划分，财务绩效、社会行为、人权、环境保护和劳工管理同样包括在其中。TCFD（气候变化相关金融信息披露工作组）的披露制度主要包含四个方面，包括公司治理、战略、风险管理以及指标和目标等。从具体国家实践来看，加拿大建立了环境保护信息公开披露制度，环境主管部门会定期向社会公开环境保护法律政策、城市主要环境监测指标数据以及重点企业污染物排放和治理情况，同时为公众参与环境保护监督开辟了多个信息沟通渠道；政府主导建立了环境动态巡查和评估制度，在生态环境保护方面提供政策支持和指导，这为发展绿色信贷奠定了坚实的政策基础；政府还与社区、社会团体合作，对全国各地生态环境保护进行密切监控；为提高公众环境保护监督的积极性，加拿大政府会定期向公众公开《加拿大环境保护报告》，并在主要媒体上发布相关环保信息。

2.3 国内绿色金融的发展与实践

2.3.1 绿色金融的国内定义

绿色金融的概念在国内学术界中使用较为广泛，但在很长一段时间内未形成统一的定义。1998 年，高建良发表的文章中首次论述了绿色金融的概念，是指通过金融业务的运作来实现可持续发展战略，从而促进环境资源保护与经济协调发展，并以此来实现金融可持续发展[1]；邓翔将绿色金融归纳为：通过最优金融工具和金融产品组合解决全球环境污染和气候变迁问题，实现经济、社会、环境可持续发展的手段[2]；普华永道 2013 年发布的《探索中国绿色金融机遇》报告中指出：绿色金融是指金融机构在普通的投融资决策、事后监督和风险管理流程之外，更进一步考虑环境因素而提供的金融产品和服务，这些产品和服务旨在促进环境责任投资，以及

---

① 高建良.绿色金融与金融可持续发展 [J].哈尔滨金融高等专科学校学报，1998（4）：17–19.
② 邓翔.绿色金融研究述评 [J].中南财经政法大学学报，2012（6）：67–71.

刺激低碳技术、项目、产业和市场的发展[①]。与学术研究同步的是我国绿色金融实践的推进，自 2015 年底启动绿色债券市场以来，2016 年我国已成为全球最大的绿色债券市场，国务院、中国人民银行、发展改革委、银监会、环保部等部委也相继出台政策鼓励，以规范绿色金融发展。我国绿色金融的快速发展使得统一绿色金融的定义及范围变得非常迫切。

在此基础上，2016 年 8 月，中国人民银行、财政部等七部委联合发布了《关于构建绿色金融体系的指导意见》，并首次给出了中国官方对绿色金融的定义："绿色金融是指为支持环境改善、应对气候变化和资源节约高效利用的经济活动，即对环保、节能、清洁能源、绿色交通、绿色建筑等领域的项目投融资、项目运营、风险管理等所提供的金融服务。"

这是国内迄今为止最为完备的绿色金融定义，其不仅明确了绿色金融的目的，还结合国内经济发展以及环境状况，确定了未来绿色金融的重点支持领域和项目类型。此外，其对提供绿色金融服务的范围进行了界定，不仅包括投融资阶段，还包括投后风险管理等。

对比国际上与我国对于绿色金融的定义，两者对于绿色金融区别于普通金融的观点一致，即绿色金融都是以产生环境效益及经济可持续发展为导向，这是绿色金融区别于普通金融的本质所在。

从重点关注领域来看，国内外绿色金融定义有所差别。国际上更关注气候变化，将未来的气候变化和相应的技术调整作为金融机构的主要风险因素；国内绿色金融定义关注重点为污染防治、节能、清洁交通等领域。造成这一差别的原因是发达国家工业化进程早于发展中国家，工业化早期阶段出现的环境污染问题已基本解决，因此在评估一个项目是否绿色时，往往不考虑或不重点考虑其治污和防污作用。而在发展中国家，环境污染问题依然十分严峻，是否能够治污和防污仍是评定一个项目是否绿色的重

[①] PWC. Exploring Green Finance Incentives in China [R]. 2013.

要因素[1]。此外，能源结构的不同也使得对于能源类投资是否绿色的界定有差异，例如发达国家对绿色债券的发行提供评估意见时，对化石能源的投资定义为非绿色，而在中国等发展中国家，化石能源仍占主导地位，只要投资项目能够节约化石能源的使用量，降低单位能耗，或者化石能源的清洁利用，都属于绿色。综合来看，国内外对于绿色金融定义以及实践中的差别，主要反映的是不同国家和地区发展阶段的差异。

2.3.2　绿色金融在中国的实践

由于绿色金融所支持的环保项目现阶段经济回报率较低，项目环境效益和经济效益难以统一，即环境效益高而经济效益低，这与金融追求经济效益最大化的诉求相违背。因此，在绿色经济发展初期，单纯依靠金融市场的自我运行无法达到金融资源向绿色经济领域的有效配置，绿色金融的发展需要政策引导和支持。

中国的绿色金融政策建立在国家层面对环境保护的重视和相关法律基石之上。尤其是 2014 年新环保法修订以来，改变了发展优先，兼顾环保的思维定势，提出"国家采取有利于环境保护的经济、技术政策和措施，使环境保护工作同经济建设和社会发展相协调。"此后，国务院又相继发布了《国务院大气污染防治十条措施》《水污染防治行动计划》和《土壤污染防治行动计划》，环境保护这一基本国策陆续从立法、财税、金融、政策支持等角度得到了国家一系列的支持。2016 年 8 月 31 日，中国人民银行、财政部等七部委联合印发了《关于构建绿色金融体系的指导意见》，中国成为全球首个建立了比较完整的绿色金融政策体系的经济体，中国绿色金融政策体系已经初步形成。

---

① 国务院发展研究中心绿化中国金融体系课题组. 发展中国绿色金融的逻辑与框架 [J]. 金融论坛，2016（2）：17–28.

表 2-9　绿色金融重要文件及相关安排

政策名称	时间	绿色金融相关内容与观点
《国务院大气污染防治十条措施》	2013 年 6 月	强化节能环保指标约束；推行激励与约束并举的节能减排新机制，加大排污费征收力度，加大对大气污染防治的信贷支持
《水污染防治行动计划》	2015 年 4 月 2 日	引导社会资本投入、积极推动设立融资担保基金，推进环保设备融资租赁业务发展。推广股权、项目收益权、特许经营权、排污权等质押融资担保。采取环境绩效合同服务、授予开发经营权益等方式，鼓励社会资本加大对水环境保护投入；推广绿色信贷
《土壤污染防治行动计划》	2016 年 5 月	鼓励社会资本合作（PPP）模式；加大政府购买服务力度；积极发展绿色金融，为重大土壤污染防治项目提供支持；鼓励符合条件的土壤污染治理与修复企业发行股票；探索通过发行债券推进土壤污染治理与修复，在土壤污染综合防治先行区开展试点；有序开展重点行业企业环境污染强制责任保险试点
《关于加快推进生态文明建设的意见》（中发〔2015〕12 号）	2007 年 11 月	健全价格、财税、金融等政策，激励、引导各类主体积极投身生态文明建设；推广绿色信贷，支持符合条件的项目通过资本市场融资；探索排污权抵押等融资模式
《生态文明体制改革总体方案》（中发〔2015〕25 号）	2012 年 2 月	建立绿色金融体系。推广绿色信贷，研究采取财政贴息等方式加大扶持力度；加强资本市场相关制度建设，研究设立绿色股票指数和发展相关投资产品，研究银行和企业发行绿色债券，鼓励对绿色信贷资产实行证券化；支持设立各类绿色发展基金，实行市场化运作；建立上市公司环保信息强制性披露机制；完善对节能低碳、生态环保项目的各类担保机制，加大风险补偿力度；在环境高风险领域建立环境污染强制责任保险制度；建立绿色评级体系以及公益性的环境成本核算和影响评估体系

资料来源：公开资料，中债资信整理。

2.3.2.1　绿色信贷

中国作为新兴金融市场，紧跟全球步伐，在绿色信贷的制度建设领域进行了卓有成效的尝试。《绿色信贷指引》作为绿色信贷的提纲挈领性文件，为我国绿色信贷的发展指明了方向。此外，对绿色信贷投放项目的持续性跟踪是保证贷款投向绿色领域的重要手段，而《关于报送绿色信贷统计表的通知》为绿色信贷的指标测算和归集提供了技术性支持。最终，绿色信贷的效果应与贷款银行，甚至业务人员的实际利益挂钩，形成综合性的业绩考评机制。总而言之，我国已基本建立了涵盖政策导向、统计指引、绩效考核三位一体的绿色信贷制度，以确保国内信贷资金向低碳、循环、生态投资领域聚集。

在政策的鼓励与支持下，我国商业银行的绿色信贷实践已取得阶段性成果。根据银监会公布的统计数据，截至 2017 年 6 月末，全国 21 家主要银行业金融机构绿色信贷余额达 8.22 万亿元，约占我国银行业金融机构的各项贷款总余额的 6.37%（截至 2017 年底各项贷款 129 万亿元）。其中，自 2013 年末至 2017 年 6 月末，节能环保项目和服务贷款余额从 3.69 万亿元增至 6.53 万亿元。节能环保、新能源、新能源汽车等战略性新兴产业制造端贷款余额从 1.51 万亿元增至 1.69 万亿元。节能环保项目和服务贷款中，绿色交通项目、可再生能源及清洁能源项目、工业节能节水环保项目的贷款余额及增幅规模均位居前列。在节能环保项目中，绿色交通项目、可再生能源及清洁能源项目、工业节能节水环保项目贷款余额分别为 30 151.67 亿元、16 103.17 亿元、5 056.64 亿元，占同期全部节能环保项目和服务贷款的 36.7%、19.6%、6.2%。此外，垃圾处理及污染防治项目、自然保护与生态修复及灾害防控项目、资源循环利用项目、农村及城市水项目、建筑节能及绿色建筑项目亦占据一定的贷款份额。不难发现，目前我国的绿色信贷项目主要集中于交通、新能源、节能节水等重大民生战略工程，且以绿色交通项目最为突出。这充分体现了金融杠杆对交通、能源等国计民生项目的指向作用。此外，垃圾处理、生态修复、资源综合利用等新兴产业在技术研发过程中亦需要大量资金支持，其在未来具有明显的发展潜力。

从环境效益方面看，2017 年 6 月末节能环保项目和服务贷款预计每年可节约标准煤 2.15 亿吨，减排二氧化碳当量 4.91 亿吨（相当于北京 7 万辆出租车停驶 336 年，或相当于三峡水电站发电 8.4 年形成的二氧化碳减排当量），减排化学需氧量 283.45 万吨、氨氮 26.76 万吨、二氧化硫 464.53 万吨、氮氧化物 313.11 万吨，节水 7.15 亿吨。绿色信贷的环境与社会效益明显。

当然，目前我国绿色信贷占贷款总余额的比例仍较小，但在政策的推动下，未来绿色信贷规模将存在很大的增长预期。

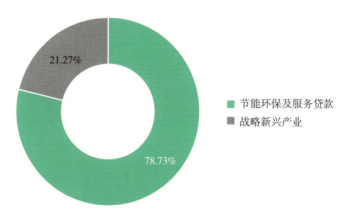

资料来源：公开资料，中债资信整理。

图 2-2　绿色信贷项目大类划分

2.3.2.2　绿色债券

中国绿色债券的发展相对较晚，至 2015 年正式建立绿色债券的制度框架。中国人民银行于 2015 年 12 月发布了 39 号公告以及配套的《目录》，明确六大类及三十一小类环境效益显著项目的界定条件，其中包括节能项目、污染防治项目、资源节约和循环利用项目、清洁交通项目、清洁能源项目、生态保护和适应气候变化项目。2015 年 12 月，国家发展改革委办公厅发布《绿色债券发行指引》（发改办财金〔2015〕3504 号），对绿色债券的适用范围、支持重点和审核要求进行了规范。上海证券交易所于 2016 年 3 月发布《关于开展绿色公司债券试点的通知》（上证发〔2016〕13 号），要求发行人应当在募集说明书中约定将募集资金用于绿色产业项目的建设、运营、收购或偿还绿色产业项目贷款，并在债券存续期内，鼓励发行人按年度向市场披露由独立的专业评估或认证机构出具的评估意见或认证报告，对绿色公司债券支持的绿色产业项目进展及其环境效益等实施持续跟踪评估。此后，中国人民银行和财政部等七部委、中国证监会、中国银行间市场交易商协会（以下简称交易商协会）分别发布《关于构建绿色金融体系的指导意见》（银发〔2016〕228 号）、《中国证监会关于支持绿色债券发展的指导意见》（证监会公告〔2017〕6 号）、《非金融企业绿色债务融资工具业务指引》（银行间交易商协会公告〔2017〕10 号），以支持中国绿色债券的发展。

绿色债券在我国发展迅速，从 2016 年初启动，到 2018 年末，我国已发行绿色债券合计 6 323.63 亿元，共 181 个主体，累计发行不同的绿色债券 296 只，累计注册金额超 7 061.00 亿元。绿色金融债仍是我国绿色债券市场的主力。我国绿色债券市场发行总额的 64.41% 来自绿色金融债，共计 4 073.20 亿元。非金融企业的绿色公司债、绿色企业债、绿色债务融资工具、绿色熊猫债、绿色资产支持证券发行金额分别为 383.80 亿元、816.04 亿元、666.20 亿元、30.00 亿元、354.39 亿元，占比分别为 6.07%、12.90%、10.54%、0.47%、5.60%，发行金额与比重相对较小。由此可见，由于金融机构以资产池形式申报额度，而资产池中可能包含金额很大或数量众多的绿色项目，故其在绿色债券发行规模上占据绝对主导地位，工商企业作为另一类重要的发行主体，其在推动绿色债券融资规模增长方面亦起到了积极作用。

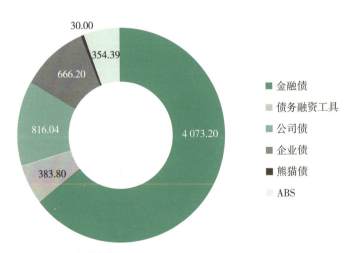

资料来源：公开资料，中债资信整理。

图 2-3 我国绿色债券发行品种（单位：亿元）

与绿色信贷相同，绿色债券的目标在于环境与社会效益的实现。据中债资信测算，2016 年度非金融企业累计发行绿色债券 405.3 亿元，其投向的绿色项目，按照完全建成投产运营后的相应规模测算，产生的年度环境效益包括：节约 3 764 万吨标准煤，减排二氧化碳 9 230 万吨，减排氮氧化物 55 099 吨，减排 COD 146 274 吨，环境效益非常可观。

2.3.2.3　绿色保险

就中国而言，我国的绿色保险主要分为环境污染责任保险和气候保险两类。其中，环境污染责任保险是指加害人对其环境污染行为给受害人造成的财产损害、人身损害、精神损害和环境损害进行的赔偿；而气候保险则是一种为遭受气候风险的资产、生计和生命损失提供支持的促进机制。从我国绿色保险的政策层面分析，原国家环保总局和中国保监会于 2007 年联合印发《关于环境污染责任保险工作的指导意见》（环发〔2007〕189 号），为环境污染责任保险政策试点奠定了基调。2008 年，全国环境污染责任保险试点工作在江苏、湖北、湖南、重庆、深圳等地开展。2013 年，环境保护部与保监会又联合发布了《关于开展环境污染强制责任保险试点工作的指导意见》（环发〔2013〕10 号），明确了环境污染强制责任保险的试点企业范围，并对环境污染强制责任保险条款和保险费率提出了指导性意见。但目前我国企业对参与绿色保险的积极性不高、污染损害鉴定评估机制不完善、保险公司对于损害范围的确定及保险费率的计算亦存在一定分歧，成为制约我国绿色保险发展的障碍。

2.3.2.4　绿色基金

我国的绿色基金可分为绿色产业基金和绿色区域 PPP 基金两类。其中，绿色产业基金主要是对未上市的绿色企业股权进行投资，以支持其做强做大，且至少有 60% 以上的资金应投入绿色环保领域。目前，我国已有超过 20 家上市公司宣布成立相应绿色产业基金。绿色区域 PPP 基金则是以公私合作的形式，通过区域 PPP 项目为无收益或低收益的绿色项目进行融资。目前，我国共有 424 个区域环保 PPP 项目，总投资额约为 7 033.74 亿元。绿色区域 PPP 基金为解决低利润环保项目的融资困境提供了新的渠道。

截至 2017 年第三季度末，我国以环境（E）、社会（S）和公司治理（G）为核心的 ESG 社会责任投资基金共计 106 只[①]。

我国绿色基金较绿色信贷、绿色债券等相对成熟的金融工具虽具有更大的发展潜力，但也存在一定的政策配套缺陷。自 2010 年起，国家相继出台部分政策，支持绿色基金发展。2016 年，中国人民银行、财政部等七部委发布《关于构建绿色金融体系的指导意见》（银发〔2016〕228 号），首次提出将设立国家绿色发展基金，投资绿色产业，充分体现了国家对绿色投资的引导作用。但目前，我国对绿色区域 PPP 基金的政策支持仍有所不足，且缺乏与环境指标的契合。此外，绿色产业基金的政策配套亦存在不完善的问题，导致部分产业基金在募集过程中遭遇困境。因此，制度建设仍是我国绿色基金发展所亟待解决的问题。

2.3.2.5 绿色指数

绿色指数在为投资者提供投资选择的同时，综合反映了企业的环境影响和社会责任等综合数据。目前，国外绿色指数以股权指数为主，同时涉及债券、期货等标的。其中，以股权为标的的绿色指数主要覆盖气候变化、节能减排和清洁能源相关领域的企业。具体而言，国际绿色指数包括绿色发展指数（如 S&P DowJones ESG 指数系列、S&P 碳效率系列指数、MSCI 全球 ESG 指数等）、社会责任指数（S&P 长期价值创造力指数、FTSE4Good 指数系列等）和环保产业指数（如 S&P 生态指数、MSCI 可持续水资源指数等）。上述指数分别从企业在经济，环境与社会等方面的表现、企业社会责任的履行、清洁技术和产品，污染控制设备及服务提供商的运营情况等方面对其绿色属性进行了数量化诠释。此外，为配合绿色债券的发展，中央国债登记结算有限责任公司与中节能咨询有限公司于 2016 年 4 月联合发布了中债—中国绿色债券指数及中债—中国绿色债券精选指数，于 2016 年 9 月发布了中债—中国气候相关债券指数，后者为全

---

① 安国俊. 中国绿色基金发展趋势 [J]. 中国金融，2018（19）：81–82.

球首只与气候相关的债券指数产品。由此可见，绿色指数作为绿色金融的配套产品，在实现资本市场工具多样化的同时，更加强调了金融市场对绿色经济、循环经济所带来的社会与环境效益的推动作用。

2.3.2.6　碳排放权交易

中国作为全球最大的发展中国家，同时也是最大的能源消费国和碳排放国，多年以来中国一直积极致力于温室气体减排以应对气候变化。中国碳排放权交易市场的发展可以分为两个阶段[①]：

第一阶段是清洁发展机制阶段（2002—2011 年），以《京都议定书》中的清洁发展机制为起点，充分利用国际资金和技术开展 CDM 项目，并逐渐成为全球 CDM 项目及减排量最大的供应来源。根据不同的减排类型，中国 CDM 项目可以分为 9 大类：高效节能、新能源和可再生能源、燃料替代、甲烷回收利用、N_2O 分解消除、HFC-23 分解、垃圾焚烧发电、造林和再造林、其他项目等。随着 2012 年之后欧盟不再参与中国 CERs 之后，我国 CDM 项目外部需求基本消失，此后项目逐渐停止审批。

第二阶段是试点交易阶段（2011 年至今），2011 年发展改革委出台《关于开展碳排放权交易试点工作的通知》（发改办气候〔2011〕2601 号），提出逐步开展碳排放权交易市场试点。自 2013 年起，我国先后在深圳、上海、北京、广东、天津、湖北、重庆 7 个省市启动碳交易试点，探索建立碳交易机制并取得了初步成效，截至 2016 年 12 月 31 日，7 个碳交易试点累计交易量 1.6 亿吨，交易金额 25 亿元[②]。2016 年 1 月发展改革委发布《关于切实做好全国碳排放权交易市场启动重点工作的通知》，确定了协同推进全国碳排放权交易市场建设，确保 2017 年启动全国碳排放权交易，并先期确定了 8 个行业大类的 18 个行业子类。经过前期准备工作，预计

---

① 钟小剑，黄小伟，范跃新等．中国碳交易市场的特征、动力机制与趋势——基于国际经验比较 [J]．生态学报，2017（1）：331–340.

② 中国电力报．深度观察——全国碳排放交易市场条件具备 [EB/OL]．[2017–05–14]．http：//www.tanpaifang.com/tanjiaoyi/2017/0510/59316.html.

全国碳排放交易市场于 2017 年启动，预计未来将成为全球规模最大的碳排放交易市场。

表 2-10　七个碳交易试点区域覆盖行业范围

试点区域	启动时间	覆盖行业范围	企业纳入门槛
深圳	2013/6/18	电力、电子等制造业，建筑业等 26 个行业	> 3 000 吨
上海	2013/11/26	钢铁、石化、化工、有色、电力、建材、纺织、造纸、橡胶、化纤行业等工业企业，航空、港口、机场、铁路、商业、宾馆、金融行业等非工业企业	> 20 000 吨（工业企业）；> 10 000 吨（非工业企业）
北京	2013/11/28	热力、电力、水泥、石化、汽车制造、公共建筑	> 10 000 吨
广东	2013/12/19	电力、钢铁、石化、水泥、陶瓷、造纸、纺织、有色、塑料行业等工业企业，宾馆、饭店、金融、商贸、公共机构等非工业企业	> 10 000 吨（工业企业）；> 5 000 吨（非工业企业）
天津	2013/12/26	电力、热力、钢铁、化工、石化、油气	> 20 000 吨
湖北	2014/4/2	钢铁、化工、水泥、汽车制造、电力、有色、玻璃、造纸	> 60 000 吨标煤
重庆	2014/6/19	电解铝、铁合金、电石、烧碱、水泥、钢铁	> 20 000 吨

注：姜睿 . 我国碳交易市场发展现状及建议 [J]. 中外能源 . 2017，22（1）：3-9.
资料来源：公开资料，中债资信整理。

2.3.3　中国绿色金融发展的建议

前文分别从绿色金融的定义、绿色金融的政策设计及绿色金融在我国的实践三方面，对绿色金融的发展进行了诠释。实际上，绿色金融作为国家大计，应该整体布局，多举并行，方可充分发挥金融在绿色、循环、可持续发展经济中的杠杆作用。

2.3.3.1　加强不同绿色金融工具的协同作用，在绿色项目认定、信息披露等方面增强借鉴与融合

金融的本质在于指导社会资金向特定领域流动，为实体经济与产业提供保障。绿色金融也不例外，银行业金融机构发放绿色信贷、绿色基金投放绿色经济，为绿色项目提供直接资金支持；投资者通过购买绿色债券使

资金间接流向绿色经济领域；绿色指数产品和绿色保险等绿色基础设施建设为各绿色金融实践提供必要的环境和基础。因此，各种绿色金融实践之间联系紧密、相辅相成，应充分重视其间的协同作用。

以最为重要的两种绿色金融工具——绿色信贷和绿色债券为例：绿色信贷为广泛的绿色产业经营者提供融资支持；特别是中小型企业，绿色信贷是其外部资金的重要甚至唯一来源；而绿色债券又为具有规模、技术和经营优势的大型企业提供了直接融资的渠道。绿色信贷和绿色债券部分重合、互相支持，因为部分银行通过发行绿色金融债获得贷款头寸，使中小企业间接地获得绿色债券的支持。因此，绿色信贷和绿色债券在最终服务对象方面，具有很大的共性。只有充分发挥两者的协同作用，才能实现资金向绿色项目的顺利供给。目前，绿色信贷并无统一规范的认定标准，赤道原则亦是侧重于风险管理。相较而言，绿色债券项目的认定较为全面与明晰，对绿色债券市场的引导力度更强。在信息披露方面，绿色债券从政策上并未强制要求发行人对环境效益进行评估，这就造成发行人在环境效益披露上自发性较强，且存在发行人对环境效益的监测、统计不足等问题。总体上，不同绿色金融产品之间互依互生，相互促进，进一步的融会贯通有助于整个绿色金融体系的有机生长，应突出企业的社会责任和环境治理的实际效果，避免考核指标分散甚至矛盾，以充分体现不同绿色金融产品间的协同作用。

2.3.3.2　进一步推动碳交易等创新金融产品的发展

绿色金融的发展离不开创新。目前中国碳期货和碳期权等碳金融衍生品市场几乎处于空白状态，碳金融盈利模式单一，可以依托全国碳交易市场，开发各类碳金融产品，鼓励各类金融机构积极开展碳基金、碳配额托管、碳现货远期、CCER 质押贷款、碳租赁、碳配额回购等创新碳金融工具，完善中国碳金融产品体系。此外，大力发展绿色保险、绿色资产证券化、绿色信托、绿色融资租赁、绿色基金业务，如创建环境产业投资基金等；在绿色信贷领域，可以将金融信贷进一步扩大至整个金融服务行业；在绿色债券领域，大力发展绿色金融债。

2.3.3.3　突出专业环境机构和第三方认证和评级的作用

绿色金融实践是环境科学和金融学两学科交叉在实际中的应用,操作过程中往往需要掌握和运用两学科的知识、技能。以绿色金融在中国的主要实践形式绿色信贷和绿色债券为例,其参与主体是以银行为代表的各类金融机构以及众多投资者,对于银行和投资者来说,识别企业环境和社会风险变得尤为重要,因此需要对贷款方或资金募集方拟投项目是否产生环境效益,能够产生多少环境效益的评估,但其多数并不具备专业的环境学科知识,缺乏对企业和项目的环境、社会风险进行识别和评估的能力。国内商业银行内部仅仅是对客户或项目进行简单的分类管理,尚未建立环境风险管理的有效制度、流程和标准,对环境风险的管理主要依赖环保部门的环境评价,而环保部门因为偏重前期评估和事后处罚而不能完全满足商业银行环境风险管理的需要。

我国在绿色债券发行方面,借鉴已有国际经验引入了独立第三方认证机构,识别和评估发行人在绿色债券的募集资金使用与管理合规性、治理与制度的完备性、与国家产业政策匹配程度、持续信息披露等方面信息是否发生重大错报的风险,在获取充分、适当的信息基础上,对绿色债券募集资金项目产生的环境效益高低给出总体性结论。目前可提供第三方认证的机构包括评级公司、会计师事务所、环境咨询公司、专门的认证机构、环境研究机构等。其中,除环境咨询公司和研究机构外,多数承接业务的会计师事务所、评级公司团队中缺乏专业的环境学科业务人员,在评价体系制定上缺乏科学性,在环境风险的识别上可能存在误差。在绿色信贷方面,各银行需建立并完善环境和社会风险评价管理体系以及绿色信贷评级制度,但目前我国多数开展绿色信贷业务的商业银行在相关体系和制度建设上仍不完善,对环境风险认识不足,相应风险管理能力较弱,并且缺乏相对统一的绿色信贷标准。

基于上述情况,在未来绿色金融实践中,一方面各金融机构应在绿色评估认证体系、环境风险评价体系建立等制度建设方面与专业环境机构、各级环保部门和高校研究机构合作,对于实际业务开展过程,应在各级业

务部门中按照环境 + 金融的模式配置业务人员，确保业务开展过程科学、规范；另一方面应加快培育和完善独立第三方评估机构，构建完整的中介服务体系，并建立具有普适意义的绿色评级方法。

2.3.3.4　强化融资方与资金方的环保与社会责任意识

强化企业的社会责任是一个成本较低但效果较好的环境政策选择。社会责任是对企业声誉建设，创新能力提高和企业可持续发展均具有正面效应，许多发达国家的大型金融机构和上市公司的公开信息披露已经包含社会责任目标的实现。同样，对于资金提供方，如银行、基金等绿色投资人也应制定相应的政策，适度引导投资人向绿色领域投资，加快培育绿色投融资环境。

2.3.3.5　重视监管部门间的协同合作

目前，我国已逐步实现从立法层面对绿色金融的事前干预，为便于监管，应加强政府部门、金融机构、资金需求方的信息互通，特别是环保部门与金融机构间环保数据的实时共享，力争以信息协调为抓手，对绿色项目实现全过程的考核。此外，对于环境效益不如预期甚至发生环境事故的绿色项目，责任主体（如发行人、资金需求方）负有责任的同时，资金提供方亦应对项目风险事先评估及环境风险全过程监测等环节的失职负有一定的责任。未来可在政策层面对金融机构的责任划分予以明确，建立事后奖惩机制，避免资金使用存在的洗绿风险。

2.4　绿色融资推动经济的绿色转型升级

当前，我国面临的重要产业结构问题便是供需结构失衡，即一方面传统行业产能严重过剩，而另一方面，高技术含量、高附加值、低碳环保行业更符合发展绿色经济、构建可持续发展社会的需求，但现阶段其所占的比重偏低。在过去发展过程中，对于经济增速的片面追求，导致资源消耗、环境污染与生态破坏问题较为突出，已成为社会公众享受经济发展成果及便利的显著障碍，也与可持续发展的理念背道而驰。在供给侧结构性改革背景下，我国经济供给侧面临的主要问题是：低端供给过剩，需要去产能；

高端供给不足，不能匹配消费升级。因此，加快产业转型升级，也是供给侧结构性改革的重点与难点。

绿色金融作为支持绿色经济发展的重要支点，对产业结构的调整作用主要体现在以金融为杠杆，促进资金融通和产业融合，保障绿色项目的建设运营，绿色企业的生产发展，同时也间接提高了"两高一剩"行业的融资成本，优化社会资源配置、促进产业升级转型。

2.4.1 绿色金融助力产业转型升级的机制

绿色金融将生态环境保护、可持续发展等理念引入金融活动中，其目的在于，通过金融手段加强对绿色项目、绿色产业的支持，限制"两高一剩"项目及产业的发展，同时重点培育、发展壮大绿色产业。具体来看，"两高一剩"行业指高耗能、高污染及产能过剩的行业，其界定可参考中国银监会发布的《绿色信贷实施情况关键评价指标》中相应行业目录。对于绿色产业的定义，我国目前已经出台的与绿色产业和绿色项目相关的目录主要有：国家统计局发布的《战略性新兴产业分类（2012）》（试行）中的《节能环保产业分类表》、中国银监会发布的《绿色信贷统计表》、国家发展改革委发布的《指引》、中国人民银行发布的《目录》。此外，一些企业从自身业务需求出发，也以目录或标准的形式对相关绿色产业进行了界定[①]。其中，《节能环保产业分类表》从产业而非项目的角度，对绿色产业进行了界定。对于"两高一剩"行业与绿色产业的汇总如表2–11所示。

---

① 谷立静，裴庆冰，白泉．国内外绿色产业和绿色项目界定情况比较研究 [J]. 环境保护，2018，46（10）：25–31.

表 2-11 "两高一剩"行业与绿色产业汇总

类别	产业类型
"两高一剩"行业	棉印染精加工、毛印染精加工、麻印染精加工、丝印染精加工、化纤织物染整加工、皮革鞣制加工、木竹浆制造、非木竹浆制造、炼焦、无机酸制造、无机碱制造、电石、甲醇、有机硅单体、黄磷、氮肥制造、磷肥制造、电石法聚氯乙烯、斜交轮胎、力车胎、水泥制造、平板玻璃制造、多晶硅、炼铁、炼钢、铁合金冶炼、铝冶炼、金属船舶制造
绿色产业	高效节能产业（包括高效节能通用设备制造、高效节能专业设备制造、高效节能电气机械器材制造、高效节能工业控制装置制造、新型建筑材料制造）、先进环保产业（包括环境保护专业设备制造、环境保护监测仪器及电子设备制造、环境污染处理药剂材料制造、环境评估与监测服务、环境保护及污染治理服务）、资源循环利用产业（包括矿产资源综合利用、工业固体废物、废气、废液回收和资源化利用、城乡生活垃圾综合利用、农林废弃物资源化利用、水资源循环利用与节水）、节能环保综合管理服务（包括节能环保科学研究、节能环保工程勘察设计、节能环保工程施工、节能环保技术推广服务、节能环保治理评估）

资料来源：中国银监会《绿色信贷实施情况关键评价指标》、国家统计局《战略性新兴产业分类（2012）（试行）》。

绿色金融助力产业升级转型过程的实现，一般通过政策引导、资金流向、信息传导、风险分担四种机制来完成[①]。

2.4.1.1 政策引导

政策引导在引领绿色金融的发展过程中扮演了重要的角色，考虑到绿色金融将生态环境保护、可持续发展等理念纳入考量范围，具备较为显著的正外部性，顶层设计、政策引导有助于其最终的发展与落实。政策引导可以通过多种手段来实现对绿色金融的支持，例如政府采购、财政支持、税费减免、市场准入等，最终引导产业结构的完善与升级。例如，从 2017 年起，广州市花都区财政局连续五年每年安排不低于 10 亿元的专项资金支持绿色发展和绿色金融改革创新，并建立了绿色金融风险补偿机制，对开展绿色金融业务的金融业各类机构，按其损失金额的 20% 给予风险补偿，

---

① 郑文灏，黄安楠.绿色金融支持雄安新区产业升级路径研究 [J].金融理论探索，2017（5）：7-13.

最高给予100万元；贴息方面，国内针对项目的财政贴息，内容涵盖林业、农业贷款财政贴息，以及成品油质量升级贷款中央贴息补助等。此外，有关主管部门出台了多项与绿色信贷相关的政策，引导银行业金融机构调整信贷结构，防范高耗能、高污染带来的环境与社会风险，更好地服务实体经济，促进经济发展方式转变和经济结构调整，其中部分绿色信贷相关政策如表2-12所示。

表2-12　绿色信贷部分相关政策汇总

政策名称	发文号	发布时间	发布部门
《关于落实环保政策法规防范信贷风险的意见》	环发〔2007〕108号	2007/7/3	国家环境保护总局、中国人民银行、中国银监会
《关于全面落实绿色信贷政策　进一步完善信息共享工作的通知》	环办〔2009〕77号	2009/6/6	环境保护部办公厅、中国人民银行办公厅
《关于支持循环经济发展的投融资政策措施意见的通知》	发改环资〔2010〕801号	2010/4/16	发展改革委、中国人民银行、银监会和证监会
《关于进一步做好支持节能减排和淘汰落后产能金融服务工作的意见》	银发〔2010〕170号	2010/5/28	中国人民银行、中国银监会
《关于印发绿色信贷指引的通知》	银监发〔2012〕4号	2012/2/24	中国银监会
《关于印发能效信贷指引的通知》	银监发〔2015〕2号	2015/1/13	中国银监会、国家发展改革委
《关于支持钢铁煤炭行业化解过剩产能实现脱困发展的意见》	银发〔2016〕118号	2016/4/17	中国人民银行、中国银监会、中国证监会、中国保监会
《关于加大对新消费领域金融支持的指导意见》	银发〔2016〕92号	2016/3/24	中国人民银行、中国银监会

资料来源：公开资料，中债资信整理。

2.4.1.2　资金流向

绿色金融可通过"区别对待"的原则，以投融资的金融工具和手段，引导资金流向低能耗、低排放、低污染的行业，扶持培育环境友好型产业及行业，淘汰排斥高能耗、高污染企业和项目，最终实现产业结构向绿色化、高端化转型。例如，兴业银行结合国家产业政策、行业特点、技术优势等，实施"有保、有控、有压"的差异化信贷政策，防范和化解产能过剩行业风险，2017 年，其"两高一剩"行业贷款余额为 503.99 亿元，占对公贷款比重仅 3.47%[①]。绿色金融通过资金流向机制支持绿色产业、绿色项目，可发挥其潜在的生态环境效益，例如，表 2-13 为绿色信贷投放于可再生能源及清洁能源项目所产生的节能、减排及节水效益。

表 2-13　可再生能源及清洁能源项目绿色信贷所产生节能减排及节水效益统计

时间	绿色信贷余额（亿元）	节约标煤量（万吨）	CO_2 减排量（万吨）	SO_2 减排量（万吨）	NOx 减排量（万吨）	节水量（万吨）
2013-06	9 970.85	2.07	5.36	0.04	0.02	0.27
2013-12	10 407.39	15 722.07	39 999.50	296.84	92.02	1 863.28
2014-06	11 615.18	15 696.33	38 732.90	302.06	93.35	2 047.26
2014-12	11 722.14	13 210.10	33 877.73	164.74	76.56	176.07
2015-06	12 907.12	14 299.36	36 006.32	167.90	79.75	265.81
2015-12	13 973.90	17 842.08	47 735.26	221.31	177.52	635.93
2016-06	14 686.39	14 549.79	36 636.27	190.28	153.67	1 330.81
2016-12	15 062.76	14 442.00	35 731.12	244.27	226.02	1 470.96
2017-06	16 103.17	16 781.55	41 617.25	272.91	260.70	3 542.08

资料来源：中国银监会，中债资信整理。

2.4.1.3　信息传导

绿色金融以金融手段实现绿色发展目的，跨领域性质较强，其参与者需具备复合知识技能，因此存在信息不对称性。绿色金融有关机构通过专业的信息收集、分析与评估能力，对潜在的投资项目进行甄别与选择，并将兼具投资价值与环境效益的绿色项目、企业，展现传导给广大的社会公众和投资者，带动社会资源与资本优化配置。例如，绿色债券的第三方评估机构，通过对债券募集资金使用、募集资金管理及信息披露等因素的评估，给出债券绿色程度的结论，该信息可供市场投资者参考，从而引导资金流向绿色程度更高的项目，实现信息传导的功能。

---

① 兴业银行股份有限公司《2017 年年度可持续发展报告》。

2.4.1.4 风险分担

具备生态环境效益的绿色项目通常资金需求量大、回收慢，绿色金融可以向具有良好环境效益的绿色项目、新兴产业提供资金支持，因此为以上产业的发展分担了融资风险，有助于推动产业升级与技术进步。同时，绿色金融机构依托专业的风险识别、分析及控制能力，能够对支持项目开展全面的风险管理，敦促企业在生产经营活动中将生态环境要素纳入考量，同时又降低了气候变化、环境污染及生态破坏的社会风险。

2.4.2 绿色金融支持产业升级的地方实践

我国面临着传统产业转型升级的紧迫任务，鉴于绿色金融对于产业升级的推进作用，各地区开展了相关实践探索活动，并已取得一定进展与经验。

2.4.2.1 新疆绿色金融改革创新试验区

新疆是全国首批开展绿色金融改革创新试点的五个省区之一，并将试验区设在哈密市、克拉玛依市、昌吉州三地。三地试验区已建立绿色项目库，该项目库中的项目分为"纯绿"和"正常"两类。其中，"纯绿"项目指符合有关政策，具有显著环境正面效益的项目；"正常"项目指环境正面效益不显著，但符合环保标准及相关要求的项目。截至2018年1月，以上3个试验区共有365个纯绿项目纳入绿色项目库，当地多家金融机构与相关企业达成合作协议，签约总金额189.97亿元。针对绿色项目库中的项目，金融机构会提供优惠补贴政策，同时，人民银行对金融机构向项目库中的纯绿项目发放贷款或发行债券等融资进行奖励、补贴或风险补偿；向库中项目投放的绿色信贷，可由担保公司、自治区再担保（集团）有限公司、承贷机构、企业所在地政府在一定范围内，按一定比例共同承担贷款本金代偿责任。

绿色项目库的建立，成为当地支撑金融服务绿色经济的载体，提供防范金融风险和绿色金融政策支持的平台。

此外，针对绿色金融促进产业升级的探索实践，以昌吉州为例说明。昌吉州作为新疆的农业大区和传统的老工业基地，面临的传统产业升级改造的任务也十分艰巨。当地以绿色金融为支点，大力支持传统产业升级[①]。一方面，加大绿色信贷投放，例如，截至 2016 年末，昌吉辖区绿色信贷累计发放 39.34 亿元，余额 130.54 亿元，比年初新增 24.46 亿元，同比增长 23.05%，高于同期各项贷款同比增速。另一方面，执行差异化的信贷管理政策，倒逼传统产业转型，例如，昌吉州农业银行自 2016 年以来，对钢铁、水泥、造纸等 12 个"两高一剩"行业零投放，并且因企业未通过环评而否决贷款 12 笔，合计 1.6 亿元。

通过差异化信贷政策等工具的运用，昌吉州有力促进了传统农业、工业向现代化农业、新型工业的迈进，实现了金融资本与产业升级的良性互动。

2.4.2.2　山东省绿色金融实践与产业结构调整

山东省是我国的经济大省，在经济发展过程中其产业机构也得到了一定的优化，但也存在一定问题[②]。首先，山东在产业结构优化方面还是低于全国平均水平，2017 年山东和全国三次产业比例分别为 6.7∶45.3∶48.0、7.9∶40.5∶51.6，可以看出，山东省第二产业占比仍高于全国平均水平，而第三产业占比仍低于全国平均水平。其次，从山东省第二产业结构内部来看，其重工业占比高于轻工业，化工、石油、钢铁等高能耗、高污染的产业所占比重较大，不符合贯彻落实新发展理念，协调和绿色发展的目标，需进一步通过调整产业结构，来淘汰落后产能，培育战略新兴产业。在这种局面下，山东省金融机构对绿色产业的支持力度不断加大，引导资金流向节能环保领域。

绿色信贷方面，截至 2016 年末，山东省节能环保领域贷款余额达 1 885 亿元，较 2012 年末增长 103.6%，表外融资和直接融资余额达 151 亿元，

[①] 薛湘民，袁萍萍. 新疆绿色金融支持传统产业升级改造研究——以新疆昌吉州为例 [J]. 金融发展评论，2017（11）：85–92.

[②] 裴斐. 绿色金融发展与产业结构调整研究——以山东省为例 [J]. 时代金融，2018（12）：69–71.

较 2012 年末增长 244.6%。

绿色债券方面,作为一种创新型的金融工具,其募集资金需投向具有节能环保效益的绿色项目,山东省内银行等金融机构、非金融企业均在发行绿色债券方面迈出了实质性的步伐。例如,青岛银行、青岛农商行、烟台银行及威海银行先后发行了绿色金融债券,发行规模合计达 120 亿元,募集资金专项用于《绿色债券支持项目目录》规定的绿色产业项目。实体企业方面,青岛特锐德电气股份有限公司成立了"特锐德应收账款一期资产支持专项计划",并成功募集资金 9.83 亿元,并将其全部用于新能源汽车充电设施项目的建设运营,在一定程度上完善了新能源汽车的配套设施。

2.4.2.3　江西省绿色金融发展与产业结构优化

2017 年,江西省三次产业结构为 9.4:47.9:42.7,其第二产业占比高于全国平均水平,第三产业占比高于全国平均水平;六大高耗能行业增加值增长 5.1%,占规模以上工业比重 36.3%,比上年上升 0.3%,同样面临产业结构升级转型的紧迫任务。

自 2017 年 6 月 23 日,江西省赣江新区建设绿色金融改革创新试验区获批以来,江西省出台了一系列政策措施推动绿色金融发展。在赣江新区绿色金融改革创新的带动下,赣江新区内的金融机构及实体企业从多方面开展了绿色金融的实践业务。绿色信贷方面,截至 2017 年末,江西全省绿色信贷余额超过 1 500 亿元,绿色信贷增量占各项贷款增量超过 7%,高于信贷余额占比。绿色债券方面,江西银行分两批发行了总额 80 亿元的绿色金融债券,募集资金投向污染防治、资源节约与循环利用、清洁交通、生态保护和适应气候变化等项目。此外,萍乡市汇丰投资有限公司成功发行绿色企业债券,发行金额 20 亿元,其中 12 亿元用于萍乡经济技术开发区海绵城市及城市建筑节能建设项目,该项目由省内担保公司提供增信服务。

2.4.3　发展建议

我国供给侧结构性改革的重要内容之一,是将传统产业进行改造升级,这也是经济绿色化改造的主要途径之一。而金融服务在绿色发展、可持续发展理念的引导下,将环境保护、生态平衡等观念纳入金融活动中,通过支持绿色项目、绿色企业、绿色产业，限制高污染、高排放、高能耗项目和产业的发展，推动产业升级并向绿色化、高端化、集成化转型。作为一种新型的金融模式，绿色金融能较好地助力当前建设生态文明、供给侧结构性改革的迫切需求，传统产业的升级改造与绿色金融的完善发展相互融合。

绿色金融对于产业升级的促进作用，主要通过政策引导、资金流向、信息传导及风险分担四种机制来完成。对于未来进一步完善绿色金融助力产业升级的建议，也可以从以下四个方面展开。

明确产业升级目标，加强政策之间的统筹协调与引导扶持。考虑到绿色金融的跨领域性，以及多种产业的复杂性，产融结合的过程会受到多个主管部门、多项政策的影响，政府应统筹协调金融政策、财政政策、环境政策、气候政策及产业政策，形成支撑的合力，充分发挥金融对资源配置的作用。同时，明确产业升级的目标与方向，淘汰落后及过剩产能，改造提升传统产业，培育扶持绿色产业。为提升政策的实施效果，可在重点领域针对细分行业专门制定绿色金融实施指引，并设定考核指标对其效果进行检验，以便进一步完善政策引导。

完善绿色金融供给体系，创造支持产业转型升级的保障环境。绿色金融体系包含了绿色信贷、绿色债券、绿色基金等多种工具，目前均需进一步完善，以更好地满足淘汰落后产能、向高端、绿色、先进产业倾斜的要求。例如，绿色信贷方面，加快研究制定统一适用的绿色信贷项目评判标准，以指导金融机构精准营销；绿色债券方面，适度降低绿色债券发行门槛，探索中小型绿色企业债券市场直接融资模式，探索降低绿色债券发行成本机制等。

建立产业升级过程中环境信息的披露与共享机制，降低信息的不对称性。投融资市场及社会公众能够方便快捷地获取真实的环境信息，对于推广可持续发展的理念，加快绿色金融构建及产业升级转型有重大意义。环保部门、产业部门与金融部门之间可建立有效的信息沟通机制，例如建立可以共享的绿色项目数据库、企业环境违法行为查询平台、环境及金融行为监测数据库，并向社会公众开放信息源，提高大众参与度。同时，加强对环境成本的信息收集与量化分析，将环境污染、生态破坏的负外部性显性化，方便资本市场与社会公众直观获取环境成本信息。绿色债券第三方评估方面，可以在公开的评估报告中，披露募投项目潜在或已实现的环境效益、量化依据或假设，以及项目重大环境风险、债券支持企业或项目发生重大污染责任事故或其他环境违法事件等信息，对债项给出具有科学区分度的绿色程度结论，帮助投资市场及社会公众更全面了解相关信息，保障资金最终流向绿色程度更高的产业和项目，从而督促市场更健康规范的发展。

完善绿色金融风险补偿机制，激发市场发展绿色产业热情。由于具有正面环境效益的绿色项目通常资金需求量大、回收期长，且有时面临自身现金流较小的局面，银行部门等金融机构、绿色企业对绿色项目投融资时，承担了较多风险，但项目收益与风险并不匹配。为更好地让绿色金融服务于产业升级，可综合利用税收优惠、费用补贴、财政贴息等方式，合理分散金融机构、实体企业对绿色项目的投融资风险。此外，多级政府（如省、市、县）可以设立绿色产业风险补偿基金，对投资扶持绿色产业、绿色项目的金融机构给予一定比例的损失补偿，补偿比例可根据绿色项目所产生环境效益的大小而合理浮动。通过进一步分担绿色金融风险，激发市场发展绿色产业的积极性，从而拓宽绿色项目的融资渠道，保障绿色项目的落地及其潜在环境效益的发挥。

第3章
绿色债券

　　绿色债券是绿色金融的重要组成部分，也是国际绿色金融市场和国内绿色金融市场中发展最快、最为重要的绿色金融产品之一。通常意义上，绿色债券是指将所得资金专门用于资助符合规定条件的绿色项目或为这些项目进行再融资的债券工具，其主要目的在于促进环境的可持续发展。绿色项目具体包括但不限于：节能、污染治理、资源节约与循环利用、清洁交通、清洁能源、生态保护和适应气候变化等领域。与普通债券相比，绿色债券在发行流程（确定资产、信用评级、定价营销等）、基本功能（融资功能）和特点（对其投资仍以盈利为目的）方面并无区别，只是更多地要求绿色效益，即要求资金用途对环境、气候有积极作用。

　　本章将对国内外绿色债券的市场的发展概况、国内绿色债券政策、绿色债券的特征分析进行阐释和论述。

3.1 国际绿色债券市场发展概况

3.1.1 国际绿色债券市场自律准则已较为成熟

国际绿色债券标准目前主要包括绿色债券原则（GBP）和气候债券组织标准（CBI）两个。绿色债券原则是由绿色债券发行人、投资机构和承销商组成的绿色债券原则执行委员会（GBP Initial Executive Committee）与国际资本市场协会（ICMA）合作推出，其目的在于为市场提供信息，促进资本流向有益于环境保护的项目。绿色债券原则主要从募集资金使用、项目评估与筛选、募集资金跟踪管理、信息披露与报告、评估认证等方面加以规范。气候债券组织标准则由气候债券倡议组织提出，气候债券倡议组织标准旨在提供确认募集资金的使用方式符合低碳经济的要求，并与绿色债券原则互补，给出具体的指导方针，包括在行业层面界定绿色程度、进行评估认证程序监督等。

3.1.2 国际绿色债券规模快速增长

欧洲是绿色债券发展的先驱。2007 年 6 月，欧洲投资银行发行了全球第一只绿色债券，募集资金 6 亿欧元。2009 年 4 月，首只以美元标价的绿色债券于世界银行发行，募集资金 3 亿美元。此后，绿色债券市场进一步扩展，由传统金融领域向政府、工商领域延伸。2012 年 3 月，法国法兰西岛大区发行了第一只绿色市政债券，募集资金 3.5 亿欧元；2013 年 11 月，法国电力公司和瑞典地产企业 Vasakronan 成为了世界上率先发行绿色债券的公司。目前，全球绿色债券的发行呈现快速发展的态势，且以国际金融机构和政府为主。2016 年当年新增发行量达 810 亿美元，较 2015 年增长近一倍。2017 年全球绿色债券的全年累计发行额已突破 1 555 亿美元，较 2016 年的 810 亿美元增长近 48%。2018 年则小幅增长约 4%，达到了 1 620 亿美元。

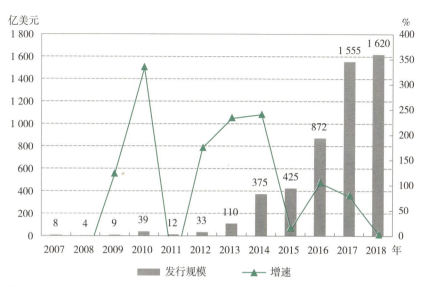

数据来源：Climate Bonds Initiative 网站，中债资信整理。

图 3-1　近年来全球发行绿色债券规模情况

3.1.3　国际绿色债券发行逐步扩围

● 发行主体概况

在绿色债券的发展初期，多边开发机构是发行的主要机构。2007 年欧洲投资银行（EIB）发行了世界范围内首只"气候意识债券"（Climate Awareness Bond），这只债券的特点与后来的绿色债券一致。2008 年世界银行与瑞典北欧斯安银行（SEB）联合发行了首只命名为绿色债券（Green Bond）的债券。2013 年 2 月韩国进出口银行 KEXIM 成为亚洲第一家发行"绿色债券"的金融机构。绿色债券的年发行量从 2013 年的 110 亿美元迅速上升到 2014 年的 375 亿美元及 2015 年的 425 亿美元。在中国发行人绿色债券发行量增长的推动下，全球绿色债券在 2016 年的发行量达到 872 亿美元（为 2015 年发行量的约 2 倍），2017 年继续保持快速增长，发行规模已达到 1 555 亿美元。2018 年则在已有较大规模的发行规模上，继续保持增长，小幅增长约 4%，达到了 1 620 亿美元。绿色债券大部分为投资级债券，因为主要发行人为大型多边开发银行，如世界银行、国际金融公司（IFC）及欧洲投资银行；市政机构及州政府；以及大型国际性银行及公司。

随着全球绿色债券市场的发展，绿色债券的发行主体也从政策性金融机构向着多元化方向发展，目前政府机构、国际机构、多边金融机构、投资银行与大型企业等都成为主要的发行机构。但从近年表现看，发行人扩围明显。根据气候债券倡议组织（CBI）的统计显示，2017 年，全球绿色债券共涉及发行人 239 家，涵盖多边开发银行、主权国家、地方政府、政府支持机构、金融机构、非金融企业等多种类型；其中 146 家发行人属于首次发行，绿色债券发行人家数较上年增长近两倍，绿色债券的参与主体继续扩张。

2013 年之前，全球绿色债券的发行人以世界银行、IFC、欧洲投资银行（EIB）等多边发展银行为主。市场主导者世界银行和 IFC 分别与政府及私人部门合作，发行绿色债券融资分别用于支持公共设施领域和私人投资领域的项目。IFC 已经作出承诺，未来长期融资额的 20% 将投向与气候有关的项目，EIB 则为不少于 25%。到目前为止，欧洲投资银行所发行的绿色债券总量最大（超过 170 亿美元），而且是 2014 年和 2015 年绿色债券的最大发行人。

2013 年 11 月，法国电力公司（EDF）发行 14 亿欧元的绿色债券，成为当时最大规模的绿色债券；仅仅过了几个月，来自法国的另外一个能源企业——法国苏伊士燃气集团就刷新了这一纪录，其发行了 25 亿欧元的绿色债券。2014 年，丰田汽车成为进入绿色债券的首个汽车公司，在美国汽车资产担保证券市场首次发行 17.5 亿美元的绿色资产支持债券（ABS）；联合利华也在 2014 年 3 月发行 4.11 亿美元的绿色债券。

除了企业以外，市政、城市和公用事业公司等市政相关单位成为次主权绿色债券的重要战略发行人。绿色债券成为市政和城市的重要融资工具，用来满足日益增加的气候基础设施建设要求。城市的碳排放量达到全球碳排放的 70%，因此是应对气候友好型基础设施建设挑战的主要主体。随着全球，尤其是新兴市场的城镇化程度在未来几十年将不断提高，城市的碳排放比重会继续增长。①美国和欧洲绿色债券市场发行的绿色城市债券和绿色市政债券数量最多，而新兴市场仅发行了一单绿色城市债券。②2014年6月，南非共和国约翰内斯堡市政府发行了首单新兴市场绿色城市债券，募集资金用于再生能源、垃圾能源化和低碳交通项目。2016年2月，英国史云顿市政府发行了英国首单针对太阳能电厂项目的市政绿色债券，允许当地居民直接对该项目进行投资。

　　值得一提的是公用事业公司等城市政府相关实体也可以发行绿色债券。2016年2月，纽约大都会运输署（MTA）发行了7.825亿美元（51.5亿元人民币）的首单绿色债券，为其电气化铁路资产和配套基础设施的升级募集资金。该债券获得了气候债券标准下低碳交通标准的认证，增强了投资者对募集资金用途绿色资质的信心。另一个实例是美国华盛顿特区的市政府相关水利单位——华盛顿水利局（D.C.Water），分别于2014年和2015年发行了3.5亿美元和1亿美元的绿色债券。

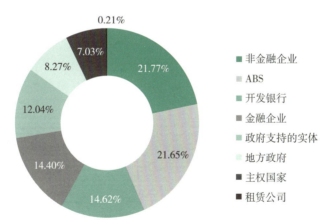

数据来源：Climate Bonds Initiative 网站，中债资信整理。

图 3-2　2017 年绿色债券发行人发行结构示意图（以发行规模计）

　　① 世界银行（2015 年）发布的《城市资信计划：实现市政融资的合作》，可在以下网址获取：http://www.worldbank.org/en/topic/urbandevelopment/brief/city–creditworthiness–initiative。

　　② 法兰西岛（巴黎）、马萨诸塞州、加利福尼亚州、纽约州、哥德堡和斯德哥尔摩等已发行绿色城市债券。2014 年 6 月，约翰内斯堡发行了首单新兴市场绿色城市债券。

● 主要发行国家概况

全球绿色债券市场中，来自欧美的发行体在市场占据了主导地位。分地区来看，2017 年全球新发绿色债券共涉及 6 大洲的 37 个国家，其中 10 个国家为首次发行，分别为瑞士、阿根廷、斯洛文尼亚、阿联酋、智利、新加坡、立陶宛、马来西亚、斐济和尼日利亚。2017 年，美国、中国和法国的绿债发行规模名列全球三甲，共占全球总量的 56%；德国、西班牙、瑞典、荷兰、印度、墨西哥和加拿大则占前十的其余位置。

表 3-1　2017 年度主要国家绿色债券发行情况

单位：亿美元

国家	发行规模	主要发行主体
美国	424	房利美、纽约大都会运输署、苹果公司
中国	225	国家开发银行、北京银行、中国工商银行
法国	221	法国政府、ENGIE、法国铁路公司
德国	96	德国复兴信贷银行、Berlin Hyp、Innogy
超国家组织	90	欧洲投资银行、国际金融公司、亚洲开发银行
西班牙	56	Iberdrola、西班牙天然气公司、ADIF ALTA VELOCIDAD
瑞典	53	Specialfastigheter、瑞典银行、北欧联合银行
荷兰	44	Tennet Holdings、荷兰水利银行、Obvion
印度	43	Greenko、印度再生能源发展署、印度铁路金融公司
墨西哥	40	墨西哥城国际机场
加拿大	35	道明加拿大信托银行、加拿大出口发展公司、安大略省政府

资料来源：《Green Bond Highlights 2017》，中债资信整理。

印度发行规模增长很快，2017 年，印度地区绿色债券发行量实现翻倍，达 43 亿美元，使印度跻身 2017 年十大绿债发行国家榜单；印度经认证的气候债券发行人包括印度可再生能源发展署（IREDA）（3 亿美元）、Power Finance（4 亿美元）和印度铁路金融公司（5 亿美元）。拉丁美洲方面，2017 年，巴西绿色金融发展方向进一步明确，其中农业和林业绿色债券比例保持全球最高；哥伦比亚和墨西哥也有新的绿债发行。绿色伊斯兰金融方面，2017 年，马来西亚 Tadau Energy 公司、Quantum Solar 公司及 Permodalan Nasional 公司在马来西亚发行首批绿色伊斯兰债券（Green Sukuk），规模分别为 5 850 万美元、2.36 亿美元及 4.61 亿美元，由于马来西亚证券委员会颁布的激励措施，如对 SRI Sukuk（符合社会责任投资的绿色伊斯兰债券）减免发行税等，使该国逐步奠定绿色伊斯兰金融创新者的角色。

3.1.4　绿色债券投向集中在可再生能源和绿色交通领域

绿色债券的投向主要包括可再生能源、可持续交通、水利、生物发电、城镇垃圾及污水处理、能源效率改进（建筑和工业领域）等绿色项目以及其他城市绿色基础设施建设。根据气候债券倡议组织（CBI）的分类，绿色债券募集资金的投向主要包括可再生能源、节能建筑、绿色交通、水循环利用、土地和森林资源可持续利用、废弃物回收等领域。从募集资金投向来看，2017 年可再生能源行业仍为绿色债券募集资金投向最大的领域，投放资金规模从 2016 年的 330 亿美元增至 2017 年的 510 亿美元，但其占全部绿色债券的发行份额已从 2016 年的 38% 降至 2017 年的 33%。募集资金投放到节能建筑项目的规模亦由 2016 年的 190 亿美元增至 2017 年的 450 亿美元，其占全部绿色债券的发行份额已从 2016 年的 21% 降至 2017 年的 29%，份额已接近可再生能源项目。随着大量铁路和城市地铁项目相关绿色债券发行，节能交通募集资金占比几乎增加一倍，占全部绿色债券的发行份额稳定在 15%。绿色债券融资项目呈现日益多元化趋势，但废弃物回收利用、土地和森林资源可持续利用等其他领域的资金投放仍较少。

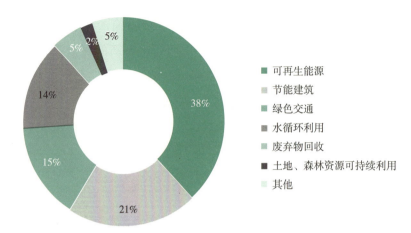

资料来源：《Green Bond Highlights 2017》，中债资信整理。

图 3-3　2016 年全球绿色债券募集资金投向

资料来源：《Green Bond Highlights 2017》，中债资信整理。

图 3-4　2017 年全球绿色债券募集资金投向

3.2　国内绿色债券市场发展概况

3.2.1　市场配套政策

中国绿色债券的发展相对较晚，至 2015 年正式建立绿色债券的制度框架。中国人民银行于 2015 年 12 月发布了《中国人民银行公告〔2015〕第 39 号》以及配套的《绿色债券支持项目目录》，明确六大类及三十一小类环境效益显著项目的界定条件，其中包括节能项目、污染防治项目、资源节约和循环利用项目、清洁交通项目、清洁能源项目、生态保护和适应气候变化项目。2015 年 12 月，国家发展改革委办公厅发布《绿色债券发行指引》（发改办财金〔2015〕3504 号），对绿色债券的适用范围、支持重点和审核要求进行了规范。上海证券交易所于 2016 年 3 月发布《关于开展绿色公司债券试点的通知》（上证发〔2016〕13 号），要求发行人应当在募集说明书中约定将募集资金用于绿色产业项目的建设、运营、收购或偿还绿色产业项目贷款，并在债券存续期内，鼓励发行人按年度向市场披露由独立的专业评估或认证机构出具的评估意见或认证报告，对绿色公司债券支持的绿色产业项目进展及其环境效益等实施持续跟踪评估。此后，中国人民银行和财政部等七部委、中国证监会、交易商协会分别发布《关于构建绿色金融体系的指导意见》（银发〔2016〕228 号）、《中国证监会关于支持绿色债券发展的指导意见》（证监会公告〔2017〕6 号）、《非金融企业绿色债务融资工具业务指引》（银行间交易商协会公告〔2017〕10 号），以支持中国绿色债券的发展。

3.2.2 起步较晚、发展快，成绩斐然

2015 年 10 月，农业银行在伦敦市场发行的等值 10 亿美元的双币种绿色债券，为我国金融机构首次发行绿色债券，该次发行获得了亚洲和欧洲近 140 家投资机构的超额认购，其中，三年期、五年期绿色债券超额认购倍数达 4.2，两年期绿色债券超额认购倍数高达 8.2。2016 年 1 月，浦发银行在国内发行了 200 亿元的首只绿色金融债券，为我国国内首次发行绿色债券，该次发行获得了超过 2 倍的市场认购。同时，绿色债券还能满足一些机构投资者对资金保值增值和资产组合多样化的需求，成为备受保险公司、养老基金、公益基金等大型机构投资者追捧的热门产品。中国绿色债券市场在 2016 年正式启动，2016 年成为我国绿色债券发展的元年。

3.2.2.1 发行规模跃居全球第二位

绿色债券在我国发展迅速，从 2016 年初启动，到 2018 年末，我国已发行绿色债券合计 6 323.63 亿元，共 181 个主体，累计发行不同的绿色

债券 296 只，累计注册金额超 7 061.00 亿元。绿色金融债仍是我国绿色债券市场的主力。我国绿色债券市场发行总额的 64.41% 来自绿色金融债，共计 4 073.20 亿元。非金融企业的绿色公司债、绿色企业债、绿色债务融资工具、绿色熊猫债、绿色资产支持证券发行金额分别为 383.80 亿元、816.04 亿元、666.20 亿元、30.00 亿元、354.39 亿元，占比分别为 6.07%、12.90%、10.54%、0.47%、5.60%，发行金额与比重相对较小。

表 3-2　2016—2018 年度绿色债券发行情况汇总

单位：只、亿元、%

种类	债券数量	主体数量	发行金额	比例	注册金额	比例
绿色金融债	103	67	4 073.20	64.41	4 150.50	58.78
绿色债务融资工具	39	35	383.80	6.07	704.80	9.98
绿色公司债	74	56	816.04	12.90	969.91	13.74
绿色企业债	47	39	666.20	10.54	851.40	12.06
绿色熊猫债	1	1	30.00	0.47	30.00	0.42
绿色资产支持证券	32	31	354.39	5.60	354.39	5.02
合计	296	181	6 323.63	100	7 061.00	100

资料来源：公开资料，中债资信整理。发行绿色债券主体的合计值，已剔除了发行多个品种绿色债券主体的重复数据。

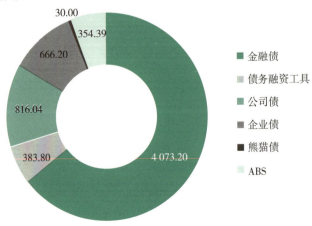

资料来源：公开资料，中债资信整理。

图 3-5　2016—2018 年中国绿色债券发行金额统计（亿元）

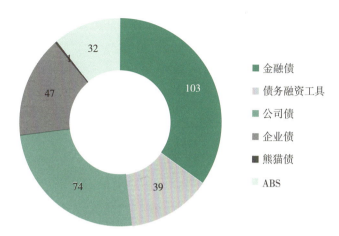

图例：
- 金融债
- 债务融资工具
- 公司债
- 企业债
- 熊猫债
- ABS

资料来源：公开资料，中债资信整理。

图 3-6　2016—2018 年中国绿色债券发行数量统计（只）

我国绿色债券市场启动 3 年以来，除了市场发展之初的 2016 年 2 月和 6 月之外，其余各月均有绿色债券发行，每个月平均发行额为 175.66 亿元；2018 年 11 月，我国绿色债券当月的发行规模最大，为 693.96 亿元，同时债项数量也为最大，当月达到了 23 只。总体上，2016—2018 年，我国绿色债券发行数量和金额总体较为平稳，各年内的下半年发行量明显大于上半年。

从年度发行规模变化情况看，2016 年发行了 2 052.31 亿元，2017 年发行了 2 067.80 亿元，同比增长 0.75%；2018 年发行了 2 203.53 亿元，同比增长 6.56%。

从发行绿色债项数量情况看，2016 年为 53 只，2017 年为 115 只，同比增长 116.98%；2018 年则为 128 只，同比增长 11.30%。

从各年度内参与市场的主体看，不考虑同一主体不同年度发行情况，2016 年为 31 家，2017 年为 78 家，同比增长 151.61%；2018 年为 102 家，同比增长 30.77%。

若考虑累计加入绿色债券市场的主体情况，2016 年为 31 家，2017 年为 99 家，同比增长 219.35%；2018 年累计为 181 家，同比增长 82.83%。

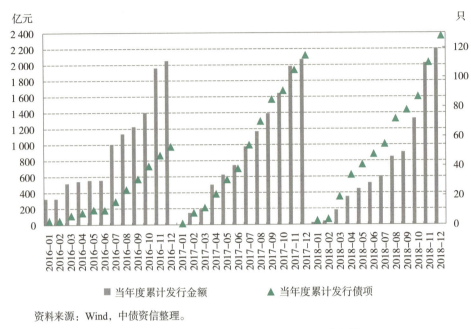

图例：■ 当年度累计发行金额　　▲ 当年度累计发行债项

资料来源：Wind，中债资信整理。

图 3-7　2016—2018 年中国绿色债券每月发行情况

3.2.2.2　我国绿色债券环境效益可观

绿色债券的目标在于环境与社会效益的实现。假设 2016 年绿色金融债亦按照类似非金融企业的节能减排技术规模的项目结构，投放于对应金额的绿色项目，涉及绿色项目整体，每年累计节能 1.84 亿吨标准煤，减排二氧化碳 4.52 亿吨。节能量约占能源消耗总量的 4.23%，二氧化碳减排约占排放总量的 4.22%，环境效益将非常可观。以北京市 2015 年度的主要污染物排放数据作为比对，2016 年度非金融企业的绿色债券募投项目产生的年度减排效益，大致接近北京主要污染物年度排放量的三分之二。

2017 年度非金融企业各募投项目以整体计，每年将可节能约 3 764 万吨标准煤，减排二氧化碳 9 220 万吨；作为对比，主要大气和水体污染物的减排量水平接近北京市主要污染物年度排放量的 40%。若以类似结构推测绿色金融债，则 2017 年发行的绿色债券，整体每年将累计产生节能量 1.05 亿吨标准煤，约占 2016 年能源消耗总量的 2.41%，减排二氧化碳 2.77 亿吨，环境效益可观。

3.2.3　结构日趋多元

3.2.3.1　绿色债券发行以金融债为主

绿色金融债的主要用途是为银行的绿色信贷提供资金支持，银行后续将独立承担融资企业的绿色项目审核工作。银行在绿色项目评估与筛选时，需要保证程序和制度的合规性、规范性以及相关人员的专业性，进而确保募集资金能带来明确的环境效益。目前，金融企业通过绿色债券融资并投放于绿色信贷，承担起探索绿色金融发展的重要角色。

绿色金融债具有单笔发行规模大的特点，目前仍是我国绿色债券市场的主要券种。2016—2018 年，我国共有 53 家金融机构发行 103 只绿色金融债，占全部绿色债项数量的 34.80%，发行总规模 4 073.20 亿元，占我国绿色债券市场发行总规模的 64.41%。从发行主体来看，除交通银行股份有限公司（500 亿元）、国家开发银行股份有限公司（250 亿元）、中国农业发展银行（200 亿元）等大型政策性银行及国有银行以外，我国绿色金融债的发行主体以商业银行为主，其中兴业银行的发行规模最大，达到了 1 100 亿元，占我国绿色债券市场总发行规模的 17.40%；此外部分具有实力的中小型城市商业银行业已逐步进入了绿色债券市场，如北京银行股份有限公司（300 亿元）、青岛银行股份有限公司（80 亿元）、南京商业银行股份有限公司（50 亿元）。

如果考虑到新开发银行发行的绿色熊猫债（30 亿元）、兴业银行发行的兴银 2016 年第一期绿色金融信贷资产支持证券（26.46 亿元）、中国农业银行发行的农盈 2017 年第一期绿色信贷资产支持证券（14.34 亿元）亦属于金融机构发行的绿色债券，那么绿色金融债的总体发行规模将为 4 143.99 亿元，合计债项 106 只。

图 3-8　2016—2018 年中国绿色金融债各发债主体发行金额

资料来源：Wind，中债资信整理。

3.2.3.2　非金融企业发行规模提升，活跃度不断提高

绿色非金融债方面，2016—2018 年，46 家主体发行了 74 只绿色公司债，共计 816.04 亿元；36 家主体发行了 47 只绿色企业债，共计 666.20 亿元；27 家主体发行了 39 只绿色债务融资工具，共计 383.80 亿元，1 家主体发行了 1 只绿色熊猫债，共计 30 亿元；29 家主体发行了 30 只绿色资产支持证券（不含 2 家银行发行的 2 只绿色信贷资产支持证券），共计 354.39 亿元。我国非金融企业的数量占比 70.17%，数量上占绝对主体；除去新开发银行的 30 亿元绿色熊猫债，其他非金融企业的绿色债券发行规模约占总规模 34.47%，发行规模占比仍处于次要地位。非金融企业数量众多，涉及多个行业的多种类型的绿色项目，且与实体经济直接关联，因而在绿色债券市场中仍起到积极作用。

绿色非金融债对应的募投项目通常比较明确，即企业按计划进行的绿色项目建设或运营，其对资金有实际需求。如果不考虑银行发行的绿色信贷资产支持证券，2016—2018 年，我国绿色非金融债主要包括绿色公司债、绿色企业债、绿色债务融资工具、绿色资产支持证券等，债券发行数量合计 190 只，发行规模合计 2 179.64 亿元，此处未纳入银行发行的绿色 CLO 债券。

中债资信根据公开市场可获取的资料，分类确定绿色非金融债的资金投向。其中，投向清洁能源类的绿色项目资金 607.44 亿元，占非金融企业绿色债券总发行额的 27.87%，投向清洁交通类项目资金 605.12 亿元，占非金融企业绿色债券总发行额的 27.76%。《目录》其他的四大分类的绿色项目亦均有涉及，非金融企业的绿色债券保持了项目类型的多样性，具体情况如表 3-3 所示。此外，绿色非金融债券对于绿色项目具有较强的依存性，其发展有助于促进绿色债券市场的信息披露以及后期跟踪的完善，从长期来看将会增加我国绿色金融体系的透明度和成熟度。

表 3-3　2016—2018 年中国绿色非金融绿色债券主要投向

单位：亿元、%

项目分类	金额	占比
1. 节能	255.35	11.72
2. 污染防治	336.30	15.43
3. 资源节约与循环利用	198.39	9.10
4. 清洁交通	605.12	27.76
5. 清洁能源	607.44	27.87
6. 生态保护和适应气候变化	94.00	4.31
无法确定	83.03	3.81
合计	2 179.64	100.00

资料来源：公开资料，中债资信整理。企业债的用途亦根据《目录》进行归类。

3.2.4　与普通债券发行存在差异

3.2.4.1　绿色债券以公开发行为主，发行期限较长

绿色债券市场以公开发行为主；包括私募债、PPN、非公开发行的资产支持证券等产品，亦开始在市场中涌现，2016 年为 1 只 PPN，2017 年为 20 只，2018 年增加到了 27 只；累计非公开发行的绿色债券为 48 只，约占全部绿色债项数量的 16.2%。综上所述，虽然非公开发行的债券数量有所扩大，但由于绿色债券的发行规范、信息披露要求以及市场监管等方面的限制，公开发行仍是目前绿色债券发行的主要方式。

2016—2018 年，绿色债券以 3 年期（129 只，3 564.44 亿元，占比 59.71%）、5 年期（84 只，1 677.90 亿元，占比 28.11%）为主，其余发债期限还有 1 年以内的超短期融资券、1 年期、2 年期、4 年期、7 年期、8 年期、10 年期与 15 年期。绿色债券市场的整体加权平均期限为 4.17 年，与绿色项目建设运营以中长期的资金需求能较好地匹配。

表 3-4　2016—2018 年中国绿色债券发行期限统计

单位：只、亿元、%

发行期限	债项数量	数量占比	金额	金额占比
1 年以内	1	0.38	10.00	0.17
1 年	1	0.38	2.00	0.03
2 年	3	1.14	100.00	1.68
3 年	129	48.86	3 564.44	59.71
4 年	3	1.14	17.70	0.30
5 年	84	31.82	1 677.90	28.11
7 年	29	10.98	361.70	6.06
8 年	1	0.38	7.00	0.12
10 年	7	2.65	93.50	1.57
15 年	6	2.27	135.00	2.26
合计	264	100.00	5 969.24	100.00

注：由于资产支持证券期限和项目相关，无固定期限，故未统计在内。
资料来源：Wind，中债资信整理。

3.2.4.2　绿色债券发行主体评级较高，存在一定的利差优势，高级别利差优势更明显

2016—2018 年，我国绿色债券发行人的主体评级和债项评级均高于债券市场整体水平。

发行债项的主体级别方面，156 个绿色债券发行主体的主体级别中（不含绿色资产支持证券发行主体，本小节下同），AAA 级别主体合计 56 家，AA+ 级别主体合计 44 家，AA 级别主体合计 42 家，AA– 级别主体合计 8 家，A+ 级别主体合计 2 家，另有 4 个债项无国内主体评级信息，包括中国进出口银行、中国农业发展银行和国家开发银行等政策性银行，以及山西晋煤华昱煤化工有限责任公司。

发行债项的级别方面，263 只绿色债券债项，AAA 级别债项合计 129 只，AA+ 级别债项合计 61 只，AA 级别债项合计 32 只，AA– 级别债项 5 只，A+ 级别债项 2 只，另有 34 只债券（均为政策性银行公开发行的绿色金融

债和其他单位非公开发行的绿色私募债）无国内债项评级信息披露。

表 3-5　2016—2018 年中国绿色债券发行主体级别与债项级别

单位：只、亿元、%

类别	主体评级				债项评级			
	数量	占比	金额	占比	数量	占比	金额	占比
AAA	56	35.90	4 145.29	69.44	129	49.05	4 279.71	71.72
AA+	44	28.21	883.95	14.81	61	23.19	811.85	13.61
AA	42	26.92	421.70	7.06	32	12.17	215.00	3.60
AA-	8	5.13	20.60	0.35	5	1.90	13.70	0.23
A+	2	1.28	3.50	0.06	2	0.76	3.50	0.06
未评级	4	2.56	494.20	8.28	34	12.93	643.48	10.78
合计	156	100.00	5 969.24	100.00	263	100.00	5 967.24	100.00

资料来源：Wind，中债资信整理。资产支持证券未纳入统计；债项评级中，1 只 A–1 级别绿色短期融资券（2 亿元）未纳入统计。主体评级不含重复主体，债项评级包括同一主体发行的多只债项。

总体而言，从绿色债券 AAA 级别主体数量上，占所有绿色债券发行主体的 35.90%，明显高于债券市场同期 AAA 级主体相应约 27.50% 的整体水平；从 AAA 级主体的发行规模上，AAA 级主体占绿色债券发行规模的 69.44%，亦高于债券市场同期 AAA 级主体发行规模约占比 54.01% 的水平。

从 AAA 级别债项的情况看，从发行数量上，AAA 级绿色债项占全部绿色债券的 49.05%，高于整体债券市场约 27.13% 的 AAA 级债项占比水平；从发行规模看，AAA 级绿色债券发行规模占全部绿色债券发行规模的 71.72%，亦明显高于整体市场中，AAA 级债项发行规模占比约 41.4% 的水平。

绿色债券发行主体与债项评级表现优异的主要原因在于：（1）政策性银行及优质的大型商业银行发行了多只绿色金融债项；（2）绿色非金融债券的募投项目多从属于电力、水务、公共交通等公益性行业，且发行主体多为行业内龙头企业，考虑到行业运行稳定，信用品质较高，其主体级别与债项级别均高于非绿色债券。由于我国绿色债券市场尚处于发展初期，债券发行体量有限，未来随着绿色债券发行主体的增加，绿色债券市场的评级水平将会逐步回归至市场的平均水平。考虑到绿色债券募投项目多为受政策支持类型，绿色债券市场的总体评级水平可能仍将略优于非绿债券。

资料来源：Wind，中债资信整理。

图 3-9　2016—2018 年中国绿色债券发行主体、债项级别分布统计

绿色债券总体具备一定的利差优势，但仍与发行人自身的资质密切相关。2016—2018 年，剔除部分没有级别和低级别的绿色债项，以及结构化的绿色 ABS 债项，本节选取了共计 240 只债项。由于发行人发行绿色债券的同时发行普通债券的情况较为少见，本书通过分析绿色债项相比同时期同级别的一级市场 DCM 发行利率，比较绿色债券是否具有利率上的优势。整理分析可知，240 只债项中，其中 192 只绿色债项低于同期的 DCM 利率，存在一定的利差优势；全部样本债券的利差，按照发行金额加权统计，绿色债券的整体发行利差为 37.1 个基点。

考虑到 2016 年末至 2018 年间，我国债券市场整体利率上浮明显，绿色债券市场的发行也受到整体市场利率走高的不利影响，且绿色债券市场整体规模仍相对较小，依据绿色债项的样本数量仍相对较小，因此分析结论仅作一定的参考。

从主体级别看，除去仅有 2 只债项的 AA- 级别，AAA（114 只）、

AA+（69 只）与 AA（55 只）级别，具有利差优势的占比呈现逐步下降的趋势，也即 AAA 级主体的信用利差优势最为明显，AA+ 主体的优势仍较明显，但 AA 级主体的利差优势则不显著了，具有低利率优势和不具备优势的债项数量基本相当。由此可见，AAA 级主体发行绿色债券具有明显的利差优势，AA+ 级别企业具有一定的利差优势，AA 级主体的利差优势较弱。

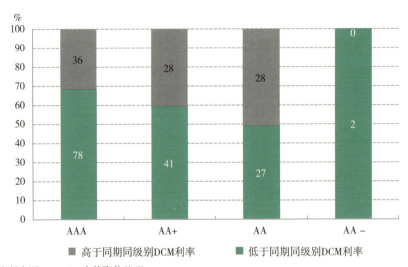

资料来源：Wind，中债资信整理。

图 3-10　2016—2018 年我国绿色债券发行信用利差表现——按主体级别分类

表 3-6　2016—2018 年我国 AAA 级主体的不同期限绿色债券发行利差表现

期限（年）	发行规模（亿元）	债项数（只）	加权利差（个基点）
3	2 523.79	50	38.0
4	15.70	2	−65.7
5	1 231.10	42	37.0
7	207.70	12	58.8
10	45.00	3	105.8
15	105.00	5	114.6
合计	4 128.29	114	41.0

资料来源：Wind，中债资信整理。

表 3-7　2016—2018 年我国 AA+ 级主体的不同期限绿色债券发行利差表现

期限（年）	规模（亿元）	债项数（只）	加权利差（个基点）
1	2.00	1	-3.0
3	654.30	48	28.4
5	149.00	16	46.2
7	10.00	1	1.0
10	15.50	2	95.7
15	30.00	1	22.0
合计	860.80	69	32.1

资料来源：Wind，中债资信整理。

表 3-8　2016—2018 年我国 AA 级主体的不同期限绿色债券发行利差表现

期限（年）	规模（亿元）	债项数（只）	加权利差（个基点）
3	112.80	20	11.2
5	94.90	17	-33.5
7	144.00	16	9.6
10	33.00	2	69.7
合计	384.70	55	4.6

资料来源：Wind，中债资信整理。

具体到 AAA、AA+ 和 AA 级主体不同期限的绿色债券层面，以各债项的发行金额进行加权，分析各期限的加权利差情况。

AAA 级主体方面，统计了 114 只债项共计 4 128.29 亿元，整体的加权利差为 41.0 个基点，利差优势明显。其中，主流的 3 年期和 5 年期的利差优势为 38 个基点和 37 个基点；4 年期的样本较少（仅 2 只 15.70 亿元），利差优势为负，为 -65.7 个基点；长期限的 7 年期、10 年期和 15 年期的样本数量亦较少，但均呈现明显的利差优势，分别达到了 58.8 个基点、105.8 个基点、114.6 个基点。

AA+ 级主体方面，统计了 69 只债项共计 860.80 亿元，整体的加权利差为 32.1 个基点，利差优势较 AAA 级主体的利差优势，有所下降。其中，主流的 3 年期和 5 年期的利差优势为 28.4 个基点和 46.2 个基点；其他期限的样本数量均较少。

AA 级主体方面，统计了 55 只债项共计 384.70 亿元，整体的加权利差为 4.6 个基点，利差优势已经不明显。其中，主流的 3 年期和 5 年期的利差优势为 11.2 个基点和 −33.5 个基点；7 年期的利差优势为 9.6 个基点。

整体而言，绿色债券的利差优势主要体现在相对较高级别的信用等级的主体上，以 AAA 级和 AA+ 级主体的利差优势表现得较为明显；而 AA 级及以下主体的利差优势，则不再显著。

从债项级别看，AAA 级（126 只）、AA+ 级（61 只）与 AA 级（32 只）的债项级别，具有利差优势的占比同样呈现逐步下降的趋势。AA− 级及其他债项的样本数量较少，暂不做特别的关注。总体而言，AAA 级债项具有明显的利差优势，AA+ 级别企业具有一定的利差优势，AA 级主体的利差优势较弱。

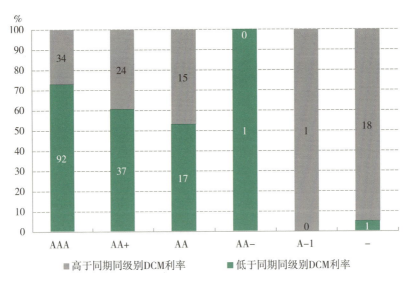

资料来源：Wind，中债资信整理。

图 3–11　2016—2018 年我国绿色债券发行信用利差表现——按债项级别分类

以券种为区分看，绿色金融债、绿色债务融资工具与绿色公司债、绿色企业债之间的利差表现呈现出一定差异。从 2016—2018 年三年间的累加情况看，绿色金融债因为主体的资质通常较优，因而整体上利率优势明显，约 87.1% 的债项低于同期同级别 DCM 利率。绿色企业债则有 66.7% 的债项具有利率优势。绿色债务融资工具和绿色公司债，具有利率优势的债项数量明显较低，分别为 26.3% 和 46.5%，分析原因，可能与债务融资工具和公司债的发行人属于各行业的非金融行业，企业主体类型较多，发行利率更易受到发行人主体实际情况的影响。总体看非金融企业绿色债券的利差较普通债券未表现显著利差优势。

表 3-9 2016—2018 年不同种类绿色债券的利差情况的数量统计

单位：只

类别	合计债项数	低于同期同级别 DCM 利率	高于同期同级别 DCM 利率
绿色金融债	85	74	11
绿色债务融资工具	38	10	28
绿色公司债	71	33	38
绿色企业债	45	30	15
绿色熊猫债	1	1	0
总计	240	148	92

资料来源：Wind，中债资信整理。

因此，从市场层面看，目前绿色债券的利差受发行主体的信用品质、发行时间和债券品种等多因素共同影响，绿色债券较非绿色债券的优势尚不可一概而论；但总体而言，高信用级别主体的绿色债券的利差优势较为明显；绿色债券仍具有一定的利差优势。

3.2.5 第三方机构绿色认证比例高于国际市场平均水平

截至 2018 年末，我国累计共发行 296 只绿色债券。其中，根据公开市场披露信息以及中债资信所获得的数据，获得第三方机构绿色评估认证的债券合计 204 只，占发行绿色债券数量的比重约 68.92%，高于世界平均约六成的水平；从发行规模上看，获得第三方评估认证的发行规模达到 5 039.17 亿元，占全部 6 323.63 亿元的总发行规模的约 79.69%。此外，国家发展改革委主管的绿色企业债（合计 47 只中仅有 2 只出具了第三方评估认证意见），该类债项在申报阶段已通过国家发展改革委内部的绿色属性评估，故通常无第三方机构绿色评估认证。特别地，也有部分绿色债项出具了两家机构的第三方评估认证意见，例如：中国农业银行于 2017 年 12 月发行的专项用于杭州、温州、湖州、绍兴等地区"五水共治"贷款的"农盈 2017 年第一期绿色信贷资产支持证券"，获得毕马威与中债资信两家机构的第三方绿色评估认证，成为银行间市场首单双认证绿色信贷资产证券化产品；中国节能环保集团有限公司 2016 年发行的 4 只绿色公司债，亦获得安永与中节能咨询的双认证。

从不同绿色债券品种的分类情况看，如表 3-10 所示，除了 1 只经认证的绿色熊猫债为 100% 认证之外，其他的绿色债项认证情况中，绿色金融债的认证比例最高，达到了 98.1%；其次为绿色债务融资工具，认证比例达到了 89.7%；绿色 ABS 产品和绿色公司债的认证比例稍低，但均高于 60%。

表 3-10　2016—2018 年国内绿色债券市场中不同债券品种的第三方评估认证情况

单位：只

类别	金融债	债务融资工具	公司债	企业债	熊猫债	ABS	合计
经认证债项数	101	35	45	2	1	20	204
未认证债项数	2	4	33	45	0	13	97
债项数量小计	103	39	78	47	1	33	301
实际债项数（剔除双认证）	103	39	74	47	1	32	296
认证比例（%）	98.1%	89.7%	60.8%	4.3%	100.0%	62.5%	68.9%

资料来源：公开资料，中债资信整理。其中，2016 年中节能集团的 50 亿元绿色公司债（4 只债项）、2017 年农行 CLO 的 14.34 亿元绿色 CLO（1 只债项）存在双认证。

绿色债券第三方评估认证机构方面，截至 2018 年末，根据公开市场信息整理，参与我国绿色债券评估认证业务的第三方机构共计 17 家，涵盖会计师事务所、专业评级认证机构、能源环境类咨询机构以及其他学术机构等多机构类型。目前各机构的业务情况，具体如表 3-11 所示。

2017 年末，中国人民银行、中国证监会联合发布的指引设置了评估认证机构的准入门槛和资质要求，对于相关机构层面，指引明确参与绿色债券评估认证业务的机构需具有必备的组织架构、工作流程、技术方法、质量控制等规范性制度、流程，且获取评级、认证、鉴证、能源、气候或环境领域执业资质；同时，最近 3 年或自成立以来不存在违法违规行为和不良诚信记录。专业素质层面，指引要求参与绿色债券评估认证业务人员需具有相应的会计、审计、金融、能源、气候或环境领域专业素质，其中绿色债券评估认证项目组成员原则上应当同时配备熟悉会计、审计和金融领域的专业人员和熟悉能源、气候和环境领域的专业人员。绿色标准委员会将组织领域内机构和专家对绿色债券认证机构进行市场化评议，并在指定网站披露评议结果。

同时，指引从技术层面对绿色债券评估认证的主要内容、评估认证方式作出了相关规定，对业务承接、业务实施和报告出具三个环节，均作了详细的规范和要求，统一了绿色评估认证业务流程的基本要求。随着《绿色债券评估认证行为指引（暂行）》的落地实施，未来市场将统一绿色债券评估认证标准，规范绿色债券评估认证行为，在认证流程层面清除投机套利、"洗绿"等伪绿色债券，最终提高绿色债券认证质量与绿色债券评估认证机构的公信力，以促进绿色债券评估认证市场健康发展。

表 3-11　2016—2018 年国内绿色债券市场第三方评估认证情况

序号	机构	认证绿色债项数量（只）	涉及发债主体数量（只）	认证发行规模（亿元）
1	安永	69	34	1 919.00
2	中债资信	26	17	258.54
3	中节能	25	11	462.80
4	联合赤道	16	14	172.00
5	中财	15	11	454.85
6	中诚信	15	13	111.07
7	毕马威	8	6	107.34
8	普华永道	6	2	253.00

续表

序号	机构	认证绿色债项数量（只）	涉及发债主体数量（只）	认证发行规模（亿元）
9	德勤	6	3	1 101.70
10	商道融绿	5	3	92.20
11	DNV GL	3	1	27.75
12	东方金诚	3	3	13.50
13	必维认证	2	1	25.00
14	新世纪	2	1	14.00
15	鹏元资信	1	1	6.20
16	大公国际	1	1	13.47
17	绿融（北京）投资	1	1	6.75
	小计	204	123	5 039.17
	未认证	97	—	1 348.80
	合计	296	181	6 323.63

资料来源：公开资料，中债资信整理。其中，2016年中节能集团的50亿元绿色公司债（4只债项）、2017年农行CLO的14.34亿元绿色CLO（1只债项）存在双认证，重复部分的发行规模已剔除。

3.2.6　市场发展存在的问题

由于我国绿色债券尚处于起步阶段，其在实践过程中仍存在一些问题。例如，部分发债主体符合《绿色债券支持项目目录》的项目数量有限，存在发行阶段将项目"洗绿"的可能。而在债券存续期，由于缺乏相应的约束，同样可能导致募集资金投放于非绿项目。这就要求绿色债券评估机构具备专业的技术团队，对募投项目的绿色属性实施跟踪评估，并定期披露跟踪报告，避免发行人在项目存续期内变更资金用途、投向非绿色项目。此外，作为绿色债券发行的重要中介，部分第三方认证评估机构对于募投项目仅出具"绿"与"非绿"的评估结果，导致发行主体在项目申报过程中打擦边球，对于项目的绿色等级缺乏区分。建议绿色债券评估机构应根据项目的绿色程度，对评估结果进行分级，从而体现出市场对"深绿"债券项目的优先倾向。

3.3　国内主要政策演变与分析

国内绿色债券市场是政策导向型的市场，2015 年 12 月 22 日，中国人民银行发布公告，在银行间债券市场推进绿色金融债券，同时以附件形式公布了由中国金融学会绿色金融专业委员会（以下简称绿金委）制定的绿色债券标准即《绿色债券支持项目目录（2015 年版）》，这标志着中国绿色债券市场的正式启动。在此之前，2014 年由中国人民银行研究局与联合国环境署可持续金融项目联合发起的绿色金融工作小组便对绿色金融体系的构建进行了研究，小组由 40 多位专家组成。

3.3.1　国家政策演变

表 3-12　国家主要政策情况

政策名称	发布时间	发布单位	文号
《构建中国绿色金融体系》	2015 年 4 月 22 日	绿色金融工作小组	—
《中国人民银行公告》	2015 年 12 月 22 日	中国人民银行	〔2015〕第 39 号
《绿色债券支持项目目录》	2015 年 12 月 22 日	中国人民银行	〔2015〕第 39 号附件
《绿色债券发行指引》	2015 年 12 月 31 日	国家发展改革委办公厅	发改办财金〔2015〕3504 号
《上海证券交易所关于开展绿色公司债券试点的通知》	2016 年 3 月 16 日	上海证券交易所	上证发〔2016〕13 号
《深圳证券交易所关于开展绿色公司债券业务试点的通知》	2016 年 4 月 22 日	深圳证券交易所	深证上〔2016〕206 号
《关于构建绿色金融体系的指导意见》	2016 年 8 月 31 日	中国人民银行等七部委	银发〔2016〕228 号
《中国证监会关于支持绿色债券发展的指导意见》	2017 年 3 月 2 日	中国证监会	〔2017〕6 号
《非金融企业绿色债务融资工具业务指引》	2017 年 3 月 22 日	中国银行间市场交易商协会	〔2017〕10 号
《绿色债券评估认证行为指引（暂行）》	2017 年 10 月 26 日	中国人民银行、中国证监会	〔2017〕第 20 号
《中国人民银行关于加强绿色金融债券存续期监督管理有关事宜的通知》	2018 年 3 月 7 日	中国人民银行	银发〔2018〕29 号

资料来源：公开资料，中债资信整理。

3.3.1.1　《构建中国绿色金融体系》

2015 年 4 月 22 日，绿色金融工作小组报告发布会召开，发布了研究成果《构建中国绿色金融体系》；中国金融学会绿色金融专业委员会亦同时正式成立。本书是由绿色金融工作小组于 2015 年 4 月 23 日著作的关于绿色金融体系构建的框架性设想及 14 条建议的研究报告，分为总报告和子报告两部分。

总报告阐述了构建我国绿色金融体系的必要性和紧迫性，研究探讨了绿色金融政策的理论框架，介绍了绿色金融的国际经验，提出了构建我国绿色金融体系的 14 条建议。

构建绿色金融体系的必要性和紧迫性：国内环境污染程度严重，其很大程度上与高污染的重工业产业结构、以煤炭为主的能源结构和以公路出行为主的交通结构有关。要实质性改善我国的环境，不仅依靠强有力的治理措施，还必须采用财税、金融等手段改变资源配置的激励机制，让经济结构、能源结构和交通结构更为绿色清洁。为应对这个挑战，我国亟须建立一个"绿色金融"体系，用以引导社会资金投向与社会福利最大化相一致的绿色项目投资。

绿色金融政策的理论框架：第一，提高绿色项目的投资回报率，降低污染性项目的投资回报率；第二，强化企业社会责任意识促进绿色投资；第三，强化消费者的绿色环保和消费意识。

绿色金融的国际经验：国际上推动绿色金融的典型做法主要包括赤道原则、绿色信贷和证券化、绿色实业基金、绿色证券基金、绿色债券、绿色银行、绿色保险、碳金融体系的设立、明确金融机构的环境法律责任、要求机构投资者在其决策过程中考虑环境因素、在信用评级中引入环境因素、要求上市公司和发债企业符合绿色社会责任规范和构建绿色机构投资者网络。

构建我国绿色金融体系的 14 条建议：14 条建议可归纳为四大类，第一类建议涉及机构建设，是实现绿色投资的组织保障，需要中央、地方政府资金的参与和相关体制改革；第二类建议涉及财政和金融政策，需要财政部、人民银行、银监会、证监会等部门的配合与推动；第三类建议涉及支持绿色投资的金融基础设施建设，大部分可由金融机构和民间机构推动，政府和社会应该给予鼓励和支持；第四类建议涉及支持绿色金融的法律法规体系建设，需要立法机构、相关部委和金融机构的配合和推动。子报告分别对 14 条政策建议从技术上的可操作性和部门之间的可协调性层面进行了系统阐释。

3.3.1.2　《中国人民银行公告〔2015〕第 39 号》及《绿色债券支持项目目录》

为加快建设生态文明，引导金融机构服务绿色发展，推动经济结构转型升级和经济发展方式转变，2015 年 12 月 22 日，中国人民银行发布公告，在银行间债券市场推进绿色金融债券，同时绿金委发布《绿色债券支持项目目录（2015 年版）》，这标志着中国绿色债券市场的正式启动。相比国际上自下而上形成的绿色债券市场自律规则所形成的时间，中国自上而下建立的绿色债券标准发展相对较晚，至 2015 年末，方才正式建立绿色债券的制度框架。

《目录》明确了六大类及三十一小类环境效益显著项目的界定条件，主要包括：（1）节能；（2）污染防治；（3）资源节约与循环利用；（4）清洁交通；（5）清洁能源；（6）生态保护和适应气候变化。目前，《目录》已成为我国绿色项目界定的直接依据，为绿色项目的筛选与认证提供了技术性指导，主要应用于除绿色企业债之外的绿色债券发行认证领域。

3.3.1.3　《绿色债券发行指引》

为进一步推动绿色发展，促进经济结构调整优化和发展方式加快转变，2015 年 12 月 31 日，国家发展改革委办公厅制定《绿色债券发行指引》（以下简称《指引》）。该指引主要包括三大部分内容。

适用范围和支持重点：该指引适用范围为绿色循环低碳发展项目的企业债券，支持重点主要为节能减排技术改造项目、绿色城镇化项目、能源清洁高效利用项目、新能源开发利用项目、循环经济发展项目、水资源节约和非常规水资源开发利用项目、污染防治项目、生态农林业项目、节能环保产业项目、低碳产业项目、生态文明先行示范实验项目和低碳发展试点示范项目。

审核要求：主要包括以下几点：第一，加快和简化审核类债券审核程序；第二，对发行绿色债券企业的要求表现在：债券募集资金占总项目投资比例放宽至80%、不受发债指标限制、在资产负债率低于75%前提下，核定发债规模不考察企业其他公司信用类产品的规模、鼓励上市公司及其子公司发行绿色债券；第三，募集资金用途可用于优化债务结构，不超过50%的募集资金可用于偿还银行贷款和补充营运资金，主体评级在AA+级以上的企业可使用募集资金置换在建绿色项目产生的高成本债务；第四，债券期限、选择权和还本付息方式相对灵活；第五，对于环境污染第三方治理企业开展的项目，鼓励项目实施主体以集合形式发行绿色债券；第六，允许绿色债券面向机构投资者非公开发行。

相关政策：主要体现在六个方面，第一，地方政府积极引导社会资本参与绿色项目建设，稳步扩大直接融资比重；第二，扩宽担保增信渠道；第三，推动绿色项目采取"信贷组合"的增信方式，鼓励商业银行进行债券和贷款统筹管理；第四，积极开展债券品种创新；第五，支持符合条件的股权投资企业、绿色投资基金发行绿色债券；第六，鼓励绿色项目采用专项建设基金和绿色债券相结合的融资方式。

整体来看，《指引》主要用于支持绿色企业债的项目筛选和认证评估工作。《指引》明确了能源、交通运输、低碳建筑、工业与能源密集型商业等十二类重点支持项目，并对绿色企业债的发行审核提出了具体要求。同时，对社会资本参与绿色项目建设、债券品种创新（发行绿色项目收益债、可续期或超长期债）、符合条件的股权投资企业与绿色基金发行绿色债券，专项用于投资绿色项目建设、绿色基金股东或有限合伙人发行绿色债券，扩大绿色投资基金资本规模等行为予以政策性支持。

3.3.1.4　《上海证券交易所关于开展绿色公司债券试点的通知》

作为国内最早参与培植绿色债券市场的机构之一，2016年3月16日，上海证券交易所就开展绿色公司债券试点的有关事项进行了通知，涉及主体包括发行人、上交所自身、政府相关部门等，其中涉及发行人的事项主要体现在以下几方面：

第一，对发行人申请绿色公司债券上市预审核或挂牌条件确认、上市交易或挂牌转让规定了额外要求，主要为绿色公司债券募集说明书应当包括募集资金拟投资的绿色产业项目类别、项目认定依据或标准、环境效益目标、绿色公司债券募集资金使用计划和管理制度等内容，同时提供募集资金投向募集说明书约定的绿色产业项目的承诺函；

第二，独立第三方的评估意见或认证报告；

第三，发行人应当在募集说明书中约定募集资金的合理用途；

第四，发行人应当指定专项账户，用于绿色公司债券募集资金的接收、存储、划转与本息偿付；

第五，绿色债券存续期内定期披露募集资金使用情况、绿色项目进展和环境效益、跟踪评估报告等。

3.3.1.5 《深圳证券交易所关于开展绿色公司债券业务试点的通知》

继 2016 年 3 月 16 日上海证券交易所就开展绿色公司债券业务试点通知之后，2016 年 4 月 22 日，深圳证券交易所就开展绿色公司债券试点有关事项发布通知。

通知指出，发行人申请绿色公司债券上市预审核或挂牌条件确认、上市交易或挂牌转让，除按照《公司债券管理办法》《公司债券上市规则》《非公开发行公司债券暂行办法》及其他相关规则的要求报送材料外，还应满足以下要求：绿色公司债券募集说明书应当包括募集资金拟投资的绿色产业项目类别、项目认定依据或标准、环境效益目标、绿色公司债券募集资金使用计划和管理制度等内容；提供募集资金投向募集说明书约定的绿色产业项目的承诺函；提供本所要求的其他文件。

通知还指出，鼓励各类金融机构、证券投资基金及其他投资性产品、社会保障基金、企业年金、社会公益基金、企事业单位等机构投资者投资绿色公司债券。

3.3.1.6 《关于构建绿色金融体系的指导意见》

经国务院同意，2016 年 8 月 31 日中国人民银行、财政部、国家发展改革委、环境保护部、银监会、证监会、保监会联合印发了《关于构建绿色金融体系的指导意见》（以下简称《指导意见》）。《指导意见》对包括绿色信贷、绿色证券市场、绿色发展基金、绿色保险、环境权益交易市场等各要素的绿色金融体系的构建提出了发展方向，并支持地方发展绿色金融，推动开展相关国际合作。

《指导意见》的出台，是将中共中央、国务院印发的《生态文明体制改革总体方案》中"建立绿色金融体系"的顶层设计予以落实和进一步细化，契合生态文明国家发展战略，以推动建立完整的绿色金融体系，调动金融市场关注和服务于绿色经济，促进我国社会经济发展向环境友好、绿色生态和可持续发展方向转变，实现建设美丽中国的目标。此外《指导意见》旨在增加绿色金融供给，促进经济绿色转型，实现节能减排，这也是中国在应对全球气候变化方面履行国际责任、实现 2030 年碳排放达到峰值的国际承诺、落实《巴黎协定》的一项重要举措。

《指导意见》作为涵盖绿色金融各方面的纲领性指导文件，对包括绿色债券在内的绿色金融体系的建设，规划了发展方向及实施路径。《指导意见》提及的建立统一绿色债券界定标准，有利于绿色债券市场规范化发展、提高绿色债券的流动性；研究和探索绿色债券第三方评估和评级标准，规范第三方认证的质量要求，在信用评级中将发行人的绿色信用记录等进行评估，通过强化第三方专业机构的监督，对绿色债券市场发展质量提出更高要求；建立发行人强制性环境信息披露制度，信息的公开透明有利于市场发展，促进企业绿色转型；探索降低发行端的融资成本，从发行端提高发行人的积极性，鼓励投资者投资绿色债券等产品，从投资端吸引更多投资者参与绿色债券市场。

3.3.1.7 《中国证监会关于支持绿色债券发展的指导意见》

2017 年 3 月 2 日，中国证券监督管理委员会公开发布了《中国证监会关于支持绿色债券发展的指导意见》（以下简称《意见》），这是落实《中共中央　国务院关于加快推进生态文明建设的意见》和中国人民银行等七部委《关于构建绿色金融体系的指导意见》（以下简称《意见》）精神的重要举措。

《意见》的亮点主要体现在四个方面：（1）首次明确绿色公司债券重点支持的发行主体类别，确认发行人拥有"绿色通道""即报即审"的便利，强调发行人应当认真履行信息披露义务，严禁冒用、滥用绿色项目名义套用、挪用资金；（2）首次在政策文件中，对评估认证机构建设、业务规范和行业自律等方面提出明确要求；（3）提出积极培育绿色投资文化，鼓励各市场主体及管理的产品投资绿色公司债券，加快培育绿色公司债券专业投资人，积极引入境外绿色公司债券专业投资者；（4）要求定期发布"绿色债券公益榜"，研究发布绿色公司债券指数，并要求各证监局主动对接地方政府，积极引导社会资本参与绿色产业项目建设，鼓励支持地方政府的配套优惠政策。

目前，包括绿色公司债券在内的境内绿色债券市场建设仍面临一些问题，包括：（1）配套支持的措施尚不完善，亟待进一步细化与落实；（2）如何培育绿色投资人也需要更多的制度设计和宣教推介；（3）第三方评估认证的具体行业标准和流程规范，尚无具体的政策安排；（4）后续如何将有意义的绿色信用评级落地，仍需进一步技术研究与业务指导。

3.3.1.8　《非金融企业绿色债务融资工具业务指引》

2017 年 3 月 22 日，交易商协会公布了《非金融企业绿色债务融资工具业务指引》（以下简称《指引》）及其配套表格体系，这是贯彻落实中共中央和国务院《生态文明体制改革总体方案》中构建绿色金融体系的战略的重要举措，亦是中国人民银行等七部委《关于构建绿色金融体系的指导意见》（以下简称《指导意见》）配套制度与政策安排。《指引》的发布，旨在通过绿色债务融资工具促进非金融企业向着绿色、循环、低碳的方向发展，推动经济结构转型升级和经济发展方式转变。

《指引》的亮点主要体现在五个方面：（1）首次明确企业在发行绿色债务融资工具时，应在注册文件中所披露的绿色项目具体信息；（2）首次提出鼓励第三方认证机构在评估结论中披露债务融资工具的绿色程度，对评估认证机构及其从业人员提出更详细要求；（3）首次明确绿色债务融资工具可纳入绿色金融债券募集资金的投资范围；同时鼓励养老基金、保险资金等各类资金投资绿色债务融资工具；（4）为绿色债务融资工具的注册评议开辟绿色通道，并对其注册通知书进行统一标示；（5）增加了 M.16 表（绿色债务融资工具信息披露表）和 GP 表（绿色评估报告信息披露表）两个配套表格体系，信息披露要求更完备。

未来绿色债务融资工具值得关注的后续发展，将主要包括以下方面：（1）绿色债务融资工具结构创新，产品将更加丰富；（2）第三方评估认证行业将进入规范化发展时期；（3）绿色投资者群体将迎来进一步发展壮大。

3.3.1.9 《绿色债券评估认证行为指引（暂行）》

2017 年 12 月 27 日，中国人民银行、证监会联合公布了《绿色债券评估认证行为指引（暂行）》（以下简称《指引》）。这是我国第一份针对绿色债券评估认证工作的规范性文件，对机构资质、业务承接、业务实施、报告出具、监督管理等方面做了相应规定。

指引将 2016 年七部委联合发布的《关于构建绿色金融体系的指导意见》文件中所提出的"研究完善各类绿色债券发行的相关业务指引、自律性规则"目标工作予以落实；此外，指引也对文件中"逐步建立和完善上市公司和发债企业强制性环境信息披露制度"进行了一定程度的细化和推进，即绿色债券存续期原则上需进行评估认证。

指引主要的政策内容包括：（1）专门成立绿色债券标准委员会，统筹各机构的自律管理，并开展包括行业监督、机构市场化评议、机构业务审查等工作，并牵头研究制定契合市场需求的操作细则；（2）强化行业监督，确认评估认证机构需要承担的责任，并明确发行人和评估认证机构的惩罚机制；（3）设置了评估认证机构的准入门槛和资质要求，将提高评估认证业务的专业性、公信力和权威性；（4）从技术层面对绿色债券评估认证的主要内容、评估认证方式做出了相关规定；（5）对业务承接、业务实施和报告出具三个环节，均作了详细的规范和要求，统一了绿色评估认证业务流程的基本要求；（6）原则上推动绿色债券跟踪期认证，进一步完善存续期内的信息披露，充分保障绿色债券的绿色属性。

指引的推出，旨在规范绿色债券评估认证行为，提高绿色债券评估认证质量。指引在各方面的规定，将能提高绿色债券评估认证业务行业的专业程度，实现行业内的有序竞争，保证业务的独立性与公信力，进而促进绿色债券市场健康发展，更好服务实体经济的绿色发展。

3.3.1.10　《中国人民银行关于加强绿色金融债券存续期监督管理有关事宜的通知》

2018 年 3 月 7 日，中国人民银行印发了《关于加强绿色金融债券存续期监管管理有关事宜的通知》，该通知是深入贯彻党的十九大关于加强生态文明建设的精神，践行绿色发展理念，深化落实中国人民银行等七部委《关于构建绿色金融体系的指导意见》（银发〔2016〕228 号文）、《中国人民银行公告〔2015〕第 39 号》等要求，进一步完善绿色金融债券存续期监督管理，提升信息披露透明度，推动发行人加大对绿色发展的支持力度。

该通知的主要内容包括：

第一，加强对存续期绿色金融债券募集资金使用的监督核查，确保资金切实用于绿色发展，各分支机构（具体包括国家开发银行、政策性银行、国有商业银行、股份制商业银行、中国邮政储蓄银行等金融机构及中国人民银行省会城市中心支行以上分支机构）应于每年 4 月 30 日前向中国人民银行报送上年度监督核查报告；

第二，加强对存续期绿色金融债券信息披露的监测评价，提高信息透明度，交易商协会应于每年 4 月 30 日前将上年度的存续期绿色金融债券信息披露的监测评价等情况报送中国人民银行，并对绿色金融债券的存续期信息披露进行详细规范；

第三，加强对存续期绿色金融债券违规问题的督促整改，完善动态管理机制；

第四，加强组织协调，明确工作责任，确保将绿色金融债券存续期监督管理工作落到实处。

3.3.2　国内各地方政策

2017 年 6 月 27 日，中国人民银行、发展改革委、财政部等七部委联合印发绿色金融改革创新试验区，具体印发方案包括《江西省赣江新区建设绿色金融改革创新试验区总体方案》《贵州省贵安新区建设绿色金融改革创新试验区总体方案》《新疆维吾尔自治区哈密市、昌吉州和克拉玛依市建设绿色金融改革创新试验区总体方案》《广东省广州市建设绿色金融改革创新试验区总体方案》和《浙江省湖州市、衢州市建设绿色金融改革创新试验区总体方案》。各试点区在此基础上，还制定了相关的配套政策、规划或实施方案等。

表 3-13　国内各省市主要政策情况

省份	政策名称	发布时间	文号	关于绿色债券的说明
江西省	《江西省赣江新区建设绿色金融改革创新试验区总体方案》	2017年6月23日	银发〔2017〕157号	拓宽绿色产业融资渠道。支持相关机构发行绿色债券、项目支持票据、绿色集合债；鼓励优质企业开展并购重组，开展天使投资等
	《江西省人民政府关于加快绿色金融发展的实施意见》	2017年11月21日	赣府发〔2017〕37号	加快发展绿色投资。支持绿色企业上市和再融资；支持银行和企业发行绿色债券；设立江西省绿色发展基金；利用政府和社会资本合作（PPP）等模式扩大绿色投资
	《江西省"十三五"建设绿色金融体系规划》	2017年9月26日	赣府厅发〔2017〕79号	建立全省债券融资重点企业储备库，鼓励符合条件的绿色企业通过发行公司债、企业债、债务融资工具等方式募集资金，实现主要债券品种发行全覆盖
	《关于加快推进赣江新区绿色金融改革创新试验区建设的实施细则》	2018年1月2日	赣府发〔2018〕2号	—
贵州省	《贵州省贵安新区建设绿色金融改革创新试验区总体方案》	2017年6月23日	银发〔2017〕156号	拓宽绿色产业融资渠道。支持相关机构发行绿色债券、绿色项目收益票据、绿色集合债；推进绿色企业股份制改造和绿色股权融资；鼓励社会资本建立节能服务产业投资基金等
	《贵州省人民政府办公厅关于加快绿色金融发展的实施意见》	2016年11月22日	黔府办发〔2016〕44号	到2020年，全省绿色债券规模累计达到300亿元以上；构建支持绿色债券的政策体系
	《贵安新区建设绿色金融改革创新试验区任务清单》	2017年7月15日	黔府办函〔2017〕126号	—

续表

省份	政策名称	发布时间	文号	关于绿色债券的说明
新疆维吾尔自治区	《新疆维吾尔自治区哈密市、昌吉州和克拉玛依市建设绿色金融改革创新试验区总体方案》	2017 年 6 月 23 日	银发〔2017〕155 号	鼓励开展绿色信贷资产证券化；支持相关机构发行绿色债券、绿色集合债
	《新疆关于自治区构建绿色金融体系的实施意见》	2017 年 7 月 21 日	新政办发〔2017〕132 号	—
广东省	《广东省广州市建设绿色金融改革创新试验区总体方案》	2017 年 6 月 23 日	银发〔2017〕154 号	—
	《广州市花都区支持绿色金融和绿色产业创新发展若干措施》	2017 年 7 月 11 日	花办发〔2017〕27 号	—
	《广州市花都区支持绿色金融创新发展实施细则》	2017 年 7 月 11 日	花办发〔2017〕28 号	—
	《广州市花都区支持绿色产业创新发展实施细则》	2017 年 7 月 11 日	花办发〔2017〕29 号	—
	《广州市花都区支持绿色企业上市发展实施细则》	2017 年 7 月 11 日	花办发〔2017〕30 号	—
	《广州市花都区支持绿色金融和绿色产业发展专项资金管理办法》	2017 年 7 月 11 日	花办发〔2017〕31 号	—
浙江省	《浙江省湖州市、衢州市建设绿色金融改革创新试验区总体方案》	2017 年 6 月 23 日	银发〔2017〕153 号	拓宽绿色产业融资渠道；鼓励支持发行绿色金融债券
	《湖州市绿色金融发展"十三五"规划》	2017 年 7 月 5 日	—	—
内蒙古自治区	《内蒙古自治区人民政府关于构建绿色金融体系的实施意见》	2017 年 2 月 16 日	内政发〔2017〕22 号	推动发行绿色债券

资料来源：公开资料，中债资信整理。

3.3.3 政策演变的小结

对于国内绿色债券市场的发展，早在2014年由中国人民银行研究局与联合国环境署可持续金融项目联合发起的绿色金融工作小组便对绿色金融体系的构建进行了研究，为国内绿色债券市场的启动进行了前期筹备工作。2016年为中国绿色债券市场的元年，经历了2016—2018年三年的发展。回顾国内绿色债券市场这三年的发展，政策一直起着驱动性的作用。

从中国人民银行发布的《目录》，在银行间市场推出绿色金融债券，到国家发展改革委发布的《指引》明确绿色企业债的定义及支持领域，国内绿色债券从开启就进入了政府监管指引的路线。随后，沪深交易所先后发布《关于开展绿色公司债券试点的通知》，标志着绿色公司债进入交易所债市通道正式开启。随后，中国人民银行等七部委联合发布的《关于构建绿色金融体系的指导意见》从发行端和投资端鼓励发行人和投资者积极投身于绿色债券市场。在经过了2016年政策频发的元年之后，2017年进入绿色债券市场发展的第一个存续期，中国证监会《关于支持绿色债券发展的指导意见》对绿色公司债券的发行主体、资金投向、信息披露以及相关管理作出了原则性的规定，同时鼓励支持地方政府的配套优惠政策。此外，交易商协会公布的《非金融企业绿色债务融资工具业务指引》以及中国人民银行、证监会联合公布的《绿色债券评估认证行为指引（暂行）》等对绿色债券市场相关规章制度进一步完善，绿色金融政策日趋完善。在国家政策鼓励和驱动背景下，浙江、广西、广东、贵州、新疆和内蒙古自治区6省（区）绿色金融试验区方案陆续出台，国家和地方政府政策进一步完善。

尽管国内绿色债券市场经历了两年的快速发展，但目前仍有较多因素制约国内绿色债券的发展，主要体现在以下几个方面：（1）在我国金融机构信贷资产质量明显下滑的背景下，发行端部分金融机构不符合发行条件，且发行综合成本较高，与发行普通债券相比不具备明显的成本优势，在额外支付绿色项目认证费的同时，绿色金融债券发行利率并不一定低于同类可比债券，成本优势不明显。（2）从投资端看，目前绿色项目公益性较强，且优质大项目不多，部分绿色项目所需资金规模较小，而地方法人金融机构通过存款类资金就可以满足所在地绿色产业发展资金需求，无须通过发行程序较为复杂、成本较高、融资规模较大的绿色金融债券，整体看，有效需求不足；此外，部分绿色项目风险较高（如产能过剩严重的风险行业），风险分担补充机制不完善。（3）从监管端看，尽管《目录》和《指引》等都对绿色项目标准进行了界定，但绿色项目界定标准仍难以达到完全统一，如《目录》将绿色金融债券支持项目分为 6 大类，而《指引》将绿色债券支持领域分为 12 大类。（4）从中介端看，第三方认证在标准上，包括认证机构、认证标准、工作流程等都不是特别明确，降低了金融机构发行效率和资金使用效率；从数量上看，第三方认证机构少，缺乏有效竞争，增加了金融机构发债成本。

目前国内绿色债券市场仍有很多关注点，这些缺陷类的关注点或将成为政策预期未来细化的方向。如（1）降低发行端融资成本的进一步措施；（2）如何培育绿色投资人也需要更多的制度设计和宣教推介；（3）后续如何将有意义的绿色信用评级落地，仍需进一步技术研究与业务指导；（4）绿色金融工具的结构创新，产品将更加丰富；（5）第三方评估认证行业将进入规范化发展时期，绿色债券评估认证质量和专业程度需继续提高，保证业务的独立性与公信力；（6）财政支持体系仅停留在鼓励层面，尚未得到真正落实，需国家及地方进一步地明确政策；（7）监管层面标准的统一；（8）绿色投资者范围的进一步扩大。

整体看，国内绿债市场经过两年多的发展，已初具规模，但仍需要后期配套政策的跟进来促进绿色债券市场健康发展，更好服务实体经济的绿色发展。

3.4 绿色债券的特征分析

3.4.1 国外绿色债券标准

3.4.1.1 《绿色债券原则》

GBP 主要列述了绿色债券项目的行业类别范围，并为发行人在债券发行前后的行为标准提供了指引参考，最早发布于 2014 年 1 月 31 日，并于 2015 年 3 月进行了二次调整，国际资本市场协会（ICMA）于 2016 年 6 月 16 日进行第三次修订，协会根据绿色债券的最新政策与行业动态，对该规则适时作出调整。2017 年 6 月 2 日，进行了第四次修订，此次修订工作组扩展到了 GBP 执行委员会之外具有专业见解的成员和观察员单位，反映了各类绿色债券利益相关方持续的反馈意见，并纳入了近期市场的发展情况。2018 年 6 月，ICMA 发布《绿色债券原则（2018）》，与 2017 年版本相比变化较小，依然保持了 4 项原则的框架：募集资金的使用、项目评估与筛选流程、募集资金管理及报告。2018 年版主要变化在于外部评审的重新定义及附加的指导，起草过程中外部评审机构（安永等）积极参与合作。

该原则是一套自愿性的流程指引，通过明确绿色债券的发行方法提高信息透明度与披露水平，提升绿色债券市场发展中的互信程度。《原则》可供市场广泛使用，为发行人发行可信的绿色债券所涉及的关键要素提供指引；促进必要信息的披露，协助投资者评估绿色债券投资对环境产生的积极影响；建立标准披露规范，帮助承销商促成交易。

该原则仍然包括四大核心因素，即募集资金用途、项目评估与遴选流程、募集资金管理和信息披露四大部分，并从该四个方面为发行人提供指引。同时，2017 年版《原则》加入了新的引言部分。募集资金用途章节的绿色项目类别有了更新和补充。新的措辞被采用，以反映包括与最近发行的绿色主权债券相关的市场创新。《原则》进一步阐明了债券发行人对外沟通项目评估与遴选流程和募集资金管理方式时的建议。2017 年版更新同步发布了关于项目效益报告的额外指导意见，包括对可持续水资源和废水治理项目的参考评估指标。

《绿色债券原则》列举了可再生能源、能效提升、污染防治等十类支持的绿色项目目录。目前，《绿色债券原则》已成为全球最具权威性的绿色债券标准之一；截至 2017 年 9 月末，已有 45 家投资人、41 家发行人、63 家承销机构成为会员机构，《绿色债券原则》获得了广泛的市场认可度。

3.4.1.2 《气候债券标准》

气候债券标准（CBS）为评判债券或其他债务工具的绿色资质提供了明确标准，采用可靠的手段确保募集资金投向合格的项目和资产，以实现低碳和气候适应型经济。

气候债券标准于 2011 年底由气候债券倡议组织（CBI）发布，于 2015 年 11 月进行了修改和订正，发布了气候债券标准 2.0 版本，也是目前在用的最新版本。该标准融合了更新的绿色债券准则，对不同种类的债券均有涉及，并保证机制更实际有效，对年度报告要求更直截了当。其主要内容包括认证流程、发行前要求、发行后要求和一套针对不同领域的资格指导文件。该标准针对不同领域发布资格指导文件，详细说明了不同领域资产和项目的专业标准，包括太阳能、风能、快速公交系统、低碳建筑、低碳运输、生物质能、水资源、农林、地热能、基础设施环境适应力、废弃物管理、工业能效和其他可再生能源等。并提供了发行人指南，对于如何准备气候债券发行、内部系统和控制要求、如何准备保证工作的沟通、认证步骤等方面的细节进行了说明，同时设计了审核者指南，为审核者提供了包括如何根据标准准备报告，应当考虑的风险以及建议流程等的工作细节，最关键的部分是投资者和分析者指南，解释了债券认证将如何保证气候债券的诚实性。

3.4.2 界定标准国内外对比

绿色债券是指将募集资金专用于资助符合规定条件的绿色项目或为这些项目进行再融资的债券工具，旨在促进环境的可持续发展。随着绿色债券市场的兴起和投资者的关注，如何定义和界定绿色项目已成为一个广受各方关注的问题。国内外的绿色债券主要标准简介如下。

（1）《绿色债券原则》

为适应国际绿色债券的蓬勃发展，绿色债券原则执行委员会与国际资本市场协会于 2014 年合作推出了自愿性指导方针《绿色债券原则》。《绿色债券原则》主要从募集资金用途、项目评估和筛选流程、募集资金管理、信息披露四个方面为发行人提供指引。其中,作为核心要素,《绿色债券原则》列举了可再生能源、能效提升、污染防治等十类支持的绿色项目目录。目前,《绿色债券原则》已成为全球最具权威性的绿色债券标准之一。

(2)《气候债券标准》

《气候债券标准》由气候债券组织制定。《气候债券标准》提供了一系列指导文件,为绿色债券市场的各个参与者提供帮助。《气候债券标准》中列举了八大类绿色项目,每一类绿色项目又进一步细分为若干项目类型。目前,气候债券组织针对部分项目已经制定了相应的评估认证标准,其中包括太阳能、风能、地热能、轨道交通、居民建筑等 11 个子项;部分项目认证标准已在开发过程中,其中包括水电、生物质能、波浪和潮汐能、水运、农业用地等 12 个子项;剩余子项的认证标准开发工作尚未开始。

(3)《绿色债券支持项目目录》

中国绿色债券标准发展相对较晚,至 2015 年方才正式建立绿色债券的制度框架。中国人民银行于 2015 年 12 月发布了《中国人民银行公告〔2015〕第 39 号》以及配套的《绿色债券支持项目目录》(绿金委编制),明确了六大类及三十一小类环境效益显著项目的界定条件。目前,《绿色债券支持项目目录》已成为我国绿色项目界定的直接依据,为绿色项目的筛选与认证提供了技术性指导,主要应用于除绿色企业债之外的绿色债券发行认证领域。

(4)《绿色债券发行指引》

2015 年 12 月,国家发展改革委办公厅发布了《绿色债券发行指引》(发改办财金〔2015〕3504 号),主要用于支持绿色企业债的项目筛选和认证评估工作。《指引》明确了能源、交通运输、低碳建筑、工业与能源密集型商业等十二类重点支持项目,并对绿色企业债的发行审核提出了具体要求。同时,对社会资本参与绿色项目建设、债券品种创新(发行绿色项目收益债、可续期或超长期债)、符合条件的股权投资企业与绿色基金发行绿色债券,专项用于投资绿色项目建设、绿色基金股东或有限合伙人发行绿色债券，扩大绿色投资基金资本规模等行为予以政策性支持。

3.4.2.1　国内外绿色项目界定标准的相同（相似）点

就国内的两大标准而言，《指引》除增加了"核能"绿色认定，并更加强调低碳发展试点示范项目外，其余认定标准均与《目录》存在重合。因此，《目录》可以作为国内绿色债券募投项目界定标准的代表。

表 3-14　国内外绿色债券募投项目分类映射表（以《绿色债券原则》为基准）

《绿色债券原则》（2017 版）	《气候债券标准》（V2.1 版）	《绿色债券支持项目目录》
可再生能源：生产、传输、相关设施及产品	能源：太阳能（认证标准已获批建立）、风能（认证标准已获批建立）、生物质能源、水能、地热能（认证标准已获批建立）、潮汐能、专用电网、能源分配及管理	5. 清洁能源
能效提升：节能建筑新建 / 翻新、储能、区域供热、智能电网、相关设施与产品等	低碳建筑：居民建筑（认证标准已获批建立）、商业建筑（认证标准已获批建立）、建筑升级（认证标准已获批建立）、改善建筑碳排放性能的产品　工业与能源密集型商业：高效能源设备、热电联产　信息技术与通信：能源管理、资源效率	1. 节能 5. 清洁能源——5.3 智能电网及能源互联网
污染防控：废水处理、减少废气排放、温室气体控制、土壤修复、预防和减少废弃物、废弃物循环利用、高效或低排放废弃物供能、废弃物再利用及再加工、相关环境监测	水：水处理（认证标准已获批建立）　废弃物和污染防治：回收设备及装置、产品回收及循环经济、废物转换能源、甲烷管理、地质隔离	2. 污染防治——2.1 污染防治
		2. 污染防治——2.2 环境修复工程
		3. 资源节约与循环利用——3.3 工业固废、废气、废液回收和资源化利用
		3. 资源节约与循环利用——3.4 再生资源回收加工及循环利用
		3. 资源节约与循环利用——3.5 机电产品再制造
		3. 资源节约与循环利用——3.6 生物质资源回收利用

续表

《绿色债券原则》（2017 版）	《气候债券标准》（V2.1 版）	《绿色债券支持项目目录》
生物和土地资源的环境可持续管理：可持续发展农业、可持续发展畜牧业、气候智能农业投入（如生物保护或滴灌技术）、可持续发展渔业及水产养殖、可持续发展林业（如造林或再造林）、保护或修复自然景观等	自然资源利用：农田、林地、湿地、已退化土地、其他土地、渔业及水产用地	2. 污染防治——2.2 环境修复工程
		3. 资源节约与循环利用——3.1 节水及非常规水源利用
		6. 生态保护和适应气候变化——6.1 自然生态保护及旅游资源保护性开发
		6. 生态保护和适应气候变化——6.2 生态农牧渔业
		6. 生态保护和适应气候变化——6.3 林业开发
陆地及水域生态多样性保护：海洋、沿海及河流流域的环境保护	自然资源利用：湿地、沿岸基础设施	6. 生态保护和适应气候变化——6.1 自然生态保护及旅游资源保护性开发
清洁交通：电动、混合能源、公共、轨道、铁路、非机动、多式联运等交通工具类型、清洁能源汽车及减少有害排放的基础设施	交通运输：铁路（认证标准已获批建立）、车辆（认证标准已获批建立）、公共轨道交通（认证标准已获批建立）、快速公交系统（认证标准已获批建立）、水运、替代燃料基础设施信息技术与通信：宽带、远程会议	4. 清洁交通——除 4.5 清洁燃油外
可持续水资源及废水管理：可持续发展清洁水和 / 或饮用水基础设施、污水处理、可持续城市排水系统、河道治理以及其余形式的防洪措施	水：防洪设施（认证标准已获批建立）、导水基础设施（认证标准已获批建立）、水捕获与储存设施（认证标准已获批建立）、水处理（认证标准已获批建立）、相关能源及生产资产	2. 污染防治——2.1 污染防治
		3. 资源节约与循环利用——3.1 节水及非常规水源利用
		6. 生态保护和适应气候变化——6.4 灾害应急防控
气候变化适应：气候观测和预警系统等信息支持系统	无直接映射	6. 生态保护和适应气候变化——6.4 灾害应急防控
生态效益性和循环经济产品、生产技术及流程：具有生态标签或环保认证、资源高效包装和分销下的环境友好型产品开发与引进	废弃物和污染防治：产品回收及循环经济 工业与能源密集型商业：制造业、高效能工序、高能效产品、零售业及批发业、数据中心、捕捉流程工艺中的排放	3. 资源节约与循环利用——除 3.2 尾矿、伴生矿再开发及综合利用
		6. 生态保护和适应气候变化——6.2 生态农牧渔业（有机产品、绿色食品等）

续表

《绿色债券原则》（2017 版）	《气候债券标准》（V2.1 版）	《绿色债券支持项目目录》
绿色建筑：满足地区、国家或国际标准或认证的绿色建筑	低碳建筑：居民建筑（认证标准已获批建立）、商业建筑（认证标准已获批建立）、建筑升级（认证标准已获批建立）、改善建筑碳排放性能的产品	1. 节能——1.2 可持续建筑

资料来源：公开资料，中债资信整理。

由此可见，国内外绿色债券募投项目界定标准在一级目录层面具有很高的重合度，但由于国际绿色债券标准是全球性标准，未考虑中国在能源结构、社会发展阶段与政策推行方式上的特殊性，造成国内外绿色项目的界定标准有所不同。

3.4.2.2 国内外绿色项目界定标准的差异

● 对于煤炭等化石能源、核能等相关项目是否可被界定为绿色项目存在差异

《绿色债券原则》和《气候债券标准》均将化石能源使用及任何可能延长其使用生命周期的项目排除在绿色范畴之外。一方面是由于化石能源不可再生，相关项目不符合可持续发展要求；另一方面是由于化石燃料的燃烧将产生温室气体和其他污染物，不利于气候变化与污染防治目标的实现。例如，《气候债券标准》将燃气、燃煤、燃油等化石燃料供能项目、提高化石燃料能效的技改项目、化石燃料铁路运输项目排除在外。而我国绿色项目界定标准则对与化石能源相关（特别是与煤炭相关）的工业节能技改、煤炭清洁利用、铁路运输项目予以政策支持。这是国内外绿色项目界定标准的最显著差异，其主要归因于国内外能源结构的不同。目前，我国能源结构仍以煤炭为主。2016 年，中国能源消费总量中煤炭占比 61.83%，石油占比 18.95%，天然气占比 6.20%，其他能源（含核能、水能及可再生能源）占比 13.02%[①]。而美国能源消费总量中煤炭占比仅

---

① 《BP Statistical Review of World Energy》.

15.77%，石油占比 37.98%，天然气占比 31.52%，其他能源占比 14.73%。欧洲地区能源消费总量中煤炭占比 15.75%，石油占比 30.85%，天然气占比 32.33%，其他能源占比 21.07%。由此可见，欧美地区的能源消费结构中煤炭占比明显较低。但考虑到我国"富煤、贫油、少气"的能源禀赋现状，预计在未来相当长的时间内，我国以煤炭为主的能源结构不会发生根本性改变。支持煤炭清洁利用、清洁煤化工技术及节能技改仍将成为减少污染物及温室气体排放的有效途径，具有非常明显的边际效益。因此，我国将部分化石能源相关项目（特别是与煤炭相关的项目）列入绿色目录是符合国情的。

表 3-15　国内外与化石能源相关的认证标准对比

项目举例	《绿色债券支持项目目录》	《绿色债券原则》《气候债券标准》
燃煤火力发电机组装置和设施运营项目：容量不低于 300 兆瓦的超超临界或超临界热电（冷）联产机组和背压式供热机组（背压式供热机组无容量限制）	允许	禁止
与燃煤等化石燃料相关的，符合标准的"上大压小，等量替代"集中供热改造项目	允许	禁止
煤炭洗选加工，分质分级利用，以及采用便于污染物处理的煤气化等技术对传统煤炭消费利用方式进行替代的装置/设施运营项目	允许	禁止
运送煤炭等化石燃料的铁路运输项目	允许	禁止
建设、运营满足相关汽油/柴油生产工艺要求的高清洁性标准燃油生产装置/设施或既有汽油、柴油生产装置清洁性标准提升技术改造项目	允许	禁止
生产符合相关标准的汽油或柴油产品，以及抗爆剂、助燃剂等清洁燃油添加剂产品	允许	禁止
天然气燃料汽车	允许	禁止
开发、建设、运营聚光太阳能热发电设施/项目的后备燃气机组容量占比不得超过 15%	未明确要求	《气候债券标准》明确要求

资料来源：公开资料，中债资信整理。

● 对于污染防治、资源节约、农林项目的界定存在差异

国内外绿色项目界定标准均包含污染防治、资源节约与农林项目，但部分子项界定要求有所不同。对于以中国为代表的广大发展中国家，多数仍未完成工业化，环境污染和资源紧缺仍是发展过程中必须面对的问题，且农业生产仍是国家经济的重要支柱。因此，绿色项目界定标准更加关注污染治理、减排及其带来的积极环境效益、有机农产品的生产、尾矿与伴生矿的开发，从而实现资源的充分利用。然而，对于欧美发达国家，其已进入了后工业化时代，环境污染问题已基本得到解决，故污染防治的层次相对较高，更加侧重于应对和适应气候变化，标准对项目界定也提出了更严格的技术规范与要求。例如，对于填埋式垃圾处理及废物焚烧，国际标准不仅要求达到处置效果，更强调了能源的循环利用；又如，国际标准明确禁止在林业开发过程中砍伐树木与破坏泥炭生态，以强化自然系统对气候变化的适应能力。

表 3-16　国内外与污染防治、资源节约、农林项目相关的认证标准对比

项目举例	《绿色债券支持项目目录》	《绿色债券原则》《气候债券标准》
垃圾填埋项目应包含甲烷、硫化氢等气体捕捉工艺	未明确要求	《气候债券标准》明确要求
废物焚烧项目应包含能量捕捉（如余热利用）工艺	未明确要求	《气候债券标准》明确要求
以提高资源利用率为目的的矿产资源尾矿、伴生矿再开发利用项目	允许	未列入
在林业开发过程中砍伐树木	未明确禁止	《气候债券标准》禁止
在泥炭地上从事种植等农业活动	未明确禁止	《气候债券标准》禁止

资料来源：公开资料，中债资信整理。

● 对于交通运输项目的界定存在差异

国内外对于交通运输类项目的绿色认定标准基本一致，但国际标准将"非机动"项目纳入了绿色交通范畴（如自行车的应用），且更加强调宽带、

视频会议等替代方式，进而从根本上减少人们的出行需求。此外，国际标准提倡混合动力汽车的应用，而国内标准未对其进行明确说明。

表 3-17　国内外与交通运输相关的认证标准对比

项目举例	《绿色债券支持项目目录》	《绿色债券原则》《气候债券标准》
混合动力交通工具	未列入	允许
自行车及其部件生产	未列入	允许
城市自行车基础设施建设	未列入	允许
光纤电缆投资、以减少出行为目的的会议软件开发	未列入	允许

资料来源：公开资料，中债资信整理。

● 对于部分项目界定标准的细化程度存在差异

《绿色债券原则》（GBP）和《气候债券标准》（CBS）均为自愿性准则，是由市场主体自发形成的指导方针，其主导因素是投资者对于气候变化和环境问题的逐渐关注。投资者的责任投资意识是国际标准推行的重要力量。而《目录》和《指引》则是政策性准则，政策层是推动绿色项目界定标准实施的首要力量，具有鲜明的顶层设计特征。因此，国际标准未对绿色项目的具体技术指标作出严格规定。如 GBP、CBS 仅要求满足地区、国家或国际标准或认证，在技术标准的选用上不具有强制性。相比之下，我国绿色项目的界定标准则具有较强的导向性和实用性，以对项目的筛选作出具体指导，如对于燃煤火电机组最低容量、节能技改项目的行业标准、光伏发电项目运用的多晶硅组件（单晶硅组件、高倍聚光光伏组件、薄膜电池组件）的光电转化效率、衰减率均出具了明确的量化指标。我国绿色项目界定标准细化程度较高的主要目的在于充分挖掘政策的导向作用，同时避免资金流向过剩产能行业。

综上所述，对于绿色项目的界定标准不能一概而论，不同国家、地区因能源结构、社会发展阶段与政策推行方式不同，对于"绿色"的定义存在客观差异，但其目的却殊途同归，均以实现生态环境保护与改善、社会经济的可持续发展为共同目标。

3.4.2.3　我国绿色项目界定标准的发展趋势

我国绿色项目界定标准的发展应在适应中国国情的同时，逐步与世界接轨。在经济全球化的趋势下，世界资本市场的融合度不断提高，跨国发行债券已越发普遍。因此，为建立全球通用的绿色项目认证标准，大力推进绿色熊猫债的发行，我国应加强与国际机构就绿色项目界定标准的沟通和协调。例如，对煤炭等化石能源相关项目的适用范围或将有所调整。实际上，随着经济发展方式的逐步转型，我国能源结构虽仍以煤炭为主导，但其他可再生能源的消费占比已不断提升。2011—2015 年，我国原煤的消费比例由 70.2% 降至 64.0%。在可再生能源蓬勃发展的背景下，化石能源清洁利用类项目虽仍是减少环境污染、生态破坏及能源结构调整的必由之路，但此类项目是否可持续获得我国绿色融资支持，值得后续探讨。又如，作为农业大国，我国与农业生产相关的认证标准侧重于绿色食品和有机农产品的生产，但随着技术进步带来的生产效率提升，标准将更侧重于农业生产对气候变化的影响，明确限制在生态涵养区开发农田，进而避免对生态系统造成不可逆的破坏。总体上看，前述绿色项目界定标准的调整和修订并不会一蹴而就，应充分尊重中国的经济发展阶段和资源禀赋现状，循序渐进。同时，加强与国际标准制定机构的深层次交流与合作，也是推进国内外标准融合发展的重要方向。

我国绿色项目界定标准的发展将逐步从应对污染治理和改善环境，向全面应对气候变化和保护生态环境过渡，对污染防治类项目的要求将更为严格和完善。当前，我国污染防治类项目主要关注对废气、废水、废物的处理处置，避免污染物直排对环境造成污染，但对污染防治设施本身的有害排放与能量循环利用尚未提出明确要求。例如，污水处理厂的尾水即为典型的污染点源，后续是否妥善回用或排入的自然水体是否具有足够的环境承载力并未得到充分关注；又如，对于垃圾焚烧项目仅关注实际垃圾处理量与处理效果，而对焚烧余热的利用率与高危飞灰的处理并未提出明确要求；此外，对于污水处理项目缺乏对有机污泥的后续处置要求，未提倡充分挖掘污泥中潜在的生物能，以实现厂区能量的自循环。因此，随着我国基础设施总体水平和工业化水平的不断提高、污染防治压力的逐步缓解，我国绿色项目认证标准就污染防治项目的要求也将更加严格和完善。

此外，我国绿色项目界定标准应更充分、更及时地与国内各行业最新政策与技术标准相挂钩，确保认证标准与时俱进，反映行业政策的最新要求。目前，我国绿色项目界定标准广泛引用了各行业准则，例如，对于节能减排项目，产品能耗或工序能耗不得高于国家单位产品能源消耗限额标准先进值、新建工业建筑应达到《绿色工业建筑评价标准》（GB/T 50878—2013）二星及以上标准、生产符合国V汽油标准的汽油产品和符合国Ⅳ柴油标准的柴油产品等。因此，为保证绿色项目界定与行业技术升级同步，界定标准应定期更新所引用的技术文件，特别是针对技术工艺发展日新月异的工业节能类项目、化石能源清洁利用类项目，更应关注与节能减排相关的最新技术与政策文件要求〔如《关于推进供给侧结构性改革防范化解煤电产能过剩风险的意见》（发改能源〔2017〕1404号）、《常规燃煤发电机组单位产品能源消耗限额GB 21258—2017》等〕，从而保证以绿色项目为标的的绿色债券充分体现其绿色属性。

最后，在实际操作层面，随着标准的修订与更新，有必要对绿色债券目录或标准使用予以一定的解读或者释义（案例）指导。目前，我国某些行业的上下游并未全部处于绿色项目界定范围，较为常见的是设备制造阶段未被纳入绿色项目范畴，而建设运营阶段则被纳入（如多晶硅生产未被纳入绿色项目范畴，而光伏电站运营项目则属于绿色项目）。由于现行绿色项目界定标准未对此进行充分强调与解读，导致少数具有绿色债券发行意愿和需求的企业对绿色标准的理解不准确。部分发行主体虽处于环保类或环境友好型行业，但公司实际业务或产品并未符合绿色项目的界定要求。因此，未来随着标准的更新，有必要"自上而下"地进一步解读《绿色债券支持项目目录》提倡的项目范围，从而推动绿色债券市场的健康发展。

3.4.3　信息披露执行国内外对比

绿色债券是指将募集所得资金专门用于资助符合规定条件的绿色项目或为这些项目进行再融资的债券工具,其主要目的在于促进社会与生态环境的可持续发展。我国绿色债券市场经过 2016 年及 2017 年的快速发展,已成为全球绿色债券市场重要的增长点。截至目前,国内 2016 年度所发行绿色债券的存续期已陆续满一年,达到披露年度报告的要求,中债资信在收集以上资料、统计分析的基础之上,对国内绿色债券存续期信息披露的现状进行总结。

3.4.3.1　绿色债券信息披露的特点

绿色债券与普通债券相比,其募集资金投向的绿色项目能产生一定的生态环境效益,具有明显的环境正外部性,这是绿色债券区别于普通债券的特点之一,也是社会公众关注点之一。因此,绿色债券存续期的信息披露,相比于普通债券具有一定独特性,即除遵守一般的信息披露规则外,前者更加注重对募投项目拟产生环境效益方面内容的介绍,包括募投项目的简要说明、资金在多个募投项目之间的分配、新建项目的建设进度、定性或定量环境指标及在量化环境效益时所做的假设等。总而言之,绿色债券信息披露的目标之一,是确保募集资金更有效地支持绿色项目。

绿色债券信息披露环节中,信息获取方式是否便利、披露内容是否翔实、披露行为是否及时、环境效益估算方式是否科学合理,均关系到绿色债券在社会公众间的接受度和影响力,进而影响绿色债券市场未来的发展成熟。因此,信息披露对于绿色债券的未来发展至关重要。

3.4.3.2　国外绿色债券对于信息披露的管理要求

目前国外关于绿色债券的标准,主要有绿色债券准则(GBP)及气候债券标准(Climate Bond Standards,CBS)。二者均强调信息透明度在评估项目预期效果方面的独特价值,并将信息披露与报告列为标准的核心子要素,目标在于推动必要信息的分享,以便向具有一定生态环境效益的项目增加资本配置。

其中,GBP 与 CBS 关于信息披露的要求,具体如表 3-18 所示。

表 3-18　GBP 及 CBS 关于信息披露的要求总结

标准名称	披露频率	披露对象	披露内容	备注
GBP	每年更新，直至资金全部投放，并在发生重大事项时及时更新	市场参与者	◆配置绿色债券募集资金的项目清单； ◆项目简要说明、资金配置量及预期效果； ◆若由于保密协议、商业竞争或项目数量过多不便披露细节，建议以通用描述或组合形式披露	◆建议定性评价指标与定量指标相结合，并尽量使用定量指标（如装机规模、发电量、温室气体减排量、清洁能源使用人数、水资源节约量、汽车使用削减量等）； ◆鼓励披露定量分析中的方法论及假设
CBS	每年至少一次	向债券持有人、气候债券标准秘书处提供	◆募集资金投放（或再投放）的指定项目和资产清单； ◆项目内容简介及支付金额； ◆指定项目和资产预期的环境效益目标	◆环境效益目标方面，应使用定性绩效指标，尽量使用定量绩效指标； ◆应披露准备绩效指标和度量的方法及主要隐含假设； ◆资产细节受保密协议约束时，可按资产所属投资领域披露相关信息

资料来源：公开资料，中债资信整理。

从以上内容可以看出，GBP 与 CBS 均要求发行人至少按年度向特定对象披露相关信息，披露内容包括投放项目清单、项目简介、资金配置情况，并鼓励使用定性指标或定量指标制定产生的环境效益目标，以及披露定量分析时所采用的方法论及假设，方便市场参与者全方位地了解有关绿色债券的相关情况。

除 GBP、CBS 外，日本环境省及印度证券交易委员会（Securities Exchange Board of India，SEBI）也对绿色债券信息披露事宜分别作出了规定。

日本环境省要求[①]，绿色债券发行人每年至少进行一次信息披露，直到资金全部分配完毕，并在重大事项发生时及时更新。披露内容包括：（1）资金流向的绿色项目；（2）绿色项目的简单介绍（包括最新进展）；（3）绿色项目的资金分配；（4）预期环境效益；（5）闲散资金的相关信息

___
① Climate Bonds Initiative. Post-issuance Reporting in the Green Bond Market.

（预计分配至绿色项目时闲散资金的大概金额，或占资金总额的比例，以及直至分配前的管理方式）。在披露环境效益的相关信息时，应使用符合绿色项目特征的指标，可行时尽量采用定量指标，同时披露定量测算时使用的方法及假设。

而 SEBI 在相关指南中规定，绿色债券的发行人，应当在半年度报告及年度财务报告中披露以下信息：（1）募集资金的用途，并由发行人按照招股说明书或公告中披露的内部流程进行跟踪，募集资金用途应经外部审计报告核实，核实内容包括内部追踪方法，以及资金向项目或资产的分配情况；（2）闲散资金的管理细节。除此之外，在年度报告中还应披露以下信息：（1）募集资金流向的项目 / 资产清单及其简介、分配金额，如果信息细节受到项目 / 资产保密协议的限制，则至少应披露项目 / 资产所属的领域；（2）环境效益的定性描述以及可行时的定量描述，如果不能定量描述，则说明其原因；（3）环境效益测算时所采用的方法及潜在假设。

3.4.3.3　国内监管部门要求

目前，国内绿色债券主要的监督管理部门、自律管理部门，对于绿色债券的信息披露有基本的规定，包括信息披露的频率、渠道、披露的内容，以及对于第三方评估认证中关于信息披露的要求。总体上，各类型绿色债券均要求按时披露募集资金的使用情况。

表 3–19　国内监管部门关于绿色债券信息披露的要求总结

文件名称	信息披露频率要求	信息披露渠道要求	信息披露内容要求	第三方评估认证要求
《中国人民银行公告〔2015〕第 39 号》	季度	—	募集资金使用情况	申请时鼓励提交独立专业评估或认证机构出具的评估或认证意见；存续期内鼓励发行人按年度披露评估报告，对项目发展及其环境效益等实施持续跟踪评估
《中国证监会关于支持绿色债券发展的指导意见》	年度	—	募集资金使用情况、绿色产业项目进展情况、环境效益	申报期及存续期内，鼓励发行人提交由独立专业评估或认证机构出具评估意见或认证报告

续表

文件名称	信息披露频率要求	信息披露渠道要求	信息披露内容要求	第三方评估认证要求
《非金融企业绿色债务融资工具业务指引》	半年度	交易商协会认可的途径	募集资金使用和绿色项目进展情况	鼓励第三方认证机构出具评估意见并披露相关信息；鼓励披露债务融资工具绿色程度，并对项目发展及环境效益影响等实施跟踪评估

资料来源：公开资料，中债资信整理。

其中，以商业银行为主体发行的绿色金融债券，是中国绿债市场组成中的重要部分。根据中债资信统计，2017 年国内绿色金融债券发行规模占到绿债市场总发行额的 59.68%。做好绿色金融债券后续的信息披露，对于规范整个绿债市场的发展，提升绿色债券在环境保护事业中的影响力，有着重要意义。

绿色金融债券方面，2018 年 3 月，中国人民银行发布了《关于加强绿色金融债券存续期监督管理有关事宜的通知》（以下简称《通知》），提出加强对存续期绿色金融债券信息披露的监测评价，提高信息透明度，同时发布了《绿色金融债券存续期信息披露规范》及募集资金使用情况的季度报告模板、年度报告模板，中债资信对其主要规范要求进行了总结整理，具体如表 3-20 所示。《通知》还明确，存续期绿色金融债券信息披露的监督管理机构为中国人民银行，自律管理机构为交易商协会，并由交易商协会督促发行人做好存续期信息披露工作。

表 3-20　国内绿色金融债券存续期信息披露规范要求

报告类型	信息披露频率要求	信息披露内容要求	备注
募集资金使用情况季度报告	每年 4 月 30 日前、8 月 31 日前、10 月 31 日前披露本年度第一、第二、第三季度报告	◆报告期内新增绿色项目投放金额及数量； ◆已投放项目到期金额及数量； ◆报告期末投放项目余额及数量，并进行简要分析； ◆闲置资金的管理使用情况； ◆绿色金融债券支持企业或项目发生重大污染责任事故或其他环境违法事件等信息	—

报告类型	信息披露频率要求	信息披露内容要求	备注
募集资金使用情况年度报告	每年 4 月 30 日前披露上年度年度报告	◆报告期内新增绿色项目投放金额及数量； ◆已投放项目到期金额及数量； ◆报告期末投放项目余额及数量； ◆闲置资金的管理使用情况； ◆投放的绿色项目情况及预期或实际环境效益等； ◆典型绿色项目案例详细分析； ◆绿色金融债券支持企业或项目发生重大污染责任事故或其他环境违法事件等信息	◆鼓励披露环境效益的测算方法或评估机构； ◆鼓励以适当篇幅介绍自身发行绿色金融债券的愿景、目标及完成情况； ◆鼓励披露重点投向领域，或披露明确不参与的投资领域

资料来源：公开资料，中债资信整理。

可以看出，国内对于绿色金融债券信息披露的要求，与国外绿债市场的标准及指南相比，除部分吻合外，例如同样需披露募集资金投向的绿色产业项目、资金配置情况及预期环境效益等，也有不同之处，例如需在年度报告中，披露典型绿色项目案例详细分析，以及绿色金融债券支持企业或项目发生重大污染责任事故或其他环境违法事件等信息。

由于绿色金融债券拟投项目通常是一个资产池，池中含有多个属于不同行业、不同类型的项目，披露典型绿色项目案例，可以向投资者或其他关心环保事业的社会公众更全面地展示募集资金的使用情况，以及产生的环境效益，同时监督发行人在筛选绿色资产池时更加细致谨慎。同时，绿色项目如果在施工期或运营期操作不当，也有可能产生一定负面的生态环境影响，例如水电站建设可能影响上下游生态系统、污水处理或垃圾焚烧项目运营期内有害污染物可能超标排放，在报告中披露绿债支持企业或项目发生重大污染责任事故或其他环境违法事件等信息，有助于市场更全面地甄别绿色债券投向产生的环境影响，从而引导资金流向绿色级别更高的产业及项目。

● 小结

国内外标准、指南及规范均对绿色债券的信息披露做出了要求，但在内容细节上有所差异。国外标准、指南与国内规范均要求绿色债券在一定时限内，就募集资金的使用情况进行信息披露，但在披露内容的侧重点上存在部分差异。主要体现在，国外标准、指南侧重于募投项目简介、定量环境效益方面的披露，而国内较关注绿色项目进展情况的披露。中国人民银行《绿色金融债券存续期信息披露规范》的出台，对国内绿色金融债券的信息披露事宜做了进一步规范，该文件要求发行人除在年度报告中披露常规内容外，还增加了典型绿色项目案例详细分析，以及绿色金融债券支持企业或项目发生重大污染责任事故或其他环境违法事件等内容要求。总体来看，国内对于绿色金融债券信息披露的要求更加细致。

3.4.3.4　国内绿色债券信息披露的实践

2016 年是我国绿色债券市场的发展元年，截至 2017 年末，国内 2016 年度所发行绿色债券的存续期已陆续满一年，达到披露年度报告的要求。中债资信针对 2016 年国内发行的 48 只绿色债券（未包含绿色熊猫债 1 只），通过收集公开渠道获得的资料，对其信息披露的渠道、频率及内容等情况进行了统计和总结。

考虑到以商业银行为主体发行的绿色金融债与非金融企业发行的绿色债券在拟投项目上存在较大差异（前者拟投项目通常更加分散众多），由此带来信息披露的方式、内容明显不同，因此对二者分开总结，具体如下。

● 绿色金融债券存续期的信息披露

2016 年国内发行的绿色金融债券在 2017 年度的信息披露执行情况总结具体如表 3-21 所示。中债资信对其中部分信息披露内容，包括闲散资金投向情况、项目筛选流程情况、环境效益评估情况及投放典型案例情况，分别进行了统计，具体如图 3-12 所示。

从表 3-21 可以看出，2016 年所发行的绿色金融债券都进行了发行前认证，并在年度募集资金使用情况报告中，均披露了募集资金基本情况、使用情况及管理情况。但是，在其他具体的披露内容上，各只债项出现了差异。80.95% 的绿色债项披露了闲散资金投向，披露比例较高。52.38% 的绿色债项披露了环境效益评估情况，47.62% 的债项披露了对于绿色项目的筛选流程。此外，仅有 14.29% 的债项披露了典型投放案例等信息。

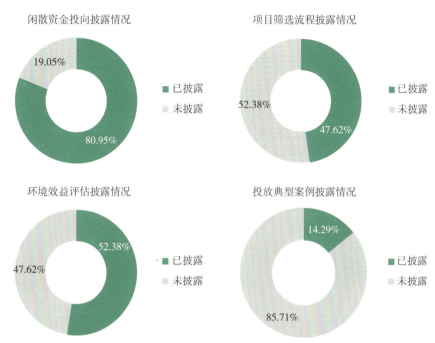

资料来源：公开资料，中债资信统计及整理。

图 3-12　国内 2016 年发行绿色金融债券信息披露情况统计

　　绿色金融债券跟踪认证方面，有 66.67% 的债项进行了存续期的第三方认证，总体情况较好，但仍有一定的进步空间。2017 年 10 月，中国人民银行、中国证券监督管理委员会联合发布的《绿色债券评估认证行为指引（暂行）》（以下简称《指引》）规定，"绿色金融债券存续期评估认证按照债券存续时间实行周期性认证，原则上应在债券存续时间每满一年之日起 4 个月内进行存续期评估认证"，将进一步推动市场做好绿色金融债券的跟踪认证。

　　● 非金融企业绿色债券存续期的信息披露

　　2016 年国内非金融企业发行的绿色债券中，涵盖了中期票据、公司债及企业债等品种，其 2017 年度的信息披露执行情况总结具体如表 3-22 所示。中债资信对其中部分信息披露内容，包括募集资金使用情况、资金投入项目情况（指募集资金在各绿色项目之间的分配明细）、项目建设进度情况及环境效益评估情况，分别进行了统计，如图 3-13 所示。

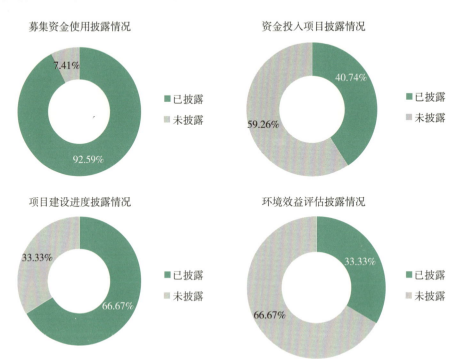

资料来源：公开资料，中债资信统计及整理。

图 3-13　2016 年发行的非金融企业绿色债券信息披露情况统计

从以上统计结果来看，根据非金融企业所发行绿色债券的品种不同，其信息披露的渠道、频率及内容均有所差异。

非金融企业绿色债券的使用情况，目前除绿色公司债"G16 嘉化 1"和绿色非公开定向债务融资工具"16 云能投 GN001"，各绿色债项均披露了资金的使用情况，占比达到了 92.59%；66.67% 的债项披露了绿色项目的进度情况；而对于有多个募投项目的绿色债项，关于资金在各绿色项目或不同用途之间的使用和分配明细，仅 40.74% 的债项进行了披露。

信息披露的频率方面，绿色债务融资工具的披露频率为半年度一次，个别债项（16 武汉地铁 GN002）的频率更高，按季度进行披露，表现值得肯定和鼓励；绿色企业债和公司债目前均按年度披露信息。信息披露的频率总体上均符合目前现行各类型绿色债券的基本要求。

环境效益评估方面，目前仅有 33.33% 的绿色债项披露了所产生环境效益的情况。募投绿色项目类型的不同，信息披露中所采用的技术指标也不同，但环境效益披露的详细程度尚未达到预期。一般而言，清洁能源项目披露指标包括装机规模、二氧化碳减排量及节约标煤量等，污染防治项目披露指标包括污水日处理能力、污水管网铺设长度、河道治理长度及固体废物处理能力等，清洁交通项目披露指标包括轨道交通建设长度、新能源汽车年度产能等，而资源节约与循环利用类项目则包括再生水日生产能力等。

对于非金融企业未进行充分的环境效益信息披露的绿色债项，其原因推测有以下可能：（1）募投项目尚处于筹建或试运营阶段，尚未产生真正的环境效益；（2）发行人尚不具备环境效益测算的技术能力，也未聘请外部评估机构测算；（3）发行人具备环境效益测算的技术能力，但未意识到环境效益信息披露的重要性及必要性；（4）测算数据未公开；（5）其他原因。相比金融企业募投绿色项目众多的情况，非金融企业的绿色项目通常非常明确和具体，项目的建设和运营的情况发行人更易于掌握。虽然绿色项目环境效益的测算和披露需要依赖一定的专业测算、监测或者评估，但发行人需要关注绿色项目的建设或运营情况有无达到预期。因而，非金融企业的环境效益披露和跟踪，均需要进一步加强和完善。

存续期的第三方评估认证方面，根据 2018 年 3 月已获取的信息，非金融企业 2016 年所发行的绿色债券中，仅绿色非公开定向债务融资工具"16 云能投 GN001"进行了跟踪认证。2017 年 10 月发布的《指引》规定，"非金融企业绿色债券存续期评估认证至少应按照项目存续状态，实行首次认证与更新认证相结合的方式。原则上，首次认证自债券存续时间满一年之日起 4 个月内进行，更新认证自己投资绿色项目发生更新之日起 4 个月内进行"，明确了其存续期评估认证的方式与时限要求。

● 小结

2016 年国内发行的绿色金融债券均披露了关于绿色债券募集资金的

使用情况，但在具体内容上仍有进一步完善的空间，预计未来信息披露将会更加翔实规范。国内 2016 年发行的绿色金融债的信息披露达到了基本要求，但对公众较关注的环境效益和项目筛选流程则未充分披露。对于典型绿色项目的案例介绍，也未引起绿色债券发行人的重视。随着中国人民银行《绿色金融债券存续期信息披露规范》的发布，对绿色金融债券信息披露的内容、格式作出了更具针对性和操作性的要求，预计国内绿色金融债券在信息披露上将更加翔实规范，更好地提升信息披露的透明度。

非金融企业绿色债券品种较多，单只债项之间的信息披露内容差异较大，预测未来将更加注重对市场关注环境效益的披露。2016 年国内非金融企业发行的绿色债券中，涵盖了中期票据、公司债及企业债等品种，在披露频率、内容及格式上均存在较大差异。考虑到非金融企业绿色债券的募投项目通常更加明确具体，且发行人一般就是绿色项目的投资方、建设及运营方，对绿色项目的了解更加充分，更需关注其建设或运营情况有无达到预期。随着国内绿色债券市场对信息披露的重视，预计发行人将更加注重对公众关注信息，例如资金项目分配、项目建设进度及量化环境效益等内容的披露。

3.4.3.5 信息披露工作的相关建议

综上所述，我国 2016 年所发行的绿色债券，在存续期的信息披露方面进行了一定的尝试与实践，总体上达到了基本要求，但未来仍然留给市场各方一定的完善空间。

发行人层面，可在结合监管要求的基础上，严格执行信息披露制度。发行人对于资金投向、项目进展等情况最为了解，承担着信息披露的业务，需要及时向市场披露募投项目进展、产生环境效益或影响的有关信息。严格高效的绿色债券信息披露实践，将有助于社会公众更好地了解发行人在保护环境等方面所作出的努力，帮助发行人建立社会责任感与荣誉感，提升其社会声誉。

投资人及社会公众方面，可持续关注募投绿色项目的进展及环境效益情况，提高自我甄别环境信息的能力。投资人作为绿色债券市场的重要参与方之一，和广大的社会公众一样，也是生态环境改善、人与自然和谐发展的受益方之一，有义务、也有动力去监督绿色债券信息披露的执行完备情况，构建资金流向真正具备优秀环境效益绿色项目的投资氛围，最终落实绿色发展的理念。

监管方层面，可根据当前的市场实践情况，加强制度引导性安排，督促发行人履行好披露义务。一方面，结合目前已有的政策规范，出台具备针对性、引导性的制度，例如参考绿色金融债券信息披露的有关规定，对非金融企业所发行绿色债券的信息披露提出相关要求。另一方面，加强对市场实践情况的督促，防止募投项目产生重大环境影响未及时披露，或披露的环境效益等内容不真实等情况的发生。

第三方评估认证层面，需要规范自我的认证行为，提高评估认证的质量，协助发行人做好信息披露的相关工作。绿色金融债方面，考虑到绿色金融债券的募投项目通常较为众多分散，其发行后的跟踪认证，对于规范资金使用、落实绿色效益，有着重要作用。非金融企业绿色债券方面，虽然监管制度未强制要求非金融企业发行人对绿色债券进行存续期认证，但借助第三方评估认证的专业力量，将有利于投资人及社会公众更好地了解募投绿色项目所产生的实际环境效益。第三方评估方需加强自身业务开展规范性方面的核查，并在评估报告中，加入发行人绿色信息披露和报告制度是否有效执行、绿色项目环境效益预期目标是否达到等内容，向市场披露更加真实客观的评估信息，协助发行人做好信息披露的相关工作。

绿色债券市场的健康发展，离不开市场各方共同的努力。随着我国绿色发展理念的深入人心，在做好信息披露工作的基础上，我国绿色债券市场的发展未来仍有较大空间。

表 3–21　国内 2016 年发行绿色金融债在 2017 年度的信息披露情况（按起息日期排序）

债券简称	披露渠道	披露频率	发行认证	跟踪认证	基本情况	使用情况	管理情况	闲散资金投向	项目筛选流程	环境效益评估	投放典型案例
16 兴业绿色金融债 01	中国债券信息网 中国货币网	季度	√	√	√	√	√	√	√	√	
16 浦发绿色金融债 01			√	√	√	√	√	√	√	√	√
16 青岛银行绿色金融 01			√		√	√	√	√	√	√	
16 青岛银行绿色金融 02			√		√	√	√	√	√	√	√
16 浦发绿色金融债 02			√		√	√	√	√	√	√	
16 江西银行绿色金融 01			√	√	√	√	√	√		√	
16 江西银行绿色金融 02			√	√	√	√	√	√			
16 浦发绿色金融债 03			√		√	√	√	√	√		√
16 兴业绿色金融债 02			√		√	√	√	√	√	√	
16 江西银行绿色金融 03			√	√	√	√	√	√		√	
16 江西银行绿色金融 04			√	√	√	√	√	√	√		
16 兴业绿色金融债 03			√		√	√	√	√	√		
16 交行绿色金融债 01			√		√	√	√	√	√		
16 交行绿色金融债 02			√		√	√	√	√	√	√	
16 青岛银行绿色金融 03			√	√	√	√	√	√	√	√	
16 青岛银行绿色金融 04			√	√	√	√	√	√	√		
16 进出绿色债 01			√	√	√	√	√	√	√		
16 乌市银行绿色金融债			√	√	√	√	√	√			
16 南通农商绿色金融债			√	√	√	√	√	√			
16 华兴银行绿色金融债			√	√	√	√	√				
16 农发绿债 22					√	√	√				

注：带有"√"标记表示该项已披露。其中，各列中除债券简称、披露渠道、披露频率、发行认证及跟踪认证外，其他列内容都是基于该只债项募集的《2016 年度募集资金使用情况报告》而总结。

资料来源：中国债券信息网，中国货币网，中债资信整理。

表 3-22　国内 2016 年非金融企业发行绿色债券在 2017 年度的信息披露情况
（按品种、起息日期排序）

债券简称	债券类型	披露渠道	披露频率	发行认证	跟踪认证	资金使用	资金明细	项目进展	环境效益
16 协合风电 MTN001	中期票据	中国货币网 上海清算所	半年度	√		√	√	√	
16 金风科技 GN001	中期票据	中国货币网 上海清算所	半年度	√		√	√	√	
16 金风科技 GN002	中期票据	中国货币网 上海清算所	半年度	√		√	√	√	
16 武汉地铁 GN002	中期票据	中国货币网 上海清算所	季度	√		√	√	√	
16 云能投 GN001*	中期票据	—	—	—	—	—	—	—	—
16 北轻水务 GN001	中期票据	中国货币网 上海清算所	半年度	√		√	√	√	
16 盾安 GN002	中期票据	中国货币网 上海清算所	半年度	√		√	√	√	
16 苏国信 GN003	中期票据	中国货币网 上海清算所	半年度	√		√		√	√
G16 嘉化 1**	公司债	上海证交所	—	√		√			
G16 能新 1	公司债	上海证交所	年度			√			
G16 北控 1	公司债	上海证交所	年度	√		√			
G16 节能 1	公司债	上海证交所	年度	√		√			√
G16 节能 2	公司债	上海证交所	年度	√		√	√	√	√
G16 三峡 1	公司债	上海证交所	年度	√		√	√	√	√
G16 三峡 2	公司债	上海证交所	年度	√		√	√	√	√

续表

债券简称	债券类型	披露渠道	披露频率	发行认证	跟踪认证	资金使用	资金明细	项目进展	环境效益
G16北电Y1	公司债	上海证交所	年度	√		√		√	√
G16唐新1	公司债	上海证交所	年度	√		√		√	√
G16节能3	公司债	上海证交所	年度	√		√		√	√
G16节能4	公司债	上海证交所	年度	√		√		√	√
G16唐新2	公司债	上海证交所	年度	√		√		√	
G16博天	公司债	上海证交所	年度	√		√	√	√	√
G16唐新3	公司债	上海证交所	年度	√		√		√	
16京苇绿色债01	企业债	中国债券信息网 上海证交所	年度	—		√			
16国网债01	企业债	中国债券信息网 上海证交所	年度	—		√			
16国网债02	企业债	中国债券信息网 上海证交所	年度	—		√			
16格林绿色债	企业债	中国债券信息网 深圳证交所	年度	—		√	√		
16清洁绿色债	企业债	中国债券信息网 深圳证交所	年度	—		√	√		

注：* "16云能投GN001"为非公开定向债务融资工具，公开资料未披露其债券信息，中债资信已为其出具发行前认证与跟踪评估认证；

** "G16嘉化1"只在募集说明书中公布了绿色债券认证的有关信息。

资料来源：中国债券信息网，中国货币网，上海清算所，上海证交所，深圳证交所，中债资信整理。

带有"√"标记表示该项已披露。其中，各列中除债券简称、债券类型、披露渠道、发行认证及跟踪认证以外，其他列内容都是基于该只债项披露的《2016年度募集资金用途说明》《2016年度债权受托管理报告》《2016年度债权代理事务报告》等总结。企业债由国家发展改革委审批，均无发行前认证。

3.4.4　募集资金管理国内外对比

绿色债券是指将募集资金专用于资助符合规定条件的绿色项目或为这些项目进行再融资的债券工具，旨在促进环境的可持续发展；简单而言，即是募集资金用途具有明确的"绿色"属性，是改善气候、保护环境相关的创新型融资工具。绿色债券的募集资金用途是否为绿色已有一系列的绿色债券界定标准予以规定和约束。而绿色债券存续期间是否妥善使用和管理募集资金、并保证资金用于支持绿色项目，亦成为市场自律规则或监管机构重点关注的方面。

国际绿色债券市场上，主要的规范性文件包括绿色债券原则（GBP）、气候债券标准（CBS）；国内绿色债券相关的政策文件，主要包括 39 号公告、《指引》《中国证监会关于支持绿色债券发展的指导意见》《非金融企业绿色债务融资工具业务指引》。在相关的文件或政策规范的具体规定中，就募集资金使用和管理方面，存在一定的异同。

绿色债券募集资金专项用于绿色项目，募集资金的使用规范除投放或支持的绿色项目必须符合界定标准要求外，资金的具体使用形式亦有不同的情形；而募集资金的日常管理则可分为募集资金追踪与闲置期资金管理两个主要部分，且均贯穿于债券存续期。

3.4.4.1　募集资金使用形式的对比

绿色债券募集资金支持绿色项目的形式，或者说绿色项目融资的形式，在各主要文件中的描述上存在一定的差异和侧重，具体如表 3-23 所示。整体上，GBP 和 CBS 对于募集资金的使用形式并未做过多的约束，基本属于支持项目的用途均被认可。同时，GBP 认可募集资金提供绿色项目的部分 / 全额的融资或再融资，而 CBS 特别注明了募集资金总额不得超过项目本身的投资总额或公允市场价值总和。结合国内实际的项目融资惯例，项目通常都有自有资本金的比例要求，通常在 20%~30%，包括绿色债券融资在内的融资渠道，通常不会覆盖项目的全部投资需求，因而国内的政策文件对此基本未提及。

表 3–23　国内外绿色债券募集资金使用形式的对比

序号	文件	募集资金的使用形式
国际	GBP	绿色项目提供部分/全额融资或再融资，包括与其相关的或支持性支出，例如研发费用等
	CBS	投放至指定的项目和资产，净募集资金不得超过指定项目和资产的投资总额或在债券发行时指定项目和资产的公允市场价值总和
国内	人行《39 号公告》	绿色产业项目贷款（即符合《绿色债券支持项目目录》的绿色信贷）
	《绿色公司债意见》	用于绿色产业项目的建设、运营、收购，或偿还绿色产业项目的银行贷款等债务
	《绿色债务融资工具指引》	绿色项目的建设、运营及补充配套流动资金，或偿还绿色贷款
	《绿色企业债指引》	用于绿色循环低碳发展项目；支持绿色债券发行主体利用债券资金优化债务结构。 在偿债保障措施完善的情况下，允许企业使用不超过 50% 的债券募集资金用于偿还银行贷款和补充营运资金。主体信用评级 AA+ 且运营情况较好的发行主体，可使用募集资金置换由在建绿色项目产生的高成本债务

资料来源：公开资料，中债资信整理。

　　GBP 在募集资金用途说明中，还单独列出了相关或支持性支出（如研发费用），这从一定程度上反映了 GBP 对于绿色项目全生命周期的支持。相比之下，国内的政策文件所关注的资金用途，仍限制在项目本身的层面。

　　在国内主要绿色债券品种的监管文件中，对募集资金的使用形式有了相对细致的说明和规定。总体上，国内的金融企业绿色债券用于支持金融企业的绿色信贷资产，非金融企业绿色债券募集资金则可用于项目建设和运营，以及偿还用于绿色项目的借款或债务。总体而言，国内绿色公司债和绿色债务融资工具在绿色债券的实践中，对于绿色项目的建设或运营相关的资金比例暂无具体的规定和要求，即未就可用于项目建设、偿还债务或配套绿色项目的运营补流作出详细的资金比例的约束和规定；绿色企业债则规定可以使用 50% 以下的募集资金用于偿还贷款或补充营运资金，绿色企业债更倾向于直接用于支持项目建设。

3.4.4.2　募集资金追踪管理的对比

前述国内外主要政策文件所提出的募集资金管理上各有异同，具体如表 3–24 所示。由于《绿色企业债指引》主要涉及绿色债券募集资金的投向及配套鼓励政策，未就日常募集资金追踪与闲置期资金管理作出具体说明和规定，但至少需比照一般企业债的管理和要求执行，本节暂不作列示。

表 3–24　绿色债券募集资金追踪管理的对比

内容	GBP	CBS	人行《39 号公告》	《绿色公司债意见》	《绿色债务融资工具指引》
账户管理	资金净额或等额资金应计入独立子账户、转入独立投资组合或由发行人通过其他适当途径进行跟踪，并经发行人内部正式程序确保用于与绿色相关的贷款和投资	募集资金应划拨至子账户，移至子投资组合，或由发行人通过恰当的方式进行追踪及归档；为指定项目资产的资金设立专项台账	开立专门账户或建立专项台账，对绿色金融债券募集资金的到账、拨付及资金回收加强管理	开立募集资金专项账户，对发行绿色公司债券所募集的资金进行专户管理，确保资金真正用于符合要求的绿色产业项目	设立募集资金监管账户，由资金监管机构对募集资金的到账、存储和划付实施管理，确保募集资金用于绿色项目
余额分配	存续期间，募集资金余额应当根据期间合格募投项目的情况进行跟踪和定期分配调整	存续期内，资金余额应当随着合格投资或贷款支付的进行而相应减少，减少的金额应与所进行支付的金额匹配	—	—	—
时间限制	无具体要求	债券发行后 24 个月内将资金投放至指定的项目和资产，在债券存续期间资金可再投放至任何其他指定项目资产	发行人应当在募集说明书承诺的时限内将募集资金用于绿色产业项目	无具体要求	无具体要求
变更用途	—	—	保证资金专款专用，在债券存续期内全部用于绿色产业项目	严禁名实不符，冒用、滥用绿色项目名义套用、挪用资金	存续期内，变更募集资金用途，至少于变更前五个工作日披露变更公告，变更后的用途仍应符合要求

续表

内容	GBP	CBS	人行《39号公告》	《绿色公司债意见》	《绿色债务融资工具指引》
账户监管	—	—	—	受托管理人应当勤勉尽责，对募集资金使用和专项账户管理情况进行持续督导	由资金监管机构对募集资金的到账、存储和划付实施管理
其他要求	建议引入审计师或第三方机构对绿色债券募集资金内部追踪方法和分配情况进行复核，为募集资金管理提供支持	专项台账可用于管理和说明资金投放至指定项目资产的过程，也可以评估净募集资金用于融资和再融资的比例	—	—	—

资料来源：公开资料，中债资信整理。

募集资金账户管理方面，GBP 要求发行人需建立独立子账户管理绿色债券募集资金；CBS 则要求发行人对募集资金管理可通过恰当的方式进行追踪及归档即可，也可为指定项目资产的资金设立专项台账。《中国人民银行公告〔2015〕第 39 号》的规定则综合考虑了两者的要求，要求发行人开立专门账户或建立专项台账，以跟踪募集资金的投向。国内绿色金融债的现阶段发行实践中，则主要以专项台账的管理为主。GBP 与人行《39 号公告》，均要求募集资金的使用需经过发行人内部合理程序审核通过方可，保证专款专用，资金投向为绿色相关贷款或绿色产业投资。

国内非金融企业绿色债券募集资金的追踪管理要求则很明确，即均需要开立专户。绿色债务融资工具和绿色公司债的相关规定均要求发行人在操作过程中应当指定专项账户，用于绿色债券募集资金的接收、存储、划转与本息偿付，均需要实现专户管理并可追踪。同时对于资金的监管单位，均提出了尽职管理的要求。国内非金融企业绿色债券的实践中，主承销商通常均承担起资金监管的主要责任。

募集资金管理时间限制方面，CBS 要求发行人通常应当在债券发行后 24 个月内将资金投放至指定的项目和资产，在债券存续期间资金可再投放至任何其他指定项目资产。人行《39 号公告》则规定，发行人应当在募集说明书承诺的时限内将募集资金用于绿色产业项目；国内绿色金融债的实践中，时限通常以 1 年内使用完募集资金为主流的选择。非金融企业绿色债券则未就此作出规定，这主要与非金融企业的用款时间计划和金额通常在发行阶段均已明确直接相关，募集资金到位通常直接用于相关的项目用款。

此外，GBP 和 CBS 要求募集资金的余额分配与资金实际的使用情况相匹配；国内的政策文件对此未做规定。而就资金变更用途的可能情况，国内政策文件均一致强调需保证专款专用；《绿色债务融资工具指引》专门明确规定，如有变更需提前披露，且必须满足绿色用途合乎要求；GBP 和 CBS 则未就此专门规定。此外，账户监管方面，《绿色公司债意见》和《绿色债务融资工具指引》均要求专户管理单位对资金的运用进行持续监督；GBP 和 CBS 则未就此有具体约定。

3.4.4.3　募集资金闲置期资金管理的对比

募集资金闲置期间的资金用途，国内外不同的政策文件，从不同角度对闲置募集资金的使用做了规定。

GBP 仅在总体使用上提出债券存续期间，募集资金余额应根据期间合格募投项目的情况进行跟踪和定期分配调整，同时通知投资者闲置资金去向。CBS 将资金闲置期的管理进一步细化，所追踪的闲置资金在进行合格投资或支付的过程中，剩余的闲置资金应当以现金或现金等价物暂时性投资工具的形式持有，执行财务职能；或以暂时性投资工具的形式持有，但不能投资于不符合低碳和气候适应型经济的碳密集型项目；或暂时用于减轻周期性负债，之后重新划拨给指定项目和资产的投资或债务偿付。

人行《39 号公告》则规定，发行人可以将募集资金投资于非金融企业发行的绿色债券以及具有良好信用等级和市场流动性的货币市场工具。这一点与 GBP 和 CBS 的要求有较大的差异，也更为严格。因而绿色金融债的发行人应当合理安排发行计划，准备足额充分的绿色项目资产池，并按照合理的时间进度，尽量保证募集资金充分应用于支持绿色信贷项目，尽量避免资金闲置。

表 3-25　绿色债券募集资金闲置期资金管理的对比

内容	GBP	CBS	人行《39 号公告》
闲置规定	发行人应当使投资者知悉闲置资金的临时投资方向	合格投资或支付的过程中，剩余的闲置资金： 1. 以现金或现金等价物形式持有，用于执行财务职能； 2. 以暂时性投资工具持有，但不能投向不符合低碳和气候适应型经济的碳密集型项目； 3. 暂时用于减轻周期性负债。	资金闲置期间，募集资金可投资于非金融企业发行的绿色债券以及具有良好信用等级和市场流动性的货币市场工具。

资料来源：公开资料，中债资信整理。

国内非金融企业绿色债券的政策文件规定中，则基本未就闲置资金的管理作出具体规范约束。结合国内绿色项目融资的实践情况，非金融企业的绿色项目通常已具体确定，建设或者运营资金的需求金额，以及用以偿还项目建设贷款的时间计划和金额通常均比较明确；而监管部门亦会在审核或注册环节，充分考虑发行人的绿色债券发行计划和绿色项目的匹配程度。因而理论上和实践中的实际情况表明，非金融企业的绿色债券融资通常可以充分匹配项目的资金需求和时间安排，发行后的闲置可能相对较小。

3.4.4.4　小结与展望

对比国内外关于绿色债券募集资金使用和管理方面的总体上异同点，可以看出国内绿色债券市场的管理和规范，在一定程度上借鉴了国际已有的成熟经验，同时亦结合了国内的实际情况，具体的规定和指导，更契合了国内绿色债券市场的实际需求。

GBP 和 CBS 属于一般性的绿色债券规范，所约定的管理相关的要求主要为通用性质的规定，这也与国际绿色债券市场自下而上的形成发展特点密切相关。国内绿色债券市场则属于自上而下的政策性市场，不同市场的绿色债券产品都已推出了适合本市场产品特点的相关规范。总体而言，适应了现阶段国内绿色债券市场的发展需要，而各类型绿色债券产品的蓬勃发展亦能充分佐证。随着更多发行主体加入市场实践，募集资金多元化用途的需求也在逐步出现，市场规范在保证绿色用途的前提下，如何规范和引导合理的用途需求，值得探讨和研究。同时资金的有效管理和追踪亦值得后续持续关注。

而对于绿色资产支持证券等产品，国内发行量不多，截至目前仅有18 只产品、共计发行额 247.90 亿元，约占境内绿色债券市场累计发行额的 5.5%，体量较小。目前尚未有专门的制度规范，募集资金管理的要求通常比照绿色金融债、绿色公司债或绿色债务工具的要求进行规范，对于基础资产和募投项目是否均为绿色、如何界定绿色用途的形式、如何规范资金的管理，尚有待完善和明确的空间。

总体而言，随着我国绿色债券市场的发展成熟，相关的配套管理政策亦将更为成熟和规范。同时贴合我国国情的管理经验，亦可以为国际绿色债券市场提供来自中国管理方案的参考。

3.4.5　绿色债券评估与认证的国内外对比

绿色债券评估认证，是指评估认证机构对债券是否符合绿色债券的相关要求，实施评估、审查或认证的程序，发表评估、审查或认证结论，并出具报告的过程和行为。当前，我国绿色债券市场处于快速发展的阶段，现已成长为世界绿色债券市场中的重要一环，而质量更高的绿色债券评估认证，能够履行募投项目绿色属性把关、为市场提供绿色债券项目有效环境效益信息评估的预期职能，助力绿色债券市场健康规范发展，构建人类社会与自然环境和谐发展的良好局面。经过前期的摸索与发展，国内外绿色债券市场评估认证均已积累了相应的经验，并形成了一定的评估认证机制。

3.4.5.1　国外绿色债券评估

国外绿色债券市场主要遵从绿色债券原则以及气候债券标准两大框架体系，因此，国外绿色债券评估业务也多围绕这两项体系而展开。

● 绿色债券原则

绿色债券原则（GBP）是一套自愿性流程指引，旨在为发行人发行绿色债券所涉及关键要素提供指引，为投资者评估绿色债券对环境产生的积极影响提供参考，从而促进债券市场为环境可持续发展项目的融资发挥更重要作用。

GBP 框架下，外部机构在介入绿色债券评估流程时，可采取多种形式，具体如表 3-26 所示。

表 3-26　GBP 框架下外部评估所采取的形式比较

评估形式	评估机构	评估对象	备注
顾问评估	具有环境可持续发展或其他与绿色债券发行相关方面经验的专家或机构	发行人绿色债券框架	"第二方意见"属于此类
验证	有资质的中介机构（如审计师机构）	发行人绿色债券相关框架或基础资产	侧重于比较发行人内部标准或对外声明与实际情况是否相符
认证	有资质的第三方认证机构	发行人绿色债券、相关框架或募集资金用途	评估依据为外部评价标准
评级	有资质的第三方（如专业研究机构或评级机构）	发行人绿色债券相关框架	

资料来源：《绿色债券原则》，中债资信整理。

GBP 有四大核心要素，即募集资金用途、项目评估和遴选流程、募集资金管理、信息披露。外部评估机构在评估债券是否符合 GBP 要求时，也需围绕这四个要素展开。评估机构评估的核心要素具体如下。

（1）募集资金用途

募集资金用途是绿色债券的核心子要素，GBP 明确了潜在及现有绿色项目的常见类型，包括：可再生能源（包括生产、传输、相关设施及产品）；污染预防及管控（包括污水处理、废气治理、温室气体减排、土壤修复、废弃物循环利用、高效或低排放废弃物、相关环境监测等）；生物、土地资源的环境可持续性管理（包括可持续发展型的农业、畜牧业、渔业及水产养殖业、林业等）；陆地与水域生态多样性保护（包括海洋、沿海及河流流域的环境保护）；清洁交通（例如电动、混动、公共交通、轨道交通、非机动等）；可持续水资源与废水管理（包括可持续发展清洁水和 / 或饮用水基础设施、可持续城市排水系统、河道治理及其余形式防洪设施等）；气候适应变化（包括气候观测和预警系统等信息支持系统）；生态效益性和循环经济产品、生产技术及流程；符合地区、国家或国际认可标准或认证的绿色建筑。

（2）项目评估和遴选流程

GBP 框架下，绿色债券发行人应向投资者阐明以下信息：绿色项目的环境可持续发展目标；判断项目是否满足上述绿色项目类别的评估流程；相关准入标准，以及黑名单标准和其他识别项目相关的潜在社会和环境风险的流程。

（3）募集资金管理

绿色债券募集资金净额或等额资金计入独立子账户，或其他适当途径追踪。绿色债券存续期间，募集资金的余额根据项目情况进行追踪和定期分配调整。外部评估机构，例如审计师或第三方机构可以对发行人绿色债券募集资金内部的追踪方法、分配情况进行复核。

（4）信息披露

发行人记录、保存，并在每年更新募集资金的使用信息，直至募集资金全部投放完毕，并在重大事项发生时及时更新。

外部评估既可以评估发行人与 GBP 相关的部分框架，也可以就其与以上 GBP 四大核心要素的符合情况进行全面评估。

可以看到，GBP 属于原则性的规范，只是明确了绿色债券需具备的核心要素和相关要求，发行人自愿独立采用和实施该框架，外部评估机构可以选择适合的评估方式、评估程序，具体的评估内容上也可以有所选择。

● 气候债券标准

气候债券标准（CBS）由气候债券倡议组织制定，该标准及认证机制旨在让投资者、政府部门及其他利益相关方优先考虑低碳和气候适应方面的投资，并对募集资金能够实现低碳和气候适应型经济保持信心。

根据《气候债券标准》及《气候债券标准和认证机制——评估机构指引》，CBS 认证分为两个独立阶段：即发行前认证与发行后认证，分别适用于债券发行前和发行后的认证。

（1）认证流程

①气候债券发行前认证

该流程主要针对债券发行人的内部流程进行评估和认证，包括项目和资产的筛选，追踪募集资金的内部流程和资金投放机制等。

与国内对绿色债券评估认证多采取鼓励态度不同，为获得气候债券认证，发行人必须聘用CBS认可的第三方评估机构，由该机构提供相应评估报告。该报告仅仅是评估机构就债券发行是否符合CBS发行前要求所出具的第三方意见，最终的气候债券认证由CBS委员会决定。

②气候债券发行后认证

债券募集资金投放期间，也需要对债券进行评估和认证，评估机构就债券是否符合CBS发行后要求提供合理或有限鉴证。CBS要求债券发行后认证必须在其发行后一年内进行，且至少进行一次发行后认证。

CBS框架下，在债券发行后和到期前，发行人必须向投资人和CBS委员会提供报告，且至少每年报告一次，报告的内容包括募投项目和资产清单、项目内容简介、支付金额，以及特定项目预期的环境效益等。只要发行人满足该信息披露的强制要求，则发行后认证在气候债券的整个存续期都有效。除此之外，发行人可以选择是否聘用评估机构进行周期性认证，确认气候债券继续满足所有的CBS发行后要求，周期性评估的频率由发行人自行决定。

（2）评估业务类型

发行人申请气候债券认证的，需聘用由CBS委员会认可的评估机构出具一份独立报告，以确定债券是否符合CBS的相关要求。根据气候债券认证流程的不同阶段，评估业务可以分为三类，具体如表3-27所示。

表3-27 气候债券评估业务类型及要求

评估业务		是否强制	最低评估水平要求	允许的其他评估类型
发行前	发行前评估	强制性	商定程序	有限鉴证业务、合理鉴证业务
发行后	发行后评估	强制性	有限鉴证业务	合理鉴证业务
	周期性评估	选择性	有限鉴证业务	合理鉴证业务

资料来源：《气候债券标准和认证机制——评估机构指引》，中债资信整理。

①合理鉴证业务

当进行合理鉴证业务时，评估机构需要对评估标的开展严格审查，并基于流程及从中获取的证据，正面得出标的是否在所有实质方面均符合业务标准的结论。在 CBS 下，合理鉴证业务需得出结论，即债券是否符合 CBS 的发行前要求或发行后要求。

鉴证流程依据为《国际鉴证业务标准 3000（ISAE 3000）：非金融或审计历史金融信息的鉴证业务》或同等鉴证业务标准，以此为基础，合理鉴证业务报告得出的结论分为四种：合理鉴证结论、有保留的合理鉴证结论、不利结论以及结论免责声明。

②有限鉴证业务

相对于合理鉴证业务，有限鉴证业务对标的的审查程度较低。评估机构在进行有限鉴证业务时，仅能基于鉴证流程及从中获取的证据得出结论，来说明是否发现存在任何事项，使其相信标的在实质方面存在错误陈述。在 CBS 下，有限鉴证业务需得出结论，即债券是否符合 CBS 的发行前要求或发行后要求。

与合理鉴证业务相同，有限鉴证业务流程的依据同样为《国际鉴证业务标准 3000（ISAE 3000）：非金融或审计历史金融信息的鉴证业务》或同等鉴证业务标准，其报告结论分为四种：有限鉴证结论、有保留的有限鉴证结论、不利结论以及结论免责声明。

③商定程序业务

商定程序业务模式下，评估机构将按照与发行人的合同约定，对鉴证标的中的某些元素开展审查，并出具一份事实发现报告，以测算债券是否符合 CBS 的相关要求，但并不出具鉴证结论或意见。

商定程序的执行，遵照《国际相关服务标准 4400（ISRS 4400）：对财务信息执行商定程序》。

● 小结

国外绿色债券评估业务多围绕 GBP 与 CBS 两大框架体系展开，两大体系下的评估业务皆关注募投绿色项目的筛选、募集资金的管理与追踪机制，以及信息披露机制等要素，并且都可以采取多种形式展开；同时也需注意，GBP 是一套自愿性流程指引，发行人自愿独立采用和实施该原则，评估认证结论由第三方提供，发行人根据自身需求、投资人约定或市场区域等因素自行选择评估机构；而 CBS 框架下，发行人为获得气候债券认证，必须由 CBS 认可的第三方评估机构提供相应评估报告，最终由 CBS 委员会决定是否通过认证，其有着明确的认证框架及流程。

3.4.5.2 国内绿色债券的评估认证

2015 年末以来，作为金融市场的新生事物，绿色债券的发行受到中国人民银行、发展改革委、证监会和交易商协会等相关部门出台的一系列政策的支持和引导，在项目适用范围、申请发行条件、信息披露条件、审批流程、项目募集资金用途等方面作出了明确规定，指导建立完善的绿色金融体系，并积极鼓励各方投资者参与绿色债券项目投资、开展国际间交流合作。

国内绿色债券评估认证业务随着绿色债券市场的发展而得到有力推广。截至 2018 年末，我国累计共发行 296 只绿色债券。其中，根据公开市场披露信息以及中债资信所获得的数据，获得第三方机构绿色评估认证的债券合计 204 只，占发行绿色债券数量的比重约 68.92%，高于世界平均约六成的水平；从发行规模上看，获得第三方评估认证的发行规模达到 5 039.17 亿元，占全部 6 323.63 亿元的总发行规模的约 79.69%，均高于世界平均水平。

国内政策层面鼓励引入第三方认证，以培育和壮大绿色债券市场，更好地服务建设生态文明社会的局面。因此，国内绿色债券的评估认证，也需要在相应政策规范指导下进行，中债资信对与国内绿色债券评估认证相关的政策进行了梳理，具体如表 3-28 所示。

表 3-28　国内绿色债券评估认证主要依据的政策梳理

政策事项	发布日期	发布单位	政策主要内容
中国人民银行公告〔2015〕第 39 号	2015/12/15	中国人民银行	绿色金融债券发行条件、流程；发布《绿色债券支持项目目录》；发行人需按季度披露资金使用情况；鼓励第三方评估认证及跟踪期评估认证

续表

政策事项	发布日期	发布单位	政策主要内容
绿色债券发行指引	2015/12/31	国家发展改革委	绿色企业债项目适用范围、支持重点；审核流程安排及政策安排
中国证监会关于支持绿色债券发展的指导意见	2017/03/02	中国证监会	首次对评估认证机构建设、业务规范和行业自律等方面提出明确要求；鼓励各市场主体及管理的产品投资绿色公司债券
非金融企业绿色债务融资工具业务指引	2017/03/22	中国银行间市场交易商协会	首次要求发行前披露项目环境效益；要求绿色评估认证机构的信息披露；首次鼓励第三方机构披露绿色程度；明确绿色债务融资工具可纳入绿色金融债券的投资范围；明确开辟绿色通道
绿色债券评估认证行为指引（暂行）	2017/10/26	中国人民银行、中国证监会	专门成立绿色债券标准委员会，统筹各机构的自律管理；强化行业监督，确认评估认证机构需要承担的责任；设置评估认证机构的准入门槛和资质要求；统一绿色评估认证业务流程的基本要求

资料来源：公开资料，中债资信整理。

其中，2017 年 10 月 26 日，中国人民银行、中国证监会联合公布了《绿色债券评估认证行为指引（暂行）》（以下简称《指引》），这是国内第一份专门针对绿色债券评估认证工作的规范性文件，对评估认证的内容、工作形式、存续期评估认证、评估结论等方面做了相应规定。《指引》所适用的绿色债券品种，涵盖绿色金融债券、绿色公司债券、绿色债务融资工具、绿色资产支持证券及其他绿色债券品种，对规范国内绿色债券评估认证业务有着重要意义。《指引》对于国内绿色债券评估认证业务提出具体的要求。

（1）评估认证内容

目前，国内对于绿色债券的评估认证也多集中在绿色债券募集资金使用、募集资金管理、信息披露、项目筛选、预期环境效益目标等各要素上。《指引》规定，绿色债券发行前评估认证的主要内容包括但不限于：拟投资的绿色项目是否合规；绿色项目筛选和决策制度是否完备；绿色债券募集资金管理制度是否完备；绿色信息披露和报告制度是否完备；绿色项目环境效益预期目标是否合理。

在绿色债券发行后，资金向募投项目分配完毕，则存续期评估认证的主要内容包括但不限于：已投资的绿色项目是否合规；绿色项目筛选和决策制度是否得到有效执行；绿色债券募集资金管理制度是否得到有效执行；绿色信息披露和报告制度是否得到有效执行；绿色项目环境效益预期目标是否达到。

（2）评估认证方式

具体的评估认证方式上，《指引》也做了相应说明。包括访谈发行人和项目方相关人员；观察发行人有关内部管理制度的运行情况；分析募集资金到账、拨付、收回与已投资项目之间的勾稽关系；向主管部门确认或查询项目合规性；实地勘察项目的真实性、实际运行及环境效益情况；验算项目环境效益等数学或工程计算结果。

（3）存续期评估认证频率

绿色债券在发行后，需要按照一定频率进行外部评估认证，及时向市场传达信息，更好地保证其绿色融资的属性。鉴于绿色金融债券与非金融企业绿色债券在募投项目上通常存在较大差异，前者资金投向一般更为分散，因此《指引》对其评估认证频率分别作出了规定。

对于绿色金融债券，存续期评估认证需按照债券存续时间进行周期性认证，原则上应在债券存续时间每满一年之日起4个月内进行存续期评估认证。

对于非金融企业绿色债券，存续期评估认证至少按照项目存续状态，实行首次认证与更新认证相结合的方式。首次认证原则上自债券存续时间满一年之日起4个月内进行，更新认证原则上自已投资绿色项目更新之日起4个月内进行。

（4）评估认证结论

评估认证机构对发行人出具的书面评估认证报告里，针对债券是否符合绿色债券的相关要求，其结论类型包括"符合""未发现不符""不符合"以及"无法发表结论"的免责声明。评估认证机构在有条件的情况下，可以在评估认证结论中披露债券的绿色程度，以更好地引导绿色债券募集资金流向具有更好环境效益的绿色项目。

国内绿色债券市场起步较晚，但发展较为迅速，绿色债券评估认证得到了政策的鼓励与支持，近年来在规范、引导市场过程中，发挥了自己的作用。与国外相比，国内绿色债券评估认证有相同之处，比如都注重评估绿色项目的筛选和决策、募集资金管理制度的完备性、信息披露制度的完备等，同时也具有自己的一定特色，比如在评估内容上，增加了对项目合规性、绿色项目环境效益目标的考量，兼有鉴证与评估的特点。

3.4.5.3 小结与展望

国外绿色债券评估业务多围绕 GBP 与 CBS 两大框架体系展开，两大体系下的评估业务皆关注募投绿色项目的筛选、募集资金的管理与追踪机制，以及信息披露机制等要素，并且都可以通过多种方式展开。鉴于国外绿色债券市场起步较早，其评估业务相对也较为成熟，为国内绿色债券评估认证提供了一定的借鉴与参考价值。

我国绿色债券市场尚处于快速发展阶段，其评估认证业务也在摸索期，现阶段绿色债券第三方认证仍然存在较大进步的空间，绿色债券的本质是绿色融资，以达到金融手段推动绿色发展的目的，这就决定了其评估认证的综合性、跨领域性和专业性，怎样保证募集资金真正投向绿色项目，怎样量化不同行业、不同性质的绿色项目环境效益且兼具可比性，怎样保证绿色项目达到预期环境效益，是未来绿色债券评估认证可以考虑改进的地方。未来，国内的绿色债券评估机构可以在实践中逐步建立科学严谨的评估认证方法体系，在评估中兼顾发行人相关制度完备性与募投项目绿色性，兼顾募投项目的环境效益与环境风险，为市场各方机构提供专业、全面的参考意见。

第4章
绿色评估

由于绿色金融支持的各行各业涉及诸多的部门领域，但凡符合典型的绿色范畴（如 GBP 和 CBS 所支持的范畴）或者符合政策标准的界定范围（如《绿色债券支持项目目录》和《绿色信贷指引》等），均可以成为绿色金融的支持对象。

包括绿色债券在内的绿色金融市场的发展，都离不开一个关注点，即通过绿色金融推动绿色项目、绿色产业的发展，究竟带来了怎样的绿色效果、产生了何种环境效益？这就涉及绿色评估的问题。

然而，不同行业所带来的绿色效益是迥然不同的，有些体现在节约能源或者节约资源方面，有些体现在减少污染物排放，有些体现在削减污染物、治理环境污染，有些体现在保护生态环境、修复环境方面，这就需要绿色评估予以确定。

特别地，在我国绿色债券市场的发行中，我国主要的监管部门均鼓励第三方评估认证机构出具意见，特别是对绿色债券的融资项目的环境效益能给出明确和定量的测算结果最为有实质性意义。而绿色信贷统计工作，也需要核算每年绿色信贷的节能减排效益。那么，不同行业究竟如何产生环境效益呢？产生哪些方面的环境效益？如何进行测算呢？

此外，绿色金融的相关从业人员，在面对不同企业是否有绿色项目可供绿色融资支持、不同行业是否符合绿色发展和转型升级方向等问题时，依然存在一定的困难。本章节通过绿色评估的工作、评估内容和环境绩效评价、典型行业的评估关注点等方面的阐述，以期给予读者更清晰的认识，进而了解绿色评估的关注点、理解为何绿色支持范畴内的产业项目是绿色的、如何产生明确的环境效益，以期更好地帮助绿色金融从业者。

4.1 绿色评估的主要工作

4.1.1 绿色评估思路及流程

绿色评估，主要是在选取若干评估指标、评估因素并进行考量的基础上，对评估主体是否符合相关主管部门政策要求以及项目环境效益的高低给出总体性结论。绿色评估可以有多种评估主体，如用途为符合相关绿色界定要求的债券（含资产支持证券）、信贷、基金、保险、企业、行业或产业等。不同评估主体之间的绿色评估，均需要关注受评估主体能否带来确切的生态环境效益，但又因为不同主体的运行管理模式的差异而具有不同的特点及要求。例如，针对企业主体的绿色评估，需特别关注企业生产经营过程中在环境管理和社会影响方面的表现、企业主要资产是否可以通过其业务运营直接带来环境效益；而针对典型的基于项目的绿色债券评估，则需重点考察募投项目的绿色属性；对于资产支持证券的绿色评估，则需同时关注支持资产池及募投资产池的绿色属性。

绿色债券评估作为绿色评估的一个重要方面，主要以绿色债券发行主体及拟投项目的相关属性为评估对象。目前国际国内主要的各评估机构，基本均是参考了绿色债券原则（GBP）对于绿色债券的四个核心关注点，即募集资金使用、项目评估和筛选流程、募集资金管理、报告。对四个核心关注点，国外及国内的不同评估机构通过自身的方法论设计与安排，设置不同的评估要素，通过合理的流程或测算，对绿色债券进行评估。

国际评级机构以穆迪为例，其对绿色债券的评估，主要选取募集资金用途、持续报告、职能组织、募集资金管理、募集资金使用的披露作为评估因素，评估权重分别设为40%、20%、15%、15%及10%，在对拟发行债券按以上因素和权重评估的基础上，最终给出绿色债券GB1（优）、GB2（很好）、GB3（好）、GB4（一般）及GB5（差）的评估结论。

国内绿色债券评估机构中，中债资信对绿色债券的评估认证，主要通过评估绿色债券在募集资金使用与管理、治理与制度的完备性、与国家产业政策匹配程度、持续信息披露与报告等方面综合表现，据此，中债资信设立了四个评估要素，即募集资金使用与管理、治理与制度、产业政策、信息披露与报告，综合评估绿色债项的环境绩效表现，然后再结合行业目录绿色等级上限，两者孰低综合确定绿色债券最终的绿色等级。具体评估思路如图 4-1 所示。

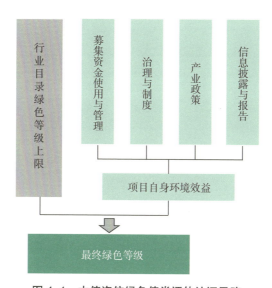

图 4-1　中债资信绿色债券评估认证思路

4.1.2　绿色评估方法

鉴于绿色评估可以针对多种主体，不同主体之间评估的思路及方法有所差异，但最终目标均是评估融资工具或企业主体所带来的正面环境效益，或者进一步评价这些环境效益表现在同行业内的表现水平。本部分主要以绿色债券评估为例，具体说明和诠释绿色评估方法。

绿色债券评估主要以债券发行主体制度完备性、募投项目绿色属性等为评估对象，而在选择具体的评估因素时，不同的市场主体关注点也略有不同（具体如表 4-1 所示）。总体上看，国内各主要市场机构的评估要素，均基于 GBP 的四个核心关注点；不同机构对评估要素有不同程度的分解展开或合并，也有机构设置了特别关注的要素。各机构均是参考和学习 GBP 原则，指导国内绿色债券的评估认证工作。

表4-1　国内主要的市场机构绿色债券评估所选取的评估因素

主要市场机构	机构属性	评估因素
中债资信评估有限责任公司	评级公司	募集资金使用与管理、治理及制度、产业政策、信息披露和报告
大公国际资信评估有限公司	评级公司	募集资金投向、募集资金使用与管理、信息披露、治理架构
北京东方金诚信用管理有限公司	评级公司	发行人绿色程度、项目绿色程度、绿色资金的绿色效益、募集资金使用和管理规范性、绿色信息披露透明度
上海新世纪资信评估投资服务有限公司	评级公司	募集资金用途、项目环境效益、发行人绿色项目投资机制、信息披露与报告
中诚信国际信用评级有限责任公司	评级公司	募集资金投向、募集资金使用、环境效益实现可能性、信息披露
联合赤道环境评价有限公司	环境咨询机构	项目绿色等级、募集资金使用与管理、项目评估筛选、信息披露
北京中财绿融咨询有限公司	环境咨询机构	项目适用性、环境效益及风险、资金运用、信息披露安排
毕马威华振会计师事务所	审计机构	资金使用及管理、项目评估及筛选、信息披露及报告
安永华明会计师事务所	审计机构	资金使用和管理、项目评估和筛选、信息披露和报告

资料来源：公开资料，中债资信整理。

中债资信对绿色债券的评估，主要从募集资金使用与管理、治理及制度、产业政策、信息披露和报告四个要素进行综合打分，来确定项目的自身环境效益。

4.1.2.1　募集资金使用与管理

募集资金使用与管理的有效性和规范性，可以保证募集资金真实有效地全部投向于绿色项目，并保证其最终实现环境效益。因此需要对绿色债券的募集资金使用与管理进行评估认证。本评估认证要素将从两个主要方面进行评价，即募集资金使用和管理的制度规范性，以及募集资金所产生的环境效益。一方面，发行人在项目运营管理过程中，可能会出现将绿色债券募集资金与其持有的其他资金混同在一起的风险，进而导致绿色债券募集资金最终流向"非绿"项目，因此需要对债券的募集资金使用制度的规范性进行评价。另一方面，募集资金的使用所带来的环境效益，这一维度是衡量债券"绿色程度"的重要指标。募集资金投放于具体绿色项目，项目的运行水平、项目采用的相关工艺或技术的先进程度、节能环保措施的完善程度、生态环境保护手段的完备程度，均是影响债券最终绿色程度的重要影响因素。

首先，中债资信评价募集资金使用和管理制度的规范性，主要关注发行人资金使用和管理制度的规范性，具体的操作程序包括中债资信主要通过访谈、审阅发行人相关募集资金管理使用制度等来识别募集资金隔离、跟踪、投资等环节风险。具体来看：（1）募集资金需要进行集中管理，建立专项台账，专款专用于绿色项目；（2）根据具体的项目类型设立对募集资金运用的跟踪机制；（3）在根据实际资金配置需求对原定计划投资进行调节方面，制定相对完善的临时投资操作的规范性流程和决策机制；（4）对于募集资金闲置期间的投资范围、期限等设置明确的资质规定和操作规范，比如发行绿色金融债券是否符合中国人民银行 39 号公告中对于募集资金闲置期间使用的规定；（5）发债主体是否定期组织内部审计或外部第三方对专项募集资金审计，且审计结果为正面。

其次，中债资信评估发行人募投项目使用募集资金所产生的环境效益，评估项目整体的绿色水平，并视项目的确定情况许可与否，具体核算项目产生的环境效益值（包括但不限于节约能源量、减少排污量、二氧化碳减排量、生态效益等）。具体而言，根据绿色债券在发行时募投项目是否为确定的项目，评估认证工作将有所差异。

如果发行人在发行绿色债券时已经明确具体的募投项目，我们主要对募投项目相关文件进行检查，并与国家监管部门及相关组织绿色债券目录进行比较，进而识别发行人绿色债券募投项目是否符合绿色项目的相关要求和标准，并对项目的环境效益进行评估测算。在评估中，将对具体项目的节能、环保、清洁生产、产品、工艺等环境效益进行评估。环境效益评估分为若干个子因素，根据具体行业的环境标准、清洁生产标准、国家产业政策目录等进行评价。该项要素的评价标准包括但不限于：（1）行业有标准的，按照具体标准对应分类进行评估；（2）行业有具体指标数值的，比如行业平均值、优秀值（先进值）等，按照具体数值的上下限区域进行评估，以及核算具体项目产生的实际节能减排量、生态效益等环境效益的绝对量值；（3）行业产品或工艺等有支持、限制和淘汰类目录明细的，按照具体明细进行区分评估。

如果发行人在发行绿色债券时尚未明确具体的募投项目，而只是制定了募投资金未来投资项目计划表或资产池，则我们主要关注：（1）发行人筛选绿色债券项目人员的专业性；（2）筛选标准的依据是否合理、筛选流程是否完备；（3）拟募投资产池各项目所属行业的绿色属性。在债券持续跟踪期，采取上文中"明确具体募投项目"的方法进行项目环境效益评估。

4.1.2.2　治理与制度

良好的治理与制度有助于发行人按照既定的绿色发展战略、项目决策程序、预期环境目标组织绿色债券的发行，确保经营决策和制度执行的合理性和规范性；而治理与制度的缺失可能会使经营决策的制定和执行缺乏科学性、规范性以及有效性，进而增加了绿色债券发行的"洗绿"风险。一般情况下，治理与制度结构越完善，发行人对于决策和审核流程以及其他规范性程序执行的监督机制越有效，越能降低绿色债券的组织和实施的道德风险。发行人治理与制度的完备性和规范性，可以保证绿色债券募投项目的顺利实施和良好运营，进而保证实现预期的环境效益。

中债资信对于绿色债券发行人治理与制度的评估认证主要关注以下方面：（1）发行人就绿色债券管理机制及整体战略框架制定的合理性，发行人是否制定了明确的绿色债券发展战略或者在其发展战略中是否有明确绿色发展目标，衡量项目的预期环境影响与整体绿色发展战略是否一致，能否达到整体设定的目标；了解发行人是否建立企业社会责任报告制度等；（2）组织结构、决策程序的规范性和严格性，发行人内部是否设置专门绿色债券部门或有专门人员负责相关绿色债券业务，绿色债券决策流程是否经过董事会或经营层决议，以确保、监督项目严格按照相关标准程序执行；（3）组织人员的专业性，发行人是否组织其员工进行绿色债券相关专业学习或培训，或者在必要时是否直接聘请经验丰富的内部或外部环境专家全程参与并提供技术支持；（4）绿色债券内控制度，管理层在绿色项目审批、资金管理及持续信息披露等方面是否建立适当的风险管理和内控体系，避免舞弊或出现重大错报。

4.1.2.3 产业政策

发行人投资建设或运行的项目所从属的行业，可能受到宏观经济产业政策在支持力度方面差异的影响，同时在未来的运营管理过程中，募集资金所投向的项目能否保持持续运行、进而持续产生有效的环境效益，与产业政策密切相关，因此需要对债券相关的产业政策进行评估认证。

中债资信对于绿色债券募投项目与产业政策相符程度的评估认证主要基于以下方面：（1）申请项目应符合国家及地方相关产业政策的规划要求；（2）主要关注行业规划与发展相关的指导类政策与文件、行业相关技术的规范类政策与文件、行业运行与管理类政策与文件；（3）关注行业主要相关政策变化的主要脉络和政策发展的延续性，评估与政策最新要求保持一致。

4.1.2.4 信息披露与报告

绿色债券发行时和发行后信息披露和报告，是监管部门和投资人了解绿色债券发行情况、发行后募集资金使用、绿色项目后续的投资进度、实际实现的环境效益是否符合国家监管部门及组织相关绿色债券发行规定的重要制度和途径，是保证市场各参与主体监督募投项目实际情况、确保项目持续产生环境效益的重要措施，因此需要对绿色债券的信息披露与报告进行认证。

对于绿色债券持续跟踪期，中债资信关注绿色债券发行后续的持续信息披露机制的完备性，信息披露的透明度、质量、频率等，其中：（1）披露内容应包括详尽的项目投资情况（绿色项目投资计划中对于项目资本金和融资比例设置、募集资金使用的合理性和规范性，包括项目投资进度、资金安排的合理性）、实际实现的环境效益指标以及量化指标的说明等，中债资信将对信息披露机制能否确保信息披露的质量和透明度进行认证；
（2）信息披露频率：绿色债券发行后的信息披露应该符合监管政策要求，
每季度或每年披露一次相关债券信息，债券存续期内需持续提交年度报告；
（3）发行人的信息披露（包括募集资金使用情况、项目投资情况、绿色
项目的实际环境影响等）应满足绿色债券跟踪认证要求。

4.1.3 小结

绿色评估的展开，主要围绕评估主体是否能够产生确定的环境效益
而展开，通过选取若干评估要素、评估指标，进行科学、客观的评价与考
量，对其是否符合绿色要求给出结论。以绿色债券评估为例说明，中债资
信选取募集资金使用与管理、治理及制度、产业政策、信息披露和报告等
四个要素进行综合打分，并结合项目所处行业目录绿色等级上限，得出项
目绿色等级的结论。同时，中债资信认为，不同行业项目具有不同的环境
效益，且环境效益可以以多种形式呈现，例如节能效益、污染防治效益、
资源节约效益、生态效益等。在对不同行业属性的项目或主体进行评估
时，需区别对待，针对不同的行业项目考量不同的环境效益，以便得出科
学客观的评估结论。同时还需注意，部分行业项目可能同时具备以上多种
生态环境效益，例如，市政污泥厌氧产沼发电项目同时具备污染防治、节
能及资源节约的效益。评估时可视具体情况区别处理，分别量化以上环境
效益。

4.2 典型环境效益的评估与环境绩效的评价

4.2.1 典型环境效益

募投项目产生的环境效益是决定绿色债券绿色属性的关键性因素，也
是绿色债券评估认证的核心内容。因此，需对募投项目所产生的环境效益
进行量化评估，此部分也对应中债资信绿色债券评估方法中"募集资金使
用管理"要素的评估内容。该要素的评估结论，可以向投资人及社会公众
提供募投项目环境效益方面的参考。

中债资信对于环境效益的评估，主要分为两个维度。第一，绿色债券

项目的节能减排等环境效益的绝对量值，体现募投项目对生态环境的直接贡献，也即市场中常见的节能减排效益等环境效益量值；第二，评估绿色项目在同类绿色项目中的表现水平，即评价其运行水平的优良中差，这需要选取并参考若干典型运行参数指标或标准，但限于绿色评估只是一个第三方的考核，无法对具体行业项目开展全方位的评价，中债资信通常就关乎项目表现的最关键的若干指标进行评判。

本小节，主要关注第一维度，即主要的环境效益的表现形式。第二维度，将在后续章节的专题研究中呈现。对于具体的环境效益方面，不同行业具有不同的环境效益，且环境效益可以以多种形式表现，例如节能效益、污染防治效益、资源节约效益、生态效益等。对具体行业、项目绿色属性及环境效益的评估，是绿色评估的核心组成部分之一。

4.2.1.1　节能效益

能源是人类生活、经济发展的重要物质基础，合理节约利用能源对于社会进步和可持续发展具有重要战略意义。同时，全球应对气候变化也进入新阶段，对传统行业进行节能化改造，高效使用能源，并开发使用清洁能源，如风能、水能、地热能等，既能符合当前的现实需求，也是减缓与适应气候变化的破局之道。

《绿色债券支持项目目录（2015 年版）》中，多类项目具有节能效益，例如节能类项目、清洁交通类项目及清洁能源类项目。具体来看，节能类项目包括了工业节能项目、节能技术改造项目、可持续建筑项目、能源管理中心项目、具有节能效益的城乡基础设施建设项目；清洁交通类项目包括铁路交通项目、城市轨道交通项目、城乡公路运输公共客运类项目、水路运输项目、清洁燃油项目、新能源汽车项目、交通领域互联网应用项目；清洁能源类项目包括了风力发电项目、太阳能光伏发电项目、智能电网及能源互联网项目、分布式能源项目、太阳能热利用项目、水力发电项目、其他新能源利用项目。

需要注意的是，清洁交通类项目与清洁能源类项目所产生的节能效益，除清洁燃油项目、分布式天然气项目外，主要是在替代传统化石燃料的过程中产生。而节能类项目所产生的节能效益，则多由高效利用能源而产生，一般需满足特定的条件，如工业节能项目产品能耗或工序能耗，需不超过单位产品能源消耗限额标准先进值，新建绿色建筑需满足绿色建筑二星级及以上标准。

由于我国当前能源结构中，煤炭占据主导地位，在量化计算绿色项目的节能效益时，也通常以节约标煤量计算。同时，由于节约标煤还能带来减排二氧化碳及二氧化硫、氮氧化物等有害污染物的环境效益。例如，燃气—蒸汽联合循环模式的发电厂，其能源利用率远高于常规燃煤电厂。通常燃煤电厂的热效率只能达到 35%~40%，百万千瓦级超超临界燃煤机组的热效率约为 45%~48%，而燃气轮机联合循环热效率一般均大于 50%。在计算燃气—蒸汽联合循环的节能效益时，可以按照在相同的供热量及供电量基础上，分别计算热电联产的折算耗煤量，以及热电分产与项目所替代关停的小锅炉、小热电的年耗煤量，二者相互比较得到节约标煤量值，即每年产生的节能效益。

除计算节能效益外，在评估项目的节能效率时，可根据项目特点，选取有针对性的评估指标。同样以燃气—蒸汽联合循环项目为例，在评估其节能减排绩效时，可选择其综合热效率、单位供热气耗、单位供电气耗等指标，与行业平均值、先进值等进行比较，得到评估结果。不同的节能类项目所选取的评估指标也有所不同。

4.2.1.2 污染减排效益

污染减排项目是当前国内常见的绿色项目种类。大气、水体、土壤等环境污染物的存在，对人体生命健康造成威胁，而污染减排项目通过一定的技术手段，控制和削减社会生活生产过程中排放的有害污染物，保护群众生命财产安全，从而具有一定绿色效益。

《目录》中，具有污染减排效益的项目主要是污染防治类项目，节能类项目因为节省了煤炭、石油等传统化石能源的使用，相应也具有一定大气污染物减排效益。污染防治项目具体包括大气污染物治理项目、水污染治理项目、城市生活垃圾等固体废物处理项目、环境修复项目、煤炭清洁利用项目等。

水污染治理项目方面，可以选择项目所控制或去除的污染物种类作为减排效益指标，例如水温、pH 值、悬浮物、化学需氧量、生物需氧量、氨氮、总氮、总磷等，部分项目可能具有削减特征污染物的功能，例如铅、汞等重金属以及油类污染物等。

大气污染治理项目方面，同样可以选择项目去除的大气污染物类别而作为减排效益指标，具体例如颗粒物、二氧化硫、氮氧化物、硫酸雾、氟化物等。评估时，根据项目实施前后所排放污染物的浓度对比值，量化其污染防治效益。

固体废物处理处置项目方面，可根据具体的工艺路线与处理处置手段，选择年处理生活垃圾量、年处理市政污泥量、年处理园林垃圾量、年处置危险废物量等指标，来评估其污染防治效益。

需注意的是，目前评估的项目多为综合性项目，可能同时具有大气污染物、水体污染物及固体污染源的去除效果，在评估时可结合实际情况分别选取以上指标予以量化核算。

4.2.1.3　资源节约效益

资源节约是构建循环经济、走可持续发展之路的必经之道。对资源的节约使用与循环利用，可减少对新材料、新资源的开发，降低资源的枯竭消耗速度，以及避免由此带来的生态破坏及环境污染问题。因此，资源节约也具有一定的环境效益。

《目录》中，主要是资源节约与循环利用类项目具有资源节约的效益。具体包括节水及非常规水源利用项目，尾矿、伴生矿再开发及综合利用项目，工业固废、废气、废液回收和资源化利用项目，再生资源回收加工及循环利用项目，机电产品再制造项目，生物质资源回收利用项目。除此以外，部分其他类项目也具有资源节约的效益，例如绿色建筑能产生节水节材的效益，水污染防治项目回用中水也能产生节水效益，固体废物处理处置项目通过废物资源化利用也能产生资源节约效益。

节水及非常规水源利用项目主要能产生水资源节约的效益。在评估时，可根据项目的具体工艺路线，量化计算工业节水改造、农业高效灌溉、城市供水管网改造、非常规水源利用（含海水淡化、苦咸水、微咸水、再生水和矿井水处理利用）、海绵城市运营每年所产生的节水量。

尾矿、伴生矿再开发及综合利用项目方面，可以回收利用尾矿、伴生矿中的有用矿物资源，提高资源利用率。矿山尾矿、伴生矿是一种含有微量或大量有用矿物的二次资源。近年来中国矿产开发利用与尾矿、伴生矿持续堆积一直呈高速增长状态，不但带来滑坡、塌方等地质灾害风险，及渗滤液污染地表水、地下水等环境风险，还占用了大量宝贵的土地资源，并造成其中矿物资源的流失。发展低品位矿产的回收利用技术，通过尾矿、伴生矿再开发及综合利用项目的建设运营，可以实现矿产的精细化开发，其资源节约效益可以通过年回收有用矿物量、替代矿产开挖量、节约土地面积等数据来量化体现。

工业固废、废气、废液回收和资源化利用项目方面，可以"变废为宝"，从废弃物中开发有用资源，实现其无害化、资源化。例如，赤泥是铝土矿提炼氧化铝过程中产生的废弃物，由于巨量的赤泥未得到充分利用，长期占有大量土地并造成土地碱化，污染地下水，是一种产量巨大、污染严重的工业固体废物；同时，赤泥也是一种有多种用途的原料资源，可以回收稀土成分、制备建材材料、燃煤脱硫、电炉炼钢，等等。工业固废、废气、废液回收和资源化利用项目所产生的资源节约效益，可以从开发利用废物量、资源产生量等方面来量化。

再生资源回收加工及循环利用项目方面，通过资源再生循环利用而产生节约效益。根据商务部《中国再生资源回收行业发展报告2018》，截至2017年底，我国废钢铁、废有色金属、废塑料、废轮胎、废纸、废弃电器电子产品、报废机动车、废旧纺织品、废玻璃、废电池十大类别的再生资源回收总量为2.82亿吨，同比增长11%，具体如表4–2所示。以上资源的再生利用，可以降低其原料的投入与消耗速度，产生资源节约效益，具体可按再生资源量、替代节约的原料量来进行核算。

表 4-2　2016—2017 年我国主要再生资源类别回收利用情况

序号	名称	单位	2016 年	2017 年	同比增长 %
1	废钢铁	万吨	15 130.0	17 391.0	14.9
	大型钢铁企业	万吨	9 010.0	14 791.0	64.2
	其他行业	万吨	6 120.0	2 600.0	−57.5
2	废有色金属	万吨	937.0	1 065.0	13.7
3	废塑料	万吨	1 878.0	1 693.0	−9.9
4	废纸	万吨	4 963.0	5 285.0	6.5
5	废轮胎	万吨	504.8	507.0	0.4
	翻新	万吨	28.8	27.0	−6.3
	再利用	万吨	476.0	480.0	0.8
6	废弃电器电子产品				
	数量	万台	16 055.0	16 370.0	2.0
	重量	万吨	366.0	373.5	2.1
7	报废机动车				
	数量	万辆	179.8	174.1	−3.2
	重量	万吨	491.6	453.6	−7.7
8	废旧纺织品	万吨	270.0	350.0	29.6
9	废玻璃	万吨	860.0	1 070.0	24.4
10	废电池（铅酸除外）	万吨	12.0	17.6	46.7
	合计（重量）	万吨	25 412.4	28 205.7	11.0

资料来源：商务部，中债资信整理。

　　机电产品再制造项目方面，主要以机电产品等废旧工业制成品为原料，在基本不改变产品形状和材质的情况下，运用高科技的清洗工艺、修复技术，或者利用新材料、新技术，进行专业化、批量化修复和改造，使得该产品在技术性能和安全质量等方面能够达到满足再次使用的标准要求。再制造能够回收在产品制造阶段添加到产品中的附加值，包括材料、费用、技术及劳动力等，可以达到最大化地利用废旧机电产品资源，从而为社会发展节约大量能源和材料[①]。机电产品再制造项目所产生的绿色效益，可以按其节约的原材料量、节能量等具体核算。

4.2.1.4 生态效益

保护生态环境、维持生态平衡是建设现代生态文明的重要组成部分。绿色项目所产生的生态效益，主要指人类在生产生活中遵循生态平衡规律，使自然界的生态系统对人类社会和环境条件产生的有益影响和有利效果。

在《目录》中，具有生态效益主要为生态保护和适应气候变化类项目，具体包括自然生态保护及旅游资源保护性开发项目、生态农牧渔业项目、林业开发项目、灾害应急防控项目等。

自然生态保护及旅游资源保护性开发项目方面，具体包括自然保护区建设工程、生态修复及植被保护工程，及以自然生态保护前提下的旅游资源开发建设运营项目。在评估其生态效益时，可针对项目特点，选择绿化面积、固碳量、保护珍稀动植物种类及数量等指标进行核算。

生态农牧渔业项目，包括农牧渔良种育繁推一体化项目、农牧渔业有机产品生产等项目，其产出品需满足一定标准，例如符合 GB/T 19630 中国有机产品国家标准等。生态农牧渔业项目的生态效益，主要体现在改良土壤质量、减少农药化肥使用、高效利用自然资源、防治水土流失、防治草原沙化、有机产品供给等方面，在评估其生态效益时，也可以从以上方面分别展开。

林业开发项目，指森林抚育经营、可持续的林业开发等类型项目，包括造林、林业良种繁育、种苗生产、林下种植、林下养殖等，不包括天然林商业采伐项目。该类项目的生态效益评估可以从植树绿化面积、育种株数、固碳量、防风固沙效果等方面体现。

灾害应急防控项目，包括灾害监测预警和应急系统、重要江河堤防及河道整治工程、水土流失治理、森林草原生态保护工程等。灾害应急防控

---

① 梁玉. 我国机电产品再制造现状与发展趋势 [J]. 机电工程技术，2009，38（3）：60-61+97+118-119.

项目的生态效益评估，可以根据项目特点，从项目实施前后灾害防控等级变化、退耕还林面积、水土流失控制面积等方面具体核算。

中债资信拟通过城市园林绿化项目生态效益的核算，来具体说明生态保护和适应气候变化类项目生态效益评估的方法。城市是人口高密区，它对绿色植物的需求，不仅给市民提供游憩空间、休闲场所，更重要的是起到美化环境、创造景观、改善城市环境、维持生态平衡的作用。从城市生态学角度看，城市园林绿化中一定量的绿色植物，既能维持和改善城市区域范围内的大气碳循环和氧平衡，又能调节城市的温度、湿度，净化空气、水体和土壤，还能促进城市通风、减少风害、降低噪音等。由此可见，城市园林绿化的生态效益是多方位的综合体现[①]。

（1）维持碳氧平衡

城市环境空气中的碳氧平衡，是在绿地与城市之间不断调整制氧与耗氧的基础上实现的。氧是生命系统的必需物质，其平衡能力的大小，对城市地区社会经济发展的可持续性具有潜在影响。通常情况下，大气中的二氧化碳含量为 0.03% 左右，氧气含量为 21%。随着中国城市人口的集中，工业生产所放出的废水、废气、燃烧烟尘和噪声也越来越多，相应氧气含量减少，二氧化碳增多。它不仅影响了环境质量，而且直接损害人们的身心健康。如果有足够的园林植物进行光合作用，吸收大量的二氧化碳，放出大量氧气，就会改善环境，促进城市生态良性循环。

（2）调节温度，缓解"热岛效应"

城市园林绿地中的树木在夏季能为树下游人阻挡直射阳光，并通过它本身的蒸腾和光合作用消耗许多热量。城市热岛是城市气候中的一个显著特征，其成因在于人类对原有自然下垫面的人为改造。以沙石、混凝土、砖瓦、沥青为主的建筑所构成的城市，工厂林立，人口拥挤，交通繁忙，人为热的释放量大大增加，加上通风条件较差，热量扩散较慢，且城市热岛强度随城市规模的扩大而加强。规模较大、布局合理的城市园林绿地系

① 刘兴华.城市园林绿地的生态效益 [J].基建优化，2007（4）：79-80.

统，可以在高温的建筑组群之间交错形成连续的低温地带，将集中型热岛缓解为多中心型热岛，起到良好的降温作用，使人感到舒适。

（3）调节湿度

树木的叶面具有蒸腾水分的作用，能使周围空气湿度增高。一般情况下，树林内空气湿度较空旷地高 7%~14%。在城市里种植大片树林，可以增加空气的湿度。通常大片绿地调节湿度的范围，可以达到绿地周围相当于树高 10~20 倍的距离，甚至扩大到半径 500 米的临近地区。人们感觉舒适的相对湿度为 30%~60%，而园林植物可通过叶片蒸发水分调节湿度。冬季，因绿地中的风速小，气流交换较弱，土壤和树木蒸发水分不易扩散，所以其相对湿度也高 10%~20%。空气湿度的增加，大大改善了城市小气候，使人们在生理上具有舒适感。

城市园林绿化生态效益的定量评价，既是客观阐明绿化在改善城市生态环境中作用的具体指标，又是用以检验城市绿地质量进而改进城市绿化的有效手段。具体评估过程中，可以细分乔木、灌木、草坪及花竹等不同绿化植物品种，分别对其吸收二氧化碳、释放氧气、蒸腾水量及吸热的能力进行定量测算，最后汇总得出项目改善城市生态环境效益的具体表现。

4.2.2　具体行业的评估

以下将通过若干行业的环境效益评估，展示不同的行业关注点的差异，以及典型的环境效益在不同行业中的体现。本书后续主要关注的行业，包括了：城市公共汽电车客运、铁路交通、海绵城市、城市综合管廊、纯电动汽车、城市轨道交通、再生铜、风力发电、生物质发电、分布式能源、绿色建筑、动力锂电池、燃料电池等。所涉及行业基本涵盖了节能、资源节约与循环利用、清洁交通、清洁能源等主要的方面，对于其他行业已有参考借鉴意义。

4.3　城市公共汽电车客运的发展现状及环境效益评估

城市公共汽电车客运是指在城市人民政府确定的区域内，运用符合国家有关标准和规定的公共汽电车车辆和城市公共汽电车客运服务设施，按照核准的线路、站点、时间和票价运营，为社会公众提供基本出行服务的活动。城市公共汽电车客运服务设施，是指保障城市公共汽电车客运服务的停车场、保养场、站务用房、候车亭、站台、站牌以及加油（气）站、电车触线网、整流站和电动公交车充电设施等相关设施。

以交通工具为依据，城市公共交通体系可分为轨道交通（含地铁、轻轨和有轨电车），公共汽电车客运、出租车等。相较于轨道交通而言，城市公共汽电车客运具有分布广、路网密度强、机动灵活等特点。相较于出租车①、个体交通而言，城市公共汽电车客运具有承载量大，节能减排和节约道路资源的环境和社会效益。

4.3.1　城市公共客运政策发展

4.3.1.1　公交优先理念及其发展

公交优先理念源于 20 世纪 70 年代的法国巴黎，是政府为改善由于私家车剧增造成的城市交通瘫痪局面提出的。随后英美等发达国家的城市交通也经历同样发展，即先发展小汽车，后控制小汽车，最终选择发展公共交通的路径。

自 20 世纪 80 年代开始，中国机动车保有量增长迅速，但城乡交通基础设施建设相对滞后，使得城市交通拥堵问题日益严重，增加了居民出行时间和成本。为此，2004 年以来建设部、国务院办公厅先后印发了系列文件，正式确立了"公交优先"发展的理念并从建设要求、财政补贴等方面提出了具体的要求。（1）确立公共交通在城市交通中的优先地位。建城〔2004〕38 号提出争取用五年左右的时间，基本确立公共交通在城市交通中的主体地位；国办发〔2005〕46 号提出，科学编制公共交通规划优化公共交通运营结构，保障公共交通的道路优先使用权。（2）加大城市公共交通的投入，建立低票价的补贴机制。建城〔2004〕38 号提出要建立规范的公共财政补贴制度，城建〔2006〕288 号明确对实行低票价造成的公共交

---

① 出租车由于通常搭载单一目的地的乘客或乘客群体，且单次搭载人数与私家车无显著差异，因此出租车的环境效益与个体交通类似，本文将出租车归类个体交通。

通企业政策性亏损，城市人民政府应给予补贴，按月或季度定期及时拨付到位，同时指出，城市公用事业附加费、基础设施配套费等政府性基金要用于城市交通建设，并向城市公共交通倾斜。（3）创新机制，突出城市公共交通的公益属性。国发〔2012〕64号指出把握科学发展原则、创新体制机制，并提出公共交通占机动化出行比例达到60%左右；还提出完善价格补贴机制和修订公共交通基础设施的建设标准等多项持续发展机制措施。

表 4-3　中国公交优先主要政策

政策名称	时间	主要内容
《建设部关于优先发展城市公共交通的意见》（建城〔2004〕38号）	2004年3月	划定公共交通基础设施用地的范围，保证城市公共交通设施发展的用地需求。建立公共财政补偿机制等
《关于优先发展城市公共交通的意见》（国办发〔2005〕46号）	2005年9月	要通过科学规划和建设，提高线网密度和站点覆盖率，优化运营结构，形成干支协调、结构合理、高效快捷并与城市规模、人口和经济发展相适应的公共交通系统
《关于优先发展城市公共交通若干经济政策的意见》（城建〔2006〕288号）	2006年12月	城市公共交通发展要纳入公共财政体系，建立健全城市公共交通投入、补贴和补偿机制，认真落实燃油补助及其他各项补贴、规范专项经济补偿
《关于城市优先发展公共交通的指导意见》（国发〔2012〕64号）	2012年12月	加快转变城市交通发展方式，将公共交通发展放在城市交通发展的首要位置，着力提升城市公共交通保障水平落实各种公共交通方式的功能分工，加强与个体机动化交通以及步行、自行车出行的协调

资料来源：公开资料，中债资信整理。

4.3.1.2　城乡交通一体化

城乡交通一体化是打破城乡二元结构，统筹城乡经济发展的重要手段。由于经济结构和历史发展水平等原因，我国城乡交通的衔接仍不完善，通达性仍不高。农村居民在公共交通票价，服务水平等方面与城市居民相比，存在不少差异。城乡交通一体化旨在缩小城乡差异，对城乡交通基础设施资源进行合理配置，以满足城乡交通需求，同时可适当转移大城市的部分交通功能，减轻大城市的发展压力，推动城镇化的发展水平。中央出台了多部相关政策文件，从新农村建设、城镇化建设、公共交通等多层次、多角度部署城乡交通一体化建设。（1）加快新农村建设，实现城乡基本公共服务均等化。2013 年中央一号文提出积极推进城乡公共资源均衡配置，继续推进农村乡镇客运站网建设。（2）稳步推进城乡交通运输一体化。《国家新型城镇化规划（2014—2020 年）》提出统筹城乡基础设施建设，加快城区基础设施和公共服务设施向城乡结合部地区延伸覆盖；《城市公共交通"十三五"发展纲要》提出建设资源共享、相互衔接、布局合理、方便快捷的城乡客运一体化服务网络，是推进城乡客运基本公共服务均等化的重要依托；《关于稳步推进城乡交通运输一体化提升公共服务水平的指导意见》提出加快推进城乡交通运输基础设施、客运服务一体化、城乡货运物流服务一体化建设。

表 4–4　中国城乡交通一体化主要政策

政策名称	时间	主要内容
《中共中央、国务院关于加快发展现代农业，进一步增强农村发展活力的若干意见》2013 年中央一号文	2013 年	按照提高水平、完善机制、逐步并轨的要求，大力推动社会事业发展和基础设施建设向农村倾斜，努力缩小城乡差距，加快实现城乡基本公共服务均等化
《国家新型城镇化规划（2014—2020 年）》中共中央、国务院	2014 年	统筹城乡基础设施建设，加快基础设施向农村延伸，强化城乡基础设施连接，推动水电路气等基础设施城乡联网、共建共享
《城市公共交通"十三五"发展纲要》交通运输部	2016 年	鼓励有条件的城市将公交线路向郊区或者全域延伸，提升城乡客运基本公共服务均等化水平
《关于稳步推进城乡交通运输一体化提升公共服务水平的指导意见》交通运输部、国家发展改革委、公安部、财政部、国土资源部等 11 个部门联合发布	2017 年	到 2020 年，城乡交通运输服务体系基本建立，城乡交通基础设施网络结构优化并有效衔接，公共服务水平显著提升，城乡交通运输一体化格局基本形成

资料来源：公开资料，中债资信整理。

● 低碳交通

低碳交通是一种理念，并非某种交通方式，低碳交通的发展不仅是交通基础建设，也涵盖了规划、运营、调度甚至出行者感受和理念等全部环节。落实低碳交通理念要求在满足交通需求的情况下，尽可能减少化石能源的消耗和碳排放。（1）明确低碳交通运输的意义，并提出公路、水路交通运输和城市客运的能耗及二氧化碳排放强度目标。交政法发〔2011〕

53 号指出交通运输业是国家应对气候变化工作部署中确定的以低碳排放为特征的三大产业体系之一，并从低碳交通基础设施如温拌沥青等低碳铺路技术、低碳交通运输装备如天然气动力城市公交车、天然气及混合动力营运车辆等，以及通过优化交通运输组织模式、建设智能交通工程、提供低碳交通公众信息服务等途径贯彻落实低碳交通建设。（2）交通基础设施建设的绿色循环低碳要求。国发〔2012〕64 号提出按照资源节约和环境保护的要求，以节能减排为重点，大力发展低碳、高效、大容量的城市公共交通系统，加快新技术、新能源、新装备的推广应用，倡导绿色出行；交政法发〔2013〕323 号提出强化交通基础设施建设的绿色循环低碳要求、加快节能环保交通运输装备应用、集约高效交通运输组织体系建设、交通运输科技创新与信息化发展和绿色循环低碳交通运输管理能力建设；国发〔2016〕61 号建设低碳交通运输体系提出了严格实施乘用车燃料消耗量限值标准，提高重型商用车燃料消耗量限值标准，研究新车碳排放标准，并倡导低碳生活方式。

表 4-5　低碳交通一体化主要政策

政策名称	时间	主要内容
关于印发《建设低碳交通运输体系指导意见》和《建设低碳交通运输体系试点工作方案》的通知（交政法发〔2011〕53 号）	2011 年 2 月	加快替代能源的推广应用加强交通运输碳排放管理；在试点城市推广使用天然气动力的城市公交车。
《关于城市优先发展公共交通的指导意见》（国发〔2012〕64 号）	2012 年 12 月	绿色低碳发展国际潮流，把低碳发展作为我国经济社会发展的重大战略和生态文明建设的重要途径，采取积极措施，有效控制温室气体排放。
《加快推进绿色循环低碳交通运输发展指导意见》（交政法发〔2013〕323 号）	2013 年 6 月	优化城市公共交通线路和站点设置，逐步提高站点覆盖率、车辆准点率和乘客换乘效率，改善公共交通通达性和便捷性，提升公交服务质量和满意度，增强公交吸引力。
《"十三五"控制温室气体排放工作方案》（国发〔2016〕61 号）	2016 年 10 月	到 2020 年，营运客车周转量二氧化碳排放比 2015 年下降 2.6%，城市公共客运单位客运量二氧化碳排放比 2015 年下降 12.5%。完善公交优先的城市交通运输体系，发展城市轨道交通、智能交通和慢行交通，鼓励绿色出行。

资料来源：公开资料，中债资信整理。

4.3.2　中国城市公共客运发展现状

4.3.2.1　公路交通的客运量

自公交出行的政策推行以来，中国公共交通汽电车的客运量增长显著。
2015 年，中国公共汽电车客运总量由 2002 年的 3 728 031 万人次上升至
8 454 295 万人次，人均城镇公共汽电车出行次数由 2002 年的 74 次，上升
至 2015 年的 110 人次。但是，随着轨道交通的建成与运营，对城市公共
客运的分流效应明显，自 2008 年起，公共汽电车客运总量占公共交通总
客运量的比例逐年下降，2015 年该比例为 83.4%。

资料来源：国家统计局，中债资信整理。

图 4-2　中国城市公路交通发展趋势

4.3.2.2　公共交通基础设施建设

城市道路面积、公共交通车辆数量和道路公交运营线路是城市公共
客运为城乡公共交通提供必要的基础设施。2010 年以来，中国投入运营
的城市公共交通线路显著增多，运营线路路网密度随之显著提高，城市人
均道路面积和每万人拥有公共交通车辆也逐渐增长，但近年来增速有所
放缓。

资料来源：国家统计局，中债资信整理。

图 4-3　中国城市公路交通发展趋势

从运营线路来看，2016 年末中国拥有公共汽电车运营线路 52 789 条，比上年增加 3 884 条，运营线路总长度 98.12 万公里，增加 8.69 万公里。其中，公交专用车道 9 777.8 公里，增加 1 208.7 公里；BRT 线路长度 3 433.5 公里，增加 352.3 公里。

4.3.2.3　交通运输设备排放

削减高排放车辆，提高排放标准，减少柴油车占比，增加新能源汽车，是减少污染物的重要途径。根据环保部《中国机动车环境管理年报（2017）》，2016 年，全国机动车排放污染物初步核算为 4 472.5 万吨，比 2015 年削减 1.3%。其中，一氧化碳（CO）3 419.3 万吨，碳氢化合物（HC）422.0 万吨，氮氧化物（NO_x）577.8 万吨，颗粒物（PM）53.4 万吨。按车型分类，全国货车排放的 NO_x 和 PM 明显高于客车，其中重型货车是主要贡献者；而客车 CO 和 HC 排放量则明显高于货车。

按排放标准分类，2016 年，全国机动车保有量中，按排放标准分类，国一前标准的汽车占 1.0%，国一标准的汽车占 5.4%，国二标准的汽车占 6.4%，国三标准的汽车占 24.3%，国四标准的汽车占 52.4%，国五及以上标准的汽车占 10.5%。国二及以前汽车保有量占 12.8%，但 CO、HC、NO_x、PM 排放占比分别达到 60.7%、60.6%、43.6%、67.1%。

从燃料分类看，柴油车是机动车污染物排放的主要来源，全国柴油车排放的 NO_x 接近汽车排放总量的 70%，PM 超过 90%；而汽油车 CO 和 HC 排放量则较高，CO 超过汽车排放总量的 80%，HC 超过 70%。2010 年以来我国客运车中柴油车和汽油车占比逐年减少，天然气车占比显著提高。2016 年末全国拥有公共汽电车 60.86 万辆，其中柴油车占全部公共汽电车的比例为 37.2%，天然气车占 30.5%，汽油车占 1.4%，混合动力车占 11.5%，纯电动车占 15.6%。

资料来源：交通运输部，中债资信整理。

图 4–4　2010—2016 年中国公共汽电车燃料分类构成变化

4.3.2.4　公共交通出行比例

公共交通出行比例是衡量公共交通运营水平的重要指标。国发〔2012〕64 号文提出公共交通占机动化出行比例达到 60% 左右，《国务院关于城市优先发展公共交通的指导意见》交运发〔2013〕368 号进一步明确了不同城市规模的公共交通定量指标规划，到 2020 年，市区人口 100 万以上的城市实现公共交通占机动化出行比例达到 60% 左右。

客运量通常受当地常住人口数量，经济发展水平、产业结构和公交基础设施完善程度、公交服务水平等多种因素影响而变动，但其中客运量结构的变化，可以反映某种交通方式当前服务水平相对于其他交通方式的比较优势。北京属于特大城市 ①，也是我国公交最早开始发展公交优先战略的城市，公共交通发展水平较高，具有较强的分析和借鉴意义。从各交通方式客运量结构来看，2015 年，全市城市公共客运共运送乘客 84.2 亿人次，其中公共电汽车运送乘客 40.6 亿人次，占比 48.22%，轨道交通完成客运量 33.2 亿人次，郊区客运完成客运量 4.5 亿人次，出租汽车完成客运量 5.9 亿人次，城乡道路客运量占比在 50% 以上。

从通勤出行公交分担机动化出行比例来看，2015 年中心城工作日日均出行总量为 2 729 万人次（不含步行），较 2015 年下降 4.4%，其中，通勤出行量为 1 810 万人次（不含步行），通勤出行占比较高。通勤行（不含步行）中，公共交通出行比例 50%，其中公共汽（电）车 25.0%，轨道交通 25.0%；小汽车出行比例 31.9%；出租车出行比例 3.6%；班车出行比例 1.9%；自行车出行比例 12.4%；其他出行比例为 0.2%。以此测算，2015 年北京市通勤出行公共交通占机动化出行比例约为 57.24%。

4.3.3　国际城市公共客运发展情况及案例

东京、巴黎、伦敦、新加坡、香港、首尔、哈尔滨、哥本哈根是世界闻名的八大"公交都市"。表 4–6 列举了 4 个世界闻名的公交都市交通方式分担率指标，可以看出，表中各区域的公共交通全方式出行分担比例在 39%~61%，公共交通机动化出行分担率在 40%~77% ②。单就公共汽车分担率来看，各区域之间差异很大。大伦敦区域 ③ 人口密度较低，范围较广，除去公共汽车的机动车分担比例很高；香港人口密度极高，平均出行距离

---

① 2014 年，国务院发布《关于调整城市规模划分标准的通知》，城区常住人口 500 万以上 1 000 万以下的城市为特大城市，北京、上海、武汉、成都、南京、佛山、东莞、西安、沈阳、杭州、哈尔滨、香港。

② 温旭丽，杨涛，凌小静. 国内外公交分担率现状及启示 [J]. 公路交通科技，2015（2）：251–254.

③ 大伦敦区域是英格兰下属的一级行政区划之一，范围大致包含英国首都伦敦与其周围的卫星城镇所组成的都会区，包含了伦敦市（City of London）与 32 个伦敦自治市（London Boroughs），共 33 个次级行政区，面积为 1 579 平方公里，2015 年常住人口 876.44 万人。

短但机动灵活的公共汽车出行分担率最高；而人口密度高且具备卫星城市 /
城市次中心特征东京都市圈和东京区部轨道交通分担率很高。4 个城市的
交通方式分担率差异反映了不同城市条件下公共交通发展的特点，以及各
城市公共交通发展水平，公共交通发展的可能途径以及发展空间。

表 4-6　不同城市交通方式分担率（2006 年）

单位：%

城市	轨道交通	公共汽车	出租车	除去公共汽车的机动车	非机动车	公共交通占机动化出行比例
大伦敦	21.80	17.60	0.60	57.60	2.40	40.37
中国香港	14.00	51.00	14.00	19.00	1.00	66.33
东京都市圈[①]	42.00	4.00	3.00	27.00	24.00	60.53
东京区部[②]	57.00	4.00	5.00	14.00	19.00	76.25

注：①以东京市区为中心，半径 80 公里，东京都、崎玉县、千叶县、神奈川县共同组成了东京都市圈，
总面积 1.34 万平方公里，占全国面积的 3.5%；人口 4 000 多万人，占全国人口的三分之一以上。
②日本东京都市中心地区的 23 个特别区，面积 623 平方千米，人口约 900 万。
资料来源：国内外公交分担率现状及启示，中债资信整理。

4.3.3.1　伦敦——交通系统智能化

英国公交系统将道路、驾驶员和车辆有机地结合在一起。一方面，英
国交通管理部门可以通过道路监控设施将道路交通及车辆行驶状况及时反
馈给公交车驾驶员，保证驾驶员及时获悉交通运行状况；另一方面，车站
电子显示屏上详细标有不同线路的公交车目前所在位置，预计到达车站时
间，乘客可以做到心中有数，避免盲目等车。道路规划保证公交优先。英
国城市市区内的道路主要分为两种：一种是 A 级路，即主干道；另一种是
B 级路，即次干道。在绝大部分 A 级路和小部分 B 级路上都设有公交车道。
伦敦不同地段的车流量不同，因此公交车道的运行时间也有所差异。

4.3.3.2　巴黎——大交通网管理

巴黎是世界文明的八大公交都市之一，公交优先的理念也是由巴黎首
次提出并实践的。巴黎大区是法兰西岛的俗称，是法国首都所在的行政区
域，面积 1.2 万平方公里，人口近 1 500 万。巴黎大地区以巴黎市为中心，

并由 5 个外围的新城构成了"多中心"的城市形态。

巴黎的公交系统主要由市内地铁、郊区地铁（也称郊区列车）和公共汽车组成，在巴黎及其周边地区织成一张庞大的交通网。巴黎轨道交通拥有百年以上历史，20 世纪六七十年代经历了小汽车浪潮，使得机动化出行爆发，对城市公共空间的侵蚀以及交通拥堵现象严重，在此背景下，公交优先战略被提出。巴黎的市域快线网（RER），即连接巴黎市区和近郊以及机场的近郊铁路孕育而生。在建设 RER 的同时，巴黎也致力于完善核心区的轨道交通线网结构，并重点发展了外围环形有轨电车线路，以串联环主城的节点。这三大公交系统由巴黎独立运输公司统一管理，车票价格根据区域不同而有所差别，但同一区域内的车票相互通用。

4.3.3.3　新加坡——统一规划，无缝公交

新加坡集国家、城市、岛屿于一身，是世界上人口密度最大的国家之一，公共交通满意度很高。新加坡陆路交通局多年来致力于发展综合化的公共交通系统，为居民带来便利高效的出行，2008 年出版的《新加坡陆路交通总体规划》中提出，到 2020 年早高峰公共交通出行比例提升至 70%，85% 以上的公交通勤者出行时间控制在 60 分钟以内，公交平均出行时间降低为小汽车出行的 1.5 倍[①]。其公共交通系统的突出特点为智能化，并且与城市规划紧密结合，公交站点设置和设施人性化，可最大限度地实现轨道交通和公共汽车以及出行者的无缝对接。公共交通体系与城市土地利用和功能规划紧密结合，通过高度集中规划，将城市中心及其外围的几个商住两用的次中心通过大运量的公交系统联系起来。尤其是轨道交通，以及巴士线道路网络的设计须使得公交站点及线路的设置为居民提供最好的公交选择，要求建设行人通行廊道，把房屋与临近的公交站点衔接在一起，并提供遮雨等防护设施，打造无缝的公交服务系统。此外，新加坡于 2009 年开始尝试实行巴士信号优先策略，在信号交叉口处给巴士车辆通行优

---

① 严亚丹，过秀成，孔哲，李岩. 新加坡城市综合公共交通系统 [J]. 现代城市研究 . 2012（4）：65–71.

先权。

4.3.4　城市公共客运环境效益提升途径

4.3.4.1　科学设计，以人为本，吸引客流，以提高区域公路运输分担率

在现有公交基础设施的前提下，提高客运量，不仅是对公共交通设施的有效利用，也是提高公路运输环境效益的重要途径。公共交通网由骨干交通、区域交通、接驳交通三方面组成，在中心城区，骨干交通先是轨道交通，其次是地面公交。从目前的交通工具使用情况看，对于轨道交通，要在已有条件及合理设计下加密轨道交通网络；但地面公交随着轨道交通发展后，很多线路与轨道交通重复，已经不适应实际情况，需要进行调整，尤其完善轨道交通未覆盖区域的线路及轨道交通站点周边的线路接驳，与轨道交通形成互利互补，进一步提高公共交通系统的便利性。

线路调整是不增加投资的条件下，提高客运量的主要方式，应根据城市交通系统与外部环境之间的交互作用进行调整。公交线路体系是城市重要的基础设施，与当地社会经济发展水平，居民和工业布局，人口地理分布、土地利用布局、城市综合管理水平、交通政策等多方面均有较强的作用与反作用机制，因此公路运输应结合地理学、区域学、城市学等多个学科，从城市系统的综合层面多维度出发，根据居民出行行为的多样化、梯度不同，科学合理地配置资源，因地制宜，建设多元化多层次，布局合理的公交交通建设体系。

从规划建设到运营服务，公路运输都应坚持以人为本，一体化的理念，建设更具人性化，科学合理的公交系统，合理控制发车频率，提高公路运输的可靠性，增加公交便利性和出行便捷性、舒适度，吸引居民出行选择公共交通，以提高居民公共交通出行比例，增加客运量。

4.3.4.2　鼓励新能源车，进一步降低能耗，提高排放标准

一般来说，交通运输业是碳排放的主要行业之一，中国也将交通运输业确定为国家应对气候变化工作部署中的以低碳排放为特征的三大产业体系之一。

根据世界资源研究所（World Resource Institute，WRI）数据[①]，2013年全球温室气体排放总量为 482.57 亿吨二氧化碳当量。其中，能源领域是最大的排放部门，占比达 73.61%，其次为农业排放，占比为 10.73%，工业生产、废弃物排放占比分别为 6.33% 和 3.12%，土地用途改变及林业造成的排放占比为 6.21%。同年中国温室气体排放总量为 109.76 亿吨二氧化碳当量，占全球排放量的 25.36%。

目前中国公共汽电车中纯电动车占比达到 15% 以上，但在役车辆能耗较高，排放标准整体看仍较低，少数低标准排放车辆却贡献了大部分的碳排放。进一步推广新能源公共汽车的使用，加快淘汰落后排放标准车辆将对节能减排起重要作用。

4.3.4.3　提倡公交优先，合理建设快速公交线路，多手段降低碳排放

由于近年来小汽车保有量持续增多，部分人口吸附能力较强的地区现有路网和交通管理水平难以快速适应，交通拥堵现象有所加剧。据高德地图《2016 年度中国主要城市交通分析报告》显示，2016 年全国约三分之一的城市通勤受拥堵影响，与 2015 年相比，32% 的城市拥堵在加重，主要分布在沿海和西部地区；36% 的城市拥堵与上年持平；32% 的城市拥堵有所缓解。

影响公共汽车油耗的因素众多，包括车辆行驶工况、燃油类型、环境压力与温度、发动机燃烧技术以及累计行驶里程与车龄等，其中行驶工况变化是影响油耗的关键因素，而交通条件又是影响行驶工况的主要因素。研究[②]表明，急剧加速显著增加碳排放量，并且高速区间的加速与匀速工况的碳排放量均显著高于经济速度区间，因此交通拥堵、交叉口多通常会致使公共汽车频繁起步停车或低速运行，使行驶速度脱离经济时速，从而增加公共汽车的碳排放。通过提倡公交优先，建设快速公交（Bus Rapid

---

① http://www.wri.org/resources/data-sets/cait-historical-emissions-data-countries-us-states-unfccc.

② 金辉，杨晓光，滕靖，马万经．通行条件对公共汽车碳排放的影响 [J]. 城市交通，2015（1）：66–71.

Transit，BRT）线路，保障公交在交通拥堵时获得更高等级的路权。例如，北京已经在三环路等多个城市主要干路设置早晚高峰的公交专用车道；BRT 线路自 2005 年在北京开通运营以后，在全国大中城市迅速推广，截至 2016 年末，BRT 线路占全国总线路的 0.34%，但贡献了 1.37% 的客运量。通过实行公交优先，建设更完善公共交通系统，提高公共交通出行体验等措施，提高公交系统的运行效率，并在城市交通中发挥更重大的作用，也可以进一步引导居民选择公交通勤及日常出行。

4.4　铁路交通的发展现状与环境效益评估

4.4.1　铁路交通的定义及其绿色属性

铁路交通是指利用铁路设施运送货物和旅客的一种交通方式，具有运量大、速度快、不易受恶劣气候条件影响等特点。然而，铁路交通初始投资规模大，轨道铺设受限于地形变化，难以进行跨海运输，在运用领域存在一定的局限性。

铁路交通承担着我国货运与客运的重要职责。货运方面，我国铁路运输的周转量虽不及水路与公路运输，但其具有跨区域动脉连接的作用，战略地位突出；客运方面，我国铁路运输的周转量在 2013 年前不及公路运输，但随着高铁的普及，自 2013 年起逐渐占据客运交通的主导地位。

铁路交通较其他交通方式，可更好地节约能耗并减少大气污染物的排放，具有良好的生态环境效益和绿色属性。节能方面，由于铁路运输具有显著的集约化特征，其单耗水平明显低于公路、航空、海运等其他运输途径。基于历史数据的研究表明，公路、航空、海运的平均综合单耗分别是铁路运输的 20 倍、80 倍与 3 倍[①]，铁路交通节能效果明显。减排方面，电力机车不涉及化石燃料的燃烧，其大气污染物的直接排放量为零；常规内燃机车虽有大气污染物的排放，但得益于规模化的输运方式，其单位货

---

① 周新军. 对铁路节能几个争议性问题的思考 [J]. 电力需求侧管理，2016，18（2）：36–39.

运周转量和客运周转量的污染物排放水平仍低于其他交通方式。

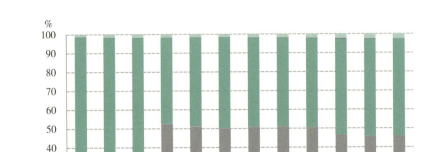

注：不同年度间数据的统计口径存在差异，同一交通方式对应货物周转量的横向可比性可能较弱。

资料来源：国家统计局，中债资信整理。

图 4-5　2005—2016 年货物周转量占比

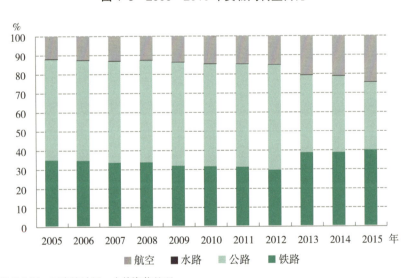

资料来源：国家统计局，中债资信整理。

图 4-6　2005—2015 年旅客周转量占比

4.4.2　我国相关的政策规划与发展现状

4.4.2.1　相关政策

我国铁路交通发展的相关政策主要包括法规制度、标准规范与发展规划三大类。我国立法及其他权力机关先后发布《中华人民共和国铁路法》《铁路安全管理条例》及相关技术政策与管理规程，以搭建我国铁路交通的政策框架。除上述法规制度外，国家每年还分批发布铁路技术标准、工程造价标准、工程建设标准等标准规范，对原有标准进行更新或细化，使铁路的标准化建设更加符合现代铁路的运输要求及安全目标。此外，为了更加明确铁路发展的方向，我国先后出台三版《中长期铁路网规划》，作为指导铁路交通发展的总方针。

4.4.2.2　发展规划

我国的铁路交通建设以国家制定的规划为蓝本。自 2004 年起至今，我国共发布了三版《中长期铁路网规划》，作为指导铁路交通发展的总方针。

为适应全面建设小康社会的要求，充分发挥铁路在经济发展中的支撑作用，国务院于 2004 年 1 月批准了《中长期铁路网规划》，预计到 2020 年，全国铁路网规模将超过 12 万公里，主要繁忙干线实现客货分线，复线率和电化率分别达到 50% 和 60% 以上。

2008 年 10 月，国家发展改革委组织修订了《中长期铁路网规划（2008 年调整）》，要求加快铁路发展方式转变，并将截至 2010 年末的短期建设目标由 8.5 万公里调整为 9 万公里。

2016 年 7 月，为应对"新常态"下经济发展的新规律，国家发展改革委会同交通运输部、中国铁路总公司联合发布了第三版《中长期铁路网规划》，将截至 2020 年的铁路网规模增加至 15 万公里，其中包括高速铁路 3 万公里，覆盖 80% 以上的大城市。同时预测至 2025 年，我国铁路网规模将达 17.5 万公里，其中包括高速铁路 3.8 万公里。第三版《中长期铁路网规划》更加鲜明地区分了高速铁路和普速铁路的发展方向。

4.4.2.3　发展现状

从投资规模来看，"十一五"期间，我国铁路固定资产投资年均增长率约为 46%；"十二五"期间，虽然受 2011 年"7·23 甬温线特别重大铁路交通事故"影响，导致当年铁路建设明显放缓，但期间铁路固定资产投资总规模仍高达 3.5 万亿元，超出规划 3.3 万亿元约 6 个百分点，铁路投资规模略超预期。2016 年，我国铁路固定资产投资规模萎缩，全年投资额同比下降 2.7 个百分点至 8 015 亿元，这主要是由于铁路货运量低迷、普通客车逐渐被动车组取代而导致对牵引机车的采购量下降所致。

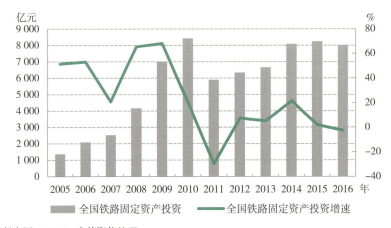

资料来源：Wind，中债资信整理。

图 4-7　2005—2016 年固定资产投资

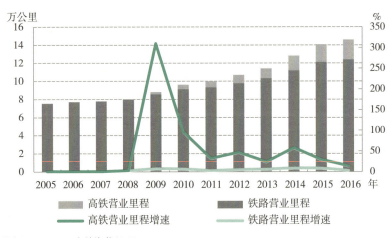

资料来源：Wind，中债资信整理。

图 4-8　2005—2016 年营业里程及增速

从营业里程来看，我国铁路营业里程持续增长，截至 2016 年末已达 12.40 万公里。其中，高铁营业里程在经历了"从无到有"的高速增长后，近年来增长曲线逐渐下探。2016 年增速降至 10.90%，累计营业里程达 2.2 万公里，里程数仍居世界第一位。我国铁路的实际营业里程略高于对应期间的规划值，但基本保持一致。

从铁路密度来看，我国铁路密度随着新建铁路的投运而逐步上升。截至 2016 年末，我国按照国土面积计算的铁路密度为 129.17 公里 / 万平方公里，在数值上低于美国、日本、德国等发达国家水平。但考虑到我国幅员辽阔、广大西部地区铁路建设受人口与城市分布、地理和地形条件等影响较为明显，东西部地区铁路密度存在较大差异。

从技术程度来看，复线铁路拥有两条或两条以上正线，可提高交通量并减少速度冲突。近年来，我国复线铁路营业里程稳步增长，截至 2016 年末，复线铁路比例已超过 50%；电气化铁路可供电力机车运行，其运输能力远超非电气化铁路。我国电气化铁路的发展趋势与复线铁路相似，营业里程逐年上升，截至 2016 年末，我国电气化铁路里程已达 8 万公里，占总里程的比例为 65%。

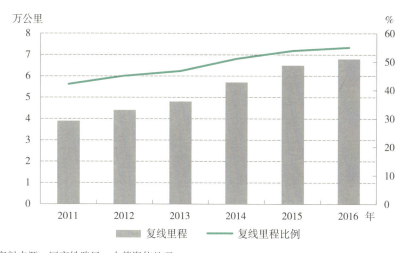

资料来源：国家铁路局，中债资信整理。

图 4-9　2011—2016 年铁路复线里程

资料来源：国家铁路局，中债资信整理。

图 4-10　2011—2016 年铁路电气化里程

4.4.2.4　环境效益与环境影响

从环境效益的角度看，铁路交通相比其他形式的交通运输方式，在环境效益表现方面有其独特的优势。货运方面，可以运输较大规模的大宗货物，在重要运输通道上实现重载化运输，则可进一步提高运输效率，减少单位货运周转量的资源与能源消耗；客运方面，可以实现站点到站点的大通量的旅客运输，尤其是高速铁路的每小时旅客运输能力是高速公路和民用航空等运输方式的 4~6 倍[①]。因此从实现货运周转与旅客周转的角度，同样的周转量，铁路运输方式的能源消耗和污染物排放，显著低于公路运输等其他运输方式，可更好地节约能耗并减少大气污染物的排放。尤其是电气化铁路实现了全部电力牵引，实现了无直接大气污染物和二氧化碳排放的运输，减排效果更好。即便对于普通铁路或者普通内燃机车而言，常规内燃机车使用柴油为燃料，虽然仍有大气污染物的排放，但得益于规模化的运输方式，其单位货运周转量和客运周转量的污染物排放水平仍低于

---

① 周新军. 中国铁路能效提升的路径选择与机制创新 [J]. 中外能源，2016，21（10）：1-11.

其他交通方式。

从环境影响及可持续发展的角度看，铁路运输的环境影响主要体现在噪声与震动、生态功能区割裂、地质属性改变三大问题。噪声与震动是铁路运输最常见的问题。铁路噪声包括信号噪声、机车噪声和轮轨噪声三种，并以高速动车组列车运行的轮轨噪声最为突出。铁路的修建容易造成生态功能区的割裂，可能会对荒漠生态系统及农田生态系统造成破坏，改变动物的迁徙路径，影响生物多样性，从而导致生态系统的破碎化程度加剧。此外，铁路运输线可能穿越山区或林区，开山隧道的修建与表面植被的移除将改变区域地质结构，导致水土流失或引发更为严重的滑坡隐患。

4.4.3　铁路交通与绿色债券

铁路交通建设资金量大，投资回收期长，对包括债券在内的各种类型的融资均有迫切的需求。随着我国铁路电气化水平的提高，铁路交通在节能减排、生态保护等方面的效益日臻显著。因此，在国内外绿色债券支持项目类别中，铁路交通占有一席之地。

绿色债券是指募集资金主要用于支持绿色产业项目的债券。围绕对绿色项目理解与认知的不同，国内外形成了不同的认证标准及框架。

4.4.3.1　铁路交通与国际绿色债券

目前，国际上较为通用的绿色债券认证标准主要为绿色债券准则（GBP）及气候债券标准（CBS），两者的支持项目类别里都有与铁路交通理念相匹配的领域。

GBP 体系下，支持项目类型中有一大项为清洁交通项目[1]，具体包括电力交通、混合动力交通、公共交通、铁路交通、非机动多模式交通及与之配套的基础设施、可减少有害气体排放的清洁能源车辆等，铁路交通归属于这一范畴。

CBS 体系下，其支持的项目中有一大类为低碳陆地交通项目[2]，具体

---

[1] Green Bond Principles，updated as of June 2017.

[2] Climate Bonds Standard，Version2.1, 2017.

包括公共交通、以电力／混合动力／可替代能源驱动的货物运输工具、专用的货运铁路线及配套的基础设施等，铁路交通在 CBS 体系中的适用性更加明确。

4.4.3.2 铁路交通与国内绿色债券

目前，国内金融债、公司债与非金融企业绿色债务融资工具均参考绿金委编制的《目录》，企业债主要参考国家发展改革委的《指引》。

《目录》将铁路交通列为绿色债券支持的项目类别，但《指引》中未将铁路交通项目明确纳入支持项目范围。

表 4-7 国内外绿色债券与铁路交通相关的绿色产业项目界定与分类

	一级目录	二级目录	制定单位
GBP	清洁交通项目	电力交通、混合动力交通、公共交通、铁路交通、非机动多模式交通及与之配套的基础设施、可减少有害气体排放的清洁能源车辆项目	International Capital Market Association
CBS	低碳陆地交通项目	公共交通、以电力／混合动力／可替代能源驱动的货物运输工具、专用的货运铁路线及配套的基础设施	Climate Bonds Initiative
《目录》	清洁交通项目	铁路线路及场站、专用供电变电站等设施建设运营（含技术升级改造项目）	绿金委
《指引》	未明确纳入	未明确纳入	国家发展改革委

资料来源：公开资料，中债资信整理。

虽然不同标准对铁路交通项目绿色属性的界定有所差别，但铁路交通项目，特别是以电力驱动的铁路交通项目，作为一种规模化和集约化的交通方式，具有良好的生态环境效益与绿色属性，可以作为绿色债券的标的项目。绿色债券在发行前和发行后，往往需对标的项目产生的生态环境效益进行量化评估，以更好地满足绿色偏好投资人的鉴别需求。因此，中债资信在总结已有研究成果的基础上，制定铁路交通类项目的生态环境效益评估框架。

4.4.4 项目生态环境效益评估框架

4.4.4.1 研究现状

由于铁路交通项目具有集约化特征，其首要生态环境效益体现在节能方面。目前，监管部门及科研机构已就铁路交通项目的节能减排效果开展了研究，对下文环境效益评估方法与框架的构建具有一定的参考作用。

国家铁路局每年发布的《铁路年度统计公报》将铁路交通的节能指标设定为运输工作量综合单耗、运输工作量主营综合单耗；将减排指标设定为化学需氧量排放量（主要针对运营过程中产生的废水）、二氧化硫排放量（主要针对内燃机车等非电力驱动机车），并将沿线绿化带长度作为评价铁路交通生态环境效益的参考。具体而言，节能方面，2016 年国家铁路运输工作量综合单耗为 4.71 吨标准煤 / 百万换算吨公里，与上年持平；运输工作量主营综合单耗为 4.15 吨标准煤 / 百万换算吨公里，较上年增长 2.0%。减排方面，国家铁路 2016 年化学需氧量排放量 1 965 吨，较上年减排 41 吨，降低 2.0%。二氧化硫排放量 23 924 吨，较上年减排 3 851 吨，降低 13.9%，减排效果明显。此外，2016 年国家铁路绿化里程达 4.57 万公里，同比增长 2.7%。

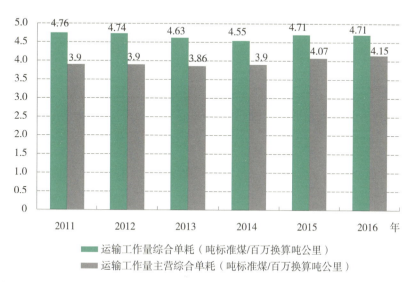

资料来源：Wind，中债资信整理。

图 4-11　2011—2016 年国家铁路节能指标

资料来源：Wind，中债资信整理。

图 4-12　2011—2016 年国家铁路减排指标

　　国内对铁路交通项目的生态环境效益的研究表明，铁路的能耗主要来源于克服机械或空气阻力带来的能耗、由于牵引系统低效率而损失的能耗、为使乘客舒适而产生的能耗、从变电所到接触网之间的能源损失四部分。其中，与列车运行速度相关的克服空气阻力的能耗占总能耗的比例接近 90%[①]。我国国有铁路综合单耗近年来虽略有上升，但较其他交通工具仍处于低水平。除《铁路年度统计公报》采用的节能指标外，能源消费弹性系数（能耗总量增长率/运输工作量增长率）也是衡量铁路节能效果的常用指标[②]。

　　铁路交通项目产生的污染物排放主要包括运营废水和固体废弃物及非电力机车燃烧化石燃料所产生的二氧化硫、氮氧化物等大气污染物。运营废水和固体废弃物的产生难以避免，主要与旅客和货物运输中的人员活动密切关联，但其对项目减排效益的影响相对较小；大气污染物的排放与铁

---

① 崔力心. 国外高速铁路节能减排影响因素分析 [J]. 铁道运输与经济，2010（4）：17-19.
② 周新军. 铁路节能环保效应评价体系研究 [J]. 铁道工程学报，2012（1）：94-99.

路项目的电气化程度、线路上行驶的列车类别密切相关。目前，我国铁路的电气化率接近 65%，随着电气化水平的不断提高，铁路项目的减排效果越发明显。

4.4.4.2 评估因素与指标

基于上述对铁路交通项目的研究成果，中债资信将从节能效果、减排效果、潜在环境影响三方面对项目的生态环境效益进行综合评估。拟建立的铁路交通项目生态环境效益评估框架如表 4-8 所示。

表 4-8 铁路交通项目生态环境效益评估框架

序号	评估方向	评价指标	评价依据
1	节能效果	单位周转量能耗 项目运行总能耗	取值越低时，节能效果越好
2	减排效果	单位客运（货运）周转量二氧化碳排放量 单位客运（货运）周转量氮氧化物（二氧化硫）排放量 二氧化碳排放总量 氮氧化物（二氧化硫）排放总量	排放量取值越低时，减排效果越好； 若对比其他交通运输方式测算减排量时，则减排量越大，减排效果越好
3	潜在环境影响	新增绿化带等效宽度 化学需氧量排放量	新增绿化带等效宽度越大，潜在环境影响越正面； 如铁路线路需穿越自然资源保护区、山区、林区或需移除大量植被，潜在环境影响越负面； 化学需氧排放量越小，潜在环境影响越正面

（1）节能效果

铁路交通项目的节能效果可通过总量指标和强度指标衡量。总量指标可反映铁路项目运输能量总消耗，强度指标通过单位运输工作量能耗测算项目的节能表现。单位运输工作量又可分为单位货运工作量（以吨公里表示）和单位客运工作量（以人公里表示），并将各类型能耗折算为吨标准煤。采用单位周转量能耗水平作为评价铁路交通项目节能效果的定量指标，用以评价铁路项目本身的节能表现。单位周转量能耗水平越低，则表明铁路项目的运行更优秀。

吨公里标准煤耗（货运）和人公里标准煤耗（客运）的测算中，对应不同能源折算系数的取值采用《综合能耗计算通则》（GB/T 2589—2008）中的推荐值。计算得出能耗值越小，项目的节能效果越好。在评价项目的节能效果时，亦将项目的节能指标与《铁路年度统计公报》公布的行业均值进行对比，从而确定项目在节能方面的表现及评价。

另外，结合项目实现一定量的客运或货运周转量目标下的总能耗，对比实现同等周转量目标的其他交通方式，如公路运输的总能耗需求，可以从此维度测算项目的节能总体效果，进而评估铁路交通项目产生的总体节能效益。

（2）减排效果

减排效果也是铁路交通项目的生态环境效益之一。电力机车在运行时不直接产生大气污染物，具有良好的减排效果；而内燃机车的驱动需以化石燃料燃烧为前提，其在运行过程中虽仍将产生二氧化硫、氮氧化物等大气污染物，但因其规模化运输的实现，单位周转量的污染物排放强度、实现同一周转量的污染物排放总量，仍显著低于其他类型的运输方式，如公路运输。

在衡量减排效果时，有两种考查维度。其一，即考查不同项目在铁路交通行业内的优良程度，例如均为全电气化的高速铁路项目间，则其减排效果可以通过单位周转量的二氧化碳排放量的比较，评估不同项目间的表现水平差异；其二，铁路交通项目具有集约化的属性，相对于公路交通等其他交通方式，具有明显的减排优势，因此可以通过单位周转量的大气污染物排放指标和二氧化碳的排放指标，测算实现相同周转量时，铁路交通相比其他交通方式的总体减排效果。这也可在作为绿色项目环境效益评估的定量数据支持。

减排效果可以通过氮氧化物（或二氧化硫）减排量、二氧化碳减排量、单位周转量氮氧化物（或二氧化硫）减排量、单位周转量二氧化碳减排量等指标予以衡量。

（3）潜在环境影响

中债资信将潜在环境影响纳入铁路交通项目生态环境效益的衡量指

标，以突出项目的长期环境绩效及对沿途可持续发展作出的贡献，并评估铁路运输中其他的潜在环境影响。此项方面指标主要考查项目在核心节能减排评估关注点之外的其他方面表现。具体拟包括如下：

①新增绿化带等效宽度（生态效益补偿评价指标）。本指标用以衡量因铁路建设而在沿线增加的植被规模，等效宽度越大，项目的潜在环境影响越正面。

$$新增绿化带等效宽度 = \frac{新增绿化带面积}{营业里程}$$

与新增绿化带等效宽度相反，如项目穿越自然生态保护区、山区、林区（需移除表面植被）或水土流失率较高的区域，中债资信认为铁路的修建将对区域生物迁徙及地质结构造成一定负面影响，从而降低项目的生态环境效益。

②化学需氧量排放量（次要污染物排放评价指标）。对于铁路交通项目尤其是客运，其在运营过程中因为旅客等人员的活动将会产生污水及固体废物的排放。传统旅客列车的污水通常直排路轨，而新型动车组列车的污水通常集中收纳在列车污水箱内，并在站点抽吸并集中处理处置；固体废弃物则均需要统一集中处理处置。因此此类污染物均带来一定的负面影响，并需要加以妥善处置。由于此类次要污染物均与人员活动密切相关，中债资信拟采用化学需氧量排放量（又称 COD），即污水中可被强氧化剂氧化的物质的氧当量作为衡量污水排放的量化指标。另外，生活垃圾排放量亦可作为衡量固体废物排放的量化指标。上述指标值越低，即产生的污染越小，即项目的潜在环境影响越正面。

潜在环境影响的评估思路，与节能效果、减排效果相一致，即得分越高，项目的生态环境效益表现越好。具体项目评估中，视货运铁路和客运铁路不同，分别确定新增绿化带等效宽度、化学需氧量排放量的考核权重。

4.4.4.3　总体评价

根据以上各评价因素的得分，按照下式计算铁路交通项目总体的评价得分。总体评价得分越高，项目的节能减排效果越好，对环境的影响越正

275

面，绿色属性越强。

$$F = \sum F_i \cdot W_i$$

其中，F_i为指标评价结果得分；W_i为指标权重。

4.4.5 小结与展望

（1）对于项目节能效果的测算以车辆满载为前提，实际中可能出现载货量或载客量小于设计的情形，测算结果可能高估项目的集约化运输水平及节能效果。

（2）虽然电力机车无法在非电气化铁路上运营，但内燃机车仍可在电气化铁路上运营。评估框架假设电气化铁路完全运营电力机车，可能高估项目的减排效果。具体项目评估中，需要视线路的规划情况、运行列车具体情况，进行具体分析。

（3）电力机车不直接产生大气污染物，但如电力来自火电，项目将间接排放大气污染物。由于上网电量具有不可分性，项目的实际减排效果将低于测算值。电力生产本身的污染物排放水平，可作为其他相关研究予以开展。

（4）具体绿色项目的评估过程中，可以通过前述评估框架，测算项目的节能量、大气污染物减排量等环境效益的绝对值，进而评估项目带来的节能减排整体效益；另外，也可以测算具体项目的单位周转量、单位线路长度等方面的环境效益强度值，并可以此比较同为铁路行业内的不同项目之间的表现差异和运营水平之高低，进而评估不同项目的环境绩效表现的差异，从而实现差异化的评估结果。

中债资信认为，铁路交通在客运规模化及货运重载化的带动下，具有显著的生态环境效益。铁路交通的生态环境效益评估应根据技术的发展作出调整，以更好地提升评估框架的科学性与实用性。

4.5 海绵城市项目发展现状及环境效益评估

当前，我国各大城市每临雨季，常常陷入暴雨频发、内涝横行的窘境，给城镇居民的生产生活带来较大不便的同时，也威胁了人民群众的生命财产安全。原有的城市排水系统等基础设施在应对这种局面时往往力不从心，促使人们开始审视传统的"灰色"城市建设方式是否合理。在这种背景下，海绵城市以一种新型的城镇化理念应运而生，并越来越多地受到城市规划者的青睐。自 2014 年以来，我国海绵城市受到政策的大力支持与推广，两批国家级建设试点的设立得到了中央财政层面的支持，使得国内海绵城市的建设正式驶入快车道，并由此进入公众视野。

构建海绵城市能够有效解决城市内涝、缓解降雨季节不均等问题，实现城镇与资源环境和谐发展。鉴于海绵城市所具有的生态环境效益，国内外绿色债券市场都将海绵城市项目列为所支持的项目类型，中债资信拟在厘清概念及发展脉络、总结国内外海绵城市建设现状的基础上，构建能够评估其生态环境效益的框架，满足相应债券投资者对此类项目的鉴别需求。

4.5.1　定义及实现途径

4.5.1.1　定义

海绵城市是指通过加强城市规划建设管理，充分发挥建筑、道路和绿地、水系等生态系统对雨水的吸纳、蓄渗和缓释作用，有效控制雨水径流，实现自然积存、自然渗透、自然净化的城市发展方式。与传统的城市开发方式相比，海绵城市建成后对周边水生态环境影响较低，地表径流量变化较小，因此海绵城市建设又被称为低影响开发（Low Impact Development，LID）。

海绵城市建设是一项跨领域、跨专业的综合性工程，其建设责任主体是城市人民政府，统筹协调规划、国土、排水、道路、交通、园林、水文等职能部门，将新的城市低影响开发理念落实到从规划到运营维护的全过程。

4.5.1.2　实现途径

海绵城市建设遵循"渗、滞、蓄、净、用、排"的原则，把雨水的渗透、滞留、集蓄、净化、循环使用和排水密切结合，统筹考虑内涝防治、径流污染控制、雨水资源化利用和水生态修复等多个目标。

海绵城市理念的最终实现，需要依托多个子系统协同发挥各自作用，如城市水系系统、城市绿地系统及道路系统等，每个分系统拥有一些具体的实现设施，如表4-9所示。

表4-9　海绵城市主要规划理念及具体配套设施

序号	子系统	主要规划理念	典型实现设施
1	建筑与小区	径流雨水通过有组织的汇流与转输，经截污等预处理后引入绿地与广场	绿色屋顶、雨水罐、透水砖铺装等
2	城市水系	保持水系结构完整性，强化其对径流雨水的自然渗透、净化与调蓄功能	湿塘、渗透塘、雨水湿地等
3	城市绿地系统	对绿地自身及周边硬化区域径流进行渗透、调蓄及净化，并与雨水管渠衔接	下沉式绿地、转输型/干式/湿式植草沟等
4	城市道路交通	利用道路绿化带等建设下沉式绿地、植草沟、雨水湿地、透水铺装、渗管/渠等	透水水泥混凝土、透水沥青混凝土等
5	城市排水系统	溢流排水系统应与城市雨水管渠系统或超标雨水径流排放系统衔接	渗管、渗渠等

资料来源：公开资料，中债资信整理。

相比于过去的城镇化发展方式，海绵城市的建设，能有效修复城市水生态、涵养水资源，增强城市防涝能力，提高新型城镇化的质量。《国家新型城镇化规划（2014—2020年）》明确提出，我国的城镇化必须进入以提升质量为主的转型发展新阶段。对此，海绵城市协调城镇化与环境资源保护之间的矛盾，能实现可持续发展，是今后我国城市建设的重大任务。

4.5.2　海绵城市国内外建设理念及现状

海绵城市是城镇化发展到一定阶段后的产物，考虑到相较于欧美其他国家，我国城镇化起步较晚，海绵城市的建设也刚刚起步，而上述发达地区在海绵城市建设中经过若干年的发展，已经积累了相当多的宝贵经验，值得国内在推广这种新型理念的过程中参考和借鉴，结合国内的实际情况，更加快速顺利地取得相应的效果。

4.5.2.1　国外海绵城市建设理念与实践

● 美国：最佳管理措施与水敏性城市建设

美国于1997年通过了 *Federal Water Pollution Control Act Amendment*，

首次将最佳管理措施（Best Management Practice，BMP）理念纳入立法层次，强调非点源污染源的削减与控制。2003 年将 BMP 目标进行了扩大，扩展为涵盖雨洪控制、土壤冲蚀控制及非点源污染源的削减与控制的雨水综合管理决策体系[①]。

具体实施方面，以美国华盛顿特区为例[②]，该地区在征收雨水费的同时还设立了绿色屋顶专项基金，鼓励开发商将房顶建成绿地，每平方米新建或改造的屋顶绿地约可获得 53.82 美元的政府补贴，该笔费用由市政府从征收的雨水费中支出。

● 德国：高效集水

先进的绿地管理水平和排水设施使得德国能够有效收集雨水，并同时进行污水、雨水处理。城市地下管道能有效平衡生态系统，完成收集、中转及储蓄的整个过程[③]。

在德国柏林市，实行雨水费制度，无论是私人房屋还是工厂企业，直接向下水道排放雨水必须按房屋不渗水面积缴纳 1.84 欧元 / 平方米的费用。而在科隆市，则是以建筑面积为基准，每年雨水排放费征收标准为 1.1 欧元 / 平方米，如采用屋顶绿化或雨水贮存、入渗等设施以减少雨水排放量，则可获得雨水管理折扣制度的优惠。

4.5.2.2　国内海绵城市政策梳理与建设进展

海绵城市是一种覆盖范围大、涉及专业多的广域性概念，其在国内的推动更多的是依靠顶层设计与政策推动。因此，有必要对国内有关海绵城市建设的政策进行梳理，厘清其来龙去脉，结合当前的建设现状，分析已取得的进展及面临的问题，在此基础上为其在国内的发展指明方向。

---

① 柯善北.破解"城中看海"的良方：《海绵城市建设技术指南》解读[J].中华建设，2015（1）：22–25.

② 廖朝轩，高爱国，黄恩浩.国外雨水管理对我国海绵城市建设的启示[J].水资源保护，2016，32（1）：42–50.

③ 周岳.海绵城市与海绵城市债[J].债券，2016：36–52.

● 政策梳理

受全球气候变化、暴雨等极端天气的影响，加上我国部分城市排水防涝等基础设施建设滞后、调蓄雨洪和应急管理能力不足，我国各地区频频出现严重的暴雨内涝灾害。为提高城市防灾减灾能力和安全保障水平，国务院办公厅于 2013 年 3 月发布《关于做好城市排水防涝设施建设工作的通知》，就总体工作要求、规划编制、设施建设、保障措施、组织领导等方面，对城市排水防涝设施建设工作做了总体部署。

2014 年 10 月，住房和城乡建设部发布了《海绵城市建设技术指南（试行）》，提出借鉴国际成功经验，推广和应用低影响开发建设模式，明确了海绵城市的定义，并从规划设计、施工建设及运营维护等整个流程，为海绵城市建设提供了技术支持与理论依据。

2015 年 10 月，国务院办公厅发布了《关于推进海绵城市建设的指导意见》，标志着我国海绵城市建设正式步入快车道。该文件明确了我国海绵城市建设的总体目标："到 2020 年，城市建成区 20% 以上的面积达到目标要求；到 2030 年，城市建成区 80% 以上的面积达到目标要求。"这一量化目标也是我国下一阶段建设海绵城市的具体任务要求。

2014 年 12 月及 2016 年 2 月，财政部、住建部及水利部三部委两次联合发布通知公告，开展中央财政支持海绵城市建设试点工作，两批城市率先成为我国建设海绵城市的正式试点，海绵城市在我国由理论走向实践。有关部委随即出台了系列配套政策，如《海绵城市建设绩效评价与考核办法（试行）》《海绵城市建设国家建筑标准设计体系》《海绵城市专项规划编制暂行规定》等，从绩效考核、设计标准及专项规划等各方面，对海绵城市建设这一综合性、系统性命题予以政策上的细化和落实。

2016 年 12 月 5 日，国务院发布《关于印发"十三五"生态环境保护规划的通知》发布，进一步明确要求推进海绵城市建设。

表 4-10 截至 2016 年海绵城市建设国家层面部分政策梳理

名称	文号	发布时间	发布单位
《关于做好城市排水防涝设施建设工作的通知》	国办发〔2013〕23 号	2013 年 3 月	国务院办公厅
《关于加强城市基础设施建设的意见》	国发〔2013〕36 号	2013 年 9 月	国务院
《海绵城市建设技术指南（试行）》	建城函〔2014〕275 号	2014 年 10 月	住建部
《关于开展中央财政支持海绵城市建设试点工作的通知》	财建〔2014〕838 号	2014 年 12 月	财政部、住建部、水利部
《海绵城市建设绩效评价与考核办法（试行）》	建办城函〔2015〕635 号	2015 年 7 月	住建部
《关于推进海绵城市建设的指导意见》	国办发〔2015〕75 号	2015 年 10 月	国务院办公厅
《海绵城市建设国家建筑标准设计体系》	建质函〔2016〕18 号	2016 年 1 月	住建部
《关于开展 2016 年中央财政支持海绵城市建设试点工作的通知》	财办建〔2016〕25 号	2016 年 2 月	财政部、住建部、水利部
《海绵城市专项规划编制暂行规定》	建规〔2016〕50 号	2016 年 3 月	住建部

资料来源：国务院、住建部等，中债资信整理。

● 建设现状

实际需求与政策推动加快了我国海绵城市建设的步伐，截至 2016 年底，我国已经分两批将 30 座城市列为海绵城市建设的国家级试点，其中涉及 4 个直辖市、23 个地级市、2 个国家级新区及 1 个县级市。国家级试点已开展了一系列带有示范性及探索性的建设运营活动，具体如表 4-11 所示。

表 4-11 截至 2016 年底国家级海绵城市试点建设现状整理

批次	试点城市	所属区域及行政级别	海绵城市建设现状
第一批试点	迁安	河北县级市	编制了《海绵城市建设试点区专项规划》，并设立了"海绵城市建设引导基金"；截至 2017 年 3 月，计划的 21.5 平方千米试点区域中，已经完成区域 2 平方千米，在建区域 7.2 平方千米。
	白城	吉林地级市	完成《海绵城市建设 PPP 项目实施方案》；2017 年 2 月 13 日，发布了海绵城市建设 PPP 项目招标公告，3 月 8 日正式开标。

续表

批次	试点城市	所属区域及行政级别	海绵城市建设现状
第一批试点	镇江	江苏地级市	2017年镇江市区预计将增2万平方米"绿地贴"屋顶。
	嘉兴	浙江地级市	截至2016年8月中旬，海绵城市开工项目数49个，已经完成和基本完成项目5个。
	池州	安徽地级市	池州市海绵城市——滨江区及天堂湖新区棚改基础设施PPP项目估算总投资约12.31亿元（不含建设期利息、不含征地拆迁费用）。
	厦门	福建地级市（单列市）	环东海域新城重点海绵城市项目乌石盘公园预计于2017年底进入施工阶段。
	萍乡	江西地级市	2016年12月启动海绵城市建设老城区3个项目，预计于2018年完工。
	济南	山东地级市	截至2017年3月，39平方千米试点区域城市水系、园林绿地、道路交通、建筑小区、能力建设五大任务43个项目均已全部开工，完成改造面积24.7平方千米，占63.33%，完成投资50.9亿元，占65%。
	鹤壁	河南地级市	计划在2017年底完成29.8平方千米试点区的海绵城市改造工作，实施绿地广场、道路工程、雨污分流等六大类68项313个项目，总投资额为32.87亿元。
	武汉	湖北地级市	截至2017年4月，武汉市已实施青山、汉阳四新示范区海绵化改造项目合计234项，其中已完工38项，完工面积12.62平方千米；在建项目196项，规模24.78平方千米；共计完成投资额50.26亿元，占项目总投资的37.62%。
	常德	湖南地级市	截至2017年4月，已完成项目86个，项目完工比例为58.1%，在建项目49个；已建成面积19.37平方千米，面积完工比例为53.65%。
	南宁	广西地级市	截至2017年3月，南宁市海绵城市建设已建成区域面积达25.2平方千米。
	重庆	直辖市	悦来新城海绵城市共计划实施项目75个，投资约42.2亿元。经过两年建设，截至2017年4月，海绵城市建设项目已完成投资约24亿元。
	遂宁	四川地级市	遂宁经开区于2015年12月完成了一期海绵城市改造工程，并于2016年8月启动了二期海绵城市改造工程。
	贵安新区	贵州国家级新区	截至2017年4月，建设试点共开工建设项目56个，其中已建成项目19个，待建项目1个，完成投资17.8亿元。
	西咸新区	陕西国家级新区	试点区域面积共22.50平方千米，2016年已完工12.24平方千米，在建区域面积5.47平方千米，开工和完工面积占比为78.7%；已完工项目16个，在建项目27个。

续表

批次	试点城市	所属区域及行政级别	海绵城市建设现状
第二批试点	福州	福建地级市	将首次建设两个综合性海绵公园——斗顶海绵公园和赤桥海绵公园，项目已于 2017 年 3 月 8 日进入工程招标阶段，计划分别于 2017 年 9 月底和 12 月完工；截至 2017 年 4 月，海峡金融街 CBD 中轴线景观工程主体完工。
	珠海	广东地级市	2016 年 10 月，珠海市住建局发布《珠海市海绵城市专项规划（2015—2020）》。
	宁波	浙江地级市（单列市）	宁波建设海绵城市的试点区域为慈城—姚江片区，共 30.95 平方千米范围内，2016 年底将开工建设 41 个政府投资项目，截至 2016 年 11 月已有 31 个开工。
	玉溪	云南地级市	2016 年 4 月划定海绵城市示范区面积 20.9 平方千米。
	大连	辽宁地级市（单列市）	2016 年 8 月，发布《大连市海绵城市建设工作方案》。
	深圳	广东地级市（单列市）	印发《深圳市海绵城市规划要点和审查细则》；截至 2017 年 4 月，深圳市顺利通过国家海绵城市试点区域建设第一年度绩效评估工作。
	上海	直辖市	全市已确定 200 平方千米的海绵城市建设试点区域，首批 3 个区域为临港地区、松江南部新城和桃浦智慧城，试点区域年径流总量控制率将不低于 80%。
	庆阳	甘肃地级市	截至 2017 年 3 月，已全面完成海绵城市项目可研、初步设计、开工建设 7 项，完成投资 5.2 亿元。
	西宁	青海地级市	计划 3 年内在 18 平方千米新区和 3.6 平方千米老城区打造海绵城市试点区；截至 2017 年 4 月，已实施完成海湖新区 13 条道路和虎台电力小区等 5 个示范项目。
	三亚	海南地级市	《三亚市海绵城市建设总体规划》在中心城区划定 20.3 平方千米的试点区域，试点区域建设项目总投资 40.41 亿元。计划到 2020 年城市建成区 50.6% 的面积、到 2030 年城市建成区 84.1% 的面积达到海绵城市建设要求。项目建成后，试点区域内年径流总量控制率不低于 70%。
	青岛	山东地级市（单列市）	2016 年计划开工 52 个项目，截至 2016 年 6 月底，沧口公园等 3 个项目已开工，华泰社区整治工程等 6 个项目已完成立项。
	固原	宁夏地级市	计划投资 50 亿元、分两期对市区整体进行海绵型改造。其中第一期为试点期，2018 年底前建成，总面积 26 平方千米，占建成区面积的 50%，估算投资约 38 亿元。
	天津	直辖市	计划用 3 年时间建成 2 个海绵城市试点区域和 15 个示范片区。
	北京	直辖市	计划到 2020 年，城市建成区的 20% 面积实现 70% 雨水就地消纳。到 2030 年，城市建成区的 80% 面积实现 70% 的雨水就地消纳。

资料来源：海绵城市网等公开资料，中债资信整理。

以上国家级建设试点城市在财政政策上得到了中央财政的专项资金补助，一定三年。具体补助数额按城市规模分档确定，直辖市每年6亿元，省会城市每年5亿元，其他城市每年4亿元。对采用PPP模式达到一定比例的，将按上述补助基数奖励10%。此外，中央支持有条件的城市政府对海绵城市项目给予贷款贴息。

除上述中央财政支持下的国家级海绵城市建设试点外，各省也结合当地实际情况设立了省级海绵城市建设试点。如2016年，山东省财政筹集资金2亿元，支持启动海绵城市省级试点建设，潍坊、泰安、临沂、聊城、滨州5市，以及青州、曲阜、莒县3县入围试点。

试点城市的设立与实践，为我国海绵城市建设的探索与发展提供了一定的借鉴意义。研究发现现有的试点海绵城市运营模式有如下特点：各个城市在海绵城市项目建设中都提出了引入社会资本拓展PPP模式，都有较为合理的政府出资和社会资本占比规划。为引进社会资本的投入，地方政府除了采用政府购买、税收优惠等措施外，最重要的是对海绵城市建设项目的收益模式进行详解。具体的收益模式可分为三种不同思路：将非经营性和可经营项目打包出售，让社会资本获得收益的同时参与公益性项目的建设；将公益性项目和经营性项目区分开，社会资本只参与经营性项目的建设，公益性项目仍采取政府购买、付费的方式；将项目进行细分，不同的项目采用不同的融资及运营模式。

● 进展与面临问题

经过前几年的探索与实践，我国海绵城市建设有了较大的进展。以深圳市碧岭湿地工程为例[①]，该湿地工程通过构建海绵和安全体系工程措施，建成后实现以下目标：年径流总量控制率为80%，综合径流系数为0.39；年悬浮固体（Suspeaded Solid，本节以下简称"SS"）和化学需氧量（Chemical Oxygen Demand，本节以下简称"COD"）总量去除率分别

① 方登丽，刘明详. 南方地区海绵城市工程建设应用实例——以深圳市碧岭湿地工程为例 [J]. 中国资源综合利用，2016，34（3）：58-60.

为 60% 和 80%，对 COD_{Cr}、SS 年削减量分别约为 150 吨和 135 吨；湖体可蓄存清洁雨水资源 1.25 万立方米，可用作碧岭湿地湖体及河道生态景观用水。另一个案例为嘉兴市南湖区烟雨小区改造项目[①]，通过雨污分流改造、提升排水管渠能力、构建低影响开发雨水系统等改造方案，实现的生态效益如下：年径流总量控制率从改造前的约 40% 提升至 87.2%，削减 COD 入河量约 30 400 千克 / 年，同时将内涝防治重现期提升至 30 年一遇。

我国海绵城市的建设，在构建生态文明、提倡新型城镇化的大背景下有较大的发展空间，但在实际建设运营过程中也面临着以下问题：

①海绵城市需要多专业、跨领域的协调配合才能有效推进落实，而不是局限于一个具体的项目。它需要打破具体专业的框架和限制，促进专业之间的协调。实践中，对海绵城市建设的综合性与复杂性仍缺乏足够认识。

②海绵城市的建设需要一批专业性与协调能力强的市场参与机构。但目前，国内市场上相应从业方都不是完全内生于海绵城市概念的纯粹企业，而是规划设计院、污水处理商、设备建材生产及提供商、市政园林施工承包商、环境监测仪器公司等从不同角度切入。

③海绵城市建设资金需求量较大，存在一定资金缺口。据估计，海绵城市建设投资约为 1~1.5 亿元 / 平方公里，虽然试点城市每年可获得一定的中央财政补贴金额，但仍存不足，预计未来 PPP 将会成为海绵城市建设的主要模式，对应的回报模式仍有待进一步明确。

4.5.3　海绵城市建设与绿色债券市场

海绵城市建设资金需求大，投资回报期长，对发行债券融资有着迫切的需要。同时也要看到，海绵城市一旦建成并正常运营，将具有较大的生态保护、环境治理和水资源节约效益，因此，在国内外绿色债券支持项目类别中，海绵城市都占有一席之地。

绿色债券是指募集资金主要用于支持绿色产业项目的债券。围绕对绿色项目理解与认知的不同，国内外形成了不同的认证标准及框架。

---

① 黄屹 . 嘉兴市老（旧）住宅小区海绵城市改造经验 [J]. 建设科技 . 2017（1）：35–38.

4.5.3.1　海绵城市与国际绿色债券

目前，绿色债券准则（GBP）及气候债券标准（CBS）的支持项目类别里都有与海绵城市建设理念相匹配的地方。

GBP体系下，支持项目类型中有一大项为可持续性水管理项目，具体包括清洁水及饮用水的可持续性利用基础设施、可持续性城镇排水系统、河道整治及其他形式的防洪设施等，这与海绵城市的建设理念具有较高的契合度。

对于CBS，其支持的项目中有一大类为涉水项目，具体含防洪、水资源分配设施、水资源开发与贮存设施、污水处理厂等，也与海绵城市的建设内容与方向相吻合。

4.5.3.2　海绵城市与国内绿色债券

目前，国内债券市场对于绿色项目的界定与分类，金融债、公司债与非金融企业绿色债务融资工具均参考绿金委编制的《目录》，企业债主要参考国家发展改革委的《指引》。

《目录》与《指引》中，均将海绵城市列为绿色债务支持的项目类别，具体如表4-12所示。

表4-12　国内外绿色债券与海绵城市相关的绿色产业项目界定与分类

	一级目录	二级目录	制定单位
GBP	可持续性水管理项目	清洁水及饮用水的可持续性利用基础设施、可持续性城镇排水系统、河道整治及其他形式的防洪设施等项目	International Capital Market Association
CBS	涉水项目	防洪、水资源分配设施、水资源开发与贮存设施、污水处理厂等项目	Climate Bonds Initiative
《目录》	资源节约与循环利用项目	节水及非常规水源利用项目（包括海绵城市配套设施建设运营项目）	绿金委
《指引》	绿色城镇化项目	海绵城市建设项目	国家发展改革委

资料来源：公开资料，中债资信整理。

海绵城市作为一种具有生态与环境效益的建设项目，在绿色债券支持项目的范畴之内。绿色债券发行前和发行后，往往需对拟投项目产生的环境效益进行量化评估，以更好地满足绿色偏好投资人的鉴别需求。中债资信拟在总结已有研究成果的基础上，制定海绵城市类项目的生态环境效益评估方法与框架。

4.5.4　海绵城市项目生态环境效益评估

4.5.4.1　研究现状

在《指南》中，将海绵城市建设的综合控制目标具体分为总量控制、峰值控制、雨水资源化利用与污染控制目标，并指出了规划控制的首要目标是径流总量控制。上述目标体系为评估其预期的环境效益提供了参考意义。

资料来源：引自《指南》。

图 4–13　海绵城市建设控制目标示意图

国内对海绵城市建设的生态环境效益评估做了相关研究。海绵城市的建设指标中包含了雨水径流、非点源污染物的控制、雨水资源化利用、洪峰流量控制等，最终建立可持续的城市生态与景观系统。掌握这些指标及其相互间的关系，建设城市雨水综合管理体系，是海绵城市建设的主要内容[1]。针对上述情况，国内有研究认为[2]，雨水管理设施储存及渗透的评估

---

① 鞠茂森．关于海绵城市建设理念、技术和政策问题的思考 [J]．水利发展研究，2015（3）：7–10.

② 廖朝轩，高爱国，黄恩浩．国外雨水管理对我国海绵城市建设的启示 [J]．水资源保护，2016，32（1）：42–50.

项目、功能和效益如表 4-13 所示。

表 4-13 雨水管理设施储存及渗透的评估项目、功能和效益

评估项目	功能及效益
治水及防灾	抑制雨水排放、削减高峰流量、减轻河流和雨水下水道负担、防止水涝、降低水害风险、削减灌渠维护费用
水资源利用	用于消防用水、环境景观用水、杂用水、庭院及道路的洒水，缓和自来水紧张局面、节水、活用水资源
生态环境系统保护	确保河流基流量、地下水补充及抑制地面下陷、泉水保存及恢复、水域生态系统的保护与恢复、对绿地的水分补给、缓和城市热岛现象、减轻非点源污染负荷、削减合流式下水道负荷、水环境保护、生态系统保护、改善微气象、水质保护
环境舒适度	创造亲水空间（小溪、景观池、群落环境等）、形成城市景观、提升娱乐功能

4.5.4.2 评估因素与指标

基于上述海绵城市建设的控制目标，中债资信认为评估海绵城市项目在水生态维护、水污染控制、水资源节约三方面产生的环境效益，能较好地反映项目的生态环境效益。

● 水生态维护

理想状态下，为了维护当地原有的水生态系统，海绵城市项目开发建设后径流排放量应接近开发建设前自然地貌时的径流排放量，因此项目的径流总量控制目标应以此为标准，中债资信拟采用年径流总量控制率 α 作为评价建设海绵城市系统水生态维护水平的定量指标。

实践中，各地在确定年径流总量控制率 α 时，需要综合考虑多方面因素，一方面要考虑当地地表类型、土壤性质、地形地貌、植被覆盖率等因素；另一方面，要考虑当地水资源禀赋情况、降雨规律、开发强度及经济发展水平等因素；具体到某个地块或建设项目的开发，要结合本区域建筑密度、绿地率及土地利用布局等因素确定。从当地的水生态系统角度来看，年径流总量控制率 α 不宜过低，否则会给原有系统带来较大的冲击负荷；也不宜过高，否则雨水的过量收集、减排会导致原有水体的萎缩或影响水系统的良性循环。

因此，考虑到我国地域辽阔，气候特征、土壤地质等天然条件和经济

条件差异较大，径流总量控制目标也根据地区分布有所不同。《指南》将我国大陆地区大致分为五个区，并给出了各区年径流总量控制率 α 的最低和最高限值分区及控制指标，具体可参阅《指南》。在评价具体项目或地区构建海绵城市的水生态维护水平时，可根据当地分区的控制指标来实现对其年径流总量控制率 α 的评价。评估因素及方法具体见《中债资信海绵城市项目募集资金的使用评估标准》。

● 水污染控制

径流污染控制也是建设海绵城市的控制目标之一，既要控制雨污分流制径流污染物总量，也要控制雨污合流制溢流的频次或污染物总量。项目所在地可结合城市水环境质量要求、径流污染特征等确定径流污染综合控制目标和污染物指标。

● 水资源节约

海绵城市建设过程中，通过设置多道防线、多处设施，能将部分降雨收集起来并加以利用，能够节约水资源，缓解部分地区人均水资源严重不足的局面。雨水收集后按用途分类情况如表 4-14 所示，因此，考虑各类用途分类对雨水收集利用的情况，中债资信拟采用雨水年综合利用率来反映该要素的表现。

表 4-14　雨水收集后按用途分类利用情况

分类	范围	示例
农林牧渔用水	农田灌溉	粮食与饲料作物、经济作物灌溉
	造林育苗	苗木、苗圃及观赏植物灌溉
	畜牧养殖	畜牧、家畜、家禽养殖
	水产养殖	淡水养殖
市政用水	城市绿化	公共绿地、住宅小区绿化
	家庭冲厕	厕所便器冲洗
	道路清扫	城市道路冲洗及喷洒
	车辆清洗	车辆冲洗
	建筑施工	混凝土制备与养护、工地抑尘等
	消防	消火栓、消防水泡等

续表

分类	范围	示例
工业用水	冷却用水	直流式、循环水冷却水
	洗涤用水	厂房除尘、清洗
	锅炉用水	中压、低压锅炉
	工艺用水	蒸煮、漂洗、稀释、水力输送等
	产品用水	浆料、涂料等
环境用水	娱乐性景观环境用水	娱乐性河道、湖泊、水景等用水
	观赏性景观环境用水	观赏性河道、湖泊、喷泉等用水
	湿地环境用水	恢复自然湿地、营造人工湿地
补充水源水	补充地表水	补充河流、湖泊
	补充地下水	水源补给，防止海水入侵及地面沉降等

资料来源：公开资料，中债资信整理。

4.5.4.3 评估因素面临的不足

需要注意的是，海绵城市如果操作不当，也会产生一定的负面环境效应，例如建设期过分依赖工程性措施，通过破坏性建设手段取得一定治水效果，可能会引起水土流失、山体滑坡等地质灾害；运营期忽视当地原有生态系统的结构功能，一味蓄水滞水，也有可能打破局部生态圈的平衡而引发连锁反应。在评估海绵城市带来的生态环境效益时，需要适度考量其由此带来的负面影响，未来在评估因素中需有所体现。

4.5.5 小结与展望

随着我国城镇化的发展及深入，传统的城市建设方式已很难满足与资源环境协调发展的要求。在这种背景下，海绵城市的理念应运而生。它注重对雨水的吸纳、蓄渗和缓释作用，以应对国内城市在暴雨频发的背景下面临的内涝问题，并通过蓄积雨水的综合利用，缓解水资源紧张的局面。海绵城市理念的实现，需要依托多个子系统（如城市水系系统、绿地系统等）协同发挥各自作用。鉴于海绵城市建设的综合性，其在国内的发展更多地依赖顶层设计与政策推动。在一系列专项政策的支持下，国内先后设立了两批得到中央财政支持的海绵城市建设试点，在探索中取得了初步的进展。

中债资信认为，通过建设海绵城市，构建城市低影响开发系统，能取得显著的生态环境效益，国内外各大绿色债券市场也因此将其列入支持项目清单；针对海绵城市项目方面，由于项目设计差异，其生态环境效益也会不同，基于海绵城市的控制目标，我们将重点考量项目在水生态维护、水污染控制、水资源节约这三方面产生的环境效益。同时，海绵城市作为一种新型城市开发理念，在我国尚处于动态发展与验证的过程，我们将结合实际发展阶段对其生态效益的评价作出适应性调整，以更好地提升生态效益评估框架的科学性与实用性。

4.6　城市综合管廊项目发展现状及环境效益评估

当前，我国正处在城镇化快速发展时期，但由于地下基础设施建设相对滞后，管线铺设过程中经常出现路面反复开挖、管道事故频发的局面，给城镇居民的生产生活带来了较大的不便。原有的管道铺设方式，已不足以满足现代城镇对地下公共管线集约式发展、智慧化管理的要求。在这种背景下，综合管廊作为一种现代化管道建设理念，开始越来越多地受到城市规划者的青睐。自 2014 年以来，我国地下管廊建设受到政策的大力支持与推广，两批国家级试点的设立得到了中央财政层面的支持，由此加快了建设综合管廊的步伐。

建设地下综合管廊能够有效解决城市"马路拉链""空中蜘蛛网"等管线粗放式、野蛮式建设带来的种种弊端，统筹各类市政管线的规划、建设与管理。鉴于综合管廊具有的社会及环境效益，绿金委编制的《目录》中，将综合管廊项目列入绿色债券所支持的项目清单。中债资信拟在厘清概念及发展脉络、总结国内外综合管廊建设现状的基础上，构建能评估其节能环境效益的方法，满足相应债券投资者对此类项目的鉴别需求。

4.6.1　定义及分类

地下综合管廊，又名"共同沟"，是指建于城市地下，用于容纳两类及以上城市工程管线的构筑物及附属设施，这些管线包括电力、通信、广播电视、给水、排水、热力、燃气等市政管线。具体来说，地下综合管廊又可以分为三类，如表 4–15 所示。

表 4–15　城市地下综合管廊分类及其概念

分类	概念
干线综合管廊	用于容纳城市主干工程管线，采用独立分舱方式建设的综合管廊。
支线综合管廊	用于容纳城市配给工程管线，采用单舱或双舱方式建设的综合管廊。
缆线管廊	采用浅埋沟道方式建设，设有可开启盖板但其内部空间不能满足人员正常通行要求，用于容纳电力电缆和通信线缆的管廊。

资料来源：《城市综合管廊工程技术规范》（GB 50838—2015），中债资信整理。

　　相比于过去的城镇化发展方式，综合管廊的建设，能有效解决城市路面反复开挖的问题，并集约利用地下空间，美化城市环境，提高新型城镇化的质量。《国家新型城镇化规划（2014—2020 年）》明确提出，我国的城镇化必须进入以提升质量为主的转型发展新阶段。在此背景下，预计我国城市地下综合管廊在今后拥有较大的发展空间。

4.6.2　综合管廊国内外建设理念及现状

　　综合管廊是城市地下管线建设发展到一定阶段后的产物，考虑到相较于欧美等发达国家，我国城镇化发展较晚，综合管廊的建设也起步不久，而上述地区在综合管廊建设中经过若干年的发展，已经积累了相当多的宝贵经验[1]，值得国内在推进相关建设时借鉴和参考。

4.6.2.1　国外综合管廊建设理念与实践

　　● 法国：建设综合管廊，规划先行

　　法国于 1832 年发生了霍乱，当时研究发现城市公共卫生系统建设对于抑制流行病的发生与传播至关重要，于是巴黎市于次年着手规划市区下水道系统网络，并在管道中收容自来水、电信电缆、压缩空气管及交通信号电缆等五种管线，成为历史上最早规划建设的综合管廊形式。近代以来，

---

[1] 于晨龙，张作慧. 国内外城市地下综合管廊的发展历程及现状 [J]. 建设科技，2015（17）：49–51.

巴黎市逐步推动综合管廊规划建设，19 世纪 60 年代末，为配合巴黎市副中心的开发，规划了完整的综合管廊系统，收容自来水、电力、电信、冷热水管及集尘配管等，并且为适应现代城市管线的种类多和铺设要求高等特点，而把综合管廊的断面修改成了矩形形式。迄今为止，巴黎市区及郊区的综合管廊总长已达 2 100 公里，同时已制定在所有有条件的大城市中建设综合管廊的长远规划。

● 英国：建设经费完全由政府筹措

英国于 1861 年就在伦敦市区兴建综合管廊，其采用 12 米 × 7.6 米的半圆形断面，入廊的管道除自来水管、污水管、煤气管、电力管及电信管外，还铺设了连接用户的供给管线。发展迄今，伦敦市区建设综合管廊已超过 22 条，其兴建的综合管廊建设经费完全由政府筹措，属伦敦市政府所有，完成后再由市政府出租给管线单位使用。

● 日本：法律层面保障综合管廊建设

日本政府于 1963 年制定了《关于建设共同沟的特别措施法》，规定交通道路管理部门在交通流量大、车辆拥堵或预计将来会产生拥堵的主要干线道路地下，建设可以同时容纳多种市政公益事业设施的共同沟，从法律层面给予保障。目前，日本在东京、大阪、名古屋、横滨、福冈等近 80 个城市已经修建了总长度达 2 057 多公里的地下综合管廊，为日本城市的现代化科学化建设发展发挥了重要作用。

● 美国：建设综合管廊可行且必要

美国自 20 世纪 60 年代起，即开始了综合管廊的研究，研究结果认为，从技术、管理、城市发展及社会成本上看，建设综合管廊都是可行且必要的。美国国内具有代表性的综合管廊，如阿拉斯加地区的 Fairbanks 和 Nome 建设的综合管廊系统，可以防止自来水和污水受到冰冻。其中，Faizhanks 管廊系统设有六个廊区，Nome 管廊系统将整个城市市区的供水和污水系统纳入综合管廊，沟体长约 4 公里。

4.6.2.2　国内综合管廊政策梳理、建设进展及面临问题

综合管廊是一种投资数额巨大、社会影响较为深远的市政公共基础设

施,其在国内更多的是依靠顶层设计与政策推动。因此,有必要对国内有关综合管廊建设的政策进行梳理,厘清其来龙去脉,结合当前的建设现状,分析已取得的进展及面临的问题,以此更好地推进其建设工作。

● 政策梳理

近年来,随着城市快速发展,地下管线建设规模不足、管理水平不高等问题凸显,一些城市相继发生大雨内涝、管线泄漏爆炸、路面塌陷等事件,严重影响了人民群众生命财产安全和城市运行秩序。为切实加强城市地下管线建设管理,国务院办公厅于2014年6月发布《关于加强城市地下管线建设管理的指导意见》,就地下管线管理总体要求、规划统筹、建设统筹、改造维护、管线普查等方面,对国内地下管线的建设管理做了总体部署。

2014年12月,财政部发布《关于开展中央财政支持地下综合管廊试点工作的通知》,明确了开展中央财政支持地下管廊试点工作的工作安排。试点城市得到中央财政的专项资金补助,一定三年,具体补助数额按城市规模分档确定,直辖市每年5亿元,省会城市每年4亿元,其他城市每年3亿元。对采用PPP模式达到一定比例的,将按上述补助基数奖励10%。试点城市的申报由省级财政、住建部门联合申报,并采用竞争性评审方式进行选择。要求试点城市管廊建设统筹考虑新区建设和旧城区改造,建设里程达到规划开发、改造片区道路的一定比例,至少3类管线入廊。

为加大债券融资方式对七大类重大投资工程包、六大流域消费工程的支持力度,拉动重点领域投资和消费需求增长,发改委于2015年3月制定并发布《城市地下综合管廊建设专项债券发行指引》,鼓励各类企业发行专项债券,募集资金用于城市综合管廊建设。在偿债保障措施较为完善的基础上,企业申请发行城市地下综合管廊建设专项债券,可适当放宽企业债券现行审核政策及《关于全面加强企业债券风险防范的若干意见》中规定的部分准入条件,如城投类企业不受发债指标限制等。

2015年6月,财政部、住建部联合发布《关于印发城市管网专项资金管理暂行办法的通知》,明确规定中央财政预算安排专项资金的用途,即用于支持城镇污水处理设施配套管网及污水泵站建设、海绵城市建设试点、地下综合管廊建设试点、城市生态空间建设其他需要支持的事项，实现专款专用、专项管理，以提高财政资金的使用效益。

2015 年 8 月，国务院办公厅发布《关于推进城市地下综合管廊建设的指导意见》，明确我国建设综合管廊的总体目标是：到 2020 年，建成一批具有国际先进水平的地下综合管廊并投入运营。为完成此目标，需要在严格管理上做到：（1）明确入廊要求：已建设地下综合管廊的区域，该区域内的所有管线必须入廊；（2）实行有偿使用：入廊管线单位应向地下综合管廊建设运营单位交纳入廊费和日常维护费；（3）提高管理水平：地下综合管廊本体及附属设施管理由地下综合管廊建设运营单位负责，入廊管线的设施维护及日常管理由各管线单位负责。

综合管廊的回报机制关系到其建设运营能否顺利进行。为形成合理收费机制，调动社会资本投入积极性，促进城市地下综合管廊建设发展，发展改革委、住建部于 2015 年 11 月发布《关于城市地下综合管廊实行有偿使用制度的指导意见》。文件中指出，城市地下综合管廊有偿使用费包括入廊费和日常维护费；入廊费主要用于弥补管廊建设成本，由入廊管线单位向管廊建设运营单位一次性支付或分期支付；日常维护费主要用于弥补管廊日常维护、管理支出，由入廊管线单位按确定的计费周期向管廊运营单位逐期支付。

2017 年 5 月，住建部、发展改革委联合发布《全国城市市政基础设施建设"十三五"规划》，对"十二五"期间我国地下管线长度的变化进行了统计（如表 4–16 所示），并指出了接下来的"十三五"期间，我国建设综合管廊的具体任务目标。

表 4–16　"十二五"期间全国供排水、供热、燃气地下管线长度统计

单位：万公里

区域	2010 年	2015 年	增长幅度
设市城市	136	198	46%
县城	34.1	53.9	58%

资料来源：《全国城市市政基础设施建设"十三五"规划》，中债资信整理。

"十三五"期间，我国设市城市新区新建道路综合管廊建设率到2020年力争达到30%，设市城市道路综合管廊综合配建率到2020年力争达到2%。具体建设任务上，结合道路建设与改造、新区建设、旧城更新、河道治理、轨道交通、地下空间开发等，建设干线、支线地下综合管廊8 000公里以上。

我国关于地下综合管廊建设的国家层面部分政策如表4-17所示。

表4-17　地下综合管廊建设国家层面部分政策梳理

名称	文号	发布时间	发布单位
《关于加强城市基础设施建设的意见》	国发〔2013〕36号	2013年9月	国务院
《关于加强城市地下管线建设管理的指导意见》	国办发〔2014〕27号	2014年6月	国务院办公厅
《关于开展中央财政支持地下综合管廊试点工作的通知》	财建〔2014〕839号	2014年12月	财政部
《关于印发城市地下综合管廊建设专项债券发行指引的通知》	发改办财金〔2015〕755号	2015年3月	发展改革委办公厅
《关于印发城市管网专项资金管理暂行办法的通知》	财建〔2015〕201号	2015年6月	财政部、住建部
《关于推进城市地下综合管廊建设的指导意见》	国办发〔2015〕61号	2015年8月	国务院办公厅
《关于城市地下综合管廊实行有偿使用制度的指导意见》	发改价格〔2015〕2754号	2015年11月	发展改革委、住建部
《全国城市市政基础设施建设"十三五"规划》	—	2017年5月	住建部、发展改革委

资料来源：国务院、住建部等，中债资信整理。

● 建设现状

实际需求与政策推动加快了我国综合管廊建设的步伐，截至2016年底，我国已经分两批将25座城市列为综合管廊建设的国家级试点，其中涉及12个省会城市、12个地级市及1个县级市。国家级试点已开展了一系列带有示范性及探索性的建设运营活动，具体如表4-18所示。

表 4–18　国家级综合管廊试点建设进展现状整理

批次	试点城市	所属区域及行政级别	综合管廊建设进展及现状
第一批试点（10个）	包头	内蒙古自治区地级市	截至 2016 年 9 月，包头市在建地下综合管廊项目共有 4 项，总建设规模 50.56 公里，投资概算 42.19 亿元。其中：新都市区地下综合管廊项目和北梁腾空区地下综合管廊项目为国家试点项目，另有 110 国道、沼南大道地下综合管廊项目。
	沈阳	辽宁省省会	2016 年 10 月，沈阳市老城区首条城市地下综合管廊——南北快速干道南段综合管廊示范项目开工建设，该工程全长 2.313 公里，收纳电力、电信、热力、给水、污水、雨水等管线。
	哈尔滨	黑龙江省省会	截至 2016 年 6 月，哈尔滨市确定建设红旗大街区域、哈南工业新城区域、临空经济区 11 条 25.5 公里综合管廊建设项目。其中 2015 年完成老城区宏图街和新城区哈南九路 1.7 公里管廊建设。
	苏州	江苏省地级市	2009 年，苏州启动省内第一条地下综合管廊——月亮湾综合管廊的规划设计建设工作，2011 年 11 月，该管廊建成投用。2015—2017 年，苏州计划开工建设综合管廊 5 条，长度 31.2 公里，投资额近 40 亿元。
	厦门	福建省地级市	截至 2016 年末，厦门集美新城集美大道综合管廊工程、翔安南部新城综合管廊工程、翔安新机场片区综合管廊工程三个试点项目进展迅速，土建工程已经完成近半，入廊管线总长超过 70 公里，完成近 90% 的试点期入廊任务。
	十堰	湖北省地级市	十堰市三年试点期内计划新建综合管廊 21 条，总长约 55.57 公里，投资估算约 52.31 亿元，采用的断面形式涵盖四舱、三舱和双舱 3 种类型，入廊管线包括给水、雨水、污水、中水、电力、通信、广播电视、燃气、热力、直饮水和真空垃圾共 11 类。
	长沙	湖南省省会	长沙市地下综合管廊试点建设 PPP 项目是国内第一条集给水、雨污水、中水管网全部使用球墨铸铁管的管廊工程。该工程投资 34.66 亿元，建设总长度达 63.3 公里。
	海口	海南省省会	2016 年 7 月，海口首条地下综合管廊天翔路地下综合管廊已实现主体完工，水务、燃气两家管线应用单位正进行管线入廊施工。
	六盘水	贵州省地级市	截至 2016 年 7 月，中建二局六盘水地下综合 PPP 项目已完成成品管廊 5.08 公里，该项目采用三舱设计，分别是电力舱、综合舱和天然气舱，是全国首个在建三舱管廊。
	白银	甘肃省地级市	白银市地下综合管廊试点项目总投资 22.38 亿元，截至 2016 年底，已开工建设北环路、南环路、迎宾大道和南环西路、诚信大道地下综合管廊 20.85 公里，已经完成了北环路、南环路、迎宾大道、南环西路的地下综合管廊共 14.6 公里的主体工程。

续表

批次	试点城市	所属区域及行政级别	综合管廊建设进展及现状
第二批试点（15个）	郑州	河南省省会	2013 年 8 月，郑州市经开区滨河国际新城正式启动省内首个地下管道综合管廊项目。截至 2017 年 5 月，作为入选国家级试点首个落地项目的白沙综合管廊项目已进入全面施工阶段。该项目总长 12.74 公里，总投资概算约为 19.71 亿元。
	广州	广东省省会	截至 2017 年 3 月底，广州新开工地下综合管廊项目有 8 个，总长度 96.8 公里。到 2020 年，广州地下综合管廊的总里程将达到 300 公里，约占全省的 1/3。
	石家庄	河北省省会	2016 年石家庄计划建设综合管廊 7.28 公里，正定新区将建成综合管廊 10.95 公里。第一条综合管廊是沿京广线从槐安路至市西南方向的汇明路，全长 7.28 公里。
	四平	吉林省地级市	四平市地下综合管廊 PPP 项目所建设地下综合管廊位于四平市市区范围内，建设总里程 62.83 公里，静态投资估算约 66.21 亿元。
	青岛	山东省地级市	青岛市地下综合管廊建设覆盖六区四市，总投资约 175.39 亿元，预计 2030 年建成 196 公里。截至 2016 年 9 月，青岛市已建成"成网成片"综合管廊 54 公里。
	威海	山东省地级市	截至 2016 年末，威海市东部滨海新城地下管廊已开建 17.13 公里，已建成廊体 6 公里，建成综合监控中心 1 座并投入使用。
	杭州	浙江省省会	杭州列入国家试点的 5 个综合管廊项目全长 34.35 公里，投资约 59.8 亿元，计划于 2017 年底前完工，2018 年先后正式投入运营。
	保山	云南省地级市	保山市计划 2016 年新建城市地下综合管廊和缆线管廊 19 条，总长度 49.56 公里，计划总投资 34.22 亿元。截至 2016 年 9 月，已开工 14 条，开工长度 13.66 公里，箱体竣工 2 条，竣工长度 1.66 公里，累计完成投资 2.08 亿元。
	南宁	广西省省会	南宁市计划 2016 年底前完工综合管廊项目 1 个，计划 2017 年底前完工项目 13 个，计划 2018 年底前完工项目 3 个。截至 2016 年 10 月，已开工项目 10 个，建成管廊长度 16.6 公里，完成投资 5.29 亿元。
	银川	宁夏回族自治区省会	2016 年银川市地下综合管廊 PPP 项目共 6 项，建设总长 19.22 公里，已于当年全部开工建设。
	平潭	福建省县级市	截至 2016 年 5 月，平潭在建的综合管廊已完成主体工程约 23 公里，管线入廊并投入使用约 3.5 公里。
	景德镇	江西省地级市	景德镇市综合管廊项目共分三期，一期昌南拓展区 4.1 公里地下综合管廊已经基本建成。二期、三期景东片区和高铁商务区地下综合管廊预计在 2017 年底前全面完工，2018 年 1 月开始试运营。

续表

批次	试点城市	所属区域及行政级别	综合管廊建设进展及现状
第二批试点（15个）	成都	四川省省会	截至 2017 年 3 月底，总投资约 14.57 亿元，工期约 13.5 个月的成都成洛大道地下综合管廊项目进入盾构施工阶段。
	合肥	安徽省省会	合肥高新区综合管廊一期工程 PPP 项目含 7 条新建道路沿线综合管廊，管廊总长 20.29 公里，已于 2016 年 12 月开工建设。
	海东	青海省地级市	截至 2016 年 6 月，海东市核心区计划新建综合管廊 16.86 公里，到 2020 年全市管廊建设将达 79.33 公里，总投资 50 亿元。

资料来源：地下综合管廊建设网等公开资料，中债资信整理。

以上国家级建设试点城市得到了中央财政的专项资金补助，有力支持了区域综合管廊建设的发展。除国家级试点外，各省也结合当地实际情况设立了省级综合管廊建设试点。如 2016 年，四川省选出了成都、自贡、绵阳、乐山、南充 5 个地级市，以及金堂县、宜宾县、雅安雨城区等 10 个县级市（区、县）作为其省级地下综合管廊试点城市，目标在 2020 年底，在以上地级市及县级市分别建成 50 公里、10 公里以上的地下综合管廊。

根据实施方案，综合管廊国家级试点在期内计划建设综合管廊 1 090 公里。截至 2017 年 4 月底，国内地下综合管廊试点项目已开工建设 687 公里，建成廊体 260 公里，完成投资 400 多亿元[①]。试点工作经过努力已取得了显著成效。

● 面临问题

我国地下综合管廊的建设，在提倡新型城镇化的大背景下有较大的发展空间，但在实际建设运营过程中，也面临着以下问题：

（1）建设成本高昂，资金缺口较大

综合管廊的造价与建设地地质条件、入廊管线种类、管廊设计舱数

---

① 统计数据来源于 2017 年 4 月 27 日至 28 日，财政部、住建部、水利部在四川省成都市组织召开的中央财政支持地下综合管廊、海绵城市建设试点工作现场会。

及截面尺寸等因素有关，总体建设成本相比管线直埋昂贵不少，其中，国内已经建成投运的部分综合管廊的造价如表 4–19 所示。综合管廊作为一种成本高昂的公共基础设施，如果其建设费用完全或主要由政府承担，会形成较大的财政压力和负担，从长远来看，不利于国内综合管廊的推广与应用。

表 4–19　国内部分已建成地下综合管廊造价统计

综合管廊	建成时间	长度（公里）	总造价（万元）	单价（万元/米）
上海张杨路	1994 年	11.13	30 000	2.70
杭州火车站	1999 年	0.5	3 000	6.00
上海安亭新镇	2002 年	5.8	14 000	2.41
上海松江新城	2003 年	0.323	1 500	4.64
佳木斯林海路	2003 年	2.0	3 000	1.50
杭州钱江新城	2005 年	2.16	3 000	1.39
深圳盐田坳	2005 年	2.666	3 700	1.39
兰州新城	2006 年	2.42	4 847	2.00
昆明昆洛路	2006 年	22.6	50 000	2.21
昆明广福路	2007 年	17.76	45 200	2.55
北京中关村	2007 年	1.9	42 000	22.11
宁波东部新城	2010 年	6.16	16 500	2.68

资料来源：中国城市规划协会地下管线专业委员会，中债资信整理。

（2）利益协调难度大，对规划水平要求高

地下综合管廊的规划建设是一项综合性系统工程，涉及社会各方面的发展利益。在城市市政管线的入廊问题上，电力、燃气、自来水、污水厂等相关企业从自身利益出发，会优先考虑成本及效益情况，在无法律法规约束的背景下一般不会主动考虑短期经济性较差的综合管廊。此外，在地下综合管廊的后期运营管理上，如果没有成熟可靠的机制来做保障，仅依靠管廊运营管理方，往往难以协调各方利益，容易造成已经入廊管线维护或扩容间的矛盾及混乱，反过来又对新管线的入廊推广造成不利影响。

除利益协调问题外，综合管廊对城市规划也提出了更高的要求。因为地下管廊建设成本昂贵，建成后其使用年限一般在 100 年左右，时间跨度大，社会影响范围深远，需要将综合管廊的建设专项规划纳入城市总体规划、长期规划中。考虑到我国尚处于城镇化发展的阶段，新区建设及老区改造的任务繁重，地下管线与城区、道路等基础设施的统一规划，成为下一阶段规划部门面临的难题。

（3）使用收费机制尚不明确

综合管廊是一种准经营性物品，可对使用者收取一定的经营费用，但我国多数城市尚未明确建立管廊收费机制，待后期集中建设的管廊进入大规模运营使用期时，该问题还会得到凸显。此外，随着使用年限的增长，管廊的维护管理费用也将随之不断增加，如果没有明确收费机制的支撑，也将影响到综合管廊后期的持续运营。

4.6.3　综合管廊环境效益评估思路

根据《目录》，二级目录"1.4 具有节能效益的城乡基础设施建设"中明确，城市地下综合管廊项目属于绿色债券支持项目的类型，其参照文件为《国务院办公厅关于推进城市地下综合管廊建设的指导意见》。

地下综合管廊工程的建设遵循"规划先行，适度超前、因地制宜、统筹兼顾"的原则，其一旦建成投入运营，能够集成容纳多条市政管道，且维护人员可以直接进入管廊进行日常的管线维修保养工作，从而避免各种施工机械在市政管线铺设、维护过程中反复开挖路面造成的能源动力损耗，降低温室气体及有害污染物排放，具有一定的节能环境效益。

但需要注意的是，综合管廊的节能效益受管道类型、铺设工艺、地质条件等多种因素影响较大，难以具体量化评估。考虑到其节能效益的发挥依赖于其正常发挥市政管道容纳、维护的作用，其绿色属性及环境效益主要体现在以下方面：

（1）更全面适宜的规范水平：城市管廊工程规划应与城市总体规划、地下管线综合规划、控制性详细规划、地下空间规划、道路规划等保持衔接，并考虑长远发展需要。

（2）更科学合理的设计水平：其总体设计、管线专项设计、附属设施设计及结构设计能够满足相应规范标准，最大限度地满足管廊的使用要求。

（3）更有效严格的运营维护：通过建立明确的维护制度及收费机制，保障管廊的日常经营维护，提高市政管线入廊率，更大限度发挥管廊的节能及社会效益。

中债资信拟从以上几个方面，对综合管廊项目进行环境效益方面的评价。

4.6.3.1 制定依据

城市地下综合管廊项目属于重大市政公共基础设施，政府对此类项目设计和运营的监管十分重视。因此，须保证综合管廊建设达到国家相关标准规范的要求，在制定综合管廊项目环境效益评估方法过程中，也参考或引用了这些标准规范，具体如表4-20所示。其中，主要的参考依据为《城市综合管廊工程技术规范（GB 50838—2015）》（以下简称《规范》）。

表4-20 综合管廊项目环境效益评估方法制定的主要依据

序号	标准及规范名称	编号	发布方	用途
1	城市综合管廊工程技术规范	GB 50838—2015	住建部、质监局	适用于新建、扩建、改建综合管廊的规划设计、施工验收、维护管理
2	城市地下综合管廊工程规划编制指引	建城〔2015〕70号	住建部	规范和指导城市地下综合管廊工程规划编制工作
3	关于印发城市管网专项资金绩效评价暂行办法的通知	财建〔2016〕52号	财政部、住建部	强化城市管网专项资金管理
4	电力工程电缆设计规范	GB 50217—2007	住建部、质监局	适用于电力工程电缆铺设设计
5	室外给水设计规范	GB 50013—2006	住建部、质监局	适用于新建、扩建或改建的城镇、工业企业及居住区的永久性室外给水工程设计
6	污水再生利用工程设计规范	GB/T 50335—2002	住建部	适用于以农业用水，工业用水、城镇杂用水、景观环境用水等为再生利用目标的新建、扩建和改建的污水再生利用工程设计

续表

序号	标准及规范名称	编号	发布方	用途
7	室外排水设计规范	GB 50014—2006	住建部、质监局	适用于新建、扩建和改建的城镇、工业区和居住区的永久性室外排水工程设计
8	城镇燃气设计规范	GB 50028—2006	住建部	适用于向城市、乡镇或居民点供给居民生活、商业、工业企业生产、采暖通风和空调等各类用户作燃料用的新建、扩建或改建的城镇燃气工程设计
9	城镇供热管网设计规范	CJJ 34—2010	住建部	适用于以热电厂或区域锅炉房为热源热泵新建或改建的城市热力网管道、中断泵站和用户热力站等工艺系统设计

资料来源：住建部、质监局等，中债资信整理。

4.6.3.2　评估思路

综合管廊环境效益的大小，一方面要看项目的规划设计与有关规范标准的契合程度，另一方面要看项目的运行管理是否能保障其顺利发挥功效。项目工程设计与运行管理是既相互联系又具有相对独立性的两个方面。对二者分别评价并根据权重进行综合评定，更有助于全面判定项目的环境绩效情况。因此，对综合管廊项目环境绩效的评价，总体上拟从规划设计水平及运营管理水平两个大的方面展开。

规划设计方面，国内关于综合管廊建设开发的主要技术指南是《规范》，《规范》从基本规定、规划、总体设计、管线设计、附属设施设计、结构设计、施工及验收、维护管理等各个方面，对综合管廊工程项目做了全方位技术性说明，也为对项目的具体评估提供了依据。中债资信拟从《规范》各章节中选取规划、总体设计、管线设计、附属设施设计 4 个因素作为评估指标，基本能够覆盖综合管廊项目规划设计中较为重要的方面。

运营管理方面，除《规范》提供了相关的部分参考依据外，财政部、住建部发布的《地下综合管廊试点绩效评价指标体系》（以下简称《体系》）也为评估管廊项目在实际运营水平提供了参考。《体系》从资金使用和管理、政府和社会资本合作、运营维护费用保障机制、入廊收费制度、产出数量、项目效益、技术路线 7 个方面，对综合管廊国家级试点运用财政专项资金的成果与产出进行考核，中债资信拟从《规范》各章节及《体系》中选取若干因素，具体包括维护管理、运营保障机制、入廊率、资料存管 4 个因素作为评估指标。具体依据及逻辑见表 4-21。

表 4-21　综合管廊项目环境效益评估指标选取的依据及逻辑

评估指标		选取依据	评估逻辑
规划设计水平	规划水平	《规范》	考察管廊规划与城市总体规划、地下管线综合规划、地下空间规划、道路规划等保持衔接的程度，建设区域选址的实用性，以及管廊断面布局的合理性
	总体设计	《规范》	考察地下综合管廊项目空间、断面及节点设计方面与《规范》的契合程度
	管线设计	《规范》	考察纳入管廊的各种市政管线在设计上与《规范》及各专项规范的契合程度
	附属设施	《规范》	考察综合管廊附属设施的完备程度
运营管理水平	维护管理	《规范》	考察综合管廊项目维护管理制度的完备性及执行程度
	运营保障机制	《体系》	考察综合管廊项目是否已有运营保障机制作为持续性运营支撑
	入廊率	《体系》	考察综合管廊项目强制入廊制度的执行情况
	资料存管	《规范》	考察综合管廊项目建设运营档案资料存管的完备情况

4.6.3.3　评估思路未来的改进方向

以上评估思路尚存在一定不足，中债资信拟从以下几个方面考虑改进：（1）评估指标的选取是否全面，能够整体地反映综合管廊项目的设计与运营水平；（2）评估指标的选取是否科学合理，以及具体评估时是否具备可操作性；（3）综合管廊项目在国内尚处于动态发展的过程中，对其环境绩效的评估也应随着可能出现的变化而作出调整。

4.6.4　小结与展望

随着我国新型城镇化的发展深入，传统的各自为政式地下管线敷设方式已不能满足城市地下空间集约利用、智慧管理的要求。在这种背景下，地下综合管廊在国内日益受到城市规划者的青睐，预计未来仍然有较大的发展空间。它可以集成容纳多条市政管道，且维护人员可以直接进入管廊进行日常的管线维修保养工作，有效克服因新建、维修地下管道而反复开挖路面带来的各种问题，具有综合的社会效益、经济效益及环境效益，在国外已具备较多的发展与实践经验。综合管廊属重大市政基础设施，其在国内的发展更多地依赖顶层设计与政策推动。在一系列专项政策支持下，国内先后设立了两批得到中央财政支持的综合管廊建设试点，其努力已取得显著的进展。但同时也需要注意到，我国城市地下综合管廊的建设与发展也面临着一系列挑战与风险，例如，倘若城市总体规划与管廊规划出现较大偏差，就有可能面临地下管廊建成后，管线入廊率低下，造成管廊闲置、投资浪费的损失。

合理开发建设综合管廊，集约利用地下空间，能取得显著的节能环境效益，国内《目录》因此将其列入支持项目清单；针对综合管廊项目，由于其节能效益难以具体量化评估，同时其节能效益的发挥依赖于其正常发挥市政管道容纳、维护的作用，因此我们将重点考量管廊项目在规划设计水平、运营管理水平两方面的表现。此外，城市地下综合管廊在我国尚处于动态发展的过程，我们将结合实际发展阶段对其环境效益的评价作出适应性调整，以更好地提升评估过程的科学性与实用性。

4.7 纯电动汽车的发展现状及环境效益研究

随着我国社会经济的快速发展，机动车保有量快速上升。据公安部交管局统计，截至 2016 年底，全国机动车保有量达 2.9 亿辆，其中汽车 1.94 亿辆；私家车总量达 1.46 亿辆，每百户家庭拥有 36 辆。机动车在给人民生活带来便利、改善群众生活质量的同时，城市拥堵日趋严重，而尾气排放亦带来大气污染，尤其在人口密集、机动车保有量大的大型城市，机动车尾气已经成为大气污染物的重要来源之一。机动车尾气中的氮氧化物、挥发性有机物等一次污染物的直接排放，对于灰霾污染的高发亦有可观的贡献。现阶段的机动车通常直接使用汽油、柴油、天然气等化石燃料，而我国又是贫油少气的国家，2016 年中国原油产量跌破 2 亿吨，而原油表观消费量已达 5.78 亿吨，原油对外依存度已达 65.44%；同时，2016 年汽油表观消费量 1.20 亿吨，柴油表观消费量 1.65 亿吨，粗略看，成品油（汽煤柴合计）表观消费量占原油表观消费量的 56.48%，很大一部分原油产品仅作为燃料燃烧也在一定程度上是一种资源的浪费。

同时，我国目前正在大力推动碳减排工作，并争取 2030 年碳排放达峰，同时环境污染治理和生态环境保护工作的重要性越发受到全社会的关注和支持。作为交通领域的新兴交通工具，以纯电动汽车为代表的新能源汽车，能够有效减少大气污染物的直接排放，同时提高能源的使用效率。推广使用新能源汽车，亦是交通方式向着低碳化、环境友好化和能源节约化转变的重要手段之一。当然现阶段受限于技术和经济性等多方面掣肘，大部分新能源汽车在成本、续驶里程等方面表现仍不能达到预期，而配套的诸如充电桩、新型燃料配给等设施的支持亦落后于新能源汽车本身的发展需要，因此总体上新能源汽车发展仍存在多方面的不足。

2017 年 7~8 月，媒体陆续报道了欧盟多个国家已经设置了传统能源汽车退出的时间表，比如荷兰、德国、英国等国已经将退出时间定在了2025 年、2030 年和 2040 年。同时，我国工信部副部长在 2017 年 9 月的中国汽车产业发展国际论坛上亦指出，已经启动我国传统能源车退出时间表的相关研究工作。而作为传统能源汽车未来的替代产品，新能源汽车越来越受到各方的关注。

4.7.1 新能源汽车与电动汽车的定义

4.7.1.1 概念的发展演变

新能源汽车和电动汽车的定义，我国在历年出台的相关国家标准和政策文件中均有提及，并呈现一定的发展变化。

2004 年 11 月，我国推出了国家推荐标准《GB/T 19596—2004 电动汽车术语》（以下简称《电动汽车术语》），对电动汽车进行了定义。值得一提的是，《电动汽车术语》中所定义电动汽车的类型，其实与后续政策文件中的"新能源汽车"的定义范畴保持一致。具体内容及后续政策定义的梳理，详见表 4-22。

表 4-22　我国新能源汽车定义和类型的梳理

文件名称	颁布时间	新能源汽车定义	新能源汽车类型或范围
GB/T 19596—2004 电动汽车术语	2004 年 11 月	纯电动汽车（BEV）是指由电动机驱动的汽车，电动机的驱动电能来源于车载可充电蓄电池或其他能量储存装置。混合动力（电动）汽车（HEV），是指能够至少从下述两类车载储存的能量中获得动力的汽车，包括：可消耗的燃料，可再充电能/能量储存装置。燃料电池电动汽车（FCEV），则是以燃料电池作为动力电源的汽车。	（1）纯电动汽车（BEV）；（2）混合动力（电动）汽车（HEV），包括串联式、并联式和混联式；（3）燃料电池电动汽车（FCEV）
工信部《新能源汽车生产企业及产品准入管理规则》	2009 年 6 月	采用非常规的车用燃料作为动力来源（或使用常规的车用燃料、采用新型车载动力装置），综合车辆的动力控制和驱动方面的先进技术，形成的技术原理先进、具有新技术、新结构的汽车	混合动力汽车、纯电动汽车（BEV，包括太阳能汽车）、燃料电池电动汽车（FCEV）、氢发动机汽车、其他新能源（如高效储能器、二甲醚）汽车
国务院《节能与新能源汽车产业发展规划（2012—2020 年）》	2012 年 6 月	采用新型动力系统，完全或主要依靠新型能源驱动的汽车	纯电动汽车、插电式混合动力汽车及燃料电池汽车
财政部、工信部《免征车辆购置税的新能源汽车车型目录》	2014 年 8 月	—	纯电动汽车、插电式（含增程式）混合动力汽车、燃料电池汽车
工信部《新能源汽车生产企业及产品准入管理规定》	2017 年 1 月	采用新型动力系统，完全或者主要依靠新型能源驱动的汽车	插电式混合动力（含增程式）汽车、纯电动汽车和燃料电池汽车
人民银行《绿色债券支持项目目录》	2015 年 12 月	—	电动汽车、燃料电池汽车、天然气燃料汽车等新能源汽车

资料来源：公开资料，中债资信整理。

2009 年 6 月，工业和信息化部发布了《新能源汽车生产企业及产品准入管理规则》（工产业〔2009〕第 44 号）（以下简称工信部《规则》）；2012 年 6 月，国务院《节能与新能源汽车产业发展规划（2012—2020 年）》（国发〔2012〕22 号）（以下简称国务院《规划》）也进行了定义说明；2014 年 8 月，财政部、国家税务总局、工信部联合发布了《关于免征新能源汽车车辆购置税的公告》（以下简称《免税公告》）规定，对免征车辆购置税的新能源汽车，由工信部、国家税务总局通过发布《免征车辆购置税的新能源汽车车型目录》（以下简称《车型目录》）实施管理；2017年1月，工信部发布了《新能源汽车生产企业及产品准入管理规定》（中华人民共和国工业和信息化部令第39号）（以下简称工信部《规定》），并自2017年7月1日起施行，工产业〔2009〕第44号同时废止；工信部《规定》是对2009年版工信部《规则》的修订，对新能源汽车的界定范围有所调整，并与前述国务院《规划》保持一致。

结合上述政策的梳理，总体上新能源汽车可定义为：采用新型动力系统，完全或者主要依靠新型能源驱动的汽车；通常新能源汽车具体包括：纯电动汽车、插电式混合动力汽车及燃料电池汽车。

4.7.1.2　新能源汽车与绿色债券支持范畴的一致性

《目录》在第四大类"清洁交通"中，列出了"4.6 新能源汽车"，具体包括两个子项，即"4.6.1 零部件生产及整车制造"，其界定条件为"电动汽车、燃料电池汽车、天然气燃料汽车等新能源汽车整车制造、电动机制造、储能装置制造以及其他零部件、配件制造"；以及"4.6.2 配套设施建设运营"，界定条件为"新能源汽车配套充电、供能等服务设施建设运营"。

国际上的绿色债券准则（GBP）及气候债券标准（CBS）的支持项目类别里亦都有与新能源汽车相匹配的领域。GBP体系下，支持项目类型中有一大项为清洁交通项目，具体包括电力交通、混合动力交通、公共交通、铁路交通、非机动车、联运及与之配套的基础设施、可减少有害气体排放的清洁能源车辆等；新能源汽车归属于这一范畴。CBS体系下，其支持的项目中有一大类为低碳陆地交通项目，具体包括公共交通、以电力／混合动力／可替代能源驱动的货物运输工具、专用的货运铁路线及配套的基础设施等，新能源汽车在CBS体系中亦明确符合其要求。

这里需要说明的是，工信部《规定》《车型目录》与人民银行《目录》对于新能源汽车的界定略有差异，具体体现在：（1）插电式（含增程式）混合动力汽车已纳入工信部《规定》和《车型目录》的范围内，但《目录》

中未明确说明新能源汽车是否包含混合动力汽车；（2）天然气燃料汽车包含在《目录》范畴之内，但在工信部《规定》与《车型目录》中均未纳入。

由于新能源汽车包含了三种技术特点迥异的典型汽车类型，本节现就新能源汽车下的"纯电动汽车"，进行相关的梳理、分析和研究，后续其他类型的新能源汽车研究将陆续开展。

4.7.2　我国纯电动汽车发展现状

4.7.2.1　新能源汽车行业发展概况

● 相关政策梳理

伴随我国汽车市场整体的快速发展，国内汽车的产销两旺，部分一线城市汽车保有量快速上升，城市交通拥堵日趋严重。除了宏观层面国家对于新能源汽车产业发展和消费引导的政策推动之外，近年来一些城市因治理拥堵和大气污染而推出的限购政策，以及同时对新能源汽车的鼓励，无形中成为新能源汽车发展的政策利好。2011 年 1 月起，北京市实行小客车限购政策——《北京市小客车数量调控暂行规定》，通过控制每年的新增小客车的数量（小客车为新增机动车的主要增长点）控制市内机动车保有量。加上 1994 年起以拍卖方式获取小客车上牌资格的上海市，及采取类似北京的小客车摇号政策的广州、深圳、天津、杭州和贵阳，截至 2017 年 11 月，我国共有 7 个城市实施了小客车限购政策。

特别是从 2013 年开始，部分城市大力推广新能源汽车的应用，例如北京市根据《北京市示范应用新能源小客车管理办法》，调整了《〈北京市小客车数量调控暂行规定〉实施细则（2013 年修订）》，将示范应用新能源小客车指标单独配置，并按照年度新增小客车总量目标内，规划逐年增加新能源汽车的投放、缩减常规燃油车的指标。实施限购政策的上海、天津、广州、深圳和杭州均以不同形式的称谓和政策安排，单独划出新能源汽车指标供摇号配置或者可以直接配置新能源汽车指标。具体而言，北京市政策下的新能源汽车全部限定为纯电动汽车，需轮候指标配置；深圳市政策下的电动小汽车实际为符合工信部定义的新能源汽车，指标摇号配置；上海、天津、广州和杭州，对符合工信部新能源汽车定义的指标申请，可直接配置；天津和广州对于节能车（符合一定条件的混合动力汽车）则单独摇号配置；具体情况梳理可参见表 4-23。新能源汽车相对更高的中签概率或可以直接上牌的便利，让一部分购车需求较为迫切的消费者转向购买新能源汽车，这在一定程度上推动了新能源汽车的购买需求。上述城市中，有配额限制的新能源汽车配置指标每年合计有 10.2 万个，加上部分城市符合要求的新能源汽车可以直接申请其他指标，因而新能源汽车的总体需求比较可观。

表 4-23　我国小客车限购城市关于新能源汽车指标配置的情况梳理

城市	限购始于	对应称谓及年度配置数量	指标配置方式	对应标准或车型定义
北京	2011 年 1 月	新能源小客车；6 万个（2017 年）	无偿摇号；新能源汽车按申请时间顺序配置	列入《北京市示范应用新能源小客车生产企业和产品目录》中的纯电驱动小客车
上海	1994 年	新能源汽车；无数量限制	拍卖；新能源汽车免费发放专用牌照额度（需满足一定申请条件）	《新能源汽车推广应用工程推荐车型目录》《免征车辆购置税的新能源汽车车型目录》或其他相关推荐车型目录
天津	2013 年 12 月	节能车＋新能源车节能车 1 万个，新能源车无限制	按比例分配无偿摇号＋拍卖；节能车单独摇号配置，新能源车可直接申领其他指标	节能车：工信部《节能与新能源汽车示范推广应用工程推荐车型目录》或认证检测机构认定的节油率超过 20% 的混合动力小客车；新能源车：工信部《节能与新能源汽车示范推广应用工程推荐车型目录》所列的纯电动、插电式混合动力或者燃料电池小客车
广州	2012 年 7 月	节能车＋新能源车；节能车 1.2 万个，新能源车无限制	按比例分配无偿摇号＋拍卖；节能车增量指标摇号配置，新能源车可直接申领其他指标	节能车：符合工信部《节能与新能源汽车示范推广应用工程推荐车型目录》所列的节油率超过 20% 的混合动力中小客车；新能源车：符合工信部《节能与新能源汽车示范推广应用工程推荐车型目录》所列的纯电动、插电式混合动力或燃料电池中小客车
深圳	2014 年 12 月	电动小汽车；2 万个	按比例分配无偿摇号＋拍卖；电动小汽车增量指标摇号配置	符合工信部汽车产品公告目录的纯电动小汽车、插电式（含增程式）混合动力和燃料电池小汽车，以及国家有关规定许可的原装进口纯电动小汽车

续表

城市	限购始于	对应称谓及年度配置数量	指标配置方式	对应标准或车型定义
杭州	2014 年 3 月	新能源车；无限制	按比例分配无偿摇号＋拍卖；新能源车可直接申领其他指标	符合工信部《新能源汽车推广应用推荐车型目录》所列的小客车及进口纯电动车
贵阳	2011 年 7 月	无	专段号段无偿摇号，2 年未中签可申请直接配置	无

资料来源：公开资料，中债资信整理。

　　另外，工信部等三部委联合发布的《公告》规定，自 2014 年 9 月 1 日至 2017 年 12 月 31 日，对购置的新能源汽车免征车辆购置税，这也是通过税收的减免手段，推动新能源汽车市场的发展；同时中央财政补贴和部分地方政府的补贴，可以一定程度让目前价格较高的新能源汽车更容易被广大消费者所接受。目前，国家对纯电动汽车和插电式混合动力汽车的补贴以每年 20% 的平均速度退坡，燃料电池汽车补贴目前仍保持较大力度，并将一直持续到 2020 年之后。

　　● 成熟应用程度

　　目前来看，技术较为成熟且具有商业化应用能力的新能源汽车，主要为纯电动汽车和混合动力汽车，事实上新能源汽车的统计数据基本也围绕这两种类型车开展。而燃料电池汽车目前因受限于燃料获取和存储、车辆技术成熟程度等方面的实际限制，目前的实际应用非常少。

　　前期新能源汽车的快速发展，除了限购城市的购车刚性需求支撑以外，国家的减税和补贴政策带来的积极影响特别显著。然而，补贴退坡后的纯电动和插电式混合动力汽车行业，能否继续保持车辆的技术经济可行，同时产品价格上能否得到消费者的持续认可，将成为行业持续稳定增长的必要条件。在价格和成本因素之外，充电桩等配套设施的便利程度则特别受消费者关注。据中国电动汽车充电基础设施促进联盟披露的信息，截至 2016 年底，公共类充电桩建设、运营数量 14.1 万个，相较于 2015 年末 4.9 万个净增 2 倍以上，中国充电基础设施公共类充电设施保有量全球第一。

截至 2017 年 9 月，我国公共类充电桩建设、运营数量共 19.06 万个，其中交流充电桩 74 783 个、直流充电桩 49 717 个、交直流一体充电桩 66 059 个，比 2016 年底共计新增 44 253 个。截至 2017 年 9 月，省级行政区域内所拥有的公共类充电桩数量超过 2 万个的分别为：北京 2 690 个、广东 26 340 个、上海 23 516 个和江苏 20 417 个。国内新能源汽车的消费需求目前主要来源于限购城市，普通城市则需要更多配套的基础设施支持。

● 新能源汽车市场发展概况

我国的新能源汽车从 2006 年开始有统计数据，根据《节能与新能源汽车年鉴》所披露的 2006—2010 年统计数据，这五年间全国年均产量不足 7 000 辆，市场规模非常小。

由于新能源汽车所受到的政策倾斜、财政补贴和优先配置等实际便利，从 2014 年开始，特别以一线城市对新能源汽车的需求增长为契机，我国新能源汽车市场开始快速增长。如图 4-14 所示的新能源汽车的产销情况，2011—2013 年市场规模非常小，发展较慢；从 2014 年开始明显增快，到 2016 年，我国新能源汽车产量 51.7 万辆，销量 50.7 万辆，基本实现了前述《规划》所设定的 2015 年新能源汽车市场达到 50 万辆的发展目标，但相比同期我国汽车市场总体 2 811.88 万辆和 2 802.82 万辆的总产销量规模，新能源汽车这一细分市场依然十分微小，占比不足 2%。

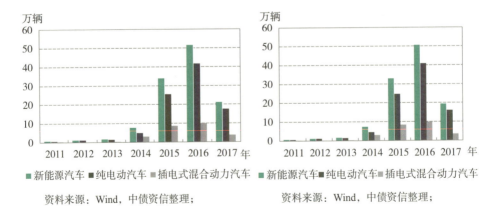

资料来源：Wind，中债资信整理；
2017 年为半年统计数据。

图 4-14　2011—2017 年我国新能源汽车产量（左图）、销量（右图）

● 纯电动汽车市场发展概况

新能源汽车中，纯电动汽车的产销占据绝对主体，2016 年，纯电动汽车的产销分别占新能源汽车产销总量的 80.66% 和 80.67%。

本节将主要关注纯电动汽车。从不同的纯电动汽车类型看，如图 4–15 所示，纯电动乘用车的市场占有率最大，同时以部分城市大力推广电动公交、电动环卫车等举措的推动，纯电动客车和专用车的增幅也十分明显。到 2016 年，纯电动乘用车产量接近 25 万辆，占据新能源汽车市场的半壁江山；电动客车突破 11 万辆的产量，同时电动专用车超过了 6 万辆。

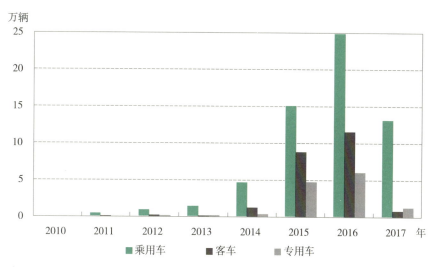

资料来源：Wind，中债资信整理；2017 年为半年统计数据。

图 4–15　2010—2017 年我国主要类型纯电动汽车产量

此外，中美两国的电动汽车市场销量情况对比也可以在一定程度上反映中外新能源汽车市场发展的状态。根据可获得的从 2012 年开始的美国统计数据，美国的插入式电动汽车经历着较为快速的增长，年均增长幅度 34.5%，2016 年销量 15.7 万辆；同时期中国纯电动汽车的年均增长幅度，达到了 171.1%，2016 年销量 40.9 万辆。由于两国统计口径和汽车类型定义的差异，此对比仅作参考，如图 4–16 所示。

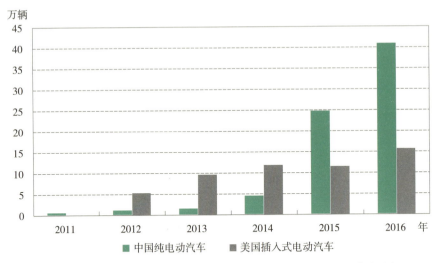

资料来源：Wind，中债资信整理。美国插入式电动汽车定义略有不同，此图作为示意。

图 4-16   2011—2016 年中美纯电动汽车销量对比示意图

4.7.2.2   纯电动汽车技术发展现状概述

前述《关于免征新能源汽车车辆购置税的公告》中的《车型目录》，国家工信部自 2014 年起，至今一共发布了十二批次的《车型目录》。目录中涵盖了：纯电动汽车、插电式混合动力汽车和燃料电池汽车。本节主要关注《车型目录》中披露的纯电动汽车的主要技术发展现状。

《车型目录》基本涵盖了我国境内生产的纯电动汽车产品，以及少量进口纯电动乘用车（十二批次《车型目录》合计仅有 3 款进口乘用车），因此根据《车型目录》所反映出来的核心技术指标，可以反映出我国纯电动汽车产品的主要技术发展状况。十二批次《车型目录》中，纯电动汽车共涉及了纯电动乘用车、客车、专用车、货车和牵引车共五个大类，共计 5 110 个型号，涉及厂家数量共计 332 家。其中，电动客车的型号数量最多，共计 3 112 个型号；而专用车的厂家数量最多，共计 124 家企业。市场销量最大的电动乘用车方面，车型共有 422 型，来自 67 家企业。《车型目录》提及的纯电动专用车，主要是指运输车、垃圾车、邮政车、物流车、工程车等有专门用途的纯电动车辆。

表征纯电动汽车最主要的技术指标，主要包括：续驶里程（千米）、动力电池能量密度（瓦时/千克）以及百公里电耗（千瓦时/100 千米）。前述各类型的纯电动汽车的主要指标的统计结果，如图 4-17 所示。这也是反映作为旅客或货物运输的车辆，所需要关注的核心要点。本节的动力电池能量密度，按照《车型目录》中的动力蓄电池组总能量（千瓦时）与动力蓄电池组总质量（千克）计算所得。由于《车型目录》未具体说明动力蓄电池组总质量的具体定义和范围，因而动力蓄电池组总质量有可能大于动力电池本身的质量，本指标有可能略低于动力电池实际能量密度。

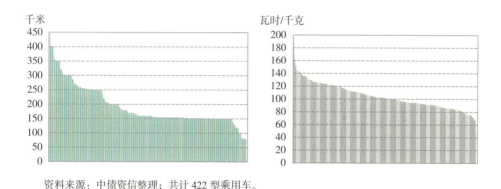

资料来源：中债资信整理；共计 422 型乘用车。

图 4-17 我国纯电动乘用车的续驶里程统计（左图）、电池能量密度统计（右图）

前述的国务院《规划》提出，到 2015 年，纯电动乘用车最高车速不低于 100 公里/小时，纯电驱动模式下综合工况续驶里程不低于 150 公里；动力电池模块比能量达到 150 瓦时/公斤以上，成本降至 2 元/瓦时以下，循环使用寿命稳定达到 2 000 次或 10 年以上。到 2020 年，动力电池模块比能量达到 300 瓦时/公斤以上。

● 乘用车

乘用车方面，现阶段 422 型车的续驶里程从 80 千米～450 千米不等，最多数的车型续航里程众数值 155 千米，中数值 160 千米，基本能达到《规划》的发展目标；仅有 48 型车的续驶里程在 300 千米及以上。其中，有 2 型车续驶里程达到 450 千米，该 2 型车的质量均为 2 450 千克，动力电质量 730 千克，能量密度 124.7 瓦时 / 千克。从动力电池的能量密度角度看，目前主要分布在 50.5 瓦时 / 千克 ~199.4 瓦时 / 千克范围内，众数值 94.4 瓦时 / 千克，中数值 101.3 瓦时 / 千克，同时仅有 7 款车型的能量密度达到《规划》关于 2015 年达到 150 瓦时 / 千克的目标，大多数车型的能量密度集中在 80~120 瓦时 / 千克的范围。

● 客车

客车方面，现阶段 3112 型车中，有 3 型客车采用超级电容作为动力来源，续驶里程分别仅有 22 千米、10.3 千米和 3 千米，基本不具备实际应用能力，其他车型的续驶里程从 50 千米 ~892 千米不等，大多数的车型续航里程集中在 250 千米左右；有 48 型车的续驶里程在 500 千米及以上，782 型车的续驶里程在 300 千米及以上；众数值 250 千米，中数值 255 千米。

其中，最长续驶里程车型达到 892 千米，该车整车质量 14 900 千克，动力电池质量达 4 310 千克，仅次于所有车型中 4 500 千克的动力电池最高质量，电池能量密度 91.4 瓦时 / 千克。从动力电池的能量密度角度看，目前乘用车选用的动力电池分布在 13.8 瓦时 / 千克 ~237.9 瓦时 / 千克范围内（不含采用超级电容的 3 型客车），同时仅有 4 款车型的能量密度超过 150 瓦时 / 千克，众数值 100.0 瓦时 / 千克，中数值 92.0 瓦时 / 千克；大多数车型的能量密度集中在 80~120 瓦时 / 千克的范围。由于客车可以容纳更大质量的动力电池，因而客车对于电池能量密度需求的范围弹性较大。

此外，3112 型客车中针对部分电池类型有专门备注，其中有 96 型车采用钛酸锂电池，平均续驶里程 148 千米，电池平均能量密度 46.9 瓦时 / 千克；有 11 型车采用磷酸铁锂快充电池，平均续驶里程 127 千米，电池平均能量密度 79.0 瓦时 / 千克；指标表现均低于客车整体情况。另有 3 型车采用超级电容作为动力来源。

● 专用车

专用车方面，车型多样，用途不一，类似环卫车、运输车等车辆亦可以容纳较大质量的动力电池。现阶段 1 483 型车中，续驶里程从 80 千米 ~543 千米不等，众数值 200 千米，中数值 201 千米；有 20 型车的续驶里

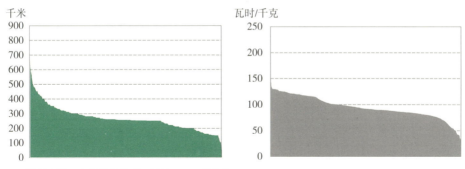

资料来源：中债资信整理；共计 3 112 型客车。

图 4-18　我国纯电动客车的续驶里程统计（左图）、电池能量密度统计（右图）

程在 400 千米及以上，165 型车的续驶里程在 300 千米及以上。其中，最长续驶里程车型达到 543 千米，该车整车质量 2 980 千克，动力电池质量达 670 千克，电池能量密度 138.8 瓦时 / 千克。从动力电池的能量密度角度看，目前乘用车选用的动力电池分布在 43.7 瓦时 / 千克 ~162.5 瓦时 / 千克范围内，众数值 100.0 瓦时 / 千克，中数值 106.5 瓦时 / 千克；同时仅有 31 款车型的能量密度超过 150 瓦时 / 千克，大多数车型的能量密度集中在 80~120 瓦时 / 千克的范围。

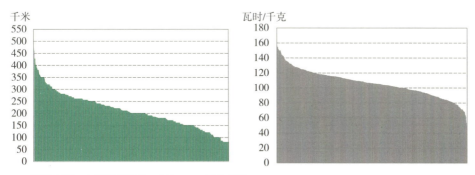

资料来源：中债资信整理；共计 1 483 型专用车。

图 4-19　我国纯电动专用车的续驶里程统计（左图）、电池能量密度统计（右图）

● 货车

货车方面，现阶段 90 型车中，续驶里程从 100 千米 ~385 千米不等，众数值 170 千米，中数值 200 千米；有 12 型车的续驶里程在 300 千米及以上，48 型车的续驶里程在 200 千米及以上。其中，最长续驶里程车型达到 385 千米，该车整车质量 3 450 千克，动力电池质量达 866 千克，电池能量密度 95.8 瓦时 / 千克。从动力电池的能量密度角度看，目前乘用车选用的动力电池分布在 71.4 瓦时 / 千克~136.4 瓦时 / 千克范围内，众数值 100.7 瓦时 / 千克，中数值 104.0 瓦时 / 千克；无车型的能量密度超过 150 瓦时 / 千克。

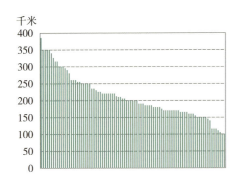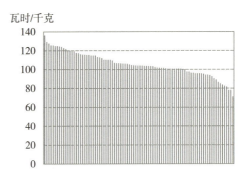

资料来源：中债资信整理；共计 90 型货车。

图 4-20　我国纯电动货车的续驶里程统计（左图）、电池能量密度统计（右图）

● 各类型车的能耗

从各型车的百公里能量消耗的角度，以中数评估主要的车型整体的评价表现情况，乘用车为 14.6 千瓦时 / 一百千米，客车为 46.9 千瓦时 / 一百千米，专用车为 24.3 千瓦时 / 一百千米，货车为 27.8 千瓦时 / 一百千米。

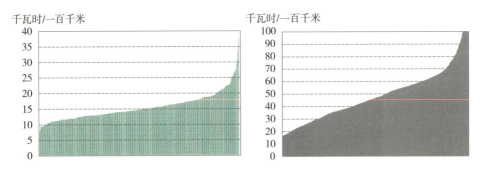

资料来源：中债资信整理；共计 422 型乘用车、3 112 型客车。

图 4-21　我国纯电动乘用车（左图）、纯电动客车（右图）一百千米能耗统计图

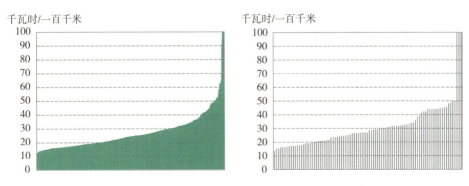

资料来源：中债资信整理；共计 1 483 型专用车、90 型货车。

图 4-22 我国纯电动专用车（左图）、纯电动货车（右图）一百千米能耗统计图

此外，12 批《车型目录》中还有 3 型电动牵引车，由于车型数量少，尚不具有典型代表意义，本节暂不作分析。

总体上看，现阶段市场上大部分纯电动汽车的技术水平尚处于基本可以满足各种车型初步应用的状态。例如，国务院《规划》对纯电动乘用车提出的技术指标目标，现阶段众多车型的整体状态仅仅是基本达到续航目标，能量密度目标仅 7 款车型达到；而远期目标的实现需要依赖更多的技术研发和突破。

4.7.3 纯电动汽车的环境效益及环境影响

现阶段公众面临纯电动汽车和传统能源汽车产品的消费选择时，主要关注的要点包括：纯电动汽车的续航能力、充电的便捷程度、额外的安全性考虑（即通常汽车安全性之外的考虑，特别是电池面临撞击、燃烧、穿刺、极端高温或低温等极端情况下的安全性）、产品售价等方面。目前纯电动汽车在上述各方面，相比传统能源汽车，均没有表现出特别显著的优势。除去部分一线城市为了治理拥堵和大气污染而采取了限购传统能源汽车、鼓励新能源汽车的政策以及地方政府的购车补贴等方面的实际影响，普通消费者选购纯电动汽车的积极性并不高。

纯电动汽车受到国家层面的大力推动，其实也与其存在客观的环境效益密切相关，这主要体现在能源节约和无直接大气污染物排放。然而另一

方面，纯电动汽车相比传统汽车，除了传统的汽车物料资源消耗之外，其以动力电池为代表的储能装置的生产和报废环节的环境负面影响同样不能被忽视。

4.7.3.1 能源节约效益

纯电动汽车使用电能直接驱动电机推动车辆运动，这与传统能源车先由热机将燃油或燃气的化学能转为内能、再最终转化为机械能相比，一次能源转化效率明显要高。电力生产环节中，不考虑清洁能源发电，最主要的发电主体——火电在将煤等化石燃料转变为电力的生产环节，能源转化效率也优于机动车燃油热机，运行标准高的火电机组优势更为明显。单纯从热效率角度看，汽油发动机典型的热效率基本在 33%~36%，柴油发动机的热效率大约是 40%~45%，超临界机组热效率约 41%，超超临界机组热效率约 45%。

以纯电动乘用车和传统燃油乘用车为例，对比两者单位里程的直接能源输入，初步分析纯电动乘用车与燃油乘用车的能源消耗水平。国务院发布《节能与新能源汽车产业发展规划（2012—2020 年）》设定，2020 年乘用车新车平均燃料消耗量达到 5.0 升 /100 千米；而目前大多数乘用车的实际使用油耗高于此目标值。作为对比，前述统计中纯电动乘用车能耗中位数为 14.6 千瓦时 /100 千米。以纯电动乘用车的当前平均表现技术数值，对比 2020 年新车的目标油耗值，可以看出，纯电动乘用车的节能效应明显。以热当量对比的热值，纯电动乘用车能耗仅为燃油车能耗的 29.3%~33.4%；如考察火力发电的热消耗，以等价值计算，纯电动乘用车也比燃油车的能耗低 12%~15%。同时，不考虑充电与加油的便利程度，若仅考察燃油和充电的物价，充电的直接能源使用成本亦明显低于燃油。具体对比如表 4-24 所示。因而从能源使用的角度看，纯电动乘用车确实有明显的节能效益。

表 4–24　纯电动汽车电耗与 2020 年燃油车油耗限额目标的能源消耗对比

类型	里程	能耗	单价（元）	成本（元）	能源折算系数或密度	热值（千焦）	标准煤（每千瓦时）
电动	100 千米	14.6 千瓦时	1.00*	14.60	电力当量值：0.1229 每千瓦时	52 560	1.794
电动	100 千米	14.6 千瓦时	1.00	14.60	电力等价值：0.312 每千瓦时 **	133 499	4.555
汽油	100 千米	5.0 升	6.45	32.25	0.73 千克 / 升	157 396	5.371
柴油	100 千米	5.0 升	6.08	30.40	0.84 千克 / 升	179 354	6.120

注：* 各地充电的价格不一，从 0.53~2.36 元 / 千瓦时不等，其中北京国网所属充电桩，峰时（1.0044 元）、平时（0.6950 元）、谷时（0.3946 元），上海不超过 1.6 元，广州非公交车 1.2 元，深圳不超过 1.0 元；本书以 1.00 元计，高于居民生活用电的价格。成品油价格选择 2017 年 10 月下旬的市场价格。

** 2016 年全国平均供电煤耗 312 克 / 千瓦时。

资料来源：公开资料，中债资信整理测算。

4.7.3.2　大气污染物减排效益

纯电动汽车在使用过程中没有尾气排放，没有直接大气污染物产生。这也是相比传统能源汽车而言最大的优点。如果城市交通系统中的纯电动汽车能提高到可观的比例，确实可以有效地减少城市交通源大气污染物的排放，这对于没有或者较少工业污染源的部分城市而言，对于城市空气质量的改善将起到很重要的作用。这也是发达国家和我国部分城市重点推动包括纯电动汽车在内的新能源汽车发展的重要考虑因素。

若不考虑纯电动汽车的间接排放，使用纯电动汽车作为出行方式或者交通运输部门的运营车辆，在满足相同运输周转量情况下，其替代传统能源车辆达到同样周转目标前提下的机动车尾气排放量，即为其大气污染物的减排效益。

若考虑纯电动汽车的间接排放，则需要考察城市所处的电网的上网能源结构。我国基本上仍以火电为主，2016 年我国火电发电量占全部的 74.36%。用电作为车辆的能源输入，同样将产生一定的大气污染物间接排放。在火电占主体的电力生产环节中仍有大气污染物排放，但火电厂集中处理大气污染物的有效程度，通常优于传统燃油车分散使用三元催化器等尾气处理方式。

本节通过初步测算，评估纯电动汽车的间接污染的排放水平。假设纯电动汽车使用的电力，分别为 100%、75% 以及 50% 来源于满负荷运行的百万千瓦装机规模的火电机组，并分别达到国标《火电厂大气污染物排放标准 GB 13223—2011》和达到燃煤电厂超低排放水平的机组大气污染物排放水平，电力中的其他比例来源于清洁能源。燃油车辆则设定为达到国Ⅵ机动车排放标准。GB 13223—2011 为现行的火电厂大气污染物的国家强制排放标准，超低排放目前为政策鼓励性的标准，但部分省份已作为地区强制标准；2016 年底，全国已累计完成超低排放改造 4.5 亿千瓦，占全部火电装机规模 10.54 亿千瓦的 42.7%。国Ⅵ机动车排放标准将自 2020 年 1 月 1 日起执行，目前现行国Ⅴ标准从 2017 年 1 月 1 日起执行。

这里需要说明的是，燃煤火电机组的主要污染物为二氧化硫、氮氧化物和烟尘，而机动车尾气的主要污染物为一氧化碳、氮氧化物、挥发性有机物、二氧化硫、颗粒物等，大气污染物的主要结构并不完全一致。本节选取主要污染物指标作为示例，说明两者大致的污染排放水平。后续可通过更深入的研究，详细分析对比两者的污染排放差异。

测算结果示意图如图 4-23 所示。按照行驶 10 万千米的里程测算，按前述技术统计值测算，纯电动汽车需要消耗电能 14 600 千瓦时。对应两种大气污染物排放标准下，电力来源结构的三种不同情景下，氮氧化物（NO_x）和颗粒物或烟尘（PM）排放方面，纯电动乘用车均显著低于燃油车辆，燃油车的排放水平基本在纯电动乘用车的 2.3 倍及更多；而二氧化硫（SO_2）排放方面，汽油车则显著低于纯电动汽车，即便火电达到超低排放水平（100% 电力来源情景），汽油车的二氧化硫贡献仍低出约 35%；若仅有 50% 的电力来源于仅达到国标的火电机组时，二氧化硫的间接排放水平仍高于国Ⅵ标准的汽油车 9.5%；仅有 50% 的电力来源于达到超低排放标准的火电机组时，则此时二氧化硫的间接排放水平则可低于国Ⅵ标准的汽油车 23.4%。而柴油车的二氧化硫排放仍显著高于汽油车以及纯电动汽车的间接排放，为 4.6 倍及更多。

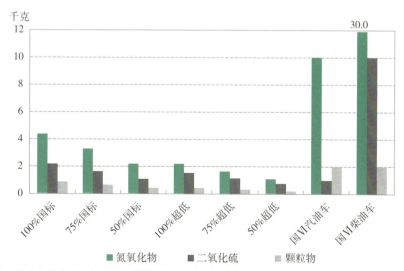

注：此处未考虑电网内的清洁能源结构以及电网传输损耗；火电机组排放污染物按照标准线浓度执行测算；燃油车的排放采用排放因子法测算。图中，"国标"为达到《GB 13223—2011》排放标准，"超低"为达到超低排放标准，即氮氧化物 50 mg/m$_3$、二氧化硫 35mg/m$_3$、烟尘 10 mg/m$_3$。行驶里程均按 10 万千米计。

资料来源：中债资信测算。

图 4-23　纯电动汽车间接排放与国Ⅵ燃油车直接排放大气污染物对比示意图

不同情景下的能源结构显示，进一步提高我国清洁能源生产结构的占比，有利于进一步减少纯电动汽车的间接排放，特别可以显著减少二氧化硫的间接排放。

测算结果也从一定程度反映出，火电厂采用高标准的污染集中治理，其效率远高于单个燃油机动车的污染控制，纯电动汽车对于氮氧化物和颗粒物的控制均显著较优；但受限于燃料本身属性的差异，比如煤中的硫分远高于燃油，因而纯电动汽车的二氧化硫间接排放仍高于汽油车。此外，传统燃油车最重要的污染组分如挥发性有机物（VOC）和一氧化碳（CO），由于火电厂几乎没有排放，因此未作对比分析，但此类组分仍对城市灰霾和臭氧等二次污染产生很大的贡献，因而减少机动车尾气的排放仍然是治理城市大气污染的重要环节。

另外，从温室气体排放的角度测算，火电机组分别按照 2016 年全国供电煤耗 312 克 / 千瓦时和最新国家标准《常规燃煤发电机组单位产品能源消耗限额 GB 21258—2017》中现役 1 000 兆瓦机组一级指标 273 克 / 千瓦时进行测算。测算结果如图 4-24 所示，纯电动汽车的二氧化碳间接排放，亦显著低于燃油车辆的直接排放，这与火电厂能源利用效率高于普通车辆的燃油发动机有关，而柴油车比汽油车更高的热效率也反映在柴油车更低的二氧化碳排放水平上。

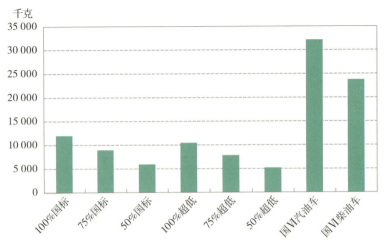

注："国标"二氧化碳排放，按照全国平均供电煤耗 312 克 / 千瓦时测算；"超低"二氧化碳排放，采取《常规燃煤发电机组单位产品能源消耗限额 GB 21258—2017》中现役 1 000 兆瓦机组一级指标 273 克 / 千瓦时测算；燃油车的排放采用排放因子法测算；行驶里程均按 10 万千米计。

资料来源：中债资信测算。

图 4-24　纯电动汽车间接二氧化碳排放与国VI燃油车直接二氧化碳排放对比示意图

4.7.3.3　全生命周期的环境影响

纯电动汽车在使用环节没有直接的大气污染物排放，也没有直接碳排放，因此其运营和使用环节是环保友好的。然而从全生命周期的角度评价，生产环节中，除了跟普通汽车一样对于金属、非金属等材料的需求外，纯电动汽车特别需要相当比例的动力电池，而电池在生产环节存在较大的污染；后续报废及处理处置环节，除了常规可回收的资源和材料之外，需要重点关注废弃的动力电池的妥善处理处置和无害化。

● 动力电池

从动力电池的应用角度，由于其直接关乎纯电动汽车的续驶能力、能耗水平、充电便利使用程度，因此是纯电动汽车的核心部件。汽车业内常见传统的镍氢、镍镉、铅酸等电池，因为存在较大的记忆效应、自放电等问题，在动力电池领域的应用渐渐变少。现阶段主流的动力电池基本为锂离子动力电池，可从正极材料加以区分，目前成功商用的正极材料主要有锰酸锂、钴酸锂、磷酸铁锂以及三元材料，其中三元材料又分为镍钴锰酸锂和镍钴铝酸锂两种，此外还有钛酸锂电池。不同电池在安全性、能量密度、单体标称电压、寿命、成本价格、抗低温衰减能力、电池一致性等方面表现各有优劣，对于不同类型车辆的适用性亦有差异。比如客车等商用车，就可适装能量密度稍低的电池；但对于乘用车而言，市场对于稳定安全的高能量密度电池的需求则越来越显著。

纯电动汽车对动力电池的要求理论上包括：能量密度与功率密度较高，可大电流充放电，还要求具有良好的安全性、耐高温低温、循环寿命长而且成本较低，但到目前尚没有任意一种电池能够满足上述所有要求[①]。

一般地，锂离子动力电池生产环节工艺主要包括：制浆工艺、涂布工艺、装配工艺、化成工艺。从搅拌制浆至检验入库，其中经历了连续涂布、连续辊压、连续分条制片、连续卷绕、焊集流体、滚槽焊底、注液封口、化成分容等工艺环节[②]。电池浆料中除了直接参加电化学反应的正极浆料和负极浆料还包括黏结剂、导电剂和溶剂等，其中黏结剂一般为聚偏氟乙烯（PVDF），导电剂为炭黑 Super P，溶剂为有机挥发性溶剂 N—甲基吡咯烷酮（NMP）或水；NMP 存在微毒性。同时锂离子生产线多采用自动化程度较高的设备，主要包括：涂布机、对辊机、全自动加投料系统、真空系统机组、溶剂回收系统、化成分容设备等十多个耗能设备，生产过程

---

① 于广. 电动汽车动力电池管理系统研究与设计 [D]. 山东大学，2016.
② 田建伟、李鹏程、林翎、谷长栋. 锂离子动力电池低能耗低污染生产集成控制技术研究 [J]. 标准科学，2015（6）：34–38.

中功耗亦很大；而包括挥发性有机溶剂等产生的废气、制浆溶剂等产生的废水、物料环节产生的废弃物，需要予以关注。

动力电池报废环节，亦需要妥善处置。如果动力电池尚具有可用的能量存储能力，可以将电池按照一定标准回收再利用，或者将大宗的退役电池组成储能能源站，用于风电光伏等清洁能源发电设备的电网调峰或分布式能源；例如2015年，博世、宝马和瓦滕福公司利用宝马纯电动汽车的退役电池，建造2兆瓦光伏电站储能系统。如果动力电池需报废拆解，例如三元电池中的镍、钴、锰、锂等的含量，基本都高于对应金属矿藏的普通矿品位，若能合理回收利用资源，可以节约资源以及节约开采过程的物耗和能耗。由于现阶段不同厂商的动力电池形制各异，报废拆解过程尚存在部分限制因素，回收再利用的经济性总体不理想，但伴随动力电池产品的规范化和标准化，预期未来规模化的回收再利用工作将能有更多市场空间，同时亦符合资源节约与循环利用的理念。

● 电机和电控

驱动电机是纯电动车辆的核心部件之一，其工作特性对汽车的动力性能至关重要。主流电机包括：直流电机、交流感应电机、永磁电机、开关磁阻电机（又称SR电机）[①]。直流电机技术相对成熟，且控制系统简单，但因为安装有电刷和机械换向器等机械结构，会磨损严重需要定期更换；交流电机结构比较简单，使用和维修方便，能适应各种复杂环境，但工作时绕组线圈电流比较大，温度较高，铜损严重，工作效率和功率密度较低；永磁电机依靠永磁体转子工作，减少了励磁所带来的损耗，散热比较容易，结构相对简单，维修方便，控制系统相对复杂、成本比较高；开关磁阻电机为定、转子硅钢片叠压而成的双凸极结构，它具有结构紧凑、效率高、可靠性好、适于大批量生产、成本低，但是一种新型电机，技术还不够成熟。目前纯电动汽车中采用的多是永磁同步电机和交流异步电机等交流电驱动

[①] 古毅.纯电动汽车动力系统元件分析及选型[J].汽车实用技术，2017（13）：85-87.

系统。电机的扭矩、转速、效率特性、恒功率范围等指标作为驱动电机特性的重要评价方面。

纯电动汽车的电控系统，即包括整车控制器（VCU）及其控制系统、电机控制器（MCU）、电池管理系统（BMS），对整车的动力性、经济性、可靠性和安全性等有着重要影响。VCU 也称动力总成控制系统，其根据钥匙开关、挡位、加速踏板行程信号、制动踏板行程信号以及车速信号识别车辆行驶模式，基于设定的控制策略对整车动力系统进行控制，以满足对车辆动力性、经济性及驾驶舒适性的要求[①]。MCU 通过接收 VCU 控制指令，控制电动机输出指定的扭矩和转速，驱动车辆行驶，同时具有电机系统故障诊断保护和存储功能。BMS 则针对具体需求对动力电池取长补短，实时监测动力电池关键数据，估计电池工作状态，控制电池组充放电过程，提高电池能量利用效率，延长动力电池循环寿命，保证动力电池使用安全。

电控系统的核心部件基本由硬件电路、底层软件和应用层软件组成。从生产过程看，三电系统物质层面或物料使用层面消耗的资源并不多，而软件层面的技术开发则是产品的重要环节；从报废环节看，三电系统中的电路板等各种电子元器件的妥善处理处置则值得关注，尤其是电子器件通常含有重金属 / 贵金属（如汞、铬、铜、金、银）和塑料或树脂等有机组分，因而此报废环节需要注意回收可资源化的材料，同时关注有毒有害物质的妥善处理处置。

4.7.4　小结与展望

纯电动汽车是目前最受关注的新能源汽车之一，使用阶段的大气污染物零排放是其最具有吸引力的特征。后续如何全面分析其间接排放、综合评估其产品优劣、评价各地鼓励政策的实际效果、对比其他类型新能源汽车环境效益的异同，均可作为可探讨的问题开展研究。

---

① 黄万友 . 纯电动汽车动力总成系统匹配技术研究 [D]. 山东大学，2012.

（1）纯电动汽车运营期间以电力为唯一输入能源，但是电力的生产结构却很复杂。我国现阶段仍以煤电为主的电力结构，决定了纯电动汽车的使用环节仍有间接污染物排放和碳排放。评价不同地区的纯电动汽车间接排放，则需要评价各地的电力生产结构和电网的电力分配结构；而不同类型的纯电动汽车的完全使用成本和全生命周期评价，也可作为后续的问题进一步研究。

（2）纯电动汽车的环境效益体现在运行和使用环节。现阶段《目录》将新能源汽车的生产纳入绿色债券支持项目范畴，本书并未直接评估生产过程，而是从产品的实际运行角度，评估纯电动汽车产品环境效益的综合表现。如何评估产品生产环节的技术水平高低，可对生产线本身的技术工艺进行评估分析，也可通过汽车产品性能评估生产技术水平。此外，纯电动汽车作为重要的耐用消费产品，包括设计语言、外形美感、人机交互、舒适程度、互联网应用等方面的考察，也是衡量产品优劣的重要方面。因而后续考虑可以研究如何全面综合评估纯电动汽车产品生产。

（3）现阶段出台限购政策的城市所设定的各地鼓励推广的新能源汽车的类型细节并不一致，例如北京限定为纯电动汽车，而其他城市基本都包括了各类型的新能源汽车，但具体是摇号配置还是可以直接申请，不同城市亦有差异。政策导向的不同，将导致不同城市新能源汽车市场发展以及新能源汽车应用的环境效益也将可能存在差异。后续可以关注各城市的新能源汽车市场发展变化。

（4）此外，部分使用电力的混合动力汽车以及使用氢能等形式的燃料电池汽车的环境效益评价，需要根据其技术特性作后续的探讨分析。

4.8 城市轨道交通的发展现状及社会环境效益评估

现代城市生活中，地铁、轻轨等形式的出行方式，因其安全准点、乘坐舒适等显著优点，日益成为广大人民群众出行的优先选择；并且地铁等轨道交通出行方式，也已经被诸多学者和媒体推荐为低碳出行的绿色交通方式，成为居民绿色生活方式的重要组成部分；而轨道交通线路的建设运营通常能对城市交通系统产生积极影响，提高交通运行效率，因而也成为各城市的重要建设内容。

城市轨道交通作为城市交通系统的骨干力量，轨道交通项目因其规模化和集约化实现大客流运输，其主要的特征包括：

（1）城市轨道交通具有运量大、安全、准时、节省能源、不污染环境、节省城市用地的优点，适用于出行距离较长、客运量需求大的城市中心区域；

（2）城市轨道交通项目的造价昂贵，通常每公里投资在 3 亿~6 亿元人民币（个别城市更高），建设成本高，建设周期长，具有市政基础建设的属性，建设项目对于资金需求很大；

（3）目前国家规定常住人口超过二百万的大城市就可以修建地铁，且城市轨道交通项目核准权限下放至省级投资主管部门，相比以前的准入条件有一定程度的放松，城市轨道交通项目在主要城市将迎来建设高峰，对于资金也将有更大的需求；

（4）城市轨道交通项目的建成运行，往往能够带动沿线的客流量增长，调整城市区域人群出行结构，并带动区域的商业、文化、旅游等经济形式的发展，并带动线路沿线地区尤其是站点周边地区的土地、地产等价值增长。

4.8.1　城市轨道交通概念

轨道交通是基于固定线路的轨道，通过专用的轨道运输车辆，实现旅客及货物运输的交通方式，主要包括传统铁路（以传统铁路、高铁等为代表）和城市轨道交通（以地铁、轻轨、有轨电车等为代表）。

城市轨道交通以轨道运输方式为主要技术特征，是城市公共客运交通系统中具有中等以上运量的轨道交通系统（有别于道路交通），主要为城市内（有别于城际铁路，但可涵盖郊区及城市圈范围）公共客运服务，是一种在城市公共客运交通中起骨干作用的现代化立体交通系统，通常包括地铁、轻轨、单轨、市域快轨、现代有轨电车、磁浮交通、APM 等形式。

中国国家标准《GB 5655—1999 城市公共交通常用名词术语》，"快速轨道交通"定义为"通常以电能为动力，采取轮轨运转方式的快速大运量公共交通的总称"；"地下铁道／地铁"定义为"用于城市中的一种速度快、运量大、行车间隔小的电动有轨客运系统，其部分线路设于地下隧道"；"轻轨"在此标准中无定义。中国的《城市轨道交通工程项目建设标准》（建标 104—2008）中，把每小时单向客流量为 0.6 万 ~3 万人次的轨道交通定义为中运量轨道交通，即轻轨。

城市轨道交通中，地铁和轻轨的区别主要在运送能力的不同，通常用高峰小时单向最大客运量来衡量，地铁的高峰小时单向最大客运量为 3 万 ~7 万人次，轻轨的高峰小时单向最大客运量为 1 万 ~3 万人次。其次的差异，表现在车辆的轴重和尺寸的不同，地铁车的轴重普遍大于 13 吨，而轻轨车要小于 13 吨；地铁车宽度一般为 2.8~3 米，轻轨车宽度一般为 2.3~2.6 米。

按照国际标准，城市轨道交通列车可分为 A、B、C 三种型号，分别对应 3 米、2.8 米、2.6 米的列车宽度。列车的车型和编组决定了车轴重量和站台长度；凡是选用 A 型或 B 型列车的轨道交通线路称为地铁，采用 5~8 节编组列车；选用 C 型列车的轨道交通线路称为轻轨，采用 2~4 节编组列车。参考《地铁设计规范 GB 50157—2013》《北京城市轨道交通工程设计规范（DB11 995—2013）》《上海市城市轨道交通设计规范 DGJ 08-109—2004》及部分公开信息，典型的 A 型车定员 310 人、B 型车定员 240 人、C 型车定员 200 人，典型轨道交通列车编组数据如表 4-25 所示。

表 4-25　城市轨道交通不同车型的编组数据

编组	车载客数	列载客数
A8	310	2 480
A6	310	1 860
B8	240	1 920
B6	240	1 440
B4	240	960
C6	200	1 200
C4	200	800

资料来源：公开文献等资料，中债资信整理。

4.8.2 城市轨道交通项目的建设现状

4.8.2.1 国际主要城市的轨道交通运行概况

发达国家及地区的主要城市处于后城市化阶段，城市发展属于相对稳定的平台期，客流量变化相对较小，轨道交通的建设也已基本成型，轨道交通网络作为当地交通系统的重要组分和骨干力量，通常运营成熟完善。在所举例的国际化城市中除个别城市以外，日均客运量基本超过 500 万人次，在城市交通体系中通常能分担超过 50% 以上的客运量。

表 4-26 发达国家及地区主要城市轨道交通运行数据

城市	运行里程 （公里）	日均客运量 （万人次）	客运强度 （万人次 / 日·公里）	占城市客运总量 （%）
东京	292	584	2.00	80
纽约	443	510	1.15	60
莫斯科	282	1 000	3.55	56
伦敦	408	277	0.68	40
巴黎	212	409	1.93	70
中国香港	215	531	2.47	40

资料来源：公开文献资料，中债资信收集整理。

需要说明的是，类似东京、纽约等国际化城市，在地铁、轻轨以外，还有类似市郊铁路、私营铁路等城市轨道交通或市域轨道交通类工具，并且在城市通勤运输中承担了重要的作用，加上这部分线路，如部分文献所述，纽约和东京的轨道交通运营里程均能超过一千公里；但由于类似城市铁路更接近于传统意义上的铁路运输，本书暂未将此部分轨道纳入统计范畴，仍主要以地铁和轻轨等作为考察对象。

4.8.2.2 我国城市轨道交通的发展现状

● 城市轨道交通的建设情况

北京市于 1969 年开通运行地铁一号线，是我国最早开通运行轨道交通线路的城市。伴随我国快速的城市化进程，尤其是进入 21 世纪以来，我国的城市轨道交通建设进入快速发展期。根据中国城市轨道交通协会

2017 年 3 月 28 日发布的《城市轨道交通 2016 年度统计和分析报告》（以下简称《2016 年度报告》）的数据显示，截至 2016 年末，中国大陆地区（不含港澳台）共 30 个城市开通城市轨道交通运营，共计 133 条线路，运营线路总长度达 4 152.8 公里；其中，地铁 3 168.7 公里，其他制式运营线路长度 984.1 公里。截至 2016 年末，全国有 48 个城市在建轨道交通线路 5 636.5 公里；获得城市轨道交通项目建设批复的城市有 58 个，规划线路总长度 7 305.3 公里，不完全统计计划总投资 37 018.4 亿元。

● 城市轨道交通的运营情况

2016 年我国城市轨道交通累计完成客流量 160.9 亿人次，客运周转量总计为 1 328.5 亿人公里；轨道交通平均负荷强度 0.83 万人次 / 公里日。全国日均开行总列次 34 854 列 / 日。据不完全统计，截至 2016 年末，全国城市轨道交通累计配属车辆 3 850 列，当年完成运营里程 23.2 亿车公里。

总体上看，我国的城市轨道交通运行线路日趋增多，运营里程持续增加，客流持续增长，不同轨道交通系统制式多元化和运营线路网络化的发展趋势越发明显；在建和规划线路规模进一步扩大，投资额持续增长，建设速度稳健提升。近年来，国内城市轨道交通客运量、运营里程、年新增运营里程的情况，如表 4–27、图 4–25、图 4–26 所示；国内主要城市的客运规模及强度数据，如表 4–28 所示。

表 4–27　2012—2016 年我国城市轨道交通年客运量数据

单位：万人

年度	全国城市轨道交通客运量
2012	870 000
2013	1 100 000
2014	1 256 608
2015	1 384 255
2016	1 609 000

资料来源：Wind 资讯，《城市轨道交通 2016 年度统计和分析报告》，中债资信整理。

资料来源：公开资料，中债资信整理。

图 4-25　2010—2016 年我国城市轨道交通运营里程示意图

资料来源：公开资料，中债资信整理。其中 2012 年和 2013 年新增的各分类里程数据缺失，2016 年仅有地铁新增和合计新增数据。

图 4-26　2010—2016 年我国城市轨道交通年新增运营里程示意图

表 4–28　2015 年主要城市轨道交通主要运行数据

	地铁里程（公里）	日均客运量（万人次）	客运强度（万人次/日·公里）	占城市客运总量（%）
北京	554	911	1.73	25
上海	617	840	1.36	—
广州	266	651	2.45	—
深圳	178	300	1.68	—
南京	225	196	0.87	—
重庆*	202	180	0.89	—
天津	140	100	0.71	—
武汉	126	126	1.00	—

注：重庆轨道交通中有 89 公里的单轨，一并纳入本专题的轨道交通进行统计。

资料来源：公开资料，中债资信整理。

以北京、上海、广州和深圳为代表的一线城市，其日均客运量、客流强度在全球范围内排名已经事实上属于前列。从文献[①] 反映出的运行统计数据看，如表 4–29 所示，基于文献数据的可靠性[②]，运行线路网络化的一线城市轨道交通，线路的客运强度、负荷强度等数据均与世界主要城市的运行数据相当。

表 4–29　一线城市地铁运行数据（2013 年文献数据）

主要客流指标	北京	上海	广州	深圳
客运量/（万人次·d⁻¹）	941	697.6	488.4	243.9
运营里程/km	442	439	221.1	176.4
换乘量/（万人次·d⁻¹）	424.3	272.7	190.7	71.5
换乘客流比例/%	45.09	39.09	39.05	29.32

---

① 刘剑锋，陈必壮，马小毅等. 城市轨道交通网络化客流特征及成长规律——基于京沪穗深城市轨道交通网络客流数据分析 [J]. 城市交通，2013，11（6）：6-17.

② 文献发表单位为北京交通发展研究中心、上海市城乡建设和交通发展研究院、广州市交通规划研究所、深圳市城市交通规划设计研究中心有限公司。

续表

主要客流指标	北京	上海	广州	深圳
换乘系数	1.82	1.64	1.65	1.4
轨道交通出行量 / (万人次 · d^{-1})	517	425	296	174
客运强度 / (万人次 · d^{-1} · km^{-1})	2.13	1.59	2.21	1.38
平均乘距 /km	17.3	13.7	11.2	12.7
客运周转量 / 万人公里	8 945	5 828	3 315	2 219
负荷强度 / (万人公里 · d^{-1} · km^{-1})	20.24	13.28	14.99	12.58

资料来源：公开资料，中债资信整理。

以地铁为代表的城市轨道交通，被众多专家学者以及舆论媒体推荐为低碳环保的出行方式，而其更为舒适便捷安全准时的特点，也的确成为广大人民群众的出行优先选择之一。城市轨道交通的运行虽然整体需消耗可观的电力，但由于其客运周转量大，其每单位客运周转量的能耗水平明显低于公交汽车和小客车。因而从运行的能耗角度看，《2016 年度报告》数据统计显示，2016 年平均每人公里能耗 0.177 千瓦时，约折合 21.75 克标准煤 / 人公里[1]；平均车公里能耗为 4.79 千瓦时，其中平均车公里牵引能耗为 2.01 千瓦时，均比上一年度有所增长。

另外，以我国轨道交通客运量最大的北京市轨道交通运行情况为例，根据《2016 年北京交通发展年报》披露的 2015 年运营数据，如表 4-30 所示。2015 年北京轨道交通日均客运量 911 万人次，最高日客运量达到 1 166 万人次。根据新闻媒体披露[2]的最新统计数据显示，2016 年北京轨道交通日均客运量 1 025.7 万人次，已经是全球客运量最大的轨道交通系统。

其中，日均客运强度最高的北京地铁 2 号线为 4.38 万人次 / 公里，已经超过前述表 4-26 中最大的数值——莫斯科的 3.55 万人次 / 公里。另外，

---

[1] 根据《GB/T 2589—2008 综合能耗计算通则》，使用电力当量值测算，即 0.1229kgce/kWh。

[2] http://www.jt12345.com/article-48117-1.html.

根据此运营数据进行测算①，北京市城市轨道交通日客运周转量总计 7 722 万人公里，单位客运周转量能耗 10.22 克标准煤 / 人公里，低于全国的平均水平，这也跟北京轨道交通系统承担的客运量非常大有密切关系。

此外，北京地铁 13 号线的牵引能耗为最低，主要原因是 13 号线主要为地面线，不存在地下线在隧道中的活塞效应，列车本身的牵引能耗要显著低于地下线路，因此在客流量略低的情况下，线路的单位客运周转量的能耗为最低。其他具有部分区间地面线的地铁线路，能耗水平亦相对较低。

表 4-30　北京市城市轨道交通主要线路的运行概况（2015 年数据）

线路	里程 km	日均客运量 万人次	日均客运强度 万人次 / 公里	百公里牵引能耗 度 / 百车公里	日客运周转量万人公里	客运周转量能耗 克标准煤 / 人公里
1 号线	31	107.48	3.47	193.48	840	8.85
2 号线	23	100.78	4.38	185.34	527	8.22
4 大兴线	50	117.65	2.35	279.89	1 069	12.37
5 号线	28	85.38	3.05	214.06	704	8.05
6 号线	43	72.78	1.69	194.65	703	12.00
7 号线	24	28.67	1.19	176.81	189	20.48
8 号线	29	34.23	1.18	188.95	300	11.98
9 号线	17	43.48	2.56	152.06	265	7.08
10 号线	57	144.44	2.53	160.87	1 177	7.65
13 号线	41	66.72	1.63	134.38	694	6.09
14 号线东段	15	12.46	0.83	327.60	84	34.65
14 号线西段	12	4.71	0.39	332.42	26	66.66
15 号线	43	21.37	0.50	169.96	306	13.26
八通线	19	25.9	1.36	162.32	267	8.51
昌平线	21	16.01	0.76	151.82	181	8.43

---

① 《2016 年北京交通发展年报》仅披露了牵引能耗，参考《城市轨道交通 2016 年度统计和分析报告》披露的牵引能耗与整体能耗的全国平均水平的比例关系，测算北京市各线路的整体能耗。

续表

线路	里程 km	日均客运量 万人次	日均客运强度 万人次 / 公里	百公里牵引能耗 度 / 百车公里	日客运周转量万人公里	客运周转量能耗 克标准煤 / 人公里
房山线	23	9.57	0.42	177.69	139	14.67
机场线	28	3.03	0.11	148.98	74	14.06
亦庄线	23	15.96	0.69	164.27	177	9.42

注：其中牵引能耗与综合能耗的比值，参考 2016 年全国统计数据。14 号线 2015 年刚处于试运营期，能耗数据显著偏高。

资料来源：2016 年北京交通发展年报，中债资信整理。

4.8.3　城市轨道交通项目的综合社会效应

总体上看，我国的城市轨道交通运行线路运营里程持续增加，客流持续增长；在建和规划线路规模进一步扩大。城市轨道交通建设类项目以其优良的综合社会环境效益，让轨道交通类项目日益受到各方面的关注。

城市轨道交通具有诸多优点，包括：（1）高密度运转，列车行车时间间隔短，行车速度高，列车编组辆数多而具有较大的运输能力；（2）在专用行车道上运行，不受其他交通工具干扰，不产生线路堵塞现象并且不受气候影响，是全天候的交通工具，列车能按运行图运行，具有可信赖的准时性；（3）充分利用了地下和地上空间的开发，不占用地面街道，能有效缓解由于汽车大量发展而造成的道路拥挤，有利于城市空间合理利用；（4）主要采用电气牵引，相对节省能源；（5）不产生废气污染，能减少公共汽车的数量，替代私家车出行，减少了汽车的废气污染。以上这些特点，决定了相比其他公共交通方式和出行方式，城市轨道交通具有出行高效、相对节能、绿色环保、节约土地资源等优质属性；城市轨道交通项目同时也受到地方政府和公众的青睐。

城市交通系统中新建轨道交通项目，结合前述的城市轨道交通的特征及优点，预期项目将能为城市交通带来明确的综合社会效应。这些社会效应主要体现在：提高城市基础设施水平，提高城市交通体系的运行水平及效率，节约人群的通勤时间成本，减少拥堵造成的社会经济成本，以集约化运营替代常规交通工具的客运量，减少能源消耗，同时减少环境污染，提升沿线的商业、物业的资产价值，增加项目建设和运营中带来的就业机会等。

若需要对城市轨道交通项目的综合社会效应进行评估，从可以量化分析及评估的角度，具体可从以下方面展开。

4.8.3.1 提高交通体系运行效率的角度：节约时间成本、提高出行效率

城市轨道交通的准点率高，没有拥堵，其平均运行速度明显优于普通公共交通工具。同样的出行里程情况下，可带来时间上的缩短。理论上，未来城市轨道交通路网加密，便利性大幅提高，大编组、运行速度快的新线路等出现，将进一步提升轨道交通对公共出行的吸引力。

不同城市交通系统的实际运行情况略有差异，相关交通工具的典型运行速度，轨道交通列车的运行速度通常为 35 千米每小时左右，公共汽车为 15 千米 ~20 千米每小时，小汽车为 20 千米 ~30 千米每小时，而部分拥堵城市或拥堵区域或时段，地面交通工具的运行速度可能更低。

根据不同公共交通工具的平均速度值的差异，可以通过测算乘客在平均乘距下的时间节约水平；若考虑城市具体的人均薪酬水平，则可以测算项目整体对客流时间节约产生的经济效益（可以货币计）。例如，有文献 [1] 以此时间节约评价地铁提高居民的出行效率，结合成都地铁 1 号线、2 号线的平均速度为 31.37 千米每小时，对比成都公交的平均运行速度 10 千米每小时，并结合成都的平均劳动生产率，测算了 2013 年成都地铁提高出行效率的整体社会效益达到了 24.69 亿元。

4.8.3.2 节能减排的角度：节约能源消耗、减排二氧化碳

对于一个城市的交通系统，假定在交通客运量一定的前提下，由于轨道交通线路的建设和投运，势必分流原先采用公共汽车、出租车、私家车等其他出行方式出行的客流；而这样的替代效应，由于轨道交通的规模化、

---

[1] 戴平. 成都市轨道交通运营期间社会效益研究 [D]. 西南交通大学，2016.

集约化，在需要完成同等客运量的目标下，能够实现交通系统整体能量的高效应用，从而实现了节约能源。各交通工具的单位里程的标准能耗（包括汽油、柴油、天然气、电力以及混合动力等多种动力）通常可获得，替代客流按照一定的分摊比例选乘公交车、出租车、私家车，则可评估轨道交通项目在一定客运量目标下产生的节能效益。同时，轨道交通项目替代其他交通工具所节约的能源，也即减少了使用该部分能源所产生的温室气体排放，基于节能量的测算，以该部分节能量乘以对应的碳排放系数，可测算地铁所产生的二氧化碳减排效果。

此外，轨道交通本身的运行也需要消耗大量的电力，因此轨道交通在相同的开行列次情况下，列车编组越大车型越大载客越多，单位能耗值也就相对越低；在相同的开行列次下完成的客运周转量越大，单位能耗值越低；但另外一方面，考虑到轨道交通的拥挤和乘坐舒适程度，以及安全运行的实际许可程度，客运量亦不能无条件的扩展，因此单位客运周转量的能耗强度亦存在合理的下限。

按照同等运能比较，轨道交通的能耗[①]只相当于小汽车的 1/9，公交车的 1/2；同时，大城市交通拥堵高峰期的机动车出行速度低，而公交车和私家车等机动车的内燃机在低速运转下的能耗会大大提高；文献以上海为例，2010 年上海城市轨道交通完成运送乘客达 19 亿人次，全网络用电 13.87 亿度，折合标准煤量 56 万吨；若使用汽车运输同等运量，将多消耗约 56 万吨标准煤，多排放二氧化碳 110 万吨。

4.8.3.3 减少污染的角度：减排交通源大气污染物

假定前提同前小节所述，由于城市轨道交通项目以电力为能源，本身无任何大气污染物的直接排放，因此轨道交通项目分担客流量产生的替代效应，可以减少原本这部分客流采用其他交通方式出行的交通工具所带来

[①] 曾凤柳，邱慧，谢汉生，步青松，沈骏 . 绿色城市轨道交通建设的探讨 [J]. 现代城市轨道交通，2012（1）：47-51.

的大气污染物排放（包括非电公交车、私家车和出租车的燃料燃烧的污染物排放），从而减少了陆上交通工具所产生的大气污染物的排放。常规交通工具以汽油、柴油、天然气等为燃料，机动车尾气排放的主要典型污染物通常包括：氮氧化物（NO_x）、二氧化硫（SO_2）、一氧化碳（CO）、挥发性有机物（以 NMVOC 测度）、颗粒物（PM_{10}）等。

大气污染物减排可以基于项目线路的客运量统计数据或预测数据、交通工具污染物排放水平（文献、行业统计等）等数据支持进行测算。典型的特征大气污染物可以选取主要的城市交通大气污染物，如氮氧化物、二氧化硫、挥发性有机物和颗粒物等。

有研究[①]以公交车和出租车的单个车辆空气污染成本分别按照 0.33 元 / 车公里和 0.055 元 / 车公里计算，以北京市的地铁 1 号线、5 号线、10 号线和 13 号线为例，得出 4 条线路的交通污染减排效益为 1.7 亿元；但此研究直接按照经济效益测算，未直接核算减排量。

而研究根据案例的具体情况，即成都公交集团从 2008 年便开始逐步装备天然气公交车，车辆气化率在 90% 以上，测算城市轨道交通减少城市空气污染物排放效益时仅考虑了 CO_2 的影响；每吨 CO_2 造成的温室效应会造成的损失为折合人民币 592 元，得出 2013 年成都轨道交通减少城市空气污染物排放效益 94.87 亿元。此研究仅考虑了天然气公交车，未考虑替代交通量的出租车和私家车的污染物排放；此外，天然气公交车也有氮氧化物污染物排放，此研究暂未考虑。

4.8.3.4 带动社会就业、改善民生的角度：增加就业机会，减少事故等人员财产损失

城市轨道交通项目建设，可以直接带动就业，带来项目建设和运营的直接工作机会；并且随着线路的开通，沿线的商业、文娱和旅游等配套设施亦将日趋完善，民众的消费、娱乐等活动将提高区域经济的活力，亦能

---

① 陆明 . 城市轨道交通系统综合效益研究 [D]. 北京交通大学，2012.

带动配套经济形式的工作岗位需求。另外，城市轨道交通线路运行在固定轨道上，除非发生极端安全生产事故或者重大自然灾害，轨道交通项目往往更加安全，相比路面交通，其意外事故的发生率显著降低，并可以有效减少因为交通意外事故造成的人员及生命财产损失。

此外，对于项目可以带动沿线社会消费及商业活动，进而促进就业，亦可以作为重要的考虑方面进行评估和考虑。然而，若仅作为定性评价意义不大，但若需进行定量测算，预计将涉及区域经济模型的建构、模型参数的选择、基础数据的收集等具体工作，可能涉及的工作量及技术难度较大，评估过程较复杂。

对于增加就业机会的角度，有文献研究按照单位投资创造的就业岗位数量进行测算，研究以城市轨道交通每亿元投资约创造的长期就业岗位 140 个进行评估，以北京市的地铁 1 号线、5 号线、10 号线和 13 号线为例，同时以地区人均 GDP 核算，城市轨道交通各线路的就业带动效益为 94.4 亿元；安全效益方面，该研究则每年的单位车辆事故成本，结合前述 4 条线路所替代的公交车和出租车的机动车数量，测算减少交通事故带来的效益，合计为 10.3 亿元。此外，也有研究[①] 按照城市轨道交通运输与汽车运输的伤亡率进行了对比核算，相对于路面交通，轨道交通所节约的成本为 0.06259~0.06339 元 /（人·公里），以深圳地铁一期工程为例，测算了 2005—2008 年合计 4 年间，地铁共计减少交通事故的效益为 1.24 亿元。

4.8.3.5　节约土地资源，提升土地价值

城市轨道交通与路面交通相比，大部分采用地下或高架线的形式运行，单位人公里客运周转量所占用的土地资源小，节约出来的城市用地可为城市发展发挥更多作用。节约土地资源表现在两个方面；一是轨道交通设施减少了对地面土地资源的占用；二是轨道交通的运营，在满足相同客运需

---

① 张雪 . 城市轨道交通社会效益研究 [D]. 哈尔滨工业大学，2011.

求的前提下，可以相应减少公共交通领域的公交车和出租车的投放，以及减少私家车的行驶需求，从而减少了公交车等车辆停放及运行道路面积占地的需求。

同时，城市轨道交通项目的建设运营，会因为其带来的出行便利、减少通勤时间成本、准点率高等诸多积极因素，影响民众购置或租赁房产，以及企事业单位选择办公等商业场所时，更多考虑轨道交通项目周边的区域，进而增加相关区域地产的购置或租赁需求，并最终影响到线路和车站周边的地产价值以及土地价值。

文献对北京地铁部分线路进行实证研究测算，以地铁 1 号线、5 号线、10 号线和 13 号线为例，按当时的道路交通状况，如果要维持现有的交通状况拥挤水平，必须增加城市公交基础设施建设，以适应新增车辆的运行；测算四条线路需增加城市道路面积合计为 1 814.8 万平方米，停车面积合计 64.3 万平方米。此外，有文献[1]对各交通方式在动态情况下的占地情况进行了统计研究，城市轨道交通平均每位旅客占用的道路面积为 0.2 平方米，而公共电汽车、小型轿车、摩托车、自行车分别是它的 4.6 倍、115 倍、100 倍和 50 倍；文献基于此研究结果，测算了深圳地铁一期工程 2008 年的土地节约面积为 9 485.3 万平方米。

土地增值方面，有文献综述了发达国家的研究结果，例如日本名古屋市的一条市郊轨道交通沿线开通 5 年内，居民、商家企业、沿线土地所有者的收益比例分别为 17%、13%、70%；美国加州圣塔克拉拉郡轻轨站点附近的商业地价进行了分析，研究发现，位于市中心商业区的轻轨站点附近四百米范围内的商业地价上升了 120%，其他轻轨站点附近的商业地价上升了 23%。此外有研究[2]对广州、上海、南京、华盛顿特区、日本名古屋等运营中的城市轨道交通系统的统计数据观测发现，城市轨道交通线路开通运营后沿线 2 公里范围内的地价、房价上涨幅度远远超过附

---

[1] 石茗露. 城市轨道交通外部效应作用机理及评价体系研究 [D]. 北京交通大学，2009.

[2] 穆辉. 城市轨道交通的综合效益评价 [D]. 西南交通大学，2010.

近区域内同期房地产涨幅的平均水平，一些区域的商业用地价格增幅达 100%~300%。

4.8.3.6 其他方面的社会效应

除了上述几个相对易于量化的评价指标，城市轨道交通项目仍在其他诸多方面存在较为明显的积极或正面效应。城市轨道交通作为公益性基础设施，对城市的全局规划和发展模式有着深远的影响。城市轨道交通的建设可以带动城市沿轨道交通廊道的发展，形成郊区卫星城和多个副部中心，从而缓解城市中心人口密集、住房紧张、绿化面积小、环境质量相对较差等问题，促进城市经济繁荣。具体包括：①列车运行相对更为平稳舒适，采暖季及制冷季节具有空调系统，可提高乘坐品质和乘客舒适度，减少乘客的疲劳程度；②带动区域居民消费和商业发展，促进区域经济增长；③提高城市区域的基础设施水平；④缓解拥堵，进一步提升交通系统运行效率，改善区域环境等方面。

4.8.4 小结与展望

本书主要针对城市轨道交通项目的综合社会效应以及对量化评估进行了梳理、探讨。量化评估的方法，可以考虑以各评价指标的实现情况或者在行业内的位置水平，结合相关标准进行综合打分，进而给出项目的整体评价。本节的前述梳理中，可以看到有部分研究直接以货币为单位评价相关的社会环境效益，但受限于部分指标参数的不确定性，以及不同学者对于不同效益或者成本的定价有差异，直接货币化的社会效应评估结果存在一定的不确定性和误差。实际项目评估中，可视具体情况，直接核算相关的社会效应结果，如污染物的减排量、节约土地面积、增加就业岗位数量等。

此外，考虑到国内各城市间轨道交通建设和运行规模等情况存在一定的差异，一线城市通常轨道交通的线路多且基本成网、日常客运量大、承担重要的公共交通职能，其他城市轨道交通属于运行初期，线路少仅初步成网或没有成网，轨道交通仅承担城市中的部分客运运输职能，这在轨道交通具体运行中存在一定的差异。部分二线城市的客流量客运规模和客流强度明显小于一线城市，但轨道交通基础设施相对更新，车辆设备技术水平更高，运行维护管理有其他城市轨道交通系统更多的经验可供借鉴。

中国仍处在城市化建设的高峰期，主要城市均有大量地铁项目在建，例如北京在 2020 年规划期将有约 1 000 公里的轨道交通投运。从全国范围看，城市轨道交通网布局完善程度不高，很多城市的轨道交通网络尚在建设中，一定程度上限制了轨道交通出行比例。随着我国城市轨道交通网络的完善，配套设施水平的提高，基于中国城市人口及交通需求的巨大规模未来居民出行选择将趋于理性环保，城市轨道交通分担比例有望趋于国际城市水平，承担越来越多的出行份额，并将带来更加显著的综合社会效应。

4.9　再生铜行业发展现状及环境效益评估

有色金属是国民经济的重要基础原材料产业，在经济建设、国防建设和社会发展中发挥着重要作用。再生金属循环利用是解决资源短缺的有效途径，再生金属行业已成为我国有色金属工业的重要组成部分。其中，铜作为重要的有色金属，由于我国基础铜矿储量匮乏，但铜的消费量随着经济发展而日益增长，国内原生铜资源已无法满足市场对铜的需求。合理开发利用再生铜，是发展循环经济，构建可持续发展社会的重要举措。铜再生具有显著的节能效益、环境效益及资源节约效益，但同时因部分工序有害污染物的产生、排放而对环境构成负面影响。做好铜再生行业的绿色评估工作，对促进行业整体的绿色转型升级，更好发挥其环境效益，具有重要意义。

4.9.1　再生铜利用行业概况

4.9.1.1　行业现状

铜是人类使用最早的金属之一，铜为五金之一，密度 8.92 克每立方米，熔点 1 083.4 摄氏度，沸点 2 567 摄氏度，具有紫红色金属光泽，其优异的延展性、导热性和导电性在电子、电气工业以及交通领域中应用广泛；其独特的金属特性和易加工性在军工行业无可替代，尤其是炮弹包壳和子弹壳用铜做最合适。

中国铜资源储量约 3 000 万吨，占全球储量的 4.35%，居世界第 6 位。我国铜矿分布相对集中，从省份上看，主要分布在西藏、江西、云南、新疆，其次为内蒙古、安徽、甘肃、湖北、山西、黑龙江，以上 10 个省（自治区）的铜矿探明储量合计占全国总储量的 83%；从地区上看，长江中下游、藏东、冈底斯、东天山、赣东北、阿尔泰、康滇的铜储量共占全国铜储量的 63%，其中冈底斯地区铜储量占全国铜储量的 17%。我国铜矿资源从矿床规模、铜品味、矿床物质组成看，具有以下特点：矿床规模小、品位低；贫矿多、富矿少；共伴生矿多、单一矿少①。

我国基础铜矿储量匮乏，但铜的消费量随着经济的发展而日益增长，国内原生铜资源已无法满足市场对铜的需求。图 4-27 为国内 2007—2017 年，国内精炼铜产量与消费量的对比图。2017 年，国内精炼铜消费量为 1 179.79 万吨，但产量只有 889.50 万吨，供需缺口为 290.29 万吨。2007—2017 年，国内精炼铜供需缺口于 2015 年达到顶峰，即 348.52 万吨。

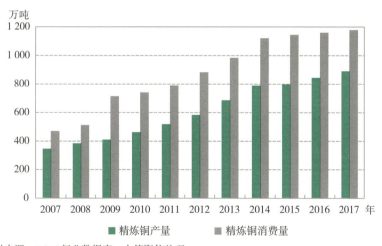

资料来源：Wind 行业数据库，中债资信整理。

图 4-27　2007—2017 年国内精炼铜产量与消费量

① 田尤，杨为民，申俊峰，曾祥婷 . 中国铜资源产业形势分析及发展对策建议 [J]. 资源与产业，2015，17（4）：100–105.

　　再生铜利用作为补充原生铜资源不足的有效手段，近年在我国得到了较快发展。2017 年，我国再生铜产量为 320 万吨，同比增长 24.2%；再生铜产量占铜供应量的比值为 25.2%，比上年扩大 1.2 个百分点。2017 年，我国废铜回收量约 200 万吨。图 4-28 为国内 2013—2017 年再生铜产量与废铜回收量的对比图。

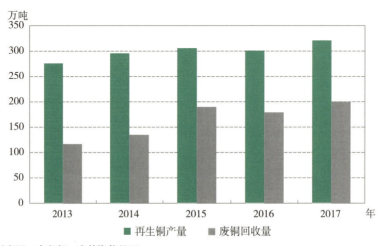

资料来源：商务部，中债资信整理。

图 4-28　2013—2017 年国内再生铜产量与废铜回收量

　　国内再生铜资源主要包括两部分，一是国产的废杂铜，二是进口的废杂铜。其中，进口废铜已成为我国再生铜来源的重要组成部分。2002—2008 年，我国进口废铜增长显著，进口实物量在 2007 年达到峰值 558.47 万吨，此后由于国际金融危机爆发和铜价持续下跌，废杂铜进口量呈下降趋势，尤其是 2012 年以后，连续四年下降，到 2016 年降至 334.81 万吨，2017 年小幅上涨至 355.72 万吨。1995—2017 年国内废铜进口量如图 4-29 所示。

　　近年来中国废杂铜的进口来源地及渠道也不断增长，其中，工业发达的国家和地区是我国进口废杂铜主要的来源地。中国进口废铜的地区主要集中在珠江三角洲、长江三角洲和天津地区。根据工信部发布的符合《铜冶炼行业规范条件》的企业名单，国内再生铜企业多分布在江苏、浙江、江西、山东等地。

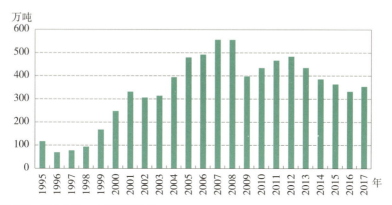

资料来源：海关总署，中债资信整理。

图 4-29　1995—2017 年国内废铜进口量

从全球范围来看，世界主要发达国家均十分重视废铜的回收利用。图 4-30 为 2007—2016 年全球原生精炼铜产量、再生精炼铜产量及精炼铜消费量的对比图，由图 4-30 可知，2016 年全球再生精炼铜产量为 385.9 万吨，占当年全球精炼铜消费量的 16.45%，成为铜资源消费的重要来源。

资料来源：Wind 行业数据库，中债资信整理。

图 4-30　2007—2016 年全球原生精炼铜产量、再生精炼铜产量及精炼铜消费量

国外废杂铜的冶炼和综合回收比较成功的企业主要集中在欧洲，对原料适应性较强，可处理包括电子废弃物、工业废渣、精矿、混合型废料等

多种原料并从中回收各种有价金属。

4.9.1.2　回收利用途径

我国利用的再生铜资源来源于社会的生产、流通、消费等多个领域，具有种类多、成分复杂、多夹杂其他金属或有机物的特性，其主要来源包括：有色金属冶炼、加工产生的废品和废料；消费领域淘汰、报废的含铜产品；进口的再生铜。再生铜所利用的废铜原料，选取自废杂铜的分选工艺，主要从废铜制品、废电线、电缆、废电机、废五金电器等废铜原料中，分选出废纯铜、废铜合金、混合废铜、塑料、橡胶、废铝、废铁等。

由于我国再生铜利用的原料来源比较繁杂，根据原料成分和含铜品位不同，其回收利用的途径也有所不同，主要分为火法和湿法两种。

（1）火法回收

火法回收工艺主要用来处理含铜量相对较高的含铜线缆及铜合金，应用较为广泛，具体又可以分为直接利用和间接利用两种。其常见回收利用路径图如图4-31所示。

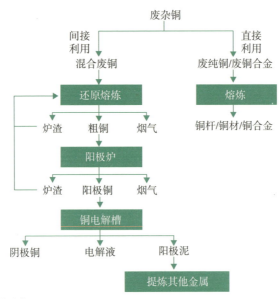

资料来源：中债资信整理。

图4-31　再生铜火法回收利用流程

直接利用适用于不同牌号的铜合金、精铜或成分相对单一的废铜资源，具有工艺少、污染小、能耗低等优点，可避免反复冶炼，提高铜回收率、降低能耗，但对原料的纯度有较高的要求。目前，我国直接利用主要用于废旧紫杂铜加工生产低氧光亮铜杆、紫杂铜直接生产铜粉及铜箔、黄杂铜加工生产各类黄铜产品等。

间接利用主要通过火法熔炼、电解精炼制备阴极铜，再经阳极泥富集其他有价金属、针对分类不清、成分复杂的再生铜资源，因其无法直接利用，通常通过间接利用的方式进行回收，主要包括一段法、二段法和三段法。其中，一段法用来处理含铜量大于 90% 的废杂铜，直接精炼成阳极铜；二段法用来处理含铜量大于 70% 的废杂铜，通过吹炼得到粗铜，再精炼成阳极铜；三段法用来处理含铜小于 70% 的废杂铜，原料熔炼成黑铜后经转炉吹炼成粗铜，粗铜经反射炉精炼成阳极铜。考虑到三段法过程复杂、投资大且燃料消耗多，再生铜资源间接利用通常以一段法和二段法为主[①]。

（2）湿法回收

湿法回收工艺通过二次铜资源的溶解、沉淀、反萃、电解等过程，分步回收有价元素，较适用于含铜量相对较低的阳极泥、含铜污泥和冶炼尘渣。现有处理工艺包括氧化/酸化焙烧—浸出、酸浸—萃取、微生物浸出等，如酸性体系中添加双氧水或通入空气，加热浸出废杂铜。湿法工艺具有工艺流程短、能耗低等特点，但浸出过程需用高浓度强酸，易产生含酸性废气、剧毒尾液、重金属尾渣等二次污染，环保压力较大。

4.9.1.3　未来发展

我国再生铜已成为市场上铜资源供应的重要组成部分，有效应对了铜资源禀赋不足的问题。未来铜需求的增长给行业发展提供了一定机遇，但与此同时，再生铜行业也面临着国际国内市场环境变化带来的挑战。

---

① 李历铨，郑洋，李彬，陈静静，吴玉锋，左铁镛.我国再生铜产业污染排放识别与绿色升级对策 [J]. 有色金属工程，2018，8（1）：133–138.

2017 年 7 月，国务院办公厅正式发布了《关于印发禁止洋垃圾入境推进固体废物进口管理制度改革实施方案的通知》；2017 年 8 月，环境保护部发布了《进口可用作原料的固体废物环境保护控制标准（征求意见稿）》。以 2016 年数据测算，当年进口废杂铜总量为 335 万吨，其中六类废料（主要包括高品位的 1# 光亮线、2# 铜、紫杂铜、黄杂铜等，此类为自动进口许可）和七类废料（主要包括品位较低的废旧线缆、废电机、废变压器、废铜铝水箱和废五金等，此类为限制进口许可废料，要进口此类废料需获得相关批文）的含铜量分别大约为 80 万吨和 30 万吨。如果未来七类废杂铜进口取消，对海外废金属市场贸易格局、废铜供应以及七类定点进口企业将产生较大影响，有文献认为[①]，我国再生铜产业的业态可能要发生较大变化。考虑到 2018 年七类废铜已经大幅减少，但国内再生铜产量却仍增速较快，供给并未出现短缺，而供给的来源主要是增加了六类废铜的进口量（即通过在海外建拆解厂的形式），以及国内的废铜供给大幅增加。目前看，中债资信认为原料供给暂并不会形成瓶颈，再生铜产量还是主要取决于精铜和废铜之间的价差。

2018 年 1~3 月，我国累计进口废铜 55.27 万吨，同比下降 39.06%。随着国家进口固废监管和环保控制标准不断提高，对进口废铜含杂量要求也越来越严格，以回收铜为主的七类废料进口已经十分困难。因此，国内再生铜行业需尽快适应新形势，调整对废铜进口的预期，高度重视环保能力建设，争取继续保持六类废料进口的优势。同时，高度重视国内原料的回收，尽快把原料采购重心转移到国内市场。铜进入消费领域后，服役周期一般按 15 年计算。根据国内市场近年的铜消费量计算，未来报废设备中所产生的废铜量十分可观。因此，再生铜企业需加快与国内回收交易市场的对接与合作，提高国内原料保障能力。

目前，我国再生铜企业主要面临产业结构不合理、产品附加值较低、

分选及环保治理技术需升级、协同处理能力有待加强等问题。未来可充分利用国家相关政策的支持（如表 4-31 所示），加快创建国内再生铜原料的回收体系建设，加强与废弃电器电子产品、报废汽车等拆解处理企业的合作，深度挖掘不同含铜废料的协同处理工艺技术，促进铜再生行业的绿色发展与升级。

表 4-31　再生铜产业部分相关政策汇总

政策名称	文号	发布日期	发布单位	主要内容
《关于加快再生资源回收体系建设的指导意见》	商改发〔2006〕20 号	2006 年 2 月	商务部	完善再生资源回收的法律、标准和政策，形成再生资源回收促进体系
《关于加快推进再生资源回收体系建设的通知》	商贸发〔2009〕142 号	2009 年 3 月	商务部、财政部	主要工作：建立和完善再生资源回收管理机制、建立和规范再生资源回收体系等
《再生有色金属产业发展推进计划》	工信部联节〔2011〕51 号	2011 年 1 月	工信部、科技部、财政部	主要目标之一：到 2015 年，再生铜占当年铜产量的比例达到 40% 左右，形成一批年产 10 万吨以上规模化企业
《有色金属工业发展规划（2016—2020 年）》	工信部规〔2016〕316 号	2016 年 9 月	工信部	"十三五"时期有色金属工业发展主要目标之一：再生铜占铜供应量比重由 2015 年的 25% 上升至 2020 年的 27%
《关于加快推进再生资源产业发展的指导意见》	工信部联节〔2016〕440 号	2016 年 12 月	工信部、商务部、科技部	推进以龙头企业、试点示范企业为主体的废有色金属回收利用体系建设，到 2020 年，再生铜利用规模达到 440 万吨
《循环发展引领行动》	发改环资〔2017〕751 号	2017 年 4 月	发展改革委、科技部 等 14 个部委	推进实施再生资源行业规范条件，引导再生资源产业规范发展。开展国家资源再生利用重大示范工程建设，培育骨干企业

资料来源：公开资料，中债资信整理。

4.9.2　再生铜利用环境效益及环境影响

4.9.2.1　环境效益

铜金属是社会生产生活过程中的重要基础资源，在多种行业中起着不可替代的重要作用，需求量较大。但是，考虑到铜资源的稀缺性及有限性，如果不加以循环利用，一方面，会造成资源浪费和无序废弃带来的二次污染；另一方面，会加速铜矿资源的消耗和枯竭速率，并带来一系列生态与环境负面影响。

回收加工利用废铜，可以降低社会生产、生活对自然矿产的依赖，同时因省去采选、铜精矿冶炼等工序，能有效缓解铜矿开采所带来的资源消耗、环境污染及生态环境破坏等问题，具有较为显著的节能效益、环境效益及资源节约效益。根据相关统计数据及研究，2005—2014 年的十年间，与开发等量的原生铜矿产资源相比，中国再生铜行业相当于实现节能 2 366.76 万吨标煤、节水 88.81 亿立方米、减少固体废弃物排放 83.86 亿吨[1]。

合理发展再生铜行业，有效回收利用再生铜资源，也符合当前发展循环经济的要求。在对再生铜项目的环境效益、资源节约效益进行具体考量时，可以采用其年度回收利用的废铜量作为估算基础。

4.9.2.2 环境影响

除了看到再生铜行业的环境效益外，还需注意，我国再生铜产业起步相对较晚，其资源回收利用技术与装备水平依旧落后于国外先进国家，存在综合能耗高、回收利用率低、二次污染严重等问题[2]。其中，需关注再生铜利用过程中的污染物排放及潜在的环境影响情况。

"三废"排放方面，再生铜生产过程中产生的废气主要是熔炼过程中产生的烟尘、SO_2 及二噁英类有机污染物等；主要废水污染物为酸碱废水、含重金属离子废水等；固体废物主要为预处理过程中产生的废料及边角料、精炼渣及危险废物等，其中危险废物包括废乳化液、废催化剂、废油漆、熔炼飞灰等。

特征污染物方面，经过污染物全过程识别，再生铜生产过程中的主要特征污染物是重金属和二噁英。重金属污染物主要是再生铜冶炼原料中含铅、铬、汞等重金属，含铜原料在预处理、熔炼、精炼及电解过程中，均

① 扈学文，赵若楠，拜冰阳，乔琦，白卫南，李艳萍. 我国再生铜冶炼行业现状、技术发展趋势及污染预防对策 [J]. 矿冶，2016，25（6）：82–86.

② 周明文. 我国废杂铜工业的现状与发展趋势 [J]. 有色冶金设计与研究，2010，31（6）：29–32.

存在导致水、大气及固体废物的重金属污染的风险。二噁英等有机物污染，主要因原料中混有各种废塑料、废橡胶、油漆及油污等有机物，在高温熔炼过程中产生。

如上文所述，我国再生铜利用途径根据原料成分和含铜品位的不同，可分为火法和湿法两种。这两种途径所产生的主要污染物如表 4-32 所示。

表 4-32　铜再生火法及湿法回收过程中主要污染物情况

回收途径	种类	工艺过程	主要污染物
火法回收	大气污染物	熔炼	二噁英、SO_2、NO_x
	水污染物	预处理、电解	重金属废液、酸碱废液
	固体污染物	预处理、熔炼、电解、阳极泥回收	废料、边角料、易挥发重金属烟尘、难溶重金属化合物尾渣
湿法回收	大气污染物	稀贵金属氧化、原料烘干、电解	氯气、氨气、酸气等
	水污染物	稀贵金属还原	氰化尾液、酸碱尾液、含重金属尾液
	固体污染物	稀贵金属还原	重要金属尾渣

资料来源：相关参考文献，中债资信整理。

4.9.2.3　小结

铜再生利用因省去采选、铜精矿冶炼等工序，能有效缓解铜矿开采所带来的资源消耗、环境污染及生态环境破坏等问题，具有较为显著的节能效益、环境效益及资源节约效益。但是，铜再生行业有害污染物的产生与排放，对周边环境构成了一定威胁，同时其部分再利用工艺存在能耗较高、资源回收率低的问题。为提高铜再生项目的环境效益，并降低其负面环境影响，再生铜行业可从以下三个方面着手改进：

（1）上游废铜收集过程中，再生铜回收企业应严格按照《铜及铜合金废料》（GB/T 13587—2006）的规定分类回收，按照资源高效利用的原则，尽量减少加工过程，提高废杂铜直接利用的比例。

（2）生产加工过程中，鼓励原生铜企业利用现有条件开发能处理含铜量低且成分复杂环境友好、节能、资源综合回收率高的连续处理废杂铜工艺技术，采用高效、节能环保的装备。

（3）末端治理方面，采用成熟可靠的污染防治工艺去除有害污染物，使最终排放达到《再生铜、铝、铅、锌工业污染物排放标准》（GB 31574—2015）的要求。

4.9.3 再生铜项目绿色评估框架

对再生铜项目的绿色评估，需综合考虑其正面的环境效益以及负面的环境影响，并将节能、环保及资源节约等因素纳入其中。评估过程中，可以参考国家有关部门颁布的相关规范、标准，具体如下。

4.9.3.1 节能评估

再生铜行业涉及熔炼、电解等高耗能工艺流程，能源需求量较大，降低能耗对促进再生铜行业健康发展、创建绿色节能型社会有重要意义。因此，在对再生铜项目进行绿色评估时，可将项目的能耗水平作为评估的一部分。GB 21248—2014《铜冶炼企业单位产品能耗消耗限额》的发布与实施，也为评估再生铜项目的能耗水准，提供了重要参考依据。

表 4-33　铜冶炼企业单位产品能耗限定值、准入值及先进值（粗、杂铜冶炼工艺）

工序 / 工艺	综合能耗限定值 *（kgce/t）	综合能耗准入值 **（kgce/t）	综合能耗先进值（kgce/t）
粗铜工艺（杂铜—粗铜）	≤ 260	≤ 240	≤ 200
阳极铜工艺（杂铜—阳极铜）	≤ 360	≤ 290	≤ 280
阳极铜工艺（粗铜—阳极铜）	≤ 290	≤ 270	≤ 220
铜精炼工艺（杂铜—阴极铜）	≤ 430	≤ 360	≤ 350
铜精炼工艺（粗铜—阴极铜）	≤ 370	≤ 350	≤ 310

注：①对应能耗值适用于 2015 年 1 月 1 日前现有铜冶炼企业的能耗限定值。
②对应能耗值适用于 2015 年 1 月 1 日后新建铜冶炼企业的能耗准入值。
资料来源：GB 21248—2014《铜冶炼企业单位产品能耗消耗限额》，中债资信整理。

GB 21248—2014《铜冶炼企业单位产品能耗消耗限额》的适用范围，包含了以粗铜、废杂铜为原料的铜冶炼企业产品能耗计算、考核。由表 4-33 可知，该能耗限额标准分别规定了粗、杂铜冶炼工艺单位产品能耗的限定值、准入值及先进值，在实际节能评估过程中，可结合项目工艺路线及实际能耗值所处的对应标准区间，予以定性及定量评估。

4.9.3.2 环保评估

由于再生铜行业工艺流程中存在有害污染物的产生，因此存在一定环境风险。以上污染物的排放，也需要达到相应要求，以降低对环境的负面影响。在对再生铜项目进行绿色评估时，可结合其有害污染物的实际排放水平与 GB 31574—2015《再生铜、铝、铅、锌工业污染物排放标准》要求，给出其环保评估结论。

表 4–34 为 GB 31574—2015《再生铜、铝、铅、锌工业污染物排放标准》对部分水污染物及大气污染物排放限值的要求。

表 4–34　再生铜企业部分水污染物及大气污染物排放限值

污染物类别	污染物项目	限值		单位
		直接排放	间接排放 *	
水污染物	pH 值	6~9	—	—
	化学需氧量（COD$_{Cr}$）	50	—	mg/L
	悬浮物	30	—	mg/L
	总氮	15	—	mg/L
	总磷	1	—	mg/L
	总铜	0.2	0.2	mg/L
	总铅 **	0.2	0.2	mg/L
	总砷 **	0.1	0.1	mg/L
	总镉 **	0.01	0.01	mg/L
	总铬 **	0.5	0.5	mg/L
大气污染物	颗粒物	30		mg/m^3
	SO$_2$	150		mg/m^3
	NO$_x$	200		mg/m^3
	硫酸雾	20		mg/m^3
	二噁英类	0.5		ng TEQ/m^3
	铅及其化合物	2		mg/m^3
	锑及其化合物	1		mg/m^3

注：* 废水进入城镇污水处理厂或经由城镇污水管线排放的，应达到直接排放限值要求；废水进入园区（包括各类工业园区、开发区、工业聚集地等）污水处理厂执行间接排放限值。

** 带标记的水污染物监控位置为生产车间或设施废水排放口，其余水污染物监控位置为企业废水总排放口。

资料来源：GB 31574—2015《再生铜、铝、铅、锌工业污染物排放标准》，中债资信整理。

国家标准对再生铜工业企业生产过程中水污染物和大气污染物排放限值，可作为再生铜项目绿色评估时其环保水平的参考依据。

此外，固体废弃物和危险废物方面，可以参考 GB 18599—2001《一般工业固体废物贮存、处置场污染控制标准》、GB 18597—2001《危险废物贮存污染控制标准》、GB 18598—2001《危险废物填埋污染控制标准》、GB 18484—2001《危险废物焚烧污染控制标准》等相关标准。

4.9.3.3 综合评估

铜再生行业对废铜进行收集加工再利用，符合发展循环经济的要义。但由于废铜来源的多样性以及行业生产工艺的复杂性，对铜再生行业的绿色评估所需考虑的因素也较多，制约了其全面评估体系的构建。2017 年 9 月，国家发展改革委发布了《再生铜行业清洁生产评价指标体系（征求意见稿）》，为综合评估再生铜项目的绿色程度，提供了重要参考。

该指标体系分为生产工艺与装备要求、资源能源消耗指标、资源综合利用指标、产品质量指标、污染物产生指标、清洁生产管理指标六大类，每一大类指标中包括若干分项。其中"资源和能源消耗指标""资源综合利用指标"，以及"污染物产生指标"属于定量指标；"生产工艺与装备要求""产品质量指标"，以及"清洁生产管理指标"属于定性指标。对于定量指标体系是根据选取有代表性的、能反映"节能""降耗""减污"和"增效"等方面的数据指标。定性要求，则是主要根据国家有利于推行清洁生产的产业发展和技术进步政策、资源环境保护政策规定以及行业发展规划，定性考核企业政策法规的符合性、清洁生产实施工作情况。其中，该指标体系的部分定量指标及其要求如表 4-35 所示。

表 4-35　再生铜行业清洁生产评价指标体系部分定量指标及其要求

一级指标	二级指标	单位	Ⅰ级基准值	Ⅱ级基准值	Ⅲ级基准值
资源和能源消耗指标	熔炼工序单位产品综合能耗（阳极铜）	kgce/t	≤ 220	≤ 290	≤ 360
	电解工序单位产品直流电耗	kW·h/t	≤ 50	≤ 60	≤ 70
	单位产品综合能耗（直接利用）	kgce/t	≤ 60	≤ 80	≤ 100
	单位产品综合能耗（阴极铜）	kgce/t	≤ 290	≤ 360	≤ 430

续表

一级指标	二级指标	单位	I级 基准值	II级 基准值	III级 基准值
资源综合利 用指标	铜总回收率	%	≥ 98	≥ 97	≥ 96
	最终弃渣处置率	%	100		
	电解液循环利用率	%	100		
	废水重复利用率	%	≥ 95		≥ 90
污染物产生 指标	废水—氨氮	g/t	≤ 10	≤ 20	≤ 40
	废水—COD_{Cr}	g/t	≤ 100	≤ 300	≤ 500
	废水—总磷	g/t	≤ 1	≤ 3	≤ 5
	废水—悬浮物	g/t	≤ 100	≤ 200	≤ 300
	废水—石油类	g/t	≤ 10	≤ 20	≤ 30
	废气—SO_2	kg/t	≤ 5	≤ 10	≤ 15
	废气—NO_x	kg/t	≤ 1		≤ 2
	废气—颗粒物	kg/t	≤ 5	≤ 10	≤ 15
	废气—硫酸雾	mg/m³	≤ 20		
	废气—二噁英	μgTEQ/t	≤ 100		
	废渣—最终废渣含铜量	%	≤ 0.6	≤ 0.8	≤ 1

资料来源：《再生铜行业清洁生产评价指标体系（征求意见稿）》，中债资信整理。

由表 4-35 可知，该指标体系综合评价所得分值将再生铜行业清洁生产等级划分为三级。其中，I 级为国际清洁生产先进水平；II 级为国内清洁生产先进水平；III 级为国内清洁生产基本水平。由于该指标体系综合考虑了能源消耗、物质消耗、资源节约与回收、污染控制等多个因素，得出的最后分值能较为全面地反映具体项目在清洁生产方面的表现水平。因此，在对铜再生行业的绿色程度进行综合评估时，可参考该指标体系在评估指标选取、指标区间划分等方面的设置。

4.9.4　小结与展望

我国铜消费量和产量常年位居世界前列，但由于国内铜矿资源禀赋不足，再生铜资源已成为缓解供需矛盾的重要方式。国内再生铜利用的原料，来源包括国内产生及进口的废铜，根据原料成分和含铜品位不同，其回收利用的途径也可分为火法和湿法两种，其中火法工艺应用较为广泛。未来铜需求的增长给行业发展提供了一定机遇，但与此同时，再生铜行业也面临着国际国内市场环境变化带来的挑战。再生铜企业可加快与国内铜回收交易市场的对接与合作，充分利用国家相关政策支持，加强与拆解处理企业的合作，挖掘协同处理工艺技术，促进铜再生行业的绿色发展与升级。

铜再生利用因省去采选、铜精矿冶炼等工序，能有效缓解铜矿开采所带来的资源消耗、环境污染及生态环境破坏等问题，具有较为显著的节能、环境及资源节约效益。但是，铜再生工艺有害污染物的产生与排放，对周边环境构成了一定威胁，同时其部分再利用工艺存在能耗较高、资源回收率低的问题。对再生铜项目的绿色评估，需综合考虑其正面的环境效益以及负面的环境影响，并将节能、环保及资源节约等因素纳入其中。国家有关部门颁布的相关规范、标准等，为评估工作提供了重要参考。

4.10　风力发电行业发展现状及环境效益评估

开发可再生清洁能源是解决能源危机和环境问题的关键举措之一，风能资源在地球表面储量丰富，是目前发展最快和应用最广泛的清洁可再生能源之一。大力发展风力发电是我国实施可持续发展战略和新能源战略必由之路。

4.10.1　风力发电行业概况

4.10.1.1　行业现状

在全球化石能源日渐枯竭和气候变化形势严峻的背景下，风能作为一种可再生、环境影响小的清洁能源，其战略价值日益凸显，各国都非常重视风能的开发利用。根据全球风能理事会（GWEC）发布的数据，2017年全球新增风电装机 5 257 万千瓦，到 2017 年底全球累计装机 5.40 亿千瓦。

2017 年，在全球新增风电装机容量中，中国新增 1 950 万千瓦（占37.1%）、美国 702 万千瓦（13.4%）、德国 658 万千瓦（12.5%）、英国427 万千瓦（8.1%）、印度 415 万千瓦（7.9%）、巴西 220 万千瓦（4.2%）、法国 169 万千瓦（3.2%）、土耳其 77 万千瓦（1.5%）、墨西哥 48 万千瓦（0.9%）、比利时 47 万千瓦（0.9%）。以上 10 个国家的新增风电装机 4 694 万千瓦，占 2017 年全球新增装机的 89.3%；世界其他国家新增风电装机合计为 563 万千瓦（10.7%）[①]。

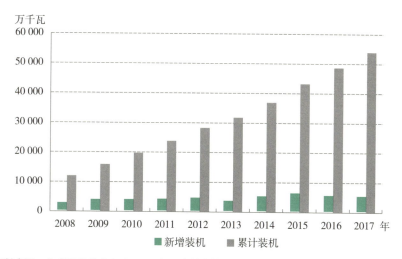

资料来源：全球风能理事会（GWEC），中债资信整理。

图 4-32　2008—2017 年全球风电新增和累计装机容量

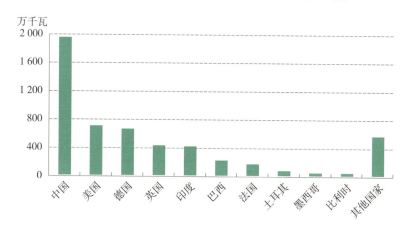

资料来源：全球风能理事会（GWEC），中债资信整理。

图 4-33　2017 年全球风电新增装机容量前十位国家及总体概况

① 2017 年全球风电新增装机 52 吉瓦　中国占 37%[J]. 电源世界，2018（2）：4.

风力发电在我国得到了快速发展，其中，2008—2017年中国新增和累计风电装机容量如图4-34所示。截至2017年底，我国风力发电累计装机容量达到1.88亿千瓦，同比增长11.7%[①]，累计装机占全球规模的34.81%，仍然是全球最大的风电发展市场。

资料来源：中国可再生能源学会风能专业委员会，中债资信整理。

图4-34　2008—2017年中国新增和累计风电装机容量

从装机区域分布上来看，我国重要的风电基地多分布在"三北"地区。虽然具有天然的资源禀赋，但负荷中心主要集中在中东部地区，"三北"地区电力需求不足、电力市场狭小，受消纳困难等因素影响，发电与负荷空间不匹配，产生输电与并网矛盾。2017年，"三北"地区弃风量达413.6亿千瓦时，占全国弃风量的98.71%。

---

① 数据来源为中国可再生能源学会风能专业委员会发布的《2017年中国风电吊装容量统计简报》。

资料来源：国家能源局，中债资信整理。

图 4-35　2011—2017 年中国弃风限电情况

　　我国风电全产业链基本实现国产化，产业集中度不断提高。从近 5 年来看，国内风电整机制造企业的市场份额呈现明显的集中趋势。排名前五的风电机组制造企业新增装机市场份额由 2013 年的 54.1% 增长至 2017 年的 67.1%，增长了 13%；排名前十的市场份额由 2013 年的 77.8% 增长至 2017 年的 89.5%，增长了 12%。随着风电设备技术水平与可靠性的不断提高，中国在满足国内市场需求的同时，已将风电机组同时出口到 33 个国家。截至 2017 年底，中国风电机组制造企业已出口的风电机组共计 1 707 台，累计装机容量 320.5 万千瓦。

　　海上风电方面，作为一种清洁的、拥有巨大发展空间的能源形式，海上风电在近年来发展活跃，欧洲仍然是全球海上风电的中心。截至 2017 年底，欧洲海上风电累计装机达到 1 578 万千瓦，其中 2017 年新增并网容量 314.8 万千瓦。包括部分并网的项目在内，欧洲目前共建造了 92 座海上风电场，分布在 11 个国家，有 4 149 台机组并入电网[①]，具体如表 4-36 所示。

---

　　① 夏云峰 .2017 年欧洲海上风电新增并网容量 3 148MW[J]. 风能，2018（2）：38-43.

资料来源：中国可再生能源学会风能专业委员会，中债资信整理。

图 4-36　2013—2017 年中国出口风电机组新增及累计容量

表 4-36　截至 2017 年底欧洲各国海上风电累计装机情况

序号	国家	海上风电场数量（座）	海上风电并网机组数量（台）	海上风电装机容量（万千瓦）
1	英国	31	1 753	683.5
2	德国	23	1 169	535.5
3	丹麦	12	506	126.6
4	荷兰	7	365	111.8
5	比利时	6	232	87.7
6	瑞典	5	86	20.2
7	芬兰	3	28	9.2
8	爱尔兰	2	7	2.5
9	西班牙	1	1	0.5
10	挪威	1	1	0.2
11	法国	1	1	0.2
	合计	92	4 149	1 578

资料来源：相关参考文献，中债资信整理。

2017 年，中国海上风电取得重要进展，新增装机共 319 台，新增装机容量达 116 万千瓦，同比增长 97%，增速较快；累计装机达到 279 万千瓦。其中，中国 2013—2017 年中国海上风电新增和累计装机容量如图 4–37 所示。现阶段，技术与成本仍然是制约海上风电进一步发展的关键性因素。根据行业相关数据进行测算，若只考虑海水深度，当海水深度从 15 米增至 30 米，支撑基础造价将由 3 000 元 / 每千瓦时增至 5 000 元 / 每千瓦时；当离岸距离从 5 千米增至 200 千米时，安装成本将由 4 000 元 / 每千瓦时增加到 8 000 元 / 每千瓦时[①]。

资料来源：中国可再生能源学会风能专业委员会，中债资信整理。

图 4-37 2013—2017 年中国海上风电新增和累计装机容量

4.10.1.2 风电机组

风力发电机组可将风的动能转化为电能，按照设备的主要结构特点，可将风力发电分为水平轴风力发电和垂直轴风力发电。目前，世界普遍采用水平轴升力型风力发电机。

---

① 叶军，仲雅娟 . 海上风能利用及其成本分析综述 [J]. 太阳能，2018（6）：19–25.

中小型风电机组方面，功率为 5~10 千瓦的水平轴离网型风电机组一般是由 3 个机械变桨距叶片组成的风轮驱动永磁发电机发电，发出的电经控制器整流成直流电充入蓄电池储存，蓄电池里的直流电经逆变器转换成交流电后，输出 220 伏交流电带动用电器工作。该类风电机组多用于为发展中国家和部分发达国家远离电网地区的农牧民家庭供电或社区供电，属于风力分布式能源。

大型并网型风电机组方面，2005 年以前，定桨距风电机组曾是全球风电场建设的主流机型，但由于变桨距的功率调节方式具有载荷控制平稳、安全和高效等优点，变桨距 2005 年以后在大型风电机组上得到了广泛应用。2014 年以后，世界上新安装的大型并网型风电机组全部采用了变桨变速恒频技术，总体来看，世界风电机组主流实现了定桨距向变桨距的转变。其中，双馈异步发电机变速恒频风电机组是目前世界上技术最成熟的变速恒频风电机组。欧美多家领先的风电机组制造商都在批量生产此类风电机组。近十年来，1.5~4 兆瓦的双馈异步发电机变速恒频风电机组在全球风电场的建设中占据主力地位。

我国多数风电机组制造企业也都在生产双馈异步发电机变速恒频风电机组。2016 年我国新增的风电机组中，双馈异步发电机变速恒频风电机组占比约为 61%。目前，我国 2 兆瓦双馈异步发电机变速恒频风电机组的技术已经非常成熟，并已成为主流机型。预计到 2020 年，我国新增风电机组中，双馈异步发电机变速恒频风电机组的占比仍将超过 50%。目前的海上风电机组、大机组通常以双馈路线为主，双馈风机的维修更简单，成本更低，适合环境恶劣，维修难度大的地区，比如海上风电场。随着因直驱式和半直驱风电机组技术的不断成熟和发展，双馈异步发电机变速恒频风电机组的竞争性可能将有所下降，预计未来此两类机组整体上仍将并存。

直驱永磁式风电机组采用无齿轮箱的直驱方式，能有效减少由于齿轮箱问题而造成的机组故障，可有效提高系统运行的可靠性和寿命，减少风电场维护成本，因而得到了市场青睐，市场占有率逐年上升。2016 年，我国新增大型风电机组中，永磁直驱式风电机组的占比达 34% 以上。预计到 2020 年，我国新增风电机组中，此类风电机组将占到 45% 以上的市场份额[1]。

4.10.1.3 未来发展

为实现 2020 年和 2030 年非化石能源占一次能源消费比重 15% 和 20% 的目标，促进能源转型，我国必须加快推动风电等可再生能源产业发展。《风电发展"十三五"规划》（以下简称规划）指出，到 2020 年底，我国风电累计并网装机容量确保达到 2.1 亿千瓦以上，风电年发电量确保达到 4 200 亿千瓦时，约占全国总发电量的 6%。考虑到截至 2017 年底我国风电累计装机达到 1.88 亿千瓦。未来我国风电发展仍有一定的空间。

我国政府在政策层面大力推动风电发展，同时持续推进电力市场化改革，并将解决弃风限电问题当作下一阶段重点解决的问题。近期关于国内风电产业发展的政策整理汇总如表 4-37 所示。

表 4-37 近期国内风电产业部分政策整理汇总

序号	政策名称	文号	发布时间	发布单位
1	《风电发展"十三五"规划》	国能新能〔2016〕314 号	2016 年 11 月	国家能源局
2	《关于试行可再生能源绿色电力证书核发及自愿认购交易制度的通知》	发改能源〔2017〕132 号	2017 年 1 月	国家发展改革委、财政部、国家能源局
3	《关于印发 2017 年能源工作指导意见的通知》	国能规划〔2017〕46 号	2017 年 2 月	国家能源局
4	《关于有序放开发用电计划的通知》	发改运行〔2017〕294 号	2017 年 3 月	国家发展改革委、国家能源局
5	《关于开展风电平价上网示范工作的通知》	国能发新能〔2017〕49 号	2017 年 5 月	国家能源局
6	《关于加快推进分散式接入风电项目建设有关要求的通知》	国能发新能〔2017〕3 号	2017 年 5 月	国家能源局

---

[1] 沈德昌. 当前风电设备技术发展现状及前景 [J]. 太阳能，2018（4）：13-18.

续表

序号	政策名称	文号	发布时间	发布单位
7	《关于可再生能源发展"十三五"规划实施的指导意见》	国能发新能〔2017〕31号	2017年7月	国家能源局
8	《关于印发〈解决弃水弃风弃光问题实施方案〉的通知》	发改能源〔2017〕1942号	2017年11月	国家发展改革委、国家能源局
9	《关于2018年度风电建设管理有关要求的通知》	国能发新能〔2018〕47号	2018年5月	国家能源局

资料来源：公开资料，中债资信整理。

随着过往十几年的快速发展，我国风电装机规模已经稳居世界第一，风电装备技术水平也进入世界领先梯队。与此同时，我国面临较为严峻的弃风限电问题，2016年我国弃风电量达到峰值497亿千瓦时，造成严重的经济损失。国内风电产业面临的主要矛盾，从原有争取大规模、高速度的风电装机规模，转向如何消纳风电与建设速度之间的矛盾。随着我国合理规划电网结构、挖掘系统调峰潜力及优化调度运行方面，目前风电消纳问题已经开始得到好转。

随着陆地优质风能资源的逐步开发，海上风电已成为未来的发展趋势，受到世界各国的重视。海上风电相比陆上风电，具有以下优势：海上风速高于陆上风速，风能资源丰富；海上风主导风向一般稳定，有利于机组稳定运行，延长寿命；海上风电单机容量可以提高较大，由于噪音限制小，使得能量产出大，年利用小时数更高；机组距海岸较远，视觉影响小；环境负面影响小；不占用陆地宝贵的土地资源等。未来海上风电建设方面，《规划》指出，未来我国将重点推动江苏、浙江、福建、广东等省的海上风电建设，积极推动天津、河北、上海、海南等省（市）的海上风电建设，探索性推进辽宁、山东、广西等省（区）的海上风电项目，到2020年，全国海上风电开工建设规模达到1 000万千瓦，力争累计并网容量达到500万千瓦以上。

4.10.2 风力发电环境效益

风电工程使用可再生的自然风力资源发电，同时不排放任何污染物，因此其节能减排环境效益的概念体现于所替代的其他发电类型将产生的能源消耗和污染物排放。由于目前燃煤火电在我国能源结构中占据主导地位，通常将风电与其进行对照比较，即以产出同等电量，节约燃煤火电的能耗及减少的污染物排放量值作为风电的环境效益指标。

燃煤火电使用化石燃料煤炭作为主要能源，在燃烧发电过程中排放温室气体二氧化碳（CO_2）以及有害大气污染物，包括二氧化硫（SO_2）、氮氧化物（NO_x）、烟尘等，造成全球气候变化以及灰霾等环境污染问题。由此，对风电环境效益的考量，可以分别从节约能源量、CO_2 减排量、SO_2 减排量、NO_x 减排量、烟尘减排量进行。

4.10.2.1 节约能源

节约能源方面，以节约标煤量计算，可以参考火电行业平均的煤耗水平，即全国火电发电标准煤耗值。考虑到供电煤耗逐年降低的客观情况，可以选取行业有关部门定期发布的基于相同统计原则确定的年度煤耗指标，以保证数据的统一性、可比性及实时性。具体计算中，可以采用中国电力企业联合会每年发布的全国年度供电煤耗值，其中 2010—2017 年度煤耗指标如图 4-38 所示。

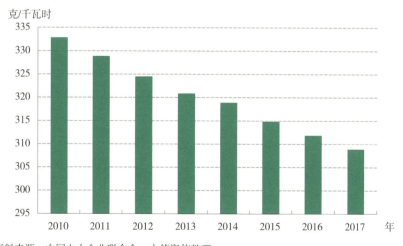

资料来源：中国电力企业联合会，中债资信整理。

图 4-38　2010—2017 年全国 6 000 千瓦及以上燃煤电厂供电标准煤耗情况

4.10.2.2 减排二氧化碳

CO_2 减排方面，根据风电场年度实际发电量及替代当年火电供电标准煤耗值，乘以吨标煤 CO_2 排放系数，即得到风电场年度 CO_2 的减排量数据。

根据《中国发电企业温室气体排放核算方法与报告指南（试行）》，发电企业的温室气体排放总量等于企业边界内化石燃料燃烧排放、脱硫过程的排放和净购入使用电力产生的排放之和。其中，化石燃料燃烧是 CO_2 主要的排放来源，其 CO_2 排放量主要基于分品种的燃料燃烧量、燃料的低位发热量、单位热值的含碳量和碳氧化率计算得到。企业化石燃料消耗主要由燃煤、辅助燃油、移动设施用柴油和移动设施用汽油组成[1]。

4.10.2.3 减排有害气体

有害气体减排方面，同样可以根据风电场年度实际发电量及替代当年火电供电标准煤耗值，分别乘以吨标煤的 SO_2、NO_x、烟尘排放系数，即可得到风电场年度 SO_2、NO_x、烟尘的减排量数据。例如，表 4-38 为中国银监会统计的近年来风电行业绿色信贷所产生的节能减排效果。

表 4-38 风电项目绿色信贷所产生的节能减排效益统计

时间	绿色信贷年末余额（亿元）	节约标准煤（万吨）	减排 CO_2（万吨）	减排 SO_2（万吨）	减排 NO_x（万吨）
2013-12	2 374.13	2 291.91	5 637.81	23.22	12.66
2014-12	2 792.17	2 132.03	5 334.72	27.41	15.51
2015-12	3 775.76	2 586.76	6 504.93	58.35	84.31
2016-12	4 225.78	3 472.65	8 705.80	74.02	120.29

资料来源：中国银监会，中债资信整理。

4.10.3 风电场环境效益评估框架

风力发电所产生的节能减排效益，主要来源于其替代传统化石能源并生产供应电力。风电场的发电效率越高，则其理论上的节能减排效益越明

---

[1] 盖志杰，王鹏辉.燃煤电厂碳排放典型计算及分析[J].中国电力，2017，50（5）：178-184.

显。本篇研究对风电场环境效益的评估基于此假设，并分别从风电项目的设计水平与运营维护水平展开。

4.10.3.1　设计水平评估

作为风电场建设第一阶段的风电场设计，对风电项目后来的运营有举足轻重的作用和深远的影响。风电场设计从最初的风场选址就开始了，包括宏观选址、风资源评价和微观选址等内容。风电场设计需要多专业协同工作，主要包括风能、系统、电气、土建、水工、勘测、环保和技术经济等专业。同时，风电场设计需综合考虑风能资源、当地经济、电网、交通、地质等多方面的因素。

考虑到对风电场设计水平进行评估时，不同区域地理特征、气候条件各不相同，风资源条件差异较大，工程设计中常用的"风电场年等效满负荷小时数"和"风电场容量系数"等性能参数仅客观反映了地区风能资源的特性，设计中如果统一采用上述两个参数来评价风电场的设计水平，由于风资源条件好的地方上述指标客观就高，不能充分反映设计技术对工程的影响，如果得出风资源越丰富地区，风电场设计水平越高，显然不能真实体现设计工作的价值，而且实践证明与实际情况也不符。

影响风电场发电量的两个主要因素是：风能资源情况与风电机组的选型和布置。对于一个特定的场址，其风能资源情况是无法改变的固有条件，而真正体现设计水平和技术能力同时对风电场设计水平有直接影响的工作是风电机组的选型和布置方案。

相关研究在选取多个风电场作为样本统计分析的基础上，总结出相关能够反映风电场设计评价水平的指标，其中部分如表 4-39 所示。

表 4-39　风电场设计评价部分参考指标

指标类型	指标名称	单位	评价参考值
风电场选址水平指标	风电场有效风速小时数	h	≥ 7 500
	风电场年平均风速	m/s	≥ 6.0
	风电场年平均风功率密度	W/m²	≥ 250

续表

指标类型	指标名称	单位	评价参考值
风电机组选型与布置水平指标	风电场发电效率	—	50%
	风电机组容量系数	—	50%
	风电机组布置参数	cm/kW	3.0
	单位千瓦占地面积	m²/kW	1.5

注：刘丰，彭怀午，孙立新.关于风电场设计水平的探讨 [J].电力勘测设计，2012（1）：77-80.
资料来源：相关参考文献，中债资信整理。

在评估风电场设计水平时，可以借鉴以上研究所采用的评估指标以及参考值。

4.10.3.2　运营水平评估

对于已经建成并投入稳定运营的风电项目，可从年利用小时数、平均故障间隔时间两个方面进行运营水平的评估。

风电年利用小时数与风能资源条件、系统调峰能力、负荷水平等因素相关，可较为全面地反映风电场利用风能的实际效率情况。风能资源条件好、风电接纳水平程度高的区域年利用小时数通常较高。我国局部地区风能资源较丰富，风功率密度在 200 瓦每平方米以上，但与此同时，我国跨区联网和系统调峰能力与国外差距较大，局部地区风电已达到较高比重，当前部分风电场年利用小时数偏低。由此可知，利用小时数可综合反映风电项目利用风能的效率情况。图 4-39 为我国 2009—2017 年全国风电平均利用小时数情况，由图中可知，近年国内风电利用小时数存在一定波动，整体上弃风限电的现象，已经有所好转。

风电机组在大风期长时间高负荷运行，会显著增加变频器、传动系统和控制系统故障的发生概率；而机组在小风期运行，会相对增加变桨系统和通信系统故障的发生概率。夏季的高温使控制系统和变桨系统的故障增多，冬季的严寒使变频器和液压系统的故障增多。以上风电机组故障轻则导致计划外停机检修，降低发电量；重则需要更换零部件，影响正常运行。平均故障间隔时间可以反映风电场在设备选型、预防、应对故障、运行管理、设备维护方面的水平，间接评估其发电效率及节能减排效益的大小。

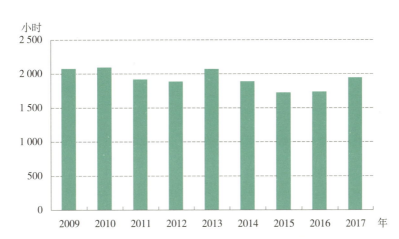

资料来源：国家能源局，中债资信整理。

图 4-39　2009—2017 年全国风电平均年利用小时数

4.10.4　小结与展望

　　风能作为一种可再生、环境影响小的清洁能源，其开发利用对于应对全球气温变暖、气候变化等问题有重要意义。经过近十几年的快速发展，截至 2017 年底，我国风力发电累计装机容量已稳居世界第一，同时海上风电取得重要进展。此外，国内风电全产业链基本实现国产化，产业集中度不断提高，在满足国内市场需求的同时，将风电机组同时出口到 33 个国家，产业国际竞争力不断增强。

　　双馈异步发电机变速恒频风电机组是目前世界上技术最成熟的变速恒频风电机组。近十年来，1.5~4 兆瓦的双馈异步发电机变速恒频风电机组在全球风电场的建设中占据主力地位。随着直驱式和半直驱风电机组技术的不断成熟和发展，双馈异步发电机变速恒频风电机组的竞争性将不断下降，并逐渐被前二者所取代。

　　风电装机规模高速发展的同时，我国面临着较为严峻的弃风限电问题。如何消纳风电与建设速度之间的矛盾，成为国内亟待解决的问题。对此，未来我国将从合理规划电网结构、挖掘系统调峰潜力及优化调度运行方面，力争解决风电消纳问题。

风电项目开发利用自然风资源，产生电力的同时不排放任何污染物，因此其节能减排环境效益的概念体现于所替代的其他发电类型将产生的能源消耗和污染物排放。由于目前燃煤火电在我国能源结构中占据主导地位，通常将风电与其进行对照比较，即以产出同等电量，节约燃煤火电的能耗及减少的污染物排放量值作为风电的环境效益指标。

风电场的发电效率越高，则其理论上的节能减排效益越明显。对风电场环境效益的评估可分别从风电项目的设计水平与运营维护水平展开。设计水平方面，主要考察风能资源情况与风电机组的选型和布置情况，运营维护水平则主要从年利用小时数、平均故障间隔时间两个方面进行评估。

4.11　生物质发电发展现状及农林生物质项目环境效益评估

生物质能源是人类最早加以利用的能源形式，包括人类早期的钻木取火、农耕文明时期的薪柴燃料，均是直接取自大自然生物圈或者农业生产产生的生物质资源。人类进入工业化时代后，开始大规模地利用煤炭、石油和天然气等化石能源用以支持社会经济发展，生物质能源此时在能源供给中的重要性不比以往；而随着化石能源广泛使用后产生的种种生态环境及气候变化问题出现后，人类又重新审视能源结构的合理性与可持续性，新能源和可再生能源日渐受到重视，而生物质能源又重新受到人们的关注。

4.11.1　生物质的基本概念

4.11.1.1　生物质

生物质是指通过光合作用而形成的各种有机体。生物质能是太阳能以化学能形式贮存在生物质中的能量形式，它以生物质为载体，直接或间接地来源于绿色植物的光合作用，可转化为常规的固态、液态和气态燃料，替代煤炭，石油和天然气等化石燃料，可永续利用，具有环境友好和可再生双重属性，发展潜力巨大。

通常意义上，广义的生物质，包括动植物、微生物及其产生的废弃物，狭义的生物质通常指是秸秆、木质纤维等此类的农林型生物质。实际操作中，在我国能源部门的生物质发电项目统计口径中，即包括了农林生物质发电、垃圾焚烧发电和沼气发电；包含了大量生物质的城乡生活垃圾的减量化和资源化，也被视为生物质利用的一种途径。

生物质能的研究开发，主要有物理转换、化学转换、生物转换三大类，涉及气化、液化、热解、固化和直接燃烧等技术。生物质直接燃烧发电、或者生物质进行气化之后进行发电，是生物质能利用的重要方式之一。

4.11.1.2　生物质发电

世界上最早的生物质发电起源于 20 世纪 70 年代，当时因为世界性的石油危机爆发，丹麦为缓解危机带来的能源压力，率先大力推行秸秆等生物质发电技术，1990 年以后，生物质发电在欧美许多国家也得到大力发展。生物质发电方式主要可分为直接燃烧发电、气化发电和耦合发电三种方式。直接燃烧发电分为农林废弃物直接燃烧发电、垃圾焚烧发电等；气化发电可分为农林废弃物气化发电、垃圾填埋气发电、沼气发电等；耦合发电是生物质与其他燃料结合的发电技术[①]。

4.11.1.3　主要研究对象

《目录》中"3.6 生物质资源回收利用"是指：农业秸秆、林业废弃物、城乡生活垃圾等生物质废弃物资源化利用装置 / 设施建设运营。包含但不限于以下类别：非粮生物质液体燃料生产装置 / 设施、农林生物质发电、供热装置 / 设施、生物燃气生产装置 / 设施、城乡生活垃圾资源化利用装置 / 设施等。

本节主要关注农林生物质发电和供热装置 / 设施。包括垃圾焚烧在内的生活垃圾资源化、非粮生物质液体燃料生产、生物燃气生产等，由于涉及的行业类型不同、应用技术差异较大，将在其他研究中开展。

---

① 王刚，曲红建，吕群 . 我国生物质气化耦合发电技术及应用探讨 [J]. 中国环保产业，2018（1）：16–19.

4.11.2　生物质发电的政策导向及发展现状

4.11.2.1　国内政策规划

我国生物质能的应用技术研究，从 20 世纪 80 年代以来一直受到政府和科技人员的重视；"六五"计划就开始设立研究课题，进行重点攻关，主要在气化、固化、热解和液化等方面开展研究开发工作[①]。生物质能在我国属于受到鼓励的可再生能源利用形式。在 2005 年《可再生能源法》推出时，我国明确提出鼓励开发利用生物质燃料和发展能源作物，但此时生物质发电尚没有特别受到明确的政策倾斜。

2006 年，发展改革委针对生物质发电项目，推出了标杆电价 + 补贴电价的优惠政策，补贴电价每千瓦时 0.25 元，持续 15 年，但常规能源超过 20% 的混燃发电项目不在补贴范围内。2010 年 7 月和 2012 年 12 月，发展改革委对农林生物质发电和垃圾焚烧发电，分别执行 0.75 元和 0.65 元的标杆电价。明显高于普通燃煤标杆电价的政策优惠，推动了我国生物质发电项目的快速发展。

除了价格端的倾斜政策，发展改革委、农业部、林业局、能源局、环保部等部门，先后出台了多项关于生物质利用的规划。2014 年，发展改革委提出到 2017 年实现生物质发电装机 1 100 万千瓦的规划目标，目前已顺利实现；林业局 2013 年提出，到 2020 年建成能源林 1 678 万公顷、林业生物质年利用量超过 2 000 万吨标煤的规划目标；2017 年，国家能源局在《生物质发电"十三五"规划布局方案》中，规划了生物质发电规模合计 2 334 万千瓦的发展目标，其中农林生物质 1 312 万千瓦，垃圾焚烧发电 1 022 万千瓦。

2017 年末，国家能源局和环境保护部开始开展燃煤耦合生物质发电技改试点工作；同时，国家发展改革委和国家能源局推出了促进生物质能供热发展指导意见（发改能源〔2017〕2123 号）；2018 年 1 月，国家能

[①] 蒋剑春.生物质能源应用研究现状与发展前景 [J]. 林产化学与工业，2002（2）：75-80.

源局着手推动开展"百个城镇"生物质热电联产县域清洁供热示范项目建设（国能发新能〔2018〕8 号），示范项目共 136 个，装机容量 380 万千瓦。

关于生物质发电的主要法律及政策规划，如表 4-40 所示。

表 4-40　关于生物质发电相关的主要法律、政策规划

时间	出台单位	法律、政策文件名称	生物质发电相关的主要内容
2005-02-28	第十届全国人民代表大会常务委员会	《中华人民共和国可再生能源法》	所称可再生能源，包括了生物质能等非化石能源；鼓励清洁、高效地开发利用生物质燃料，鼓励发展能源作物。利用生物质资源生产的燃气和热力，符合标准的应当接收其入网；国家鼓励生产和利用生物液体燃料。 制定农村地区可再生能源发展规划，因地制宜地推广应用沼气等生物质资源转化等技术。
2005-11-29	国家发展改革委	关于印发《可再生能源产业发展指导目录》的通知（发改能源〔2005〕第 2517 号）	《目录》涵盖风能、太阳能、生物质能、地热能、海洋能和水能等六个领域的 88 项可再生能源开发利用和系统设备/装备制造项目。
2006-01-04	国家发展改革委	关于印发《可再生能源发电价格和费用分摊管理试行办法》的通知（发改价格〔2006〕7 号）	政府定价的生物质发电项目，电价标准由脱硫燃煤机组标杆上网电价加补贴电价组成； 补贴电价标准为每千瓦时 0.25 元。自投产之日起，15 年内享受补贴电价；运行满 15 年后，取消补贴电价。 2010 年起，每年新批准和核准建设的发电项目的补贴电价比上一年新批准和核准建设项目的补贴电价递减 2%。 发电消耗热量中常规能源超过 20% 的混燃发电项目，视同常规能源发电项目。
2006-01-05	国家发展改革委	关于印发《可再生能源发电有关管理规定》的通知（发改能源〔2006〕13 号）	可再生能源发电项目实行中央和地方分级管理。需要国家政策和资金支持的生物质发电等项目向国家发展和改革委员会申报。
2007-01-11	国家发展改革委	关于印发《可再生能源电价附加收入调配暂行办法》的通知（发改价格〔2007〕44 号）	可再生能源附加是指为扶持可再生能源发展而在全国销售电量上均摊的加价标准。 可再生能源电价补贴包括可再生能源发电项目上网电价高于当地脱硫燃煤机组标杆上网电价的部分、国家投资或补贴建设的公共可再生能源独立电力系统运行维护费用高于当地省级电网平均销售电价的部分，以及可再生能源发电项目接网费用等。

续表

时间	出台单位	法律、政策文件名称	生物质发电相关的主要内容
2006-05	财政部	《可再生能源发展专项资金管理暂行办法》（财建〔2006〕237号）	目前已更新到"关于印发《可再生能源发展专项资金管理暂行办法》的通知（财建〔2015〕87号）"；用以规范和加强可再生能源发展专项资金管理，提高资金使用效益。
2007-06-18	农业部	关于印发《农业生物质能产业发展规划（2007—2015年）》的通知（农计发〔2007〕18号）	到2010年，结合解决农村基本能源需要和改变农村用能方式，全国建成400个左右秸秆固化成型燃料应用示范点，秸秆固化成型燃料年利用量达到100万吨左右；建成1 000处左右秸秆气化集中供气站，年产秸秆燃气3.65亿立方米。到2015年，秸秆固化成型燃料年利用量达到2 000万吨左右，建成2 000处左右秸秆气化集中供气站，年产秸秆燃气7.3亿立方米。
2010-07-18	国家发展改革委	《关于完善农林生物质发电价格政策的通知》（发改价格〔2010〕1579号）	农林生物质发电项目实行标杆上网电价政策。未采用招标确定投资人的新建农林生物质发电项目，统一执行标杆上网电价每千瓦时0.75元。已核准的农林生物质发电项目（招标项目除外），上网电价低于上述标准的，上调至每千瓦时0.75元；高于上述标准的国家核准的生物质发电项目仍执行原电价标准。
2012-03-28	国家发展改革委	《关于完善垃圾焚烧发电价格政策的通知》（发改价格〔2012〕801号）	以生活垃圾为原料的垃圾焚烧发电项目，每吨生活垃圾折算上网电量暂定为280千瓦时，并执行全国统一垃圾发电标杆电价每千瓦时0.65元；其余上网电量执行当地同类燃煤发电机组上网电价。省级电网负担每千瓦时0.1元和可再生能源电价附加，共同分摊高出脱硫燃煤机组标杆上网电价的部分。
2013-05-28	国家林业局	关于印发《全国林业生物质能发展规划（2011—2020年）》的通知（林规发〔2013〕86号）	到2015年，建成油料林、木质能源林和淀粉能源林838万公顷，林业生物质年利用量超过1 000万吨标煤，其中，生物液体燃料贡献率为10%，生物质热利用贡献率为90%。建成一批产业化示范基地。到2020年，建成能源林1 678万公顷，林业生物质年利用量超过2000万吨标煤，其中，生物液体燃料贡献率为30%，生物质热利用贡献率为70%。

续表

时间	出台单位	法律、政策文件名称	生物质发电相关的主要内容
2014-03-24	国家发展改革委、国家能源局、国家环境保护部	《关于印发能源行业加强大气污染防治工作方案的通知》（发改能源〔2014〕506号）	印发了《能源行业加强大气污染防治工作方案》；提出了：促进生物质发电调整转型，重点推动生物质热电联产、醇电联产综合利用，加快生物质供热应用，继续推动非粮燃料乙醇试点、生物柴油和航空涡轮生物燃料产业化示范。2017年，实现生物质发电装机 1 100 万千瓦；生物液体燃料产能达到 500 万吨；生物沼气利用量达到 220 亿立方米；生物质固体成型燃料利用量超过 1 500 万吨。
2016-10-28	国家能源局	国家能源局关于印发《生物质能发展"十三五"规划》的通知（国能新能〔2016〕291号）	到 2020 年，生物质能基本实现商业化和规模化利用。生物质能年利用量约 5 800 万吨标准煤。生物质发电总装机容量达到 1 500 万千瓦，年发电量 900 亿千瓦时，其中农林生物质直燃发电 700 万千瓦，城镇生活垃圾焚烧发电 750 万千瓦，沼气发电 50 万千瓦；生物天然气年利用量 80 亿立方米；生物液体燃料年利用量 600 万吨；生物质成型燃料年利用量 3 000 万吨。
2017-07-19	国家能源局	《关于可再生能源发展"十三五"规划实施的指导意见》（国能发新能〔2017〕31号）	一并发布了《生物质发电"十三五"规划布局方案》；规划了生物质发电规模合计 2 334 万千瓦，其中农林生物质 1 312 万千瓦，垃圾焚烧发电 1 022 万千瓦。
2017-11-27	国家能源局、环境保护部	《关于开展燃煤耦合生物质发电技改试点工作的通知》（国能发电力〔2017〕75号）	试点燃煤耦合农林废弃残余物发电技改项目，燃煤耦合垃圾发电、燃煤耦合污泥发电技改项目；根据煤电企业改造意愿申报项目；技改试点项目生物质能电量电价按国家规定执行；电量单独计量，由电网企业全额收购；环境主管部门加强对技改试点项目大气污染物、废水、重金属达标排放监督管理，不达标项目不享受政策支持。
2017-12-06	国家发展改革委、国家能源局	《关于印发促进生物质能供热发展指导意见的通知》（发改能源〔2017〕2123号）	生物质能供热包括生物质热电联产和生物质锅炉供热；到 2020 年，生物质热电联产装机容量超过 1 200 万千瓦，生物质成型燃料年利用量约 3 000 万吨，生物质燃气（生物天然气、生物质气化等）年利用量约 100 亿立方米，生物质能供热合计折合供暖面积约 10 亿平方米，年直接替代燃煤约 3 000 万吨。到 2035 年，生物质热电联产装机容量超过 2 500 万千瓦，生物质成型燃料年利用量约 5 000 万吨，生物质燃气年利用量约 250 亿立方米，生物质能供热合计折合供暖面积约 20 亿平方米，年直接替代燃煤约 6 000 万吨。

时间	出台单位	法律、政策文件名称	生物质发电相关的主要内容
2018-01-19	国家能源局	《关于开展"百个城镇"生物质热电联产县域清洁供热示范项目建设的通知》(国能发新能〔2018〕8号)	示范项目共136个,装机容量380万千瓦,年消耗农林废弃物和城镇生活垃圾约3 600万吨。其中,农林生物质热电联产项目126个、城镇生活垃圾焚烧热电联产项目8个、沼气热电联产项目2个,新建项目119个,技术改造项目17个,总投资约406亿元。
2018-06-26	国家能源局、生态环境部	《关于燃煤耦合生物质发电技改试点项目建设的通知》(国能发电力〔2018〕53号)	确定了84个技改项目试点,涉及全国23个省、自治区、直辖市;生物质能电量单独计量,由各省级发展改革委/能源局负责认定,电网企业全额收购;各地根据节能低碳电力调度有关原则优先安排调度序位;因地制宜制定生物质资源消纳处置补偿机制,采用政府购买公共服务等多种方式合理补偿消纳处置成本并保障技改试点项目合理盈利。

资料来源:公开资料,中债资信整理。

4.11.2.2 国内外生物质发电的发展现状

生物质能是世界上重要的新能源,技术成熟,应用广泛,在应对全球气候变化、能源供需矛盾、保护生态环境等方面发挥着重要作用,是全球继石油、煤炭、天然气之后的第四大能源,成为国际能源转型的重要力量。

● 国际生物质发电的发展概况

根据能源局的《生物质能发展"十三五"规划》披露的数据显示,截至2015年,全球生物质发电装机容量约1亿千瓦,其中美国1 590万千瓦、巴西1 100万千瓦。生物质热电联产已成为欧洲,特别是北欧国家重要的供热方式。生活垃圾焚烧发电发展较快,其中日本垃圾焚烧发电处理量占生活垃圾无害化处理量的70%以上。

根据全球可再生能源网络REN21发布的《2018年可再生能源现状报告》所披露的数据,2017年全球新增生物质发电810万千瓦,到2017年底全球在运生物质发电装机容量1.22亿千瓦,其中欧盟4 000万千瓦、美国1 670万千瓦、中国1 490万千瓦、印度950万千瓦、日本360万千瓦。从全球范围看,欧盟地区的装机规模最大,这也与生物质发电项目在欧盟兴起有很大关联；欧盟、美国和中国的合并装机规模占全球总规模的 58.7%。

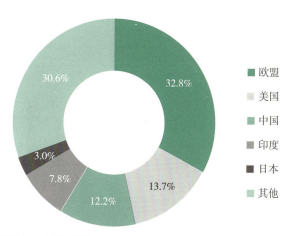

资料来源：公开资料，中债资信整理。

图 4-40　2017 年末全球在运生物质发电装机容量分布示意图

　　根据美国联邦能源监管委员会（FERC）最新发布的数据，美国 2018 年前 5 个月增加了 66 兆瓦的生物质发电能力，目前累计装机 16.52 千兆瓦，即 1 652 万千瓦（此为美国官方数字，前述 REN21 发布的研究报告的统计存在偏差），目前仍为装机全球第一的国家。

　　● 国内生物质发电的发展概况

　　我国的生物质发电起步较晚。2003 年，国家先后核准批复了国信如东、国能单县、河北晋州 3 个秸秆发电示范项目，拉开了生物质发电建设的序幕。2006 年起施行的《可再生能源法》以及后续一系列生物质发电优惠上网电价等有关配套政策，推动了我国生物质发电行业的快速壮大。"十一五"期间，我国生物质直燃发电得到了迅速发展。结合公开资料和统计数据，我国自 2006 年至今，生物质发电的整体发展情况，如图 4-41 所示。我国生物质发电的规模，从 2006 年约 140 万千瓦的装机，快速增长到 2018 年第一季度末的 1 575 万千瓦，年均增长幅度超 20%。

　　此外，根据《国家能源局关于 2017 年度全国可再生能源电力发展监测评价的通报》和《国家能源局发布 2016 年度全国生物质能源发电监测评价通报》所披露的数据，近两年我国分省的生物质发电并网运行总体情况如图 4-42、图 4-43、图 4-44 所示。

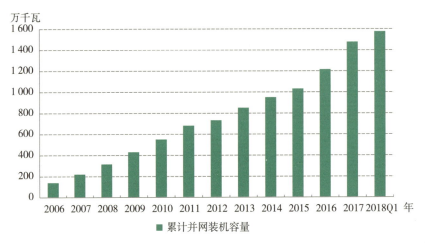

注：前期行业发展中，缺乏归口整理的行业统计数据，2011—2014 年统计数字来源于不同媒体报道，口径略有差异，仅供参考。

资料来源：公开资料，中债资信整理。

图 4-41　2006—2018 年第一季度我国生物质发电装机规模增长示意图

截至 2016 年底，全国生物质发电并网装机容量 1 214 万千瓦（不含自备电厂），占全国电力装机容量的 0.7%，占可再生能源发电装机容量的 2.1%，占非水可再生能源发电装机容量的 5.1%；2016 年，全国生物质发电量 647 亿千瓦时，占全国总发电量的 1.1%，占可再生能源发电量的 4.2%，占非水可再生能源发电量的 17.4%。截至 2016 年底，共有 30 个省（区、市）投产了 665 个生物质发电项目，其中山东省（179.4 万千瓦）、江苏省（125 万千瓦）和浙江省（118.2 万千瓦）并网装机容量居前三位。

截至 2017 年底，全国共有 30 个省（区、市）投产了 747 个生物质发电项目，并网装机容量 1 476.2 万千瓦（不含自备电厂），占全国电力装机容量的 0.6%，占可再生能源发电装机容量的 2.3%，占非水可再生能源发电装机容量的 4.8%。2017 年发电量 794.5 亿千瓦时，占全部发电量的

1.2%，占可再生能源发电量的 4.7%，占非水可再生能源发电量的 15.8%。其中农林生物质发电项目 271 个，累计并网装机 700.9 万千瓦，年发电量 397.3 亿千瓦时；生活垃圾焚烧发电项目 339 个，累计并网装机 725.3 万千瓦，年发电量 375.2 亿千瓦时；沼气发电项目 137 个，累计并网装机 50.0 万千瓦，年发电量 22.0 亿千瓦时。生物质发电累计并网装机排名前四位的省份是山东、浙江、江苏和安徽，分别为 210.7 万、158.0 万、145.9 万和 116.3 万千瓦；年发电量排名前四位的省份是山东、江苏、浙江和安徽，分别是 106.5 亿、90.5 亿、82.4 亿和 66.2 亿千瓦时。

2016 年，全国生物质发电替代化石能源 2 030 万吨标煤，减排二氧化碳约 5 340 万吨。农林生物质发电共计处理农林剩余物约 4 570 万吨；垃圾焚烧发电共计处理城镇生活垃圾约 10 450 万吨，约占全国垃圾清运量的 37.3%。2017 年，全国生物质发电替代化石能源约 2 500 万吨标煤，减排二氧化碳约 6 500 万吨。农林生物质发电共计处理农林废弃物约 5 400 万吨；垃圾焚烧发电共计处理城镇生活垃圾约 10 600 万吨，约占全国垃圾清运量的 37.9%。

资料来源：公开资料，中债资信整理。按照 2017 年装机规模降序排列。

图 4-42　2016—2017 年我国各省的生物质发电总装机及总发电量示意图

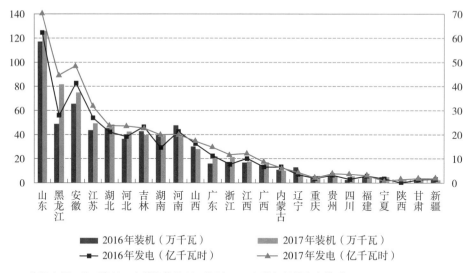

资料来源：公开资料，中债资信整理。按照 2017 年装机规模降序排列。

图 4-43　2016—2017 年我国各省的农林生物质发电装机及发电量示意图

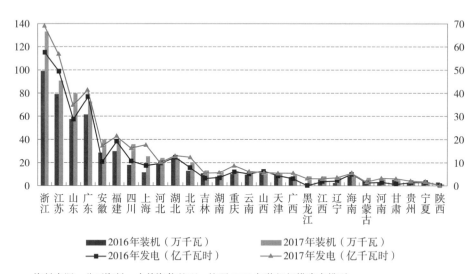

资料来源：公开资料，中债资信整理。按照 2017 年装机规模降序排列。

图 4-44　2016—2017 年我国各省的垃圾焚烧生物质发电装机及发电量示意图

● 生物质发电的发展小结

截至 2017 年，我国生物质发电的装机总规模（含垃圾焚烧发电）已经超额实现了发展改革委前期所制定的规划；农林生物质发电与垃圾焚烧发电大致各占一半，另有少部分的沼气发电利用形式，但体量较小，仅占全部生物质发电装机规模的 3.4%。总体上而言，我国生物质发电尚处于发展的初期，生物质发电在电力生产结构中仍只是占比相对微小的能源形式，即便在新能源结构中，装机占比也仅有 2.3%、发电量仅占 4.7%。同时，受燃料供应及燃烧方式的限制，现阶段的直燃性机组的装机规模都不大，气化发电规模一般小于 5 兆瓦，直燃规模一般小于 30 兆瓦，例如秸秆发电通常以 12 兆瓦、25 兆瓦规模的机组最为常见，相比火电行业 600 兆瓦、1 000 兆瓦级别的高标准新机组，无论从发电能力、运行参数等角度均处于明显劣势。生物质发电对于我国电力生产消费的巨大体量而言，目前仅是一个小组分；但另一方面，对于生物质资源获取便利等具有一定优势条件的地区而言，因地制宜地开展发电、热电联产等项目，替换城镇农村地区的中小型锅炉（锅炉效率低、无法脱硫脱氮）的低效燃煤利用方式，将煤炭主要提供给利用效率最高、污染处理最优的高标准火电站去使用，通过单机规模不大、但分布更广、燃料获取便利的分布式应用为主的生物质热电联产，可以有效服务于广大小城镇和农村地区的能源供给，并实现生物质的多元化梯级利用，并实现良好的节约能源、降低排放等环境效益，同时替换化石燃料的使用。

2018 年第一季度，我国生物质发电新增装机 99 万千瓦，累计装机容量达到 1 575 万千瓦，同比增长 24%；第一季度生物质发电量达到 178.6 亿千瓦时，同比增长 19.1%，继续保持稳步增长势头[1]。截至 2018 年第一季度末，我国生物质发电总装机规模仅落后全球第一装机规模的美国约 77 万千瓦（美国 2018 年 5 月末为 1 652 万千瓦）。在可再生能源领域，中国将在继风电、光伏之后，在生物质发电领域也将逐步走在世界最前列。

我国生物质发电产业虽然规模已经较大，但行业总体上仍处于起步阶

---

[1] 白明琴. 生物质能向热电联产方向转型发展 [N]. 中国电力报，2018-07-09（6）.

段，产业化和商业化程度相对偏低，生物质发电企业要想完全靠市场盈利，维持生存并求得发展，确实困难重重。现阶段多数生物质直燃型项目处于亏损状态。

生物质发电项目造价高，总投资大，运行成本高，尽管国家给予了电价优惠政策，但盈利水平仍不理想。项目单位造价高，目前单位造价为 0.9 万元 / 千瓦；且燃料成本高，电价成本中的燃料成本远高于燃煤发电，已建成的生物质发电厂来看，暴露出了资源收集和管理方面的矛盾和问题，高成本正是由于生物质资源需要收集、运输和储存造成的；对于农林生物质发电项目，特别需要解决农业生产的季节性和工业生产的连续性相结合的问题。此外，生物质发电项目执行与传统发电行业一样的税收政策，而且生物质发电企业增值税进项抵扣操作困难，企业实际税率约为 11%~12%，高于常规火电实际税率 6%~8%。

4.11.3　生物质发电的环境效益及评估要点

本节主要关注农林生物质发电项目，由于垃圾焚烧类生物质发电项目中生活垃圾的本身特性、垃圾焚烧炉的设置、垃圾焚烧电站的运行模式和管理要求等方面，以及环境效益和评估的关注点与农林生物质项目均存在较大差异，其环境效益将在其他研究中另做讨论分析。

农林生物质的种类范围，包括农作物的秸秆、壳、根，木屑、树枝、树皮、边角木料，甘蔗渣等；对应的发电项目的厂址选择：（1）应符合当地农林生物质直接燃烧和气化发电类项目发展规划，充分考虑当地生物质资源分布情况和合理运输半径；（2）厂址用地应符合当地城市发展规划和环境保护规划，符合国家土地政策；城市建成区、环境质量不能达到要求且无有效削减措施的或者可能造成敏感区环境保护目标不能达到相应标准要求的区域，不得新建农林生物质直接燃烧和气化发电项目。

4.11.3.1　生物质发电的发展趋势及环境效益

● 生物质发电的特点和技术发展趋势

生物质与传统化石燃料煤相比具有以下特性：①挥发分含量较高，通常干燥基为 50%~80%；②C、H、O 含量不同；③自身灰分含量较少，通常为 0.8%~16%，但在收集和运输过程中混入杂质，入炉灰分含量将增加；④生物质中 N，S 含量均较低，Cl 含量较高，通常为 0.05%~1.2%；⑤灰分通常包含 Si、K、Na、Ca、Mg、Fe 和少量的 Al，其中大部分农业生物质和部分林业生物质中 K、Na 等碱金属元素以及碱土金属元素 Ca、Mg 等的含量远远高于煤中的含量；⑥水分含量较高，南方地区含水率通常为 40%~60%，北方地区含水率为 10%~25%，受季节以及天气影响，波动较大；⑦生物质的自然堆积密度较小，通常为 70~90 千克/立方米，压缩成型生物质燃料堆积密度则可达到 450~1 000 千克/立方米；⑧生物质燃料的热值通常为 12~19MJ/kg，随水分变化波动，能量密度较低[①]。

我国生物质发电产业多数项目受限于燃料获取成本高、运营维护要求高等实际条件，目前多处于亏损状态，从行业发展和技术应用的角度，应用生物质发电的领域也存在新的发展趋势。

（1）生物质气化

生物质气化气虽然也可以作为蒸汽锅炉的燃料生产蒸汽带动蒸汽轮机组发电，但更适合直接作为燃气轮机组或者内燃机组的燃料带动发电机发电。燃气轮机发电机组燃用生物质气化气，根据生物质能的特点要求燃气轮机的容量小，适合于低热值的生物质燃气（燃气压力要求在 0.098~2.92 兆帕之间）；而且采用燃气轮机组发电，气化装置产出的气化气净化后不需要冷却可直接进入机组燃烧，热能损失少效率较高；内燃机发电机组燃烧气化气发电技术相对简单应用也广泛，所用的内燃机可以用柴油机或天然气机改造，不过要求气化气严格净化和充分冷却。

生物质联合循环发电（BIGCC）是一种比较先进的生物质能利用技术，整个系统包括生物质气化、气体净化、燃气轮机发电及蒸汽轮机发电。由于生物质燃气热值低（约 5 兆焦/立方米），要使 BIGCC 具有较高的效率，燃气必须处于高温高压状态，因此必须采用高温高压的气化和净化技术。

---

① 李诗媛，吕清刚，王东宇等．生物质直燃循环流化床发电锅炉设计准则和运行分析 [J].可再生能源，2012，30（12）：96–100.

当气化炉出口时的温度800℃以上（进入燃气轮机之前不降温）压力又足够高时，BIGCC的整体效率可以达到40%；采用一般常压的气化和燃气降温净化，由于气化效率和带压缩的燃气轮机效率都较低，整体效率一般只能低于35%。目前比较典型的BIGCC有美国Battelle（63兆瓦）和夏威夷（6兆瓦）项目、欧洲英国（8兆瓦）和芬兰（6兆瓦）的示范工程等，但由于燃气轮机改造在技术上难度很高，特别是焦油的处理还存在很多有待进一步解决的技术问题，技术尚未成熟设备造价也很高，限制了应用推广。以意大利12兆瓦的BIGCC示范项目为例，机组的发电效率约为31.7%，但建设成本高达2.5万元/千瓦，发电成本高达1.2元/千瓦时，缺乏市场竞争力[1]。

（2）耦合发电

我国的生物质发电目前以直燃发电方式为主，发电效率较低，一般20%~30%，主流机组可达到30%以上；生物质与煤混燃可以充分利用大型燃煤机组的发电效率高（可达40%）的优势，提高生物质的利用效率；但生物质与煤直接混燃不利于原有的电站锅炉运行，会带来一系列问题。因而有学者认为，生物质气化气与煤混燃发电对锅炉运行的影响较小，成为高效利用生物质并且减少CO_2和SO_2排放的有效途径[2]。

燃煤耦合生物质发电是一种成熟的可再生能源发电技术，通过现役煤电机组的高效发电系统和环保集中治理平台，尽力消纳农林生物质，规模化协同处理污泥，实现燃料灵活性，降低存量煤电耗煤量，提升可再生能源发电量，具有投资省、见效快、排放低、可再生电能质量稳定等优点。按照生物质与原煤燃烧时的混合形式，生物质与燃煤机组耦合发电方式可分为直接混燃、间接混燃和并联混燃3类。（1）直接混燃，指生物质和燃煤在同一个锅炉燃烧，直接混燃对已有机组系统改动较小，投资相对较

---

① 欧训民.生物质气化发电技术的现状及发展趋势[J].能源技术，2009，30（2）：84–85+88.

② 王爱军，张燕，张小桃等.生物质直燃和混燃发电环境效益分析[J].可再生能源，2011，29（3）：137–140.

小，但易引起燃烧系统运行问题。（2）间接混燃，指生物质先进行气化或燃烧，产生的燃气或者烟气进入燃煤锅炉以利用其热量；减小了生物质对转化过程和设备的影响，还能降低对生物质质量的要求，扩大混燃的生物质范围；但需要额外的气化炉和前置处理装置，投资成本较高。（3）并联混燃，指生物质和燃煤分别在各自独立的系统中完成燃料处理和燃烧，产生的蒸汽进入同一汽轮机系统发电；混燃比例不受燃煤锅炉的影响，仅受汽轮机出力的限制；但对现有系统改造成本较高。

总体上，直接混燃虽投资较低，但实现准确计量较困难；并联混燃投资成本较高且系统更复杂；以生物质气化为代表的间接混燃，既能实现高效发电，又对已有燃煤锅炉的影响较小，易于实现对进入锅炉生物质气的计量和监管，是目前适应我国国情的生物质与燃煤机组耦合发电技术[①]。

2018 年 6 月，国家能源局、生态环境部联合发布的《关于燃煤耦合生物质发电技改试点项目建设的通知》（以下简称《通知》），确定了 84 个技改项目试点，共包括 88 个项目类型，其中耦合农林废弃残余物发电占 58 个，耦合污泥发电 29 个，耦合垃圾发电 1 个。从技术方案上看，"采用生物质气化炉对农林废弃残余物进行气化，产生的生物质燃气输送至燃煤机组锅炉进行燃烧、发电"这一模式达 40 多个；"气化"成为此次燃煤耦合生物质发电技改的主要模式。

但值得注意的是，虽然耦合利用方式可以提高生物质利用效率，且可以充分利用已有煤电机组，协同处置污泥等有机质，且经济性良好，是有前途的发展趋势，但是燃煤生物质耦合发电项目却并不属于《生物质能发展"十三五"规划》的生物质发电领域内中，且在 2018 年最新的《可再生能源电价附加资金补助目录（第七批）》（财建〔2018〕250 号）中，燃煤生物质耦合发电项目也被从国家补贴目录中剔除。因而从我国的政策层面的态度看，此类项目不视同于可再生能源项目，未来直接获得补贴的

---

① 毛健雄. 燃煤耦合生物质发电 [J]. 分布式能源，2017，2（5）：47-54.

可能性不大。但参考《通知》对试点项目的政策导向，预期未来耦合类型项目可以在节能低碳电力调度优先原则下，获得优先调度序位等倾斜支持。

（3）充分利用林业生物质

在我国已建成的生物质发电项目中，大部分以农业剩余物作为主要燃料，以秸秆为代表的农业生物质体积大、质量轻，能量密度较低，从农田分散处收集困难，运输成本高。如果出现农业剩余物不足，或受中间商垄断和存储条件限制，以农业剩余物作为主要燃料的生物质发电项目将存在燃料瓶颈，难以持续健康发展。与农业剩余物相比，我国林业剩余物则数量庞大，且分布较为集中，据文献 [1] 援引的统计数据显示，我国现有森林面积约 2 亿公顷，林业生物质资源潜力约 180 亿吨。在现有的林木资源中，可用作林业生物质能源的总量约有 3.5 亿吨，全部开发利用，可替代 2 亿吨标准煤；所以有学者认为，以林业剩余物作为燃料的林业生物质发电值得大力发展。

● 生物质发电的主要环境效益

由于生物质的有机质来源于生物圈利用太阳能进行的光合作用，将大气中 CO_2 转变为有机态的含碳有机物。不管最终生物质以何种形式，直接燃烧，或转变为成型燃料，或转变为生物质气化气进行燃烧发电或其他形式利用后、并最终将其中固定的有机碳释放到大气中，由于其碳来源于生物质自身的固碳作用，而不是类似化石能源中所积存的地质时代的有机碳，生物质的生产或者再生环节本身即为生物圈碳循环的一个环节，因而其排放的碳，学术界通常不视为对全球气候变化有影响的碳排放。生物质发电可认为没有直接的二氧化碳排放，也即"碳中性"。因而相比化石燃料型的火电生产，生物质发电将产生明确的二氧化碳减排效益。

传统大气污染物排放方面，生物质锅炉排放烟气中 SO_2、NO_x 含量较低，因此与燃煤锅炉相比，生物质能源特点是可再生性、低污染性、广泛

---

[1] 黄小琴. 我国林业生物质发电的现状、存在问题及发展对策 [J]. 价值工程，2018，37（16）：176–177.

分布性、总量十分丰富。例如，秸秆的硫含量较低，大约为煤的十分之一，但是氯含量高，秸秆中的碱金属含量高会使燃烧运行面临一些新的问题。

有文献研究表明，在生物质发电的燃烧阶段，CO_2 的排放量为零，并且 SO_2 排量远低于燃煤机组，其环境效益优于燃煤发电；在相同发电量基础上，生物质直燃发电 CO_2 和 SO_2 的生成量比生物质气化与煤混燃发电 CO_2 和 SO_2 的生成量多；机组发电效率和气化效率的提高可以明显降低 CO_2 和 SO_2 的排放量。因此，推广生物质气化气与煤混燃发电技术具有重要意义，用生物质替代化石燃料进行发电也是减少 CO_2 和 SO_2 排放的有效措施之一。

生物质发电项目的资源环境效益，主要体现在生物质发电替代传统燃煤发电所减少的能源使用量和对应火电生产的污染排放量来衡量。总体而言，项目可以节约或者替代燃煤的使用，即减少化石能源的消耗，同时减少生产同等发电量（发电量和供热量）情况下的温室气体排放，并同时减少普通火电行业电力和热力生产中的 SO_2、NO_x、烟尘排放。

4.11.3.2　生物质发电的评估要点

生物质发电项目属于环境效益比较明确的绿色项目，在定量评估项目所产生的节能减排环境效益之外，评估具体生物质发电项目时，亦需要关注以下几个主要方面。

● 发电效率／锅炉效率

生物质发电以直燃发电方式为主，发电效率相对较低，常见范围在 20%~30% 左右，主流机组能达到 30% 以上，国际上也有项目可以达到 40% 以上；对于热电联产类项目，由于热力的合理利用，机组的有效效率会显著提升，系统综合效率可达 80% 以上，最优可以达到 90% 左右。

参考国际上的一些运行案例，例如日本大阪府的企业共同承担了"废木材的再利用系统"的研究课题，进行了利用大阪地区木材废屑发电的试运行，于 2001 年完成，该发电厂每年消耗废木 13 万吨，发电功率 20 兆瓦，发电效率为 31%；印度年产薪材 0.284 亿吨，木质生物质能源开发利用搞得比较好，木质生物质能源压缩成型、气化技术等进展显著，生物质气化炉与柴油机发电机组成的 100 千瓦系统的发电效率为 35%，但此发电装机规模较低；丹麦新建的热电联产项目都是以生物质为燃料，当前在建或拟建机组的单机容量已达到 10 万千瓦（100 兆瓦），其热效率较高，以 AVEDORE 电厂 2002 年增设的热功率 105 兆瓦的生物质发电设备为例，其技术比较先进，系统锅炉炉温达到 583 摄氏度，产生 24~29.4 兆帕的超临界水平蒸汽，能源效率达 90%[1]（热电联产）。国内方面，文献[2]统计了国内典型的生物质气化发电效率，固定床（上吸式、下吸式）气化技术的功率较小，仅 10~160 千瓦级别，发电效率为 10%~12%，循环流化床气化联合循环发电功率约 6 兆瓦，发电效率 26%~28%。

此外，由于生物质种类复杂，不同种类生物质之间形态、组分、物性和燃烧性能各不相同，很难找到一种燃烧方式可以满足各种生物质燃烧需要满足的条件，因此需要根据生物质燃料的燃烧特性选择不同的燃烧技术，并选择合适的燃烧设备。生物质锅炉常见的燃烧方式有：层状燃烧、浮悬燃烧、流化床燃烧。锅炉的效率也可以较好地反映出生物质利用的有效程度，典型的锅炉热效率在 80% 以上；有文献中的流化床锅炉热效率为 90.75%。

● 燃料的收集半径与气化效率

对于直燃型生物质发电项目，秸秆型燃料松散，自然密度低，通常压缩后再运输可提高运输车辆的装载量，可明显降低运输成本。有文献[3]通过分析认为 50 公里是一个临界运距，当运量一定，运距小于 50 公里时宜采用非压缩状态运输；当运距大于 50 公里时，可以采用压缩后再运输，而且运距越长即收集半径越大，压缩带来的成本节约就越显著，压缩密度多为 0.6~0.8 吨 / 立方米，在这个范围内，不同压缩密度对物流成本的影响不明显，但随着运距增加，高压缩密度对物流成本的改善作用稍

① 宋艳苹 . 生物质发电技术经济分析 [D]. 河南农业大学，2010.

② 金亮 . 农林生物质气化炉开发及试验研究 [D]. 浙江大学，2011.

③ 魏巧云 . 生物质发电秸秆供应链物流成本研究 [D]. 中国农业大学，2014.

显成效。规模为 25 兆瓦的秸秆发电厂年消耗秸秆量约为 16 万吨（含水率 ≤ 20%），每小时消耗秸秆原料量约为 18.5 吨，有文献 [1] 研究认为，收集半径达到 50 千米时，生物质电厂通过建收购点（收购点收集秸秆再转运到电厂）的方式收集，比直接收集（电厂直接面向农户收集）具有明显优势，所需车辆约 1.85 辆 / 小时，秸秆到厂价格约 90 元 / 吨，而后者车辆需 37 辆 / 小时，到厂价格约 230 元 / 吨。也有文献 [2] 研究表明，当燃料收集半径由 30 千米扩大到 50 千米时，秸秆发电厂年利润率下降 20%~30%。调查结果表明，燃料收集半径为 50 千米时，电厂的盈利能力基本处于临界状态。

农林生物质电厂方面，文献 [3] 提及的案例中，某林木生物质发电项目规模为 24 兆瓦，年消耗林木生物质原料 16 万 ~18 万吨；其中一个山区的收集活动被分解为林木剩余物归集、林地内搬运和运至收购点三个环节，从林间集材道至收购点的运输大约为 98 元公里（25~50 公里，平均 33 公里），收购点到电厂约 50 公里；另一个山区林地到收购点约 2~5 公里，收购点到电厂 80 公里。在研究林木生物质发电项目经济可行性时，根据对我国部分地区林木生物质资源状况的分析，初步设定的运输成本条件，即 6 兆瓦直燃发电的原料收集半径为 30 公里，12 兆瓦直燃发电的收集半径为 50 公里，24 兆瓦直燃发电的收集半径为 80 公里，48 兆瓦直燃发电的收集半径为 150 公里，测算的各装机规模的单位生产成本为 0.665、0.635、0.659、0.737 元 / 千瓦时。

对于生物质气化后再发电的项目，工程应用中的一般气化强度均在 400~800 千克 /（小时·平方米），通常固定床气化炉的气化强度可达到 100~250 千克 /（小时·平方米），流化床气化炉强度为 2 000 千克 /

① 张培远 . 国内外秸秆发电的比较研究 [D]. 河南农业大学，2007.
② 刘钢，黄明皎 . 秸秆发电厂燃料收集半径与装机规模 [J]. 电力建设，2011，32（3）：72-75.
③ 张兰 . 中国林木生物质发电原料供应与产业化研究 [D]. 北京林业大学，2010.

（小时·平方米）[①]。生物质气的转化效率则是值得关注的指标。国家行业标准规定气化效率不低于70%，国内固定床气化炉的气化效率通常为70%~75%，流化床可达78%以上[②]。文献[③]在以某1兆瓦流化床谷壳气化发电系统为具体研究对象时，该系统的气化效率为78%；文献述及的某4兆瓦级秸秆气化整体联合循环发电的参数，气化炉效率为78%；文献[④]研究的改造项目，单台气化炉生物质消耗量8吨/时，气化效率约72%。文献设计的小型生物质固定床气化设备，气化效率也能达到65%。

● *污染物的排放情况*

根据环境保护部2008年9月4日发布的《关于进一步加强生物质发电项目环境影响评价管理工作的通知》（环发〔2008〕82号），要求加强生物质发电项目的环境影响评价管理工作，同时对烟气污染物排放标准进行了规范，单台出力65吨/时以上采用甘蔗渣、锯末、树皮等生物质燃料的发电锅炉，参照《火电厂大气污染物排放标准》（GB 13223—2003）规定的资源综合利用火力发电锅炉的污染物控制要求执行；单台出力65吨/小时及以下采用甘蔗渣、锯末、树皮等生物质燃料的发电锅炉，参照《锅炉大气污染物排放标准》（GB 13271—2001）中燃煤锅炉大气污染物最高允许排放浓度执行；有地方排放标准且严于国家标准的，执行地方排放标准；引进国外燃烧设备的项目，在满足我国排放标准前提下，其污染物排放限值应达到引进设备配套污染控制设施的设计运行值要求。

随着我国对火电行业等锅炉烟气排放环保标准的提高，生物质锅炉已经不适应新的环保要求。现各地已要求生物质锅炉烟气的排放标准按新版本的《火电厂大气污染物排放标准》（GB 13223—2011）执行，即烟尘、

---

① 李伟.玉米秸秆气化集中供气技术分析与集成模式研究[D].河南农业大学，2015.

② 王红彦.秸秆气化集中供气工程技术经济分析[D].中国农业科学院，2012.

③ 王伟，赵黛青，杨浩林等.生物质气化发电系统的生命周期分析和评价方法探讨[J].太阳能学报，2005（6）：752-759.

④ 易超，张俊春，叶子菀等.生物质气化耦合燃煤发电项目经济性分析[J].中国电力企业管理，2018（12）：79-81.

SO_2、NO_x 的排放限值为 30、200、200 毫克／立方米，其中重点地区按 20、50、100 毫克／立方米执行；而执行火电超低排放标准的对应限值则为 10、35、50 毫克／立方米，与燃气轮机机组的排放限额一致。随着各地区环保治理要求及标准的提高，不排除将来生物质锅炉会按超低排放要求执行。即便考虑到生物质发电本身的特殊性，对标普通火电排放标准的要求，亦成为可能的政策趋势。

与燃煤烟气相比，生物质锅炉的炉膛温度差别大、烟气含水量高、烟尘碱金属含量高、二氧化硫、氮氧化物浓度低、波动大，其对脱硫脱硝方案的选择都有较大影响。对烟气污染物排放指标要求不高的地区，炉内喷钙、炉外喷钙、低氮燃烧、SNCR 技术是十分适用的脱硫脱硝技术；对烟气污染物排放指标要求高的地区，脱硝采用低氮燃烧、SNCR、O_3 氧化的组合、脱硫采用湿法脱硫的技术方案比较合适，其中脱硫脱硝一体化的技术方案更有优势[1]。

因而考虑到此种实际情形，评价农林生物质发电项目时，除尘环节目前通常都已有设置，另外就需要考察项目有无采取脱硫脱硝等技术措施，主要烟气污染物的排放是否达到国家排放标准或地方执行标准、并根据各项目的实际情况，评价其脱硫脱硝技术路线选择的合理性和先进性。

● 机组的利用小时数

生物质电力生产与区域燃料的供给完备程度有直接关系，同时亦与项目的设计和运营有直接关联。可利用小时数，反映了生物质发电机组所能用以电力生产的有效时间，进而可以表征项目所带来的环境效益，同时反映了项目设计或运营管理的水平。

从国家能源局统计数据看，2016 年全国农林生物质平均利用小时数 5 835 小时，范围从 2 602（辽宁）~7 208 小时（山东），垃圾焚烧发电平均利用小时数 5 981 小时，范围从 2 761（内蒙古）~8 623 小时（辽宁）。

---

① 高劲豪，张幼安，高原. 生物质锅炉烟气脱硫脱硝技术方案选择 [J]. 硫酸工业，2017（8）：52–54+58.

2017年，全国农林生物质平均利用小时数5 668小时，范围从1 400小时（宁夏）~7 083小时（新疆），垃圾焚烧发电平均利用小时数5 173小时，范围从714（陕西）~6 902小时（上海），有效利用小时数均较上一年度有所下滑；各地间仍存在较大的差异。

● 生物质发电项目环境影响的评估

从全生命周期的角度分析，生物质发电整体上也存在一定的环境影响，在生物质的生产过程，尤其是非粮作物型的燃料种植，用生物质能源作物替代自然覆盖，那么将削弱生态系统的功能并降低生物多样性；原料获取阶段，秸秆种植、收获阶段不消耗化石燃料，但运输阶段需消耗少量的燃油等燃料，并产生一定的污染物排放，排放量总体上不大；生物质发电在电厂运行的预处理阶段会消耗一定量的能源；燃烧发电阶段则排放少量 SO_2、NO_x、烟尘、炉渣，以及部分的废水排放。在评估具体的生物质发电项目时，需考察各项目的燃料获取方式是否显著影响当地生态环境、燃料收集阶段是否非常依赖集中式运输、污染物排放对区域环境承载力的影响。

4.11.4 小结与展望

生物质能源是很有发展潜力的可再生能源之一，总体上看，我国包括生物质发电在内的各种生物质能的利用与开发，处于政策大力支持和推广应用的范围之内，预期未来发展空间良好。

从生物质发电的角度看，我国近十几年来处于稳步增长期，年均装机增长幅度超过20%，2018年末，我国和美国为世界装机规模最大的两个国家装机规模基本相当。发电类型主要分为垃圾焚烧发电和农林生物质发电两大部分，体量基本相当。但受限于生物质资源的可利用途径、原料供给、盈利模式等，单纯的直燃型农林生物质电厂发展存在一定的地理区位和资源限制；未来与燃煤火电机组的协同耦合发展可能是经济性和环保属性均比较良好的发展途径之一。从总量角度看，生物质发电仅仅只是我国巨大能源生产消费体量中的一个小组分。

生物质发电的环境效益明显，低排放和资源可再生是其本质优点。未来以装机规模不太大的分布式生物质热电联产为形式的能源开发模式和项目建设，预期可成为我国城镇化发展和城乡现代建设的重要举措之一，协同解决小型城镇和城乡居住区的包括居民取暖在内的热力供应，并实现电力生产，如此形式可有效消纳周边农林地区的生物质，有效降低采暖期的化石燃料消耗和污染排放，减少农林生物质散烧带来的负面环境影响。

4.12　分布式能源的发展现状与环境效益评估

随着传统化石能源使用所带来的环境污染日益严重，尤其是我国以煤为主的资源禀赋限制带来的诸如大面积灰霾爆发等生态环境问题频发，能源结构调整优化和能源的高效利用成为社会可持续发展的基础性问题。分布式能源作为一种清洁高效的新型能源利用技术，得到了诸多方面越来越多的关注；分布式能源与大电网的结合也被国内外许多专家学者认为是降低能耗、提高电力系统可靠性和灵活性的主要方式，这是世界能源工业和未来电力市场发展中的一个重要方向，同时也是我国电力工业未来的发展方向之一。

4.12.1　分布式能源的概念

分布式能源目前有几个常用的称谓或概念，但在国际上并没有统一的定义。参考欧美机构的主要定义，分布式能源相关的概念主要包括：分布式能源（Distributed Energy Resources，DER）、分布式发电（Distributed Generation，DG）和分布式电力（Distributed Power，DP）。此外，国内还有冷热电三联供（Combined Cooling Heating And Power，CCHP）等概念。

分布式发电（DG）是一种新兴的能源利用方式，其通常被定义为：直接布置在配电网或分布在负荷附近的发电设施，经济、高效、可靠地发电[1]。分布式发电系统中的发电设施称为分布式电源，主要包括风力发电、太阳能发电、燃料电池、微型燃气轮机等，通常发电规模较小（一般在50

---

[1] 郑志宇，艾芊. 分布式发电概论 [M]. 北京：中国电力出版社，2013.

兆瓦以下）且靠近用户，一般可以直接向其附近的负荷供电或根据需要向
电网输出电能。与传统的集中式能源相比，分布式发电具有投资小、发电
方式灵活、损耗低、利于环保等优点，对于高峰期电力负荷比集中供电更
经济、有效，因此已成为现代电力系统规划中重要的研究方向。DG 所涉
及的技术和设备包括内燃机、燃料电池、燃气轮机、微燃机、水力发电
和小型水力发电、光伏、太阳能、风能、废热 / 生物质能源，还包括非公
用热电联产 [①]。分布式电力（DP）则包括任何分布式的发电和储能技术；
分布式能源（DER）则包括了 DG 和 DP 在内的任何技术以及需求侧的
应用措施，所发电可以上网销售。欧洲热电联产促进协会（The European
Association for the Promotion of Cogeneration）就在其专题报告中指出，
DER 的"Resource（源）"，比起狭义的 DG 中的"Generation（供电）"，
涵盖了能源管理方面更加广泛的概念，包括了储能和用户侧管理。

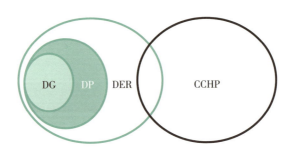

图 4-45　关于分布式能源相关概念的主要关系

　　与分布式能源（以下简称 DER）不同，目前国内外关于冷热电三联
供（CCHP）的定义基本统一，即在发电的同时，利用发电所产生的余热
供热和供冷。对于 DER 和 CCHP 的关系，CCHP 是否属于 DER 的一部分，
学术研究领域存在一定的观点争议；但总体而言，根据 DER 的典型定义，
CCHP 只有一小部分内涵属于 DER 范畴，例如楼宇式冷热电三联供系统

---

① 殷平 . 冷热电三联供系统研究：分布式能源还是冷热电三联供 [J]. 暖通空调，2013，43（4）：
10-17.

和装机规模不太大的分布式天然气冷热电三联供机组，而 CCHP 的更大一部分内涵中，其实已经包括集中式热电冷联产的中大型机组，由于其装机容量已经大大超出了分布式能源的范畴，所以不认为 CCHP 只是 DER 的一种形式。整体上，上述概念的内涵示意图，如图 4-46 所示。

特别地，分布式能源因其更高的能源利用效率、更低的排放或者无直接排放、降低集中式电站和大电网的传输损耗，产生的节能减排等生态环境效益明确，可以作为绿色金融的融资支持标的。在《目录》中，"5.4 分布式能源"的界定条件为：区域能源站（包括天然气区域能源站）、分布式光伏发电系统等分布式能源设施建设运营以及分布式能源接入及峰谷调节系统、分布式电力交易平台等能源管理系统建设运营。此界定说明，与通常意义上的 DER 概念保持一致。

4.12.2　分布式能源的主要政策发展变迁

在我国，分布式能源的发展雏形是热电联产。国家计委在 20 世纪 80 年代将热电联产类项目列为重大节能措施项目，之后该类型项目开始发展，主要是各地方的小型热电项目，且多以燃煤热电厂为主。随着分布式能源应用领域的扩大，其称谓已不再单一地使用"热电联产"，而是更多地使用"分布式能源"来综合代表各类区别于传统集中式发电的技术，且分布式热电联产更多的是指天然气项目，而非燃煤项目。

2004 年，"分布式能源"这一称谓正式出现在我国的政府文件中，即《国家发展改革委关于分布式能源系统有关问题的报告》，其中对分布式能源的概念、特征、发展重点等首次作出了较为详细的描述。

"十一五"期间，国家发展改革委等部委又陆续出台相关政策，鼓励分布式热电联产项目，并探索制定包括天然气分布式利用等项目的标准和政策。这一阶段国家对于分布式能源的重视程度在逐年增加，对于分布式能源发展的支持力度也在不断走向实用化[1]。国家电网公司也出台分布式

---

[1] 侯健敏，周德群. 我国分布式能源的政策演变与三阶段、四模式发展 [J]. 经济问题探索，2015（2）：126-132.

电源的接入技术规定，用以支持分布式能源接入的电网运行。

进入"十二五"后，分布式能源的政策颁布力度不断加大，新的分布式能源项目投入市场。不同的政策，开始对分布式能源的界定和支持范围进行了标准制定的探索。国务院、国家发展改革委、国家能源局，均从不同的层次，对分布式能源发展设定了政策支持领域和重点行动，具体政策主要内容如表4-41所示。国家电网公司则于2013年发布了《关于做好分布式电源并网服务工作的意见》，对所允许并网的分布式能源提出了界定标准，并承诺为分布式能源项目接入电网提供诸多便利。

总体上看，我国分布式能源政策的关注点，主要落在分布式发电、天然气分布式能源。分布式发电，又以分布式光伏为主，分布式风电、分布式生物质能也有政策文件予以引导规范，但尚未成为政策的主要关注点。而分布式能源更加灵活的电力生产和上网方式，可以积极参与市场化交易，亦被政策推动为电力体制改革的重要举措之一。

表4-41　我国关于分布式能源的主要政策和配套管理文件

日期	政策文件	关于分布式能源的主要内容
2004年	国家发展改革委关于分布式能源系统有关问题的报告（发改能源〔2004〕1702号）	首次官方定义"分布式能源是近年来兴起的利用小型设备向用户提供能源供应的新的能源利用方式"。对分布式能源的概念、特征、优势和节能减排的意义进行了说明，并对比了国内外发展现状，提出因地制宜建设热电联产机组、逐步代替分散小锅炉，作为我国分布式能源发展的重点。
2006年	国家发展改革委等八部委《"十一五"十大重点节能工程实施意见》	"区域热电联产"被列为十大重点节能工程；建设分布式热电联产和热电冷联供；研究并完善有关天然气分布式热电联产的标准和政策。
2007年	国家发展改革委《天然气利用政策》	将国内天然气利用分为优先类、允许类、限制类和禁止类；其中，明确指出天然气利用的优先类，包括分布式热电联产、冷热电联产用户。
2007年	国家发展改革委、建设部关于印发《热电联产和煤矸石综合利用发电项目建设管理暂行规定》的通知（发改能源〔2007〕141号）	国家支持利用多种方式解决中小城镇季节性采暖供热问题，推广采用生物质能、太阳能和地热能等可再生能源，并鼓励有条件的地区采用天然气、煤气和煤层气等资源实施分布式热电联产。

续表

日期	政策文件	关于分布式能源的主要内容
2010 年	国家电网公司《分布式电源接入电网技术规定》	规定了新建和扩建分布式电源接入电网运行应遵循的一般原则和技术要求，改建分布式电源、分布式自备电源可参照此规定执行。
2011 年 10 月 9 日	国家发展改革委、财政部、住房和城乡建设部、国家能源局《关于发展天然气分布式能源的指导意见》（发改能源〔2011〕2196 号）	定义"天然气分布式能源是指利用天然气为燃料，通过冷热电三联供等方式实现能源的梯级利用，综合能源利用效率在 70% 以上，并在负荷中心就近实现能源供应的现代能源供应方式，是天然气高效利用的重要方式"。 主要任务："十二五"初期启动一批天然气分布式能源示范项目，"十二五"期间建设 1 000 个左右天然气分布式能源项目，并拟建设 10 个左右各类典型特征的分布式能源示范区域。 目标：2015 年前完成天然气分布式能源主要装备研制。到 2020 年，在全国规模以上城市推广使用分布式能源系统，装机规模达到 5 000 万千瓦，初步实现分布式能源装备产业化。
2012 年 10 月	中华人民共和国国务院新闻办公室《中国的能源政策（2012）》	"促进清洁能源分布式利用"：坚持"自用为主、富余上网、因地制宜、有序推进"的原则，积极发展分布式能源。在能源负荷中心，加快建设天然气分布式能源系统。以城市、工业园区等能源消费中心为重点，大力推进分布式可再生能源技术应用。因地制宜在农村、林区、海岛推进分布式可再生能源建设。制定分布式能源标准，完善分布式能源上网电价形成机制和政策，努力实现分布式发电直供及无歧视、无障碍接入电网。"十二五"期间建设 1 000 个左右天然气分布式能源项目，以及 10 个左右各类典型特征的分布式能源示范区域。 "积极利用太阳能"，包括坚持集中开发与分布式利用相结合；鼓励在中东部地区建设与建筑结合的分布式光伏发电系统。
2013 年 3 月 1 日	《关于做好分布式电源并网服务工作的意见》（国家电网公司）	确定分布式电源界定标准，明确分布式电源位于用户附近，所发电能就地利用，以 10 千伏及以下电压等级接入电网，且单个并网点总装机容量不超过 6 兆瓦的发电项目，包括太阳能、天然气、生物质能、风能、地热能、海洋能、资源综合利用发电等类型。 并网开辟绿色通道，明确为分布式电源项目接入电网提供便利条件，为接入系统工程建设开辟绿色通道。

续表

日期	政策文件	关于分布式能源的主要内容
2013 年 7 月 18 日	国家发展改革委《分布式发电管理暂行办法》（发改能源〔2013〕1381 号）	本办法所指分布式发电，是指在用户所在场地或附近建设安装、运行方式以用户端自发自用为主、多余电量上网，且在配电网系统平衡调节为特征的发电设施或有电力输出的能量综合梯级利用多联供设施。适用的分布式发电方式包括：（一）总装机容量 5 万千瓦及以下的小水电站；（二）以各个电压等级接入配电网的风能、太阳能、生物质能、海洋能、地热能等新能源发电；（三）除煤炭直接燃烧以外的各种废弃物发电，多种能源互补发电，余热余压余气发电、煤矿瓦斯发电等资源综合利用发电；（四）总装机容量 5 万千瓦及以下的煤层气发电；（五）综合能源利用效率高于 70% 且电力就地消纳的天然气热电冷联供等。
2013 年 7 月 4 日	《国务院关于促进光伏产业健康发展的若干意见》（国发〔2013〕24 号）	在"三、积极开拓光伏应用市场"提出，"大力开拓分布式光伏发电市场"；"五、规范产业发展秩序"中要求，"（一）加强规划和产业政策指导"，"完善光伏电站和分布式光伏发电项目建设管理制度，促进光伏发电有序发展。""六、完善并网管理和服务"中，要求"简化分布式光伏发电的电网接入方式和管理程序，公布分布式光伏发电并网服务流程，建立简捷高效的并网服务体系。对分布式光伏发电项目免收系统备用容量费和相关服务费用。""七、完善支持政策"则包括"大力支持用户侧光伏应用"，"开放用户侧分布式电源建设"。
2013 年 8 月 16 日	《国家发展改革委关于加大工作力度确保实现 2013 年节能减排目标任务的通知》（发改环资〔2013〕1585 号）	提出"调整优化能源结构；发展分布式能源"；"支持在企业集聚区实施分布式能源供应、环保综合治理等基础设施集中建设和运营。"
2014 年 9 月 2 日	《国家能源局关于进一步落实分布式光伏发电有关政策的通知》（国能新能〔2014〕406 号）	提出：一、高度重视发展分布式光伏发电的意义；二、加强分布式光伏发电应用规划工作；三、鼓励开展多种形式的分布式光伏发电应用；四、加强对建筑屋顶资源使用的统筹协调，鼓励分布式光伏发电项目根据《温室气体自愿减排交易管理暂行办法》参与国内自愿碳减排交易；五、完善分布式光伏发电工程标准和质量管理等合计十五个方面的工作安排。
2015 年 3 月 24 日	中共中央、国务院《关于加快推进生态文明建设的意见》	在"（十）发展绿色产业"中提出，"发展分布式能源，建设智能电网，完善运行管理体系。"

日期	政策文件	关于分布式能源的主要内容
2015 年 3 月 15 日	中共中央　国务院关于进一步深化电力体制改革的若干意见（中发〔2015〕9 号）	在"基本原则"中，提出"坚持节能减排"，"提高可再生能源发电和分布式能源系统发电在电力供应中的比例"； 在"重点任务"中，提出： "（五）稳步推进售电侧改革，有序向社会资本放开配售电业务"，"多途径培育市场主体"，"允许拥有分布式电源的用户或微网系统参与电力交易"； "（六）开放电网公平接入，建立分布式电源发展新机"，"积极发展分布式电源"，"全面放开用户侧分布式电源市场"。
2016 年 2 月 24 日	国家发展改革委、国家能源局、工业和信息化部《关于推进"互联网＋"智慧能源发展的指导意见》（发改能源〔2016〕392 号）	"二、重点任务"中，提出"营造开放共享的能源互联网生态体系，建立新型能源市场交易体系和商业运营平台，发展分布式能源、储能和电动汽车应用、智慧用能和增值服务、绿色能源灵活交易、能源大数据服务应用等新模式和新业态。" "（一）推动建设智能化能源生产消费基础设施"，提出"鼓励用户侧建设冷热电三联供、热泵、工业余热余压利用等综合能源利用基础设施，推动分布式可再生能源与天然气分布式能源协同发展，提高分布式可再生能源综合利用水平"；"鼓励发展天然气分布式能源，增强供能灵活性、柔性化，实现化石能源高效梯级利用与深度调峰"； "（二）加强多能协同综合能源网络建设"，"建设以智能电网为基础，与热力管网、天然气管网、交通网络等多种类型网络互联互通，多种能源形态协同转化、集中式与分布式能源协调运行的综合能源网络"；"大幅提升可再生能源、分布式能源及多元化负荷的接纳能力"； "（四）营造开放共享的能源互联网生态体系"，"建立基于互联网的微平衡市场交易体系，鼓励个人、家庭、分布式能源等小微用户灵活自主地参与能源市场"；"鼓励面向分布式能源的众筹、PPP 等灵活的投融资手段，促进能源的就地采集与高效利用"； "（六）发展智慧用能新模式"，"鼓励企业、居民用户与分布式资源、电力负荷资源、储能资源之间通过微平衡市场进行局部自主交易，通过实时交易引导能源的生产消费行为，实现分布式能源生产、消费一体化"； "（七）培育绿色能源灵活交易市场模式"，"建立基于互联网平台的分布式可再生能源实时补贴结算机制"。

日期	政策文件	关于分布式能源的主要内容
2016年7月4日	《国家发展改革委 国家能源局关于推进多能互补集成优化示范工程建设的实施意见》（发改能源〔2016〕1430号）	多能互补集成优化示范工程模式之一：面向终端用户电、热、冷、气等多种用能需求，因地制宜、统筹开发、互补利用传统能源和新能源，优化布局建设一体化集成供能基础设施，通过天然气冷热电三联供、分布式可再生能源和能源智能微网等方式，实现多能协同供应和能源综合梯级利用； 主要任务之一，即包括建设终端一体化集成供能系统示范工程建设。 "十三五"期间，建成国家级终端一体化集成供能示范工程20项以上。
2016年10月28日	国家能源局关于印发《生物质能发展"十三五"规划》的通知（国能新能〔2016〕291号）	二、指导思想和发展目标。 指导思想，包括：立足于分布式开发利用； 基本原则，包括：坚持分布式开发。根据资源条件做好规划，确定项目布局，因地制宜确定适应资源条件的项目规模，形成就近收集资源、就近加工转化、就近消费的分布式开发利用模式，提高生物质能利用效率。 三、发展布局和建设重点 （一）大力推动生物天然气规模化发展；重点推动全国生物天然气示范县建设，构建县域分布式生产消费模式。 （三）稳步发展生物质发电；积极发展分布式农林生物质热电联产；农林生物质发电全面转向分布式热电联产。
2016年12月8日	国家能源局关于印发《太阳能发展"十三五"规划》的通知（国能新能〔2016〕354号）	"指导方针"：推动光伏发电多元化利用并加速技术进步；全面推进中东部地区分布式光伏发电； "基本原则"：坚持市场化发展与改革创新相协调；坚持开发布局与市场需求相协调。优先支持分布式光伏发电发展，重点支持分布式光伏发电分散接入低压配电网并就近消纳。 "重点任务"：（一）推进分布式光伏和"光伏+"应用。包括：1.大力推进屋顶分布式光伏发电，到2020年建成100个分布式光伏应用示范区，园区内80%的新建建筑屋顶、50%的已有建筑屋顶安装光伏发电；3.结合电力体制改革开展分布式光伏发电市场化交易。 （三）开展多种方式光伏扶贫。包括：大力推进分布式光伏扶贫。 （五）因地制宜推广太阳能供热。包括：因地制宜推广太阳能供暖制冷技术，积极推进太阳能与常规能源融合，采取集中式与分布式结合的方式进行建筑供暖；

续表

日期	政策文件	关于分布式能源的主要内容
		（六）开展新能源微电网应用示范。包括：在分布式可再生能源渗透率较高或具备多能互补条件的地区建设联网型新能源微电网示范工程。结合电力体制改革的要求，以新能源微电网为载体作为独立售电主体，探索微电网内部分布式光伏直供以及微电网与本地新能源发电项目电力直接交易的模式。 "保障措施"中，（三）完善太阳能发电市场机制和配套电网建设，促进分布式光伏发电与电力用户开展直接交易；将分布式光伏发展纳入城网农网改造规划，结合分布式光伏特点进行智能电网建设升级；（五）创新投融资模式和金融服务，完善分布式光伏发电创新金融支持机制。
2016 年 12 月 10 日	国家发展改革委关于印发《可再生能源发展"十三五"规划》的通知（发改能源〔2016〕2619 号）	二、指导思想：加快推动可再生能源分布式应用。 四、主要任务： （三）推动太阳能多元化利用。全面推进分布式光伏和"光伏+"综合利用工程。创新光伏的分布利用模式，在中东部等有条件的地区，开展"人人 1 千瓦光伏"示范工程，建设光伏小镇和光伏新村。 （四）加快发展生物质能。按照因地制宜、统筹兼顾、综合利用、提高效率的思路，建立健全资源收集、加工转化、就近利用的分布式生产消费体系。 （五）加快地热能开发利用。因地制宜发展中小型分布式中低温地热发电项目。 （七）推动储能技术示范应用。开展可再生能源领域储能示范应用；结合可再生能源发电、分布式能源、新能源微电网等项目开发和建设，开展综合性储能技术应用示范。 六、创新发展方式： （二）区域能源转型示范工程——能源转型示范城市，以分布式能源和可再生能源供热为重点领域。 （三）新能源微电网应用示范工程。推进以可再生能源为主、分布式电源多元互补的新能源微电网应用示范工程建设。 七、完善产业体系： （一）加强可再生能源资源勘查工作。加大中东部地区分布式光伏、西部和北部地区光热等资源勘查。
2016 年 12 月 26 日	国家发展改革委　国家能源局关于印发能源发展"十三五"规划的通知（发改能源〔2016〕2744 号）	三、政策取向：坚持集中开发与分散利用并举，高度重视分布式能源发展。 第三章　主要任务 一、高效智能，着力优化能源系统 实施能源需求响应能力提升工程。大力发展分布式能源网络，增强用户参与能源供应和平衡调节的灵活性和适应能力。

续表

日期	政策文件	关于分布式能源的主要内容
		实施多能互补集成优化工程。因地制宜推广天然气冷热电三联供、分布式再生能源发电、地热能供暖制冷等供能模式，加强热、电、冷、气等能源生产耦合集成和互补利用。 二、节约低碳，推动能源消费革命 拓展天然气消费市场。加快建设天然气分布式能源项目和天然气调峰电站。天然气消费提升行动中：扩大城市高污染燃料禁燃区范围，加快实施"煤改气"。推进重点城市"煤改气"工程，鼓励发展天然气分布式多联供项目。 三、多元发展，推动能源供给革命 太阳能。优先发展分布式光伏发电，扩大"光伏+"多元化利用，促进光伏规模化发展。2020年，太阳能发电规模达到1.1亿千瓦以上，其中分布式光伏6 000万千瓦。 风能和太阳能资源开发重点：推广光伏发电与建筑屋顶、滩涂、湖泊、鱼塘，及农业大棚及相关产业有机结合的新模式，鼓励利用采煤沉陷区废弃土地建设光伏发电项目，扩大中东部和南方地区分布式利用规模。 新能源重大示范工程包括：多能互补分布式发电等。 五、公平效能，推动能源体制革命。 深化电力体制改革。包括：全面放开用户侧分布式电力市场，实现电网公平接入，完善鼓励分布式能源、智能电网和能源微网发展的机制和政策，促进分布式能源发展。 七、惠民利民，实现能源共享发展 大力发展农村清洁能源。鼓励分布式光伏发电与设施农业发展相结合。
2017年5月27日	国家能源局关于加快推进分散式接入风电项目建设有关要求的通知（国能发新能〔2017〕3号）	一、加快推动分散式风电开发。优化风电建设布局、大力推动风电就地就近利用，是"十三五"时期风电开发的重要任务。 二、规范建设标准。分散式接入风电项目开发建设应按照"统筹规划、分步实施、本地平衡、就近消纳"的总体原则推进。项目建设应严格满足以下技术要求：（1）接入电压等级应为35千伏及以下电压等级。如果接入35千伏以上电压等级的变电站时，应接入35千伏及以下电压等级的低压侧；（2）充分利用电网现有变电站和配电系统设施，优先以T接或者π接的方式接入电网；（3）在一个电网接入点接入的风电容量上限以不影响电网安全运行为前提，统筹考虑各电压等级的接入总容量，鼓励多点接入。严禁向110千伏（66千伏）及以上电压等级送电。 加强规划管理、有序推进项目建设、加强并网管理、加强监管工作等方面作出规定。

续表

日期	政策文件	关于分布式能源的主要内容
2017 年 6 月 23 日	国家发展改革委、科技部、工业和信息化部、财政部、国土资源部、环境保护部、住房和城乡建设部、交通运输部、商务部、国资委、税务总局、质检总局、国家能源局关于印发《加快推进天然气利用的意见》的通知（发改能源〔2017〕1217 号）	"基本原则"：全面推进、突出重点。将北方地区冬季清洁取暖、工业和民用"煤改气"、天然气调峰发电、天然气分布式、天然气车船作为重点。 "重点任务"： （一）实施城镇燃气工程：推进北方地区冬季清洁取暖。包括：在落实气源的情况下，积极鼓励燃气空调、分户式采暖和天然气分布式能源发展；（二）实施天然气发电工程：大力发展天然气分布式能源。在大中城市具有冷热电需求的能源负荷中心、产业和物流园区、旅游服务区、商业中心、交通枢纽、医院、学校等推广天然气分布式能源示范项目； （五）强化财政和投融资支持：完善财政支持，鼓励地方政府因地制宜配套财政支持，推进天然气管道、城镇燃气管网、储气调峰设施、"煤改气"、天然气车船、船用 LNG 加注站、天然气调峰电站、天然气热电联产、天然气分布式等项目发展。
2017 年 7 月 19 日	国家能源局关于可再生能源发展"十三五"规划实施的指导意见（国能发新能〔2017〕31 号）	按照市场自主和竞争配置并举的方式管理光伏发电项目建设。对屋顶光伏以及建立市场化交易机制就近消纳的 2 万千瓦以下光伏电站等分布式项目，市场主体在符合技术条件和市场规则的情况下自主建设。 分布式光伏发电项目不限建设规模。
2017 年 10 月 31 日	国家发展改革委　国家能源局关于开展分布式发电市场化交易试点的通知（发改能源〔2017〕1901 号）	一、分布式发电交易的项目规模：指接入配电网运行、发电量就近消纳的中小型发电设施。分布式发电项目可采取多能互补方式建设，鼓励分布式发电项目安装储能设施，提升供电灵活性和稳定性。参与分布式发电市场化交易的项目应满足以下要求：接网电压等级在 35 千伏及以下的项目，单体容量不超过 20 兆瓦（有自身电力消费的，扣除当年用电最大负荷后不超过 20 兆瓦）。单体项目容量超过 20 兆瓦但不高于 50 兆瓦，接网电压等级不超过 110 千伏且在该电压等级范围内就近消纳。 分布式发电市场化交易的机制是：分布式发电项目单位与配电网内就近电力用户进行电力交易；电网企业承担分布式发电的电力输送并配合有关电力交易机构组织分布式发电市场化交易，按政府核定的标准收取"过网费"。计划选择试点地区，实施市场化交易试点。

续表

日期	政策文件	关于分布式能源的主要内容
2018年 3月20日	国家能源局综合司关于征求《分布式发电管理办法（征求意见稿）》意见的函	将分布式发电定义为"接入配电网运行、发电量就近消纳的中小型发电设施，以及有电力输出的能源综合利用系统"，适用对象增加一项"分布式储能设施，以及新能源微电网、终端一体化集成功能系统、区域能源网络（能源互联网）等能源综合利用系统"。规模界定为："分布式发电接网电压等级在35千伏及以下的，装机容量不超过2万千瓦（有自身电力消费的，扣除当年用电最大负荷后，不超过2万千瓦）；接网电压等级在110千伏（或66千伏，以下同）的，装机容量不超过5万千瓦且在该电压等级范围内就近消纳"。市场化交易部分，分为直接交易、代售电、全额上网三种模式；增加了"可再生能源电力配额制"的表述。在项目建设管理上，发展规划制定方面，制定规划的主体由省、自治区、直辖市下沉到地级市或（县）市级；地区电网企业配套制定分布式发电接入配电网规划。
2018年 4月13日	国家能源局发布《关于征求光伏发电相关政策文件意见的函》	对《关于完善光伏发电建设规模管理的意见》和《分布式光伏发电项目管理办法》两个文件进行征求意见；工商业分布式不能选择全额上网。除户用分布式光伏可选择全额上网模式外，其余小型分布式光伏发电设施可选择"全部自用""自用为主、余电上网（上网电量不超过50%）"两种运营模式；如余电上网电量超过50%，上网功率超出其备案容量50%部分的电量按基础电价结算，不再支付补贴。鼓励上述上网电量参与市场化交易或碳市场等机制，通过市场方式提高经济性。小型分布式光伏电站应采用"全部自用"的运营模式。
2018年 5月31日	《国家发展改革委 财政部 国家能源局关于2018年光伏发电有关事项的通知》（发改能源〔2018〕823号）	一、合理把握发展节奏，优化光伏发电新增建设规模 （二）规范分布式光伏发展。今年安排1000万千瓦左右规模用于支持分布式光伏项目建设。考虑今年分布式光伏已建情况，明确各地5月31日（含）前并网的分布式光伏发电项目纳入国家认可的规模管理范围，未纳入国家认可规模管理范围的项目，由地方依法予以支持。 二、加快光伏发电补贴退坡，降低补贴强度 （二）自发文之日起，新投运的、采用"自发自用、余电上网"模式的分布式光伏发电项目，全电量度电补贴标准降低0.05元，即补贴标准调整为每千瓦时0.32元（含税）。采用"全额上网"模式的分布式光伏发电项目按所在资源区光伏电站价格执行。分布式光伏发电项目自用电量免收随电价征收的各类政府性基金及附加、系统备用容量费和其他相关并网服务费。

续表

日期	政策文件	关于分布式能源的主要内容
		三、发挥市场配置资源决定性作用，进一步加大市场化配置项目力度 （二）积极推进分布式光伏资源配置市场化，鼓励地方出台竞争性招标办法配置除户用光伏以外的分布式光伏发电项目，鼓励地方加大分布式发电市场化交易力度。

资料来源：公开资料，中债资信整理。按照政策和文件的发布时间先后顺序排列。

特别地，前期在《国家能源局关于可再生能源发展"十三五"规划实施的指导意见》（国能发新能〔2017〕31 号）中，"分布式光伏发电项目不限建设规模"，但进入 2018 年以来，关于分布式光伏的政策出现了微调，主要与光伏行业整体爆发式增长有关。《国家发展改革委　财政部　国家能源局关于 2018 年光伏发电有关事项的通知》（发改能源〔2018〕823 号）中，2018 年普通光伏电站、分布式电站建设规模均做了明确规定，根据行业发展实际，2018 年暂不安排普通光伏电站建设规模，安排 1 000 万千瓦左右分布式光伏项目，总体新增规模很小；截至 5 月末，分布式光伏电站的指标基本已用完。这也体现了国家政策层面更关注包括分布式光伏在内的分布式能源行业整体的健康有序发展。

4.12.3　分布式能源的发展现状

分布式能源因其能源利用方式的独特优点，在我国值得推广。一方面，随着 2015 年 12 月青海省最后 3.98 万无电人口实现通电，我国已实际上全面解决无电人口用电问题；从现实意义上看，分布式能源的独立运行模式更适合于大电网覆盖不到的偏远地区。对于此类边远地区，独立运行的分布式能源系统可以借助西部的天然气资源与多种可再生能源多样，以较小的代价来获得稳定的电力供应，这类独立运行的分布式能源系统可形成对大电网的有效补充。另一方面，我国大量使用化石能源，特别是煤的过度开发与使用，是造成京津冀、长三角、珠三角等能源负荷集中区酸雨、灰霾等环境问题的主要原因；分布式能源系统可根据用户当地能源资源情况和能量需求特点，就近利用清洁燃料和可再生能源，大幅度减少常规化石燃料的使用及电力、热能的远距离输送，缓解区域的环境污染问题[①]。从电网安全的角度考虑，分布式供能为主的新型能源系统是常规供能系统不可缺少的有益补充，通过分布式能源系统的主动调控作用，有助于城市电力和燃气的双重调峰，并为配电网提供更多的支撑电源，提高供能可靠性。

4.12.3.1 运行模式

根据我国不同时期政策支持下的分布式能源项目案例，可以总结出我国分布式能源的四种发展模式：独立运行、并网不上网、并网上网和发电量全部上网。

（1）独立运行：在国家电网正式出台文件允许分布式能源并网之前，很多系统都只能独立运行。独立运行的系统在经济上并不具有优势，由于系统用电负荷波动，导致发电机组很难连续满负荷运行，因而系统的经济性得不到保证。当然，此类独立运行的 DER，适合在大电网难以覆盖或输配电网建设成本高昂的偏远地区和海岛等地，实现小范围的能源自给。

（2）并网不上网：分布式能源项目通常应具有开放性，即允许分布式能源系统和大电网并网运行，从而实现系统内能源的供需平衡。并网不上网模式，是指分布式能源系统接入大电网并网运行，电力自发自用，不足部分由大电网提供，但不能反向送电。

（3）并网上网：该模式下分布式能源系统不仅可以与公共电网并网运行，同时多余电力可向电网销售，国家财政对分布式能源提供补贴，主要原则为鼓励自发自用。自发自用、余电上网，可提高系统的能效和经济效益，对电网削峰填谷，进而实现保护环境、保障电力安全等环境和社会效益，实现多赢。

---

① 金红光，隋军．变革性能源利用技术——分布式能源系统 [J]. 分布式能源，2016，1，（1）：1–5.

（4）发电量全部上网：此模式可分两种情况，①对于天然气分布式能源系统，若其所发电力全部上网，冷、热、蒸汽等就近供给，而当地所需电力由电网供给，这相当于起到提高能源综合利用效率和调峰作用的小型燃气热电厂；②从消纳新能源、减少碳排放等角度考虑，发电量全部上网更适合可再生分布式能源系统，例如分布式光伏。

理论上，具有节能减排效益的分布式能源项目，除了服务偏远地区的自给型能源站之外，应当是能够并网、且可以上网的分布式能源，即鼓励自发自用、余电上网，同时支持电网的削峰填谷，提高能源使用效率，减少输电损耗，并促进电网安全。

4.12.3.2　主要分布式能源的发展概况

● 天然气分布式能源

2016 年 12 月 20 日，中国城市燃气协会分布式能源专委会在京发布《天然气分布式能源产业发展报告 2016》，这是我国首份天然气分布式能源行业报告。我国天然气分布式能源行业自 2002 年起步以来，经历 10 余年探索，在少数发达地区和城市已初见雏形。近两年，随着能源行业市场化改革的推进，有利于天然气行业发展的政策频出。"天然气分布式能源具有能效高、清洁环保、安全性好等众多优点，对改善我国一次能源消费结构、保证能源供给安全、解决环境大气污染均可发挥积极作用。同时基于天然气的可调节性，其还能与可再生能源实现良性互补、融合发展，天然气分布式能源在提高天然气消费比重上有望作出重要贡献。"

根据《天然气分布式能源产业发展报告 2016》（以下简称《报告》），截至 2015 年底，我国天然气分布式能源项目（单机规模小于或等于 50 兆瓦，总装机容量 200 兆瓦以下）共计 288 个，总装机超过 1 112 万千瓦。天然气分布式能源产业在 2015 年从在建、筹建项目数量和规模等多方面表现出了明显的发展拐点和加速趋势，2015 年成为天然气分布式能源的"快速发展年"。目前已开始从早期的北京、上海、广州等经济发达地区向国内二三线城市渗透发展。综合各地规划，到 2020 年，我国天然气分布式能源装机总量将超过 2 000 万千瓦。据此《报告》预计，受市场、政策、能源、环境和社会等不确定性因素影响，到 2020 年天然气分布式能源市场装机规模可能达到 2 700 万 ~3 000 万千瓦。

此外，根据前瞻《2018—2023 年中国分布式能源行业商业模式创新与投资前景预测分析报告》数据显示，2016 年全国天然气分布式发电累计装机容量为 1 200 万千瓦，尚不到全国总装机容量的 2%，中国天然气分布式发展目前刚刚起步，距离《关于发展天然气分布式能源的指导意见》提出到 2020 年装机规模达到 5 000 万千瓦的目标差距很大。天然气分布式能源的可开发市场规模较大。

● 分布式光伏

如今我国在"全面推进分布式光伏和'光伏 +'综合利用工程"上已经初见成效。数据显示，截至 2017 年底，我国光伏电站累计并网容量为 100 590 兆瓦，而分布式累计装机容量则达到了 29 660 兆瓦，且分布式光伏的年增长率在 2017 年明显超出了光伏整体的增速，发展概况如图 4-46 所示。

受益于新能源需求快速增长及国家产业政策引导，2015 年以来我国光伏产业发展迅猛，投资热情高涨。根据 2017 年 7 月国家能源局发布的《关于可再生能源发展"十三五"规划实施的指导意见》，2017—2020 年国内光伏电站新增建设规模（含领跑基地项目建设，每年 8 千兆瓦）分别为 22.4 千兆瓦、21.9 千兆瓦、21.1 千兆瓦、21.1 千兆瓦，合计 86.5 千兆瓦，但 2017 年全年实际装机达到 53.06 千兆瓦，同比增长 53.45%，其中光伏电站 33.62 千兆瓦，同比增长 11%，分布式光伏 19.44 千兆瓦，同比增长 3.7 倍。由于分布式光伏装机的快速增长，实际建成规模远超规划目标，我国新增装机规模连续三年全球排名第一，累计装机规模连续五年全球排名第一。2018 年 1~4 月，光伏发电装机容量 12.94 千兆瓦，同比增长 45.72%，继续呈现爆发式增长，但随着发展改革委新政《关于 2018 年光伏发电有关事项的通知》的出台，2018 年之后的月份，增速有所放缓。

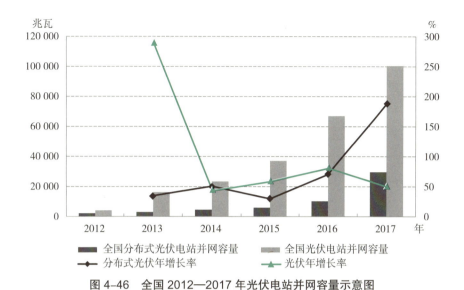

图 4-46　全国 2012—2017 年光伏电站并网容量示意图

● 分布式生物质能

根据《生物质能发展"十三五"规划》公布的基本数据，我国生物质资源丰富，能源化利用潜力大；全国可作为能源利用的农作物秸秆及农产品加工剩余物、林业剩余物和能源作物、生活垃圾与有机废弃物等生物质资源总量每年约 4.6 亿吨标准煤。截至 2015 年，生物质能利用量约 3 500 万吨标准煤，其中商品化的生物质能利用量约 1 800 万吨标准煤。生物质发电和液体燃料产业已形成一定规模，生物质成型燃料、生物天然气等产业已起步，呈现良好发展势头。

截至 2017 年底，全国共有 30 个省（区、市）投产了 747 个生物质发电项目，并网装机容量 1 476.2 万千瓦（不含自备电厂），占全国电力装机容量的 0.6%；2017 年发电量 794.5 亿千瓦时，占全部发电量的 1.2%；其中农林生物质发电项目 271 个，累计并网装机 700.9 万千瓦，年发电量 397.3 亿千瓦时；生活垃圾焚烧发电项目 339 个，累计并网装机 725.3 万千瓦，年发电量 375.2 亿千瓦时；沼气发电项目 137 个，累计并网装机 50.0 万千瓦，年发电量 22.0 亿千瓦时。生物质发电技术基本成熟。

若不考虑以处理处置生活垃圾为目的的垃圾焚烧发电，目前我国的农林生物质发电项目通常仍以电力生产为主要目的，并依托国家的新能源补贴电价实现基本的盈亏平衡或盈利。从实际应用状态上看，单纯以电力生产为目的的电站建设其实并不完全契合生物质发电的特点。生物质发电装机规模小，单机通常不超过 25 兆瓦，同时需要靠近农林生物质收集区域，而这些区域除了单纯的林区之外，通常存在城镇聚集区，客观存在一定规模电力和热力（制冷）需求，这些特点恰恰符合分布式能源的供需关系和发展特点。因而以分布式生物质热电联产为形式的能源开发模式和项目建设，预期可成为我国城镇化发展和城乡现代建设的重要举措之一，协同解决小型城镇和城乡居住区的包括居民取暖在内的热力供应，并满足区域范围的电力负荷需求，同时有效消纳周边农林地区的生物质，降低采暖期的化石燃料消耗和污染排放，减少农林生物质散烧带来的负面环境影响。

4.12.4　分布式能源项目的环境效益及评估

受限于机组装机规模通常不大，单个分布式能源节能减排绝对量值并不是很大；但是从能源供应的角度，可以有效地降低能源在传输中的损耗，就近满足负荷需求，如果能有更丰富的 DER 供给出行，在更大视角上审视 DER，其为能源系统带来的节能减排效益将非常可观。有学者[①]对远方集中式光伏电站与就地分布式光伏电站的发输配电成本进行了比较，结果表明：光照小时数、输电距离、单位容量投资是影响远方集中式光伏电站与就地分布式光伏电站成本差异的主要因素；两地光照小时差越大、电能输送距离越近，远方集中式光伏发电系统成本相对越低，越适合发展光伏远距离输电，反之越适合发展本地分布式光伏电站。由此可见，因地制宜地发展分布式能源值得鼓励。

本节除了考察分布式能源（DER）的共性环境效益之外，同时基于能源来源是否可再生，分别考察分布式能源的环境效益，本书初步将其分为可再生能源 DER（Renewable DER，R-DER）和常规能源 DER（Conventional

---

① 王康达，张保会. 远方集中式与就地分布式光伏供电经济性比较 [J]. 电力系统自动化，2017，41（16）：179–186.

DER，C-DER）；其中前者几乎没有直接的污染排放或生态环境破坏，而后者比如使用天然气为燃料的燃气轮机为动力装置的分布式能源以及燃用生物质燃料的生物锅炉，尽管其排放水平相比其他常规化石能源利用形式如燃煤和燃油而言，已有不同程度的削减，但仍客观存在一定量的直接大气污染物排放。关于生物质发电的环境效益及评估，将在另一研究中单独予以说明。

4.12.4.1　项目适用范围

根据现行的《分布式发电管理暂行办法》（发改能源〔2013〕1381 号），发展分布式发电的领域包括：（1）各类企业、工业园区、经济开发区等；（2）政府机关和事业单位的建筑物或设施；（3）文化、体育、医疗、教育、交通枢纽等公共建筑物或设施；（4）商场、宾馆、写字楼等商业建筑物或设施；（5）城市居民小区、住宅楼及独立的住宅建筑物；（6）农村地区村庄和乡镇；（7）偏远农牧区和海岛；（8）适合分布式发电的其他领域。

适用于分布式发电的技术包括：（1）小水电发供用一体化技术；（2）与建筑物结合的用户侧光伏发电技术；（3）分散布局建设的并网型风电、太阳能发电技术；（4）小型风光储等多能互补发电技术；（5）工业余热余压余气发电及多联供技术；（6）以农林剩余物、畜禽养殖废弃物、有机废水和生活垃圾等为原料的气化、直燃和沼气发电及多联供技术；（7）地热能、海洋能发电及多联供技术；（8）天然气多联供技术、煤层气（煤矿瓦斯）发电技术；（9）其他分布式发电技术，常见的其他类型分布式发电技术还包括储能装置、燃料电池等类型。

总体而言，分布式能源可以在用能负荷的周围或邻近地区和用能单位的建筑之上，布置分布式能源生产设备，用以直接服务于周边负荷所需的电力、热力和制冷的负荷需求，并且依托电网，可以实现余电上网以及负荷不足时从电网获取电力（孤岛运行的除外）。而最为典型的分布式能源项目，也是政策重点关注的领域，即包括天然气分布式能源以及利用建筑屋顶和幕墙等安置的分布式光伏。

此外，分布式风力发电是一种利用小型风电机组（发电功率一般在

30 兆瓦至 50 兆瓦）作为分布式电源，布置在用户附近的模块化、分散式的新型发电模式；另外还有基于小水电自发自供的分布式发电模式。

4.12.4.2　R–DER 的环境效益及环境影响

● 环境效益

集中式的燃煤火电厂占据了我国电力生产的大部分市场，但由于燃煤的缘故，在提供巨大的发电量的同时，也向环境中排放了大量的 CO_2、SO_2、NO_x、颗粒物等。虽然我国已经有较大规模的高标准低能耗的新型火电机组，同时已经执行了全球最严厉的大气污染物排放标准，且不少机组实施对标燃气机组排放标准的超低排放，但火电行业大气污染物的排放总量仍很大。而对于采用可再生能源的 R–DER 项目而言，光伏、小型水电、小型风电机组在运营阶段均没有直接的大气污染物排放，其生产的电力、热力等能源，相比仍有污染排放的集中式火电机组而言，大气污染物减排效益明显。

集中式电站发电和大电网输配电到终端用户，电力生产和最终消费是分离的，电网输配电的损耗通常在 5%~7%，面向终端的基层低压配电网络的损耗则更高，约 8%~12%，部分农村地区低压输配线路损耗则更高。布置在能源负荷中心附近的分布式能源，避免了此类的输配电线损，损耗几乎为零，保证了能源使用的高效率。节约了无谓损失的能源，也即减少了能源生产的二氧化碳排放。

评价 R–DER 运行水平的高低，则主要可以从以下方面开展。

（1）可再生能源的转化效率

R–DER 主要基于光伏、小型水电、小型风电等可再生能源，且目前的应用以光伏为主。小型风电和小型水电，则受限于区域资源条件以及能源生产装置所需要的场地条件，通常分布于远离城市区域的小型聚居区。而分布式光伏可以充分利用各种建筑外立面、屋顶、闲置空地等诸多场地，适用性更强。

从分布式能源最终用能目标的角度考虑，能源的转化效率将直接决定分布式能源生产效率和运行水平。光伏组件转化效率的高低评估，可基于不同光伏组件的类型予以分别考察和评估。同样的采光面积、光照时间下，组件转化效率更高的光伏电池，其能源生产量会更高，产生的节能减排效益也越显著。例如，在国家能源局 2017 年发布的《关于推进光伏发电"领跑者"计划实施和 2017 年领跑基地建设有关要求的通知》（国能发新能〔2017〕54 号）中，技术领跑基地采用的多晶硅电池组件和单晶硅电池组件的光电转换效率应分别达到 18% 和 18.9% 以上，硅基、铜铟镓硒、碲化镉及其他薄膜电池组件的光电转换效率原则上参照晶硅电池组件效率提高幅度相应提高；应用领跑基地采用的多晶硅电池组件和单晶硅电池组件的光电转换效率应分别达到 17% 和 17.8% 以上，硅基、铜铟镓硒、碲化镉及其他薄膜电池组件的光电转换效率原则上参照晶硅电池组件效率提高幅度相应提高；各类光伏电池组件的衰减率指标要求保持不变。在这之前，2015 年提出"领跑者计划"的《关于促进先进光伏技术产品应用和产业升级的意见》（国能新能〔2015〕194 号）文中要求，"领跑者"先进技术产品应达到以下指标：多晶硅电池组件和单晶硅电池组件的光电转换效率分别达到 16.5% 和 17% 以上；高倍聚光光伏组件光电转换效率达到 30% 以上；硅基、铜铟镓硒、碲化镉及其他薄膜电池组件的光电转换效率分别达到 12%、13%、13% 和 12% 以上。由此可见，在两年间主流市场的先进多晶/单晶组件即已经分别提高了 1.5% 和 1.9% 的转化效率，技术进步明显。因而分布式光伏组件亦可以参照此行业内的先进水平进行评估。类似地，小水电机组、风机的转化效率，亦需作为此类能源生产项目的评价指标之一。

（2）可利用小时数

基于可再生能源的 R-DER 项目，其能源生产与区域环境有直接关系，同时亦与项目的设计和运营有直接关联。可利用小时数，反映了项目所能用以电力生产的有效时间，进而可以表征项目所带来的环境效益，同时反映了项目设计或运营管理的水平。

以文献 [1] 所披露的数据，我国各地分布式光伏（包括居民和工商业）

---

① 邵汉桥，张籍，张维 . 分布式光伏发电经济性及政策分析 [J]. 电力建设，2014，35（7）：51-57.

的年利用小时数，最高为呼和浩特的 1 458 小时，最低为成都的 825 小时，处于中间水平的包括天津的 1 320 小时、杭州的 1 073 小时。文献 ① 在分析分布式光伏发电系统的典型运营模式时，援引的《南方电网新能源运行总结分析报告（2016 年）》中的数据，贵州省光伏发电典型年利用小时数为 1 300 小时左右。从光伏发电的整体情况看，以 6 000 千瓦及以上电厂发电设备利用小时为例，2015—2017 年，全国全年平均利用小时数分别为 1 133 小时、1 129 小时、1 205 小时。对于太阳能日照资源相对充足优质的西部地区，2017 年，西北电网光伏电站的平均利用小时数 1 253 小时。整体上而言，基于现有的文献和数据，分布式光伏的平均利用小时数略高于光伏行业整体情况。

（3）布置的合理性

与集中式的光伏电站、风电场、水电站不同，R–DER 的项目通常需要直接布置在终端负荷附近。而终端负荷以居民住宅、工商业建筑为多。因而此类项目需要充分利用有效的空间和土地 / 建筑面积，同时保证电力生产设备的合理布置，并且降低对周边建筑、生态环境等造成的负面影响。对于分布式水电和风电项目而言，受限于自然资源禀赋，其布置区域通常远离城市建成区，距离小型聚居区较近（比如海岛、边远农林山区等地点），空间资源相对充裕，但同样需要关注与周边生态系统的匹配、减少环境影响，以及服务于终端负荷的有效性和可靠性。

● 环境影响

基于光伏的 R–DER 的主要环境影响较小，主要需考察建安施工过程的绿色施工行为、屋顶幕墙等处组件安全性、日常维护冲洗污水的合理收集截排，总体负面环境影响较小。而小型水电则需要重点考察对于河流流域的水土保持和生态影响；小型风电则需要重点考察运营时期的噪音控制。

---

① 马溪原，郭晓斌，周长城等 . 电网公司投资分布式光伏发电系统的典型运营模式分析 [J]. 南方电网技术，2018，12（3）：52–59.

4.12.4.3 C–DER 的环境效益及环境影响

● 环境效益

对于使用天然气的 C–DER 项目，与 R–DER 项目类似，污染物减排量是天然气分布式能源环境效益最重要的一个衡量指标，但其本身仍客观存在少量的氮氧化物排放。天然气几乎不含硫、粉尘和其他有害物质，能减少二氧化硫和粉尘排放量近 100%；燃烧时产生二氧化碳少于煤，同时氮氧化物排放量亦可以明显削减，因此天然气 DER 系统在大气污染物减排量方面，相比集中式能源系统、特别是火电机组仍有明显减排效益。类似地，其减排二氧化碳的效益同样显著。

以小型的分布式 LNG（液化天然气）冷热电联供系统为例，其可以实现对 LNG 气化—燃烧的全过程的热量梯级利用：液态的 LNG 气化可获得气态天然气和伴生的冷能；天然气燃烧获得的高品位热能推动燃气轮机进行发电；利用燃气轮机尾气中所含相对低品位的热量推动制冷、制热设备工作；所产生的冷、热能源直接就近供给终端用户；系统主要设备包括气化装置、燃气轮机、发电机组、余热锅炉、制冷机组等。所生产的能源不需要远距离输送，因此系统的能源综合利用效率高达 80% 以上[1]。类似的分布式天然气系统，总体上能源利用效率高，还具有节能减排、对电网双重削峰填谷的作用，并增强能源供应的安全性。

评价 C–DER 运行水平的高低，则主要可以从以下方面开展。

（1）能源利用效率

能源效率指天然气冷热电联供系统发电，能源转换技术的有效功的输出（包括电力、热力和制冷量）和输入的一次能源之间的比值；相比常规燃煤火电厂汽轮机 15%~45% 的能源转换率（平均为 33% 左右），天然气冷热电联供系统供能技术具有明显的优势（60%~90%），将节省更多的一次能源。能源利用效率，也可以衍生出分布式能源相比集中式能源的节能

---

[1] 雷坤 . 南海岛礁分布式 LNG 冷热电联供（LNG–CCHP）经济性研究 [J]. 船舶，2018（4）：27–32.

率的评价指标。不同项目之间的横向比较，则需要考察不同项目能源利用效率的高低；效率越高的项目，其能源使用率越高。如前述梯级利用液化天然气的分布式能源系统，其能源效率可达80%以上，能源的投入可以充分转换为所需的电力和制冷（采暖）负荷，有效减少了无谓热损耗所带来的能源损失。

（2）单位能源输出的污染物排放强度

不同天然气分布式项目之间的对比评价，还需要考察污染物的排放强度。因为此类项目的主要大气污染物为氮氧化物，因此需要重点关注氮氧化物的排放强度。虽然天然气燃气轮机的氮氧化物排放量显著低于燃煤锅炉，但是此类项目通常直接布置在城市区域，大气污染物仍会对区域空气质量产生影响。因而，采取低氮燃烧或者脱硝处理的项目，则其环境表现整体更良好。对于农林生物质锅炉也需要同样关注燃用农林生物质的烟气处理和排放情况，以及包括氮氧化物、二氧化硫和烟尘的排放强度。

（3）负荷匹配程度

我国前期的天然气分布式能源示范项目中，由于受到多种因素影响，约半数在运行，半数因电力并网、效益或技术等问题处于停顿状态[1]。有文献[2]披露相关的案例显示，上海市黄浦区中心医院分布式供能项目发电机组设计容量为1 130千瓦，而医院实际电负荷仅为600千瓦，这导致系统长期在低负荷、低效率情况下运行，且系统副产的蒸汽也无法得到充分利用；北京次渠门站综合楼分布式供能工程发电设计容量为80千瓦，而实际电负荷不足30千瓦，这导致系统超过60%的发电能力无法发挥作用，系统效率低下；北京燃气集团指挥调度中心大楼项目的分布式供能机组发电容量为1 200千瓦，而实际电负荷最大不足500千瓦，导致发电设备只

---

① 刘满平. 我国天然气分布式能源发展制约因素及对策研究 [J]. 中外能源，2014，19（1）：3–10.

② 杨允. 区域型分布式供能系统优化配置研究及不确定性优化探索 [D]. 中国科学院研究生院（工程热物理研究所），2016.

能在极低出力的工况下运行，系统一半的发电能力无法发挥作用。其中最重要的影响因素之一，即是机组所设计的负荷与实际用户端负荷不匹配，天然气机组的经济性欠佳，进而影响了机组持续地运转的经济性。因而在具体项目的评估中，如果是设计建设阶段的项目，需要考察项目用户端负荷预测和设计的合理性；如果是运行期的项目，则需要考察项目的机组输出和用户端负荷的一致性。

- 环境影响

（1）噪声污染的减缓和控制。分布式能源电站若采用燃气—蒸汽联合循环机组，比较突出的环境影响就是噪声问题。因为分布式能源电站一般是在靠近用电、用热负荷的地方建设，离声环境敏感点比较近，执行的噪声标准要求比较高；另外，联合循环机组一般采用机力塔，机力塔设备多数靠近厂界布置，电站建设对周边环境敏感点的影响相对比较大。若不采取治理措施，厂界噪声一般不达标。

（2）燃用天然气项目的低氮排放和生物质发电的烟气排放。这里与前述环境效益评价中"单位能源输出的污染物排放强度"的目标基本一致，但这里需要重点关注氮氧化物排放的浓度是否能满足环保排放标准，以及不同负荷情况下、尤其是尖峰负荷条件下的排放情况。虽然天然气项目总体的大气污染物排放确实不高，但是由于其所处的区位环境，仍需要予以关注。此外，农林生物质发电项目的烟气排放的现行执行标准不高，但随着火电行业超低排放的进行，普通生物质锅炉的烟气排放相比火电排放标准已逐步出现劣势，因而需要注意分布式农林生物质项目的排放标准是否符合国家或地方要求，同时有无采取合适的脱硝除尘等技术手段。

4.12.5　小结与展望

分布式能源与大电网的结合是我国电力工业未来的发展方向之一，也受到了政策的重点支持和关注。目前以分布式光伏、天然气分布式能源等类型项目为代表，我国的分布式能源发展正在进入快速的发展期。特别地，考虑到光伏爆发式增长的不可持续性，我国政策对于分布式光伏亦有部分政策导向的微调，以期带动包括分布式光伏在内的分布式能源市场的稳步健康发展。

分布式能源具有明确的节能减排效益，同时其鲜明特点和独特优势，值得在更大范围内进行推广和示范，国家亦制定了相关的规划，并安排开展相关的试点工程；并且因其灵活的特点，亦成为开展市场化交易、推进电力体制改革的重要推手之一。分布式能源预期将得到合理有效的进一步发展，而以此作为融资标的、特别是绿色金融支持的项目，预计也就在市场中涌现。

4.13　动力锂离子电池发展现状及其环境效益评估

锂电池的发展经历了由锂金属电池向锂离子电池的转变，即从不可充电的一次电池向可充电的二次电池延伸。锂离子电池下游应用发展体现为3C 锂离子电池随着消费类电子产品增速放缓而进入平台期，动力锂离子电池随着新能源汽车的迅猛发展而进入发展期，储能锂离子电池依旧发展缓慢。因此主要研究动力锂离子电池的工作原理、主要性能指标、环境效益及其对环境的影响。

4.13.1　动力锂离子电池行业概况

4.13.1.1　锂离子电池概念及分类

锂离子电池是一类由锂金属、锂合金或锂离子化合物为负极材料的电池，按负极材料的不同分为锂金属电池和锂离子电池。其中，锂金属电池是指以二氧化锰为正极材料、金属锂或其合金金属为负极材料的一类电池，受限于不可充电，因此被归为一次电池；锂离子电池指以锂离子嵌入的化合物为正极材料、以碳素材料为负极的一类电池，该类电池具有充电性能，因此被归为二次电池，其不但能量密度大、输出电压高、自放电小、无记忆效应、循环性能优越、可快速充放电、充电效率高、输出功率大，且具有使用寿命长及环境污染低等优势，因此通常被称为绿色电池，根据锂离子电池电解液的相态可将其分为液相锂离子电池和固态锂离子电池两种。

根据下游应用行业的不同可将锂离子电池分为动力锂离子电池、3C

锂离子电池及储能锂离子电池三种，电池种类不同其电池内阻、电流及电容均不同。其中，3C 锂离子电池主要应用于手机电池、笔记本电池、移动电源等消费类产品；动力锂离子电池分为倍率型和功率型，倍率型动力锂离子电池是指电动工具、启动电池、航模电池等单次使用时间介于几秒钟到几分钟的电池，功率型动力离子电池可应用于纯电动汽车（EV）、电动自行车（E-bike）、电动三轮、电动摩托等领域；储能锂离子电池未来将应用于储能电站，在电力高峰期将电能存储在锂离子电池中，在电力低谷期将电能输出。受节能环保等政策的驱动，与新能源汽车相关的动力锂离子电池成为动力锂离子电池行业中发展较快的细分行业。

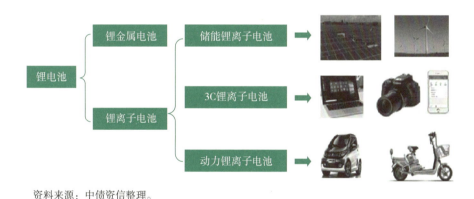

资料来源：中债资信整理。

图 4-47　锂电池分类及应用

4.13.1.2　我国锂电池发展现状

● 我国锂电池发展历史

在传统不可再生能源储量出现收紧的时代，科学家萌生了将可再生能源存储在电池中以替代不可再生能源的想法，因此能量密度较大的电池便成为电池工业发展的重心。在已知的金属中，锂金属的密度小、电极电势低的特性使得其具有成为理想电池负极材料的潜力。锂电池的研究最早可追溯到 19 世纪 20 年代，50 年后最早实现产业化的锂电池为锂金属电池，负极为金属锂、正极为二氧化锰或氟化碳等活性物质，并在埋入式心脏起搏器方面得以应用。1989 年，锂金属电池在充电过程中发生爆炸，使得锂金属电池在充电领域的应用遭遇瓶颈。因此,此后四十年间,锂电池的研究侧重于锂的形态类型、电解液及正极材料的研究,锂电池开发由一次电池向二次电池转变。1991 年 6 月,第一块商品二次电池——锂离子电池在日本问世,成为电池工业史上的一座里程碑。从锂离子电池应用细分来看,2013 年前,锂离子电池主要应用于电子类快销产品,例如手机、电脑、照相机等,该类电池简称 3C 锂离子电池,其占据锂电池近 90% 的市场份额。2013 年后,随着政策扶持新能源汽车快速发展,以 3C 为主导的锂离子电池市场格局发生变化,3C 类产品发展减缓,导致消费类锂电池需求增速降低,动力锂离子电池销量以近 80% 的高速度增长,其间锂电储能产业也在市场和政策的推动下慢慢成长。2017 年,锂离子电池总装机规模为79.2 亿瓦时,根据北极星储能网披露数据来看,2017 年我国新能源汽车(EV+PHEV)动力电池装机总电量约 36.24 亿瓦时,同比增长约 29.4%,动力锂离子电池市场占有率已超过 3C 锂离子电池达到 54.55%。由于工业储能电池目前基数较小,而消费锂电池虽然目前占比较大,但下游 3C 电子需求趋于饱和,近年来占比逐渐下滑,预计 2020 年,动力锂离子电池市场占比将达到 71.98%。整体看,锂离子电池未来发展将以动力离子电池,以及储能应用为主。

资料来源:中债资信整理。

图 4-48　锂离子电池细分市场占比情况

● 动力锂电池技术发展概述

动力锂离子电池能量密度高、寿命长等优点使其成为最具实用价值的新能源电动汽车车用电池候选者，而在动力锂离子电池生产过程中，其相关性指标（安全性、容量、内阻、循环寿命等）却互相矛盾，因此电池生产需在装配技术、电池系统成组技术及管理技术的协调下兼顾电极材料、电解液、隔膜的性能，从而使得电池的相关性指标最大程度上发挥协同效应。

● 动力锂电池材料技术

在科技进步、下游市场需求及补贴政策的多重刺激下，动力锂电池材料逐渐发生迭代，使得电池整体的性能趋向于高能量密度、高安全性、长寿命和低成本的方向不断实现突破。在当前的材料技术水平下，正极材料、负极材料、隔膜及电解液在成本中的占比分别约为 40%、15%、20%~30% 及 10%~15%。

正极材料，作为锂离子电池中最核心部分，其特性对于电池的能量密度、循环寿命、安全性等具有直接影响。2017 年我国锂电池正极材料产量 32.3 万吨，同比增长 49.54%。动力锂离子电池中常用的正极材料有磷酸铁锂（LFP）、钴酸锂（LCO）、锰酸锂（LMO）和三元材料（例如 NCA 和 NCM）。以上正极材料中，LFP 发展较早，其能量密度较低，约 130 瓦时 / 千克 ~150 瓦时 / 千克，低温性能较差，例如在 −10 摄氏度的环境下，一块容量 3 500 毫安时的锂离子电池经过 100 次左右的循环充放电后，其容量将大幅衰减至 500 毫安时，但其分解温度高达 800 摄氏度，安全性较高，且贵金属含量较低，成本可控，目前较多汽车品牌应用 LFP 电池，如雪佛兰 Volt、日产 Leaf、比亚迪 E6 和 Fisker Karma，但随着补贴退坡新政的实施，乘用车普遍转向三元电池；LCO 与 LFP 电池相比，技术较为成熟，功率高、能量密度大且一致性较高，但安全系数较低，热特性和电特性较差，例如特斯拉所用的 18650 电池在外电压但凡低于 2.7 伏或高于 3.3 伏，均会出现过热，在应用过程中要严格控制电池电压、电流及温度；三元材料以镍、钴、锰盐为原料，常见的镍钴锰比列为 424/333/523/701/515/811，目前以 523 为主，未来发展趋向于低钴高镍 NCM，优点为能量密度较高，约为 160 瓦时 / 千克 ~200 瓦时 / 千克（系统能量密度），缺点为分解温度较低，约为 200 摄氏度，安全性能低，且因含有贵金属镍、钴和锰，成本略高；LMO 价格优势很大，但能量密度最低，为其他正极材料的过渡材料。2017 年，中国动力锂离子电池搭载的正极材料国产化率约 92%，根据北极星储能网披露数据来看，动力锂离子电池装机中，磷酸铁锂电池、三元锂电池、锰酸锂电池和钛酸锂电池占比分别为 50%、45%、4% 和 1%，LFP 及三元锂电池的装机量占据动力锂离子电池市场的主要份额。从细分车型来看，新能源乘用车及货车细分市场以三元锂电池为主、LFP 为辅，而新能源客车领域则主要为 LFP。

负极材料主要影响电池的安全性和循环性能。2017 年中国锂电池负极材料产量 14.6 万吨，同比增长 23.7%。理想的负极材料应具有以下特点：

（1）与正极材料电化学位差大以提高电池功率；

（2）材料层间距相对较大，锂离子嵌入反应所需自由能小，易具有较大的锂离子容量，且嵌入后不膨胀，循环性能好；

（3）电极电位不受锂离子嵌入量影响，有利于电池工作电压稳定；

资料来源：中债资信整理。

图 4-49　2016—2017 年正极材料产量及同比增量情况

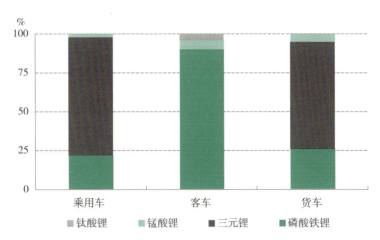

资料来源：中债资信整理。

图 4-50　2017 年不同类型动力锂离子电池在细分车型装机量中的占比情况

（4）热力学稳定性好，不与电解液发生反应；

（5）锂离子在负极材料中的扩散速率高，易于容纳大量的锂离子；

（6）石墨化程度越低，SEI[①] 膜稳定性越好可避免电解液嵌入电极材料；

（7）易制备，成本低。

自 1965 年锂金属被应用于负极材料至今，锂电池负极材料主要经历了金属材料、合金材料、氧化物和碳材料（石墨、硬碳和软碳等）四个进化阶段，其中锂金属充放电过程中锂离子在金属表面附着，容易产生锂枝晶而导致起火或爆炸等安全性问题；合金类材料在锂离子嵌入后体积变化较大，SEI 膜不稳定，循环性能弱；氧化钼嵌锂所需电位高（0.75 伏）且容量低（125 毫安时 / 克）；石墨负极材料平台电压较为平稳，充放电电位较低，缺点在于比容量低，充放电倍率性能差，与电解液溶剂（尤其碳

---

① 在锂电池首次充放电过程中，电极材料与电解液在固—液相界面上发生反应形成的一层覆盖于电极表面的钝化膜，称为固体电解质界面膜（Solid Electrolyte Interface，SEI 膜），其具有固体电解质的特征——对电子绝缘的同时允许 Li+ 通过，SEI 膜厚度在 100~120nm，其性质受电极表面结构孔隙率及颗粒尺寸影响。

酸丙烯酯 PC）相容性较差，有机溶剂易随锂离子共同嵌入石墨层，导致石墨逐渐剥落、电池循环性能差。因此，后续改进技术将石墨材料表面氧化形成微孔结构以提升其与电解液的相容性，或更换电解液溶剂（碳酸乙烯酯 EC）。

表 4-42　合金类负极材料特点

储锂机理	细分材料	脱锂电位（V vs.Li+/Li⁻）	嵌锂后体积膨胀（倍）	理论容量（mAh/g）	优点	缺点
与锂形成锂合金	硅基材料	0.45	4	4 200	理论储锂比容量最高，约为石墨比容量的 10 倍；电压平台大约为 0.4 伏，金属锂不易析出	导电性差，脱嵌锂时体积易膨胀；易被电解液中的 $LiPF_6$ 分解的 HF 腐蚀
	锡基材料	0.6	2.6	994	制备方法简单，易与其他金属合金化	导电性差，脱嵌锂时体积易膨胀
	锗基材料		3.7	1 623	锂离子扩散速度为硅材料的 400 倍；电子导电率是硅的 104 倍	成本高

　　电解液在锂电池组件中连接正负极材料，同时是锂离子传输的载体，是使电池具备高电压、高比能的关键。2017 年，中国电解液产量 10.2 万吨，同比增速为 15.38%。电解液由溶剂、电解质（锂盐）和添加剂组成，其中溶剂具备介电常数高、黏度小、纯度高、吸湿性好等特性易于提高电解液的导电性，工业化常用的溶剂为环状碳酸酯（碳酸乙烯酯 EC、碳酸丙烯酯 PC）及链状碳酸酯（碳酸二甲酯 DEC、碳酸甲乙酯 MEC 和碳酸二乙酯 DMC），高导电性溶剂 EC、PC 易于溶解电解质，而低黏度溶剂 DEC、MEC 和 DMC 有利于 Li^+ 的运输；电解质为电解液中锂源，部分锂盐由于高温安全性差、导电率低、价格昂贵等原因而被摒弃，目前应用较多的为六氟磷酸锂 $LiPF_6$，但考虑到 $LiPF_6$ 为易水解、热稳定性存在不足，未来芳基硼酸锂和烷基硼酸锂或因其较好的热稳定性及循环性能成为电解质的应用热点；添加剂主要为成膜添加剂、导电添加剂、阻燃添加剂和多

功能添加剂四种。

隔膜是保障电池安全的最重要组件之一，其浸渍在电解液中位于正负极材料之间起到避免正负极材料接触导致短路的作用，同时隔膜应具有热塑性，在高温环境下隔膜发生熔融、微孔关闭从而达到断电目的，因此隔膜通常采用具有绝缘、不溶于有机溶剂、强度高等特性的聚烯烃多孔膜。锂离子可通过隔膜表面的微孔通道完成其在正负极间的流通，因此隔膜材料孔结构、厚度和微孔数量等特性都会影响锂离子穿透速度，进而影响到电池的内阻、放电倍率、循环寿命等性能。隔膜生产工艺主要为干法和湿法两种，其中干法工艺包含单向拉伸和双向拉伸两种工艺。由于湿法工艺所制隔膜较薄，容易击穿导致电池短路，而干法单向拉伸工艺所制隔膜厚度较厚（20~40 微米）、孔径均匀、熔点高且稳定性好的特点符合电动汽车对锂电池安全性能的要求，但干法隔膜的厚度优势在一定程度上削弱电池的能量密度，因此长期来看改进后的湿法隔膜（例如湿法涂覆隔膜）将成为锂电池隔膜未来的发展方向。目前常用的隔膜有聚丙烯（PP）、聚乙烯（PE）及丙烯—乙烯共聚物等，隔膜产品主要有单层 PP、单层 PE、PP+陶瓷涂覆、PE+陶瓷涂覆、双层 PP/PE、双层 PP/PP 和三层 PP/PE/PP 等，目前中国尚无将 PP/PE 双层复合膜的技术，产品主要以双层 PP/PP 为主，而全球汽车动力锂电池使用的隔膜以三层 PP/PE/PP、双层 PP/PE 以及 PP+陶瓷涂覆、PE+陶瓷涂覆等隔膜材料产品为主。

表 4-43　主要隔膜材料特点

	耐高温	耐低温	密度	熔点/闭孔温度	强度
PP	✓	—	相对小	相对高	相对弱
PE	—	✓	相对大	相对低	相对强

● 动力锂电池控制技术

驱动一辆电动汽车需要大量电池单体，例如 Tesla Roadster 和 Tesla ModelS 的电池系统分别包含 6 831 节和 8 000 节 18650 钴酸锂电池。电池单体并联封装成电池砖，电池砖串联成电池片，电池片组成一个电池包，经过三层组装为一个可以为汽车提供动力的电池系统，但数量众多的电池单体组合加剧了其热稳定差、安全系数低的短板，因此需要对电池单元、电池砖、电池片每层级设置保险丝，防止电池系统过热或电流过大。从锂离子动力电池系统角度看，关键核心技术包括电池成组技术（集成电池配组、热管理、碰撞安全、电安全等）、电池管理系统（BMS）电磁兼容技术、信号的精确测量（如单体电压、电流等）技术、电池状态精确估计、电池均衡控制技术等。

● 动力锂离子电池产业链

动力锂离子电池产业链包括上游原材料（钴矿、镍矿、锰矿、锂矿、石墨矿及有机材料）、中游制造及下游应用三个环节，其中中游制造环节包括基础材料生产、动力锂离子电池材料（正极、负极、电解液、隔膜及其他材料）制造、电芯制造及 PACK 封装。本章节主要分析影响锂离子电池应用的技术指标及锂电池全产业链对环境的影响。

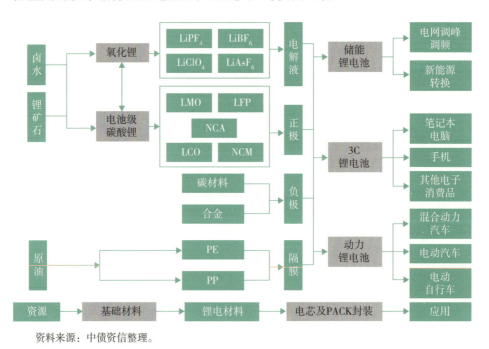

资料来源：中债资信整理。

图 4-51　锂电池产业链

● 动力锂离子电池行业相关政策

锂离子电池主要作为新能源汽车的组件投放到终端消费市场，因此政策通过对下游新能源汽车产业作用，进而间接传导至锂离子电池行业，达到对整个产业链的调节。为鼓励下游新能源汽车的发展，中央财政安排专项资金对购买新能源汽车进行补贴，通过双积分政策提高传统汽车企业生产新能源汽车的积极性。

新能源汽车推广产品技术要求涉及动力锂离子电池指标包括单位载质量能量消耗量（Ekg）、续驶里程、电池系统总质量占整车整备质量比例、快充倍率、30 分钟最高车速及百公里耗电量（Y）等指标。近年来新能源汽车的补贴政策不断收紧，补贴退坡的同时对补贴车型的能量密度及续航里程等指标要求逐步提升。能量密度方面，在 2018 年 7 月工信部发布的第七批《新能源汽车推广应用推荐车型目录》中，45 款纯电动乘用车对应的系统电池能量密度均在 120 瓦时 / 千克及以上，其中 120~140 瓦时 / 千克、140~160 瓦时 / 千克及 160 瓦时 / 千克以上占比分别为 28.89%、55.56% 和 15.56%，而在 2018 年首批推荐目录中，搭载的电池能量密度在 120 瓦时 / 千克以下的新能源乘用车尚占 11% 份额。随着技术的不断进步，预计未来补贴政策将继续向高能量密度车型倾斜，动力锂离子电池整体能量密度水平也将进一步持续提高。续航里程方面，6 月 12 日，财政部再次调整补贴政策，对续航里程 150 公里以内的新能源车型取消补贴，而续航里程在 300 公里以上车型的补贴则高于 2017 年水平。

2017 年 9 月出台的双积分政策意味着传统车企在中国每生产一辆燃油车，就必须拿出一定比例的钱用于购买新能源积分，且比例将越来越高，而每生产一辆电动车，除了获得正常的收益外，还可得到传统车企的补贴。这无疑将大大推动新能源汽车的发展，动力电池产业也将从中受益。

除鼓励锂电池下游产业新能源汽车的相关政策外，2017 年以来，锂电池行业电池回收利用方面也频频出台新政。2017 年，锂电池回收利用各项规范相继出台，例如车用动力电池回收利用拆解规范（GB/T 33598—2017）、汽车动力电池编码规则（GB/T 34014—2017）、车用动力电池回收利用——余能检测（GB/T 34015—2017）和电动汽车用动力蓄电池产品规格尺寸（GB/T 34013—2017）。而2018年，随着新能源汽车动力蓄电池回收利用试点工作的展开，我国动力电池回收利用市场建设进入导入期。

表4-44　2017年以来锂离子电池行业主要政策

时间	政策名称	政策主要内容
2017年1月	《关于调整〈新能源汽车推广应用推荐车型目录〉申报工作的通知》	依据《关于调整新能源汽车推广应用财政补贴政策的通知》，2016年发布的《新能源汽车推广应用推荐车型目录》第1~5批需重新核定，企业应按照新的技术要求进行申报。
2017年3月	《促进汽车动力电池产业发展行动方案》	指明了未来我国动力电池产业的发展方向为：持续提升性能质量和安全性，降成本，2018年前保障高品质动力电池供应；大力推进新型锂离子动力电池研发和产业化，2020年实现大规模应用；着力加强新体系动力电池基础研究，2025年实现技术变革和开发测试。
2017年7月	《外商投资产业指导目录（2017年修订）》	取消了外资在新能源汽车动力电池领域准入限制，放宽了纯电动车等领域准入限制。
2017年7月	《重点新材料首批次应用示范指导目录（2017年版）》	其中涉及新能源领域的新材料有4项，包括高性能锂电池隔膜、镍钴锰酸锂三元材料、负极材料、高纯晶体六氟磷酸锂材料。
2017年9月	《乘用车企业平均燃料消耗量与新能源汽车积分并行管理办法》（以下简称"双积分"）	该政策规定，传统能源乘用车年度生产量或进口量达3万辆以上的企业，从2019年度开始设定新能源汽车积分比例要求。2019年度、2020年度，新能源汽车积分比例要求分别为10%、12%。
2018年1月	《新能源汽车动力蓄电池回收利用管理暂行办法》	强调落实生产者责任延伸制度，要求汽车生产企业承担动力蓄电池回收的主体责任，而相关企业在动力蓄电池回收利用各环节履行相应责任。
2018年2月	《关于开通汽车动力蓄电池编码备案系统的通知》	电动汽车用锂离子动力蓄电池(以下简称锂离子电池)单体、电池包或系统的安全要求和试验方法。
2018年2月	《关于调整完善新能源汽车推广应用财政补贴政策的通知》	新能源乘用车及客车的补贴退坡幅度为30%，新能源货车及专用车的补贴退坡幅度为60%。此外从提高技术门槛、完善补贴标准和分类调整运营里程要求等方面调整完善推广新能源汽车应用补贴政策。
2018年2月	《关于组织展开新能源汽车动力蓄电池回收利用试点工作通知》	各地区要统筹推进回收利用体系建设，推动汽车生产企业落实生产者责任延伸制度，建立回收服务网点，充分发挥现有售后服务渠道优势，与电池生产、报废汽车回收拆解及综合利用企业合作构建区域化回收利用体系。

续表

时间	政策名称	政策主要内容
2018 年 7 月	《汽车产业投资管理（征求意见稿）》	该意见稿增加了动力电池回收利用项目，根据意见稿指出，动力电池回收利用领域重点发展动力电池高效回收利用技术和专用装备，推动梯级利用、再生利用与处置等能力建设。
2018 年 7 月	《车用动力电池回收利用材料回收要求》征求意见	该标准适用于车用锂离子动力蓄电池和镍氢动力蓄电池单体的材料回收，规定了车用动力蓄电池材料回收的术语和定义、总体要求、处理技术要求和污染控制及管理要求。

● 动力离子电池与绿色债券支持范畴的一致性

《目录》在第四大类"清洁交通"中，列出了"4.6 新能源汽车"，具体包括两个子项，即"4.6.1 零部件生产及整车制造"，其界定条件为"电动汽车、燃料电池汽车、天然气燃料汽车等新能源汽车整车制造、电动机制造、储能装置制造以及其他零部件、配件制造"；以及"4.6.2 配套设施建设运营"，界定条件为"新能源汽车配套充电、供能等服务设施建设运营"。

国际上的绿色债券准则（GBP）及气候债券标准（CBS）的支持项目类别里亦都有与动力锂离子电池相匹配的领域。GBP 体系下，支持项目类型中有一大项为清洁交通项目，具体包括电力交通、混合动力交通、公共交通、铁路交通、非机动车、联运及与之配套的基础设施、可减少有害气体排放的清洁能源车辆等；动力锂离子电池归属于这一范畴。CBS 体系下，其支持的项目中有一大类为低碳陆地交通项目，具体包括公共交通、以电力/混合动力/可替代能源驱动的货物运输工具、专用的货运铁路线及配套的基础设施等，动力锂离子电池在 CBS 体系中亦明确符合其要求。

由于动力锂离子电池分类较多，其性能参数、节能性能及对环境的影响存在差异，本章节现就动力锂离子电池进行相关的梳理、分析和研究。

4.13.2　动力锂离子电池工作原理及主要性能指标

4.13.2.1　动力锂离子电池的工作原理

动力锂离子电池主要由正极（含锂化合物）、负极（碳素材料）、电解液、隔膜、铜箔、铝箔和壳体及结构件等部分组成。电池充电时，正极上锂原子电离成锂离子和电子（脱嵌），锂离子经过电解液运动到负极，得到电子，被还原成锂原子嵌入碳层的微孔中（插入）。电池放电时，嵌在负极碳层中的锂原子，失去电子（脱插）成为锂离子，通过电解液，又运动回正极（嵌入）；动力锂离子电池的充放电过程，也就是锂离子在正负极间不断嵌入和脱嵌的过程，同时伴随着等当量电子的嵌入和脱嵌，被形象地称为"摇椅电池"。

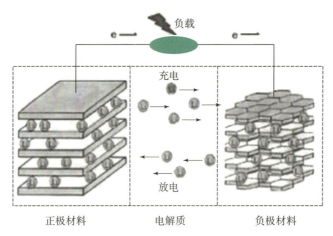

资料来源：中债资信整理。

图 4-52　锂离子电池工作原理

4.13.2.2　影响动力锂离子电池性能的主要指标

● 基础概念

平台电压，又称工作电压，电池在恒电流充放电过程中，电压非稳定不变。恒电流充电时，电压变化趋势为上升、平稳、上升，恒电流放电时，电压变化趋势为下降、平稳、下降，电压变化过程中的平稳电压即为平台电压。

标称电压，电池正负极之间的电势差称为电池的标称电压。标称电压由极板材料的电极电位和内部电解液的浓度决定，动力锂离子电池的标称电压有 3.7 伏和 3.8 伏。

电池内阻，由极板的电阻和离子流的阻抗决定，在充放电过程中，图像引擎以及极板的电阻是不变的，但离子流的阻抗将随电解液浓度和带电离子的增减而变化。

自放电率，是指在一段时间内，电池在没有使用的情况下，自动损失的电量占总容量的百分比。一般在常温下动力锂离子电池自放电率为 5%~8%。

电池容量，电池合理的最高最低电压范围内，可以充入和放出的最大电量，由电池内活性物质的数量决定，通常用毫安时或者安时表示。单体容量易受电池老化程度及工作温度影响。

电池电容，电池单位电压对应的电荷储存量。

比容量，又称克容量，为单位质量电池的电容量，通常用毫安时 / 克或者安 / 克表示。

能量密度，单位体积包含的能量，电池能量密度 = 电池容量 / 电池体积 = 电池电容 × 平台电压 / 电池体积。

动力锂离子电池系统，电池组一般由模块串联组成。电池组除了继承模块的全部参数以外，其总电压决定了电动汽车动力系统的电压平台。

● 动力锂离子电池性能分析

动力锂离子电池正极、负极、隔膜及电解液所选用的材料不同导致其各项性能参数存在差异。通常离子动力电池负极材料为石墨碳材料，正极材料细分较多，例如磷酸铁锂（LFP）、镍酸锂（LNO）、锰酸锂（LMO）、钴酸锂（LCO）、镍钴锰酸三元锂（NCM）及镍钴铝酸三元锂（NCA）等。在锂离子电池众多性能指标中，能量密度、充放电倍率、充放电循环次数、高低温性能和抗穿透性能五项指标为评定锂离子电池性能优劣的主要指标。

①能量密度——动力锂离子电池的续航能力

动力锂离子电池的能量密度是下游新能源汽车补贴政策的主要衡量指标，虽然 2018 年补贴政策不单独考虑该指标且对该指标的要求更高，但在众多指标中，能量密度为实现锂电设备更轻薄、新能源汽车续航更长的核心要素。电池能量密度越大，平均输出电压越高。根据真锂研究数据显示，2017 年电池包能量密度在 105 瓦时 / 千克以下的车辆的锂电装机占比高达

50.7%，而能量密度高于 160 瓦时 / 千克的装机占比为零，能达到 120 瓦时 / 千克的 1.1 倍补贴政策要求的占比超过 40%。但根据新的补贴政策，能量密度在 120~140 瓦时 / 千克的补贴倍数仅为 1.0 倍，未来动力锂离子电池的能量密度将继续提升。动力锂离子电池的能量密度由正、负极材料的选择、电池的结构及生产工艺等因素影响。

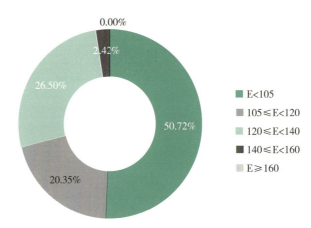

资料来源：真锂研究，中债资信整理。

图 4-53　2017 年动力锂离子电池能量密度装机分布情况

电极材料选择方面，由于负极材料的能量密度远大于正极，因此锂离子电池的能量密度瓶颈为正极材料，而正极材料能量密度差异较大，例如铁锂正极材料的理论电容量为 170 毫安时 / 克，三元正极材料的理论电容量在 280 毫安时 / 克左右。比亚迪在磷酸铁动力锂离子电池的研发上，具有世界顶尖的水准，单体能量密度为 150 瓦时 / 千克，而接下来比亚迪方案将能量密度继续提升到 160 瓦时 / 千克。预计在 2020 年，比亚迪方案将磷酸铁动力锂离子电池的单体能量密度提升到 200 瓦时 / 千克。宁德时代研发以高镍三元材料为正极、硅碳复合物为负极的锂离子动力电池，可将锂离子动力电池的比能量从如今的 150~180 瓦时 / 千克大幅提升至 300 瓦时 / 千克以上，成本也将显著下降。根据《促进汽车动力电池产业发展行动方案》的要求，到 2020 年，新型锂离子动力电池单体比能量要超过

300 瓦时 / 千克，到 2025 年，要实现新体系动力电池单体比能量达 500 瓦时 / 千克。

表 4-45　不同正极材料动力锂离子电池的能量密度情况

材料种类	钴酸锂	锰酸锂	磷酸铁锂	三元材料（NCM）	三元材料（NCA）
电压平台（伏）	3.7	3.8	3.3	3.6	3.7
比容量（毫安时 / 克）	140~150	110~120	130~150	140~160	160~180
能量密度（瓦时 / 千克）	518~555	418~456	429~495	504~576	592~666

资料来源：中债资信整理。

电池结构方面，通过使用直径更大、高度更高的电芯可以提高活性物质在电池中的占比，控制电解液的量、减少隔膜的厚度、使用铝塑膜代替传统的钢制外壳均可减少非活性材料在电池中的比重，从而提高锂电池的能量比。

生产工艺方面，锂离子电池的电极主要由活性物质、导电剂、黏结剂和集流体四部分组成，通过采用新型导电剂、黏结剂、集流体进而减少其占比，或通过提高正负极活性物质的涂覆量，均可提高锂离子电池的能量密度。需要注意的是，当电极涂覆量过厚会造成 Li 离子扩散动力学条件变差，从而影响锂离子电池的倍率和循环性能。目前国内外学者在改进涂覆方式方面做了大量研究，实现了在提高电池重量和体积比能量的同时不降低电池的循环性能。

②充放电倍率——电池充放电能力

充放电倍率指电池在规定时间 T 放出额定容量 Q 时所需电流值的倒数，通常以字母 C 表示，该数值越大表示电池充放电能力越强，但高倍率充放电将加速电池容量衰减，降低电池的安全性能。影响充放电倍率的因素主要为锂离子扩散能力、电极电阻、电解液的传导能力及稳定性。锂离子扩散能力方面，锂离子通过电解液在正、负极的扩散和移动，因此选择锂离子扩散系数比较高的正、负极材料及电解液材料可促进电池的倍率性能，目前主要正极材料中，锰酸锂、磷酸铁锂核算原理的倍率性能较为优异。电极电阻方面，在正极活性物质内部会添加导电剂，从而降低活性物质之间、活性物质与正极基体/集流体的接触电阻，提升倍率性能。

表 4-46 不同正极材料动力锂离子电池的充放电倍率情况

材料种类	钴酸锂	锰酸锂	磷酸铁锂	三元材料（NCM）	三元材料（NCA）
倍率性能	中	优	优	中	优

③充放电循环次数——电池寿命

充放电循环次数，为按厂商规定的充放电倍率（比如 1C 放电，0.3C 充电），循环充放电，当电池最大容量为最初容量 80% 时的充放电次数。充放电循环次数越高，电池寿命越长，根据不同材料制作的锂电池充放电次数从 300~3 000 次不等。

表 4-47 不同正极材料动力锂离子电池的循环性能情况

材料种类	钴酸锂	锰酸锂	磷酸铁锂	三元材料（NCM）	三元材料（NCA）
循环性能	中	中	优	优	中

④高低温性能——电池对使用环境的容忍度

温度下降使得电池电解液的电导率降低，进而溶液传导活性离子的能力弱化，表现为电池内部阻抗增加，最终使得电池放电能力下降；高温提升导致电解液中电解质的析出，从而使得电解液中的活性离子含量下降。提高电池各组分的电导率或者导电性（包括选择导电性更好的活性材料、优化电解液成分、改善负极 SEI 膜成分、抑制正极表面物质的溶出等），降低电池整体的阻抗有利于提升高温、低温性能。

表 4-48 不同正极材料动力锂离子电池的高低温性能情况

材料种类	钴酸锂	锰酸锂	磷酸铁锂	三元材料（NCM）	三元材料（NCA）
低温性能	优	优	中	优	优
高温性能	优	差	优	中	差

⑤抗穿透性能——电池的安全性能

电池隔膜抗穿刺的能力,目前并没有明确的标准来衡量该性能指标。穿刺强度是指施加在给定针形物上用来戳穿隔膜样本的质量,用它来表示隔膜在装配过程中发生短路的趋势。因隔膜是被夹在凹凸不平的正、负极片间,需要承受很大的压力。为了防止短路,所以隔膜必须具备一定的抗穿刺强度。而且,在电池制造过程中由于电极表面涂覆不够平整、电极边缘有毛刺等情况,以及装配过程中工艺水平有限等因素,因此要求隔膜有相当的穿刺强度。

4.13.3 动力锂离子电池的环境效益及环境影响

动力电池作为新能源汽车组件,其环境效益主要体现在后续的应用和运营环节,例如电动乘用车、电动客车、电动专用车及电动摩托车。同时,电动车受到国家层面大力推动与动力锂电池在提供动能时的环境效益密切相关,在替代传统石化能源汽油、柴油的同时减少大气污染物排放。然而锂电池并非完美,由于电池生产过程中涉及重金属及稀土离子,动力锂离子电池的生产和报废环节的环境负面影响同样不能被忽视。

4.13.3.1 动力锂离子电池的节能效益

动力离子电池主要作为新能源电动车的电能供给,与传统能源车由热机将燃料油或燃气的化学能转为内能、再转为机械能相比,一次能源转化效率明显要高。电力生产环节中,不考虑清洁能源发电,最主要的发电主体——火电在将煤等化石燃料转变为电力的生产环节,能源转化效率也优于机动车燃油热机,运行标准高的火电机组优势更为明显。

以纯电动乘用车和传统燃油乘用车为例,对比两者单位里程的直接能源输入,初步分析纯电动乘用车与燃油乘用车的能源消耗水平。国务院发布《节能与新能源汽车产业发展规划(2012—2020 年)》设定,2020 年乘用车新车平均燃料消耗量达到 5.0 升 /100 千米;而目前大多数乘用车的实际使用油耗高于此目标值。作为对比,本书前述统计中纯电动乘用车能耗中位数为 14.6 瓦时 /100 千米。以纯电动乘用车的当前平均表现技术数值,对比 2020 年新车的目标油耗值,可以看出,纯电动乘用车的节能效应明显。以热当量对比的热值，纯电动乘用车能耗仅为燃油车能耗的29.3%~33.4%；如考察火力发电的热消耗，以等价值计算，纯电动乘用车也比燃油车的能耗低 12%~15%。同时，不考虑充电与加油的便利程度，若仅考察燃油和充电的物价，充电的直接能源使用成本亦明显低于燃油。具体对比如 4.7 节中的表 4-24 所示。因而从能源使用的角度看，纯电动乘用车确实有明显的节能效益。

4.13.3.2 大气污染物减排效益

相比传统能源汽车而言，纯电动车在使用过程中无直接大气污染物产生。若城市交通系统中的纯电动汽车能提高到一定比例，可以有效减少城市交通源大气污染物排放，对城市空气质量的改善起到重要作用。这也是国家重点推动新能源汽车发展的重要因素。

若考虑纯电动汽车的间接排放，则需要考察城市所处的电网的上网能源结构。我国基本上仍以火电为主，2016 年我国火电发电量占全部的74.36%。在火电占主体的电力生产环节中仍有大气污染物排放，但火电厂集中处理大气污染物的有效程度，通常优于传统燃油车分散使用三元催化器等尾气处理方式。

通过测算，评估纯电动汽车的间接污染的排放水平。假设纯电动汽车使用的电力，分别为 100%、75% 以及 50% 来源于满负荷运行的百万千瓦装机规模的火电机组，火电机组并分别达到国标《火电厂大气污染物排放标准 GB 13223—2011》和达到燃煤电厂超低排放水平的机组大气污染物排放水平，电力中的其他比例来源于清洁能源。燃油车辆则设定为达到国Ⅵ机动车排放标准。按照行驶 10 万千米的里程测算，纯电动汽车需要消耗电能 14 600 千瓦时。对应两种大气污染物排放标准下，电力来源结构的三种不同情景下，氮氧化物（NO_x）和颗粒物或烟尘（PM）排放方面，纯电动乘用车均显著低于燃油车辆，燃油车的排放水平基本在纯电动乘用车的 2.3 倍及更多；而二氧化硫（SO_2）排放方面，汽油车则显著低于纯电动汽车，即便火电达到超低排放水平（100% 电力来源情景），汽油车的二氧化硫贡献仍低出约 35%；若仅有 50% 的电力来源于仅达到国标的火电机组时，二氧化硫的间接排放水平仍高于国 Ⅵ 标准的汽油车 9.5%；仅有 50% 的电力来源于达到超低排放标准的火电机组时，则此时二氧化硫的间接排放水平则可低于国 Ⅵ 标准的汽油车 23.4%。而柴油车的二氧化硫排放仍显著高于汽油车以及纯电动汽车的间接排放，为 4.6 倍及更多。

测算结果从一定程度反映出，火电厂采用高标准的污染集中治理，其效率远高于单个燃油机动车的污染控制，纯电动汽车对于氮氧化物和颗粒物的控制均显著较优；但受限于燃料本身属性的差异，比如煤中的硫分远高于燃油，因而纯电动汽车的二氧化硫间接排放仍高于汽油车。

从温室气体排放的角度测算，火电机组分别按照 2016 年全国供电煤耗 312 克 / 千瓦时和最新国家标准《常规燃煤发电机组单位产品能源消耗限额 GB 21258—2017》中现役 1 000 兆瓦机组一级指标 273 克 / 千瓦时进行测算。纯电动汽车的二氧化碳间接排放，亦显著低于燃油车辆的直接排放，这与火电厂能源利用效率高于普通车辆的燃油发动机有关，而柴油车比汽油车更高的热效率也反映在柴油车更低的二氧化碳排放水平上。

4.13.3.3　动力锂离子电池生产污染程度

相对于铅酸电池和镍铬电池，锂电池对环境的污染程度较低，但在锂离子电池全产业链上，除电池材料本身具有潜在污染性外，仍存在涉及环境污染的环节，例如资源开采（稀土矿开采）、电池封装等环节。

从锂电池的上游——稀土矿的开采看，尽管中国是稀土生产大国，但稀土的生产工艺却出奇简陋。工厂提取出所需要的稀土后进行酸洗，大量酸性物质、重金属的废渣被重新填回矿场。这种简单粗暴的生产方式的危害已经浮现：仅在江西赣州，处理由稀土生产造成的环境恢复治理费用就高达 380 亿元；在内蒙古包头，稀土废渣由工厂的管道中流出，随意堆积，久而久之居然形成了容量高达 1.7 亿吨的"稀土湖"。

表 4-49　不同正极材料动力锂离子电池的环境友好性

材料种类	钴酸锂	锰酸锂	磷酸铁锂	三元材料（NCM）	三元材料（NCA）
环境友好性	钴有毒	无毒	无毒	钴、镍有毒	钴、镍有毒

4.13.3.4　动力锂离子电池报废回收方式

按照动力电池循环寿命为 3~8 年计算，2018 年首批动力锂离子电池面临回收，未来动力锂离子电池将进入大规模报废阶段，但目前来看动力锂离子电池回收利用仍处于探索阶段，然而电池回收环节的完善有助于打通动力离子电池产业链的绿色闭环。

动力锂离子电池回收环节的责任归属。2017 年 1 月，国务院办公厅出台《生产者责任延伸制度推行方案》要求电动汽车和动力电池生产企业负责建立废旧电池回收网络。2018 年 3 月，七部委联合发布《新能源汽车动力蓄电池回收利用管理暂行办法》要求汽车生产企业承担动力蓄电池回收的主体责任，该办法将于 8 月 1 日起施行。

电池回收环节主要包括梯次利用和回收拆解两种方式，其中梯次利用是指将从电动车上退役的、尚具有可用的能量存储能力的动力电池重新检测筛选，配对成组后用于储能等对电池性能要求较低的领域；拆解利用是将电池进行资源化处理，回收金属。而在电池中，除正极含有锂离子外，动力离子电池的电解液含有镍、钴、锰等重金属及含氟有机物，因此在拆解、处理过程中可能引发重金属污染、有机物废气排放等问题，进而造成生态环境污染。且现阶段不同厂商的动力电池形制各异，报废拆解过程尚存在部分限制因素，回收再利用的经济性总体不理想。

4.13.4　小结与展望

总体看，动力锂离子电池在锂电池众多细分种类的应用中占据着较为重要的地位。为鼓励推广新能源的应用，国家相继出台政策刺激动力锂离子电池下游新能源汽车行业，使得近年来发展迅猛的新能源汽车带动动力锂离子电池行业的快速发展。动力锂离子电池主要通过锂离子在正负极间不断嵌入和脱嵌的过程实现充放电，其产业链包括上游原材料、中游制造及下游应用三个环节。动力锂离子电池相对于传统能源和电池具有能耗低、环境污染小等优势，但从全产业链角度看，其上游稀土矿的开采、中游电池制备等环节仍存在一定程度的环境污染。

4.14　绿色建筑发展现状及其环境效益评估

随着城市化飞速的发展，人们生活质量也得到了快速的改善与提高。城市发展也带动了经济发展，但是在发展过程中带来了诸多的环境问题。全球变暖、极端气候灾害、灰霾的频发对人们的生活带来了巨大的影响，人们对环境可持续发展的意识和呼声也越来越强烈。绿色文明在城市规划和发展中的重要体现之一，便是绿色建筑。实现人、建筑、自然和谐统一是绿色建筑的价值，也是可持续发展的重要部分。绿色建筑在有限"寿命"中最大化地节约各种资源、减少污染、保护环境，为人们提供健康、高效、舒适的大环境，这对城市环境和区域生态环境都有着明确的益处。

适应可持续发展的历史潮流，在 1994 年召开的第一届绿色建设国际会议上，国际建筑业提出了绿色建筑、可持续建设的理念。其核心是在建筑物的设计、建造、运营与维护、更新改造、拆除等整个生命周期中，用可持续发展的思想来指导工程项目的建设和运营，力求最大限度地实现不可再生资源的有效利用、减少污染物的排放、降低对人类健康的影响，从而营造一个有利于人类生存和发展的绿色环境[①]。

4.14.1　绿色建筑概况

4.14.1.1　绿色建筑概念

在建设部 2006 年制定、2014 年修订的《绿色建筑评价标准》（GB/T 50378—2006、GB/T 50378—2014）中，将绿色建筑（Green Building）定义为，在全寿命期内，最大限度地节约资源（节能、节地、节水、节材，以下简称四节）、保护环境、减少污染（通常称为一环保），为人们提供健康、适用和高效的使用空间，与自然和谐共生的建筑。全生命周期是指从原材料的开采、材料与构件生产、规划与设计、建造与运输、运行与维护及拆

---

① 施骞，徐莉燕 . 绿色建筑评价体系分析 [J]. 同济大学学报（社会科学版），2007（2）：112–117+124.

除与处理（废弃、再循环和再利用等）的全循环过程。

由概念可知，绿色建筑中的"绿色"并非简单的建筑绿化程度，而是强调建筑的经济效益性和环境友好性，例如利用自然资源的水平及节能水平；同时指出建筑对环境效益，例如是否减少环境污染、减少二氧化碳的排放；此外也兼顾了建筑的社会效益，比如"健康""适用"和"高效"。之所以强调建筑的"四节一环保"性能，是因为随着房屋建筑需求增加、城镇化进程加快、采暖区向南扩展及家用电器品种数量增加，建筑能耗已成为与工业、交通能耗并列的三大能耗之一，其中建筑的能耗约占三到四成，同时也是碳排放大户。绿色建筑一定为节能建筑，且在节能建筑的基础上同时考虑可再生能源的利用、节水、节材、节地、室内环境质量和智能控制的内容，更加强调可持续性，因此节能建筑不一定是绿色建筑。

绿色建筑技术注重低耗、高效、经济、环保、集成与优化，是人与自然、现在与未来之间的利益共享，是可持续发展的建设手段。绿色建筑又常被称为生态建筑、可持续发展建筑、节能环保建筑等。根据建筑使用性质可将绿色建筑划分为绿色住宅建筑和绿色公共建筑。根据《绿色建筑评价标准》可将绿色建筑分为一星级、二星级、三星级 3 个等级。

4.14.1.2　绿色建筑发展现状

● 全球绿色建筑的发展及主要标准体系

随着 1969 年美国建筑师伊安·麦克哈格所著的《设计结合自然》一书问世，生态建筑学便正式诞生。20 世纪 70 年代，石油危机使得太阳能、地热、风能等各种建筑节能技术应运而生，节能建筑成为建筑发展的先导。世界自然保护组织 1980 年首次提出"可持续发展"的口号，同时将节能建筑体系逐渐完善，并在德、英、法、加拿大等发达国家广泛应用。1987年，联合国环境署发表《我们共同的未来》报告，确立了可持续发展的思想。1990 年世界首个绿色建筑标准在英国发布；1992 年"联合国环境与发展大会"使可持续发展思想得到推广，绿色建筑逐渐成为发展方向；1993 年美国创建绿色建筑协会；中国香港、中国台湾和加拿大分别于 1996 年、1999 年和 2000 年推出自己的标准。

　　一些发达国家相继推出了各自不同的建筑环境评价方法。其中英、美、加等国所实施的比较成功的绿色建筑评价体系，值得借鉴。

　　（1）英国建筑研究组织环境评价法（BREEAM）[①]

　　BREEAM 是由英国建筑研究组织（BRE）和一些私人部门的研究者最早于 1990 年共同制定的，目的是为绿色建筑实践提供权威性的指导，以期减少建筑对全球和地区环境的负面影响。评价体系用以评判建筑在其整个寿命周期中，包含从建筑设计开始阶段的选址、设计、施工、使用直至最终报废拆除所有阶段的环境性能。通过对一系列的环境问题，包括建筑对全球、区域、场地和室内环境的影响进行评价，BREEAM 最终给予建筑环境标志认证。

　　评估的内容包括 3 个方面：建筑性能、设计建造和运行管理。评价条目包括 9 大方面：①管理——总体的政策和规程；②健康和舒适——室内和室外环境；③能源——能耗和 CO_2 排放；④运输——有关场地规划和运输时 CO_2 的排放；⑤水——消耗和渗漏问题；⑥原材料——原料选择及对环境的作用；⑦土地使用——绿地和褐地使用；⑧地区生态——场地的生态价值；⑨污染——（除 CO_2 外的）空气和水污染。

　　每一条目下分若干子条目，各对应不同的得分点，分别从建筑性能，或是设计与建造，或是管理与运行这 3 个方面对建筑进行评价。满足要求即可得到相应的分数。最后，合计建筑性能方面的得分点，得出建筑性能分（BPS），合计设计与建造、管理与运行两大项各自的总分，根据建筑项目所处时间段的不同，计算"BPS+ 设计与建造分"或"BPS+ 管理与运行分"，得出 BREEAM 等级的总分。

　　建筑的环境性能以直观的量化分数给出。根据分值 BRE 规定了有关 BREEAM 评价结果的 4 个等级：合格、良好、优良、优异，同时规定了每个等级下设计与建造、管理与运行的最低限分值。

---

① 李路明 . 国外绿色建筑评价体系略览 [J]. 世界建筑，2002（5）：68-70.

BREEAM 系统成为各国类似研究领域的成果典范，受其影响启发，加拿大和澳大利亚出版了各自的 BREEAM 系统，香港特区政府也颁布了类似的 HK — BEAM 评价系统。

（2）多国研制的绿色建筑评价体系 GB Tool

GB Tool 是由加拿大、瑞典、挪威、奥地利等若干个国家合作研制的绿色建筑评价系统。其评价指标体系包括资源消耗、环境载荷、室内空气品质、建筑的可使用、经济性、运营前的管理以及运输情况七个方面。该系统可以广泛应用于办公建筑、学校、居住建筑等的评定。GB Tool 的构成涵盖了项目的建设、运营及拆除和再利用整个生命周期的绿色评价。

GB Tool 给出了各指标的权重参考值，允许用户根据需要进行灵活调整。GB Tool 在应用中也存在着一定的问题。由于它是世界各国的建筑与环境研究者共同制定的国际标准，由于各国国情不同，绿色评价的指标也不应完全相同，给这一国际化评价标准的推广造成了一定的难度。

在此之前，加拿大自然资源部（Natural Resources Canada）曾发起并领导绿色建筑挑战（Green Building Challenge），用以评价建筑的环境性能。GBC 采用定性和定量的评价依据结合的方法，其评价操作系统称为 GB Tool，也采用的是评分制。这套软件系统可以被调整适合不同国家、地区和建筑类型特征的，评价体系的结构适用于不同层次的评估，所对应的标准是根据每个参与国家或地区各自不同的条例规范制定的，同时也可被扩展运用为设计指导。

（3）美国能源及环境设计先导计划（LEED）

美国绿色建筑委员会（USGBC）在 1995 年提出了一套能源及环境设计先导计划（Leadership in Energy & Environmental Design，LEED）。这是美国绿色建筑委员会为满足美国建筑市场对绿色建筑评定的要求，提高建筑环境和经济特性而制定的一套评定标准。这也是国际上认可的绿色建筑体系、对多种类型建筑均适用、提供实用且可量化评估的绿色建筑解决方案。截至 2018 年 10 月，根据 LEED 官网披露的数据，采用 LEED 的项目来自超过 165 个国家和地区、超过 94 000 个注册项目；最新的 LEED

标准为 V4 版本。

LEED 评估体系有五大方面，若干指标构成其技术框架，主要从可持续建筑场址、水资源利用、建筑节能与大气、资源与材料、室内空气质量几个方面对建筑进行综合考察、评判其对环境的影响，并根据每个方面的指标进行打分，综合得分结果，将通过评估的建筑分为铂金、金、银和认证级别，以反映建筑的绿色水平。LEED 根据每个方面的指标打分：①可持续的场地规划；②保护和节约水资源；③高效的能源利用和大气环境；④材料和资源问题；⑤室内环境质量。总得分是 110 分，分四个认证等级：认证级（40~49 分）；银级（50~59 分）；金级（60~79 分）；铂金级（80 分以上）。

（4）日本 CASBEE 体系

为了能够针对不同建筑类型和建筑生命周期不同阶段的特征进行准确的评价，CASBEE 体系由一系列的评价工具构成。CASBEE 的权重系数是由企业、政府、学术团体组成各专业委员会，通过对提高建筑物环境质量、降低外部环境负荷的重要性反复比较，并经案例试评后确认。CASBEE 和 LEED、BREEAM 等评价体系一样，主要通过专家调查法获得权重。目前，CASBEE 的评价工具设 4 级权重。

CASBEE 需要评价 "Q（Quality）即建筑的环境品质和性能" 和 "L（Loadings）即建筑的外部环境负荷" 两大指标，分别表示 "对假想封闭空间内部建筑使用者生活舒适性的改善" 和 "对假想封闭空间外部公共区域的负面环境影响"。CASBEE 采用 5 级评分制，基准值为 3 分；满足最低条件时评为水准 1 分，达到一般水准时为 3 分。依照权重系数，各评价指标累加得到 Q 和 L，表示为柱状图、雷达图。最后根据关键性指标——建筑环境效率指标 BEE（Building Environment Efficiency）给予建筑评价[①]。

---

① 支家强，赵靖，辛亚娟.国内外绿色建筑评价体系及其理论分析 [J]. 城市环境与城市生态，2010，23（2）：43-47.

CASBEE 体系独创性地引入了建筑环境效率 BEE，使评价结果变得简洁、明确。但是 Q 类指标和 L 类指标相关性的不均衡会影响评价的公平性。同时，过多的指标使该体系复杂且不易操作。

● 我国绿色建筑的发展阶段

绿色建筑概念由建筑节能深化而来，绿色建筑不仅要求"节能"，还要求"节地、节材、节水、环保"等。从建筑节能到绿色建筑，中国经历了 30 余年的发展历程。大致可分为以下三个阶段。

起步期（1982—1995 年）：1992 年巴西里约热内卢联合国环境与发展大会后，我国政府大力推动绿色建筑的发展，1982 年原国家能源委员会下达《民用建筑节能设计标准》等 4 项科研课题；

发展初期（1995—2005 年）：开始构建节能标准体系，政府相续颁布了若干相关纲要、导则和法规。2004 年 9 月建设部"全国绿色建筑创新奖"的启动标志着中国的绿色建筑发展进入了全面发展阶段。2005 年 3 月召开的首届国际智能与绿色建筑技术研讨会暨技术与产品展览会（每年一次），公布"全国绿色建筑创新奖"获奖项目及单位，同年发布了《建设部关于推进节能省地型建筑发展的指导意见》。

全面发展期（2005 年至今）：节能设计执行率为 99%，施工执行率为 95.40%，绿色建筑方向逐步深化，大量法规发布，绿色建筑标准逐渐体系化。2006 年 3 月，国家科技部和建设部签署了"绿色建筑科技行动"合作协议，为绿色建筑技术发展和科技成果绿色建筑产业化奠定基础。2008 年 3 月，成立中国城市科学研究会节能与绿色建筑专业委员会，对外以中国绿色建筑委员会的名义开展工作。2009 年 8 月 27 日，中国政府发布了《关于积极应对气候变化的决议》，提出要立足国情发展绿色经济、低碳经济。2009 年 11 月底，在积极迎接哥本哈根气候变化会议召开之前，中国政府作出决定，到 2020 年单位国内生产总值二氧化碳排放将比 2005 年下降 40% 到 45%，作为约束性指标纳入国民经济和社会发展中长期规划，并制定相应的国内统计、监测、考核。

2011 年中国绿色建筑评价标识项目数量得到了大幅度的增长，绿色建筑技术水平不断提高，呈现良性发展的态势。截至 2011 年底，中国取得绿色建筑标志的项目达 353 项，2 647 栋建筑，3 488 万平方米，其中设计标识项目 330 项，建筑面积为 3 272 万平方米；运行标识项目 23 项，建筑面积为 216 万平方米。其中 2011 年，全国获得绿色建筑标志的项目是 241 项，1 950 栋建筑，建筑面积 2 504 万平方米。

2013 年 1 月，国务院办公厅的 1 号文件《关于转发发展改革委　住房和城乡建设部绿色建筑行动方案的通知》（国办发〔2013〕1 号）即明确提出了，"十二五"期间，计划完成新建绿色建筑 10 亿平方米；到 2015 年末，20% 的城镇新建建筑达到绿色建筑标准要求。中国绿色建筑进入规模化发展时代。

住房和城乡建设部发布的《建筑节能与绿色建筑发展"十三五"规划》中提出，"十三五"时期，建筑节能与绿色建筑发展的总体目标是：建筑节能标准加快提升，城镇新建建筑中绿色建筑推广比例大幅提高，既有建筑节能改造有序推进，可再生能源建筑应用规模逐步扩大，农村建筑节能实现新突破，使我国建筑总体能耗强度持续下降，建筑能源消费结构逐步改善，建筑领域绿色发展水平明显提高。到 2020 年，城镇新建建筑能效水平比 2015 年提升 20%，部分地区及建筑门窗等关键部位建筑节能标准达到或接近国际现阶段先进水平。具体体现为：城镇新建建筑中绿色建筑面积比重超过 50%，绿色建材应用比重超过 40%；完成既有居住建筑节能改造面积 5 亿平方米以上，公共建筑节能改造 1 亿平方米，全国城镇既有居住建筑中节能建筑所占比例超过 60%；城镇可再生能源替代民用建筑常规能源消耗比重超过 6%；经济发达地区及重点发展区域农村建筑节能取得突破，采用节能措施比例超过 10%。

随着中国绿色建筑政策的不断出台、标准体系的不断完善、绿色建筑实施的不断深入及国家对绿色建筑财政支持力度的不断增大，中国绿色建筑在未来几年将继续保持迅猛发展态势。

● 我国绿色建筑相关政策梳理

20 世纪 80 年代，伴随建筑节能问题的提出，绿色建筑概念开始进入我国，绿色建筑技术、评价体系等研究逐步兴起，建筑节能工作在全国范围内展开。2006 年 6 月 1 日，原住房和城乡建设部出台了《绿色建筑评价标准》（GB/T 50378—2006），第一次为绿色建筑贴上了标签；2006 年和 2007 年，住房和城乡建设部又出台了《绿色建筑评价技术细则（试行）》和《绿色建筑评价标识管理办法》等，逐步完善适合中国国情的绿色建筑评价体系，让未来城市的居民能够住进一个同样绿色的家，2008 年，住房和城乡建设部组织推动绿色建筑评价标识和绿色建筑示范工程建设等一系列措施，绿色建筑标识的快速扩展成为绿色建筑的核心推动力。2009 年，中国建筑科学研究院环境测控优化研究中心成立，协助地方政府和业主方申请绿色建筑标识 2009 年、2010 年分别启动了《绿色工业建筑评价标准》《绿色办公建筑评价标准》编制工作。

此后，政府出台《绿色建筑评价技术细则》、《关于加快推动我国绿色建筑发展的实施意见》财建〔2012〕167 号文件、《国家绿色建筑行动方案》国办发〔2013〕1 号文件和《"十二五"绿色建筑和绿色生态城区发展规划》发改办高技〔2013〕148 号文件，国务院在发布的《国务院办公厅关于转发发展改革委、住房和城乡建设部绿色建筑行动方案的通知》中提出"十二五"期间完成新建绿色建筑 10 亿平方米；到 2015 年末，20% 的城镇新建建筑达到绿色建筑标准要求。同时还对"十二五"期间绿色建筑的方案、政策支持等予以明确。随后，住房和城乡建设部并于 2014 年和 2015 年分别对《绿色建筑评价标准》和《绿色建筑评价技术细则》进行修订。

表 4–50　绿色建筑行业相关政策梳理

发布机构	发布时间	政策文件	主要内容
住房和城乡建设部、科技部	2005 年 12 月	《绿色建筑技术导则》	指出正确处理节能、节地、节水、节材、环保及满足建筑功能之间的辩证关系。
住房和城乡建设部	2006 年 5 月	《绿色建筑评价标准》（GB/T 50378—2006）	首次给出全面科学的绿色建筑的定义，架构上延续"四节一环保"的中国绿色建筑思路，增加运营管理等六类绿色建筑评价指标。

续表

发布机构	发布时间	政策文件	主要内容
住房和城乡建设部	2007 年 8 月	《绿色建筑评价标识管理办法》	具体指出绿色建筑等级由低至高分为一星级、二星级和三星级三个等级。
住房和城乡建设部	2007 年 8 月	《绿色建筑评价技术细则》	对标准正文技术内容的细化以及相关标准规范的规定;对评价工作要求的细化。
住房和城乡建设部	2009 年 6 月	《关于大力推进一、二星级绿色建筑评价标识工作的通知》(建科〔2009〕109 号)	一星级和二星级建筑由部分具有一定的发展绿色建筑基础并依据《绿色建筑评价标准》制定出台当地绿色建筑评价相关标准的省、自治区、直辖市和计划单列市评定及管理。
财政部、住房和城乡建设部	2012 年 4 月	《关于加快推动我国绿色建筑发展的实施意见》(财建〔2012〕167 号)	对绿色建筑在新建建筑中的比重、财政奖励及补助提出明确规定,并明确支持绿色建筑规模化发展。
国务院办公厅转发发展改革委和住建部	2013 年 1 月	《国家绿色建筑行动方案》(国办发〔2013〕1 号)	将绿色建筑行动目标完成情况和措施落实情况纳入省级人民政府绩效考核体系。
住房和城乡建设部	2013 年 4 月	《"十二五"绿色建筑和绿色生态城区发展规划》(发改办高技〔2013〕148 号)	将发展绿色建筑与绿色生态城区建设相结合,进一步加强绿色建筑推广力度。
住房和城乡建设部	2014 年 10 月	《绿色建筑评价标准》(GB/T 50378—2014)	原《标准》基础上,新版《标准》增加了"施工管理",更好地实现对建筑全生命期的覆盖。
住房和城乡建设部	2015 年 2 月	《绿色建筑评价技术细则》(2015 年修订版)	依据新《标准》进行修订编制,并与其配合使用,为绿色建筑评价工作提供更为具体的技术指导。
住房和城乡建设部	2017 年 12 月	《关于进一步规范绿色建筑评价管理工作的通知》(建科〔2017〕238 号)	建立绿色建筑评价标识属地管理制度;推行第三方评价;规范评价标识管理方式;严格评价标识公示管理;建立信用管理制度;强化评价标识质量监管;加强评价信息统计;健全完善统一的评价标识管理制度。

资料来源:公开资料,中债资信整理。

● 我国绿色建筑标识分类及管理

我国绿色建筑评价标准将绿色建筑分为一星级、二星级、三星级 3 个等级。根据住房和城乡建设部 2009 年 6 月发布的《关于大力推进一、二星级绿色建筑评价标识工作的通知》（建科〔2009〕109号）规定，一星级和二星级建筑由部分具有一定的发展绿色建筑基础并依据《绿色建筑评价标准》制定出台当地绿色建筑评价相关标准的省、自治区、直辖市和计划单列市评定及管理；三星级建筑则由住房和城乡建设部负责组织评审和管理。

2017年12月，住房和城乡建设部发布了《关于进一步规范绿色建筑评价管理工作的通知》（建科〔2017〕238号）。通知提出，为深入推进"放管服"改革工作，更好地贯彻落实《国务院办公厅关于转发发展改革委 住房和城乡建设部绿色建筑行动方案的通知》（国办发〔2013〕1号），进一步规范绿色建筑评价标识管理。通知进一步明确，建立绿色建筑评价标识属地管理制度。绿色建筑评价标识实行属地管理，各省、自治区、直辖市及计划单列市、新疆生产建设兵团住房和城乡建设主管部门负责本行政区域内一星、二星、三星级绿色建筑评价标识工作的组织实施和监督管理。通知要求推行第三方评价。由具有评价能力和独立法人资格的第三方机构（以下简称评价机构）依据国家和地方发布的绿色建筑评价标准实施评价，出具技术评价报告，确定绿色建筑性能等级。

绿色建筑评价标识应由业主单位或房地产开发单位提出，鼓励设计单位、施工单位和物业管理等相关单位共同参与申报。申报条件为：建筑完成施工设计图并通过了施工图审查、取得施工许可证，符合国家基本建设程序、管理规定及相关技术规范标准，应当通过工程质量验收并投入使用一年以上，符合国家相关政策，并未发生重大质量安全事故，无拖欠工资和工程款。申报材料包括《绿色建筑评价标识申报说明》《绿色建筑评价标识申报书》《绿色建筑评价标识自评估报告》及相关证明材料。申报方式：申报单位可通过绿色建筑评价标识申报系统进行网上申报。

● 我国绿色建筑的发展概况

中国建筑节能协会能耗统计专委会统计数据显示，2015年中国建筑总面积达到613亿平方米，建筑能源消费总量为8.57亿吨标准煤，占全国能源消费总量的 20%[①]。截至 2016 年底，全国累计绿色建筑面积超过 8 亿平方米，仅占全国建筑总面积的 1.3%，能达到绿色建筑要求的建筑占比很低。在绿色建筑领域内，全国累计获得绿色建筑一星标识项目 4 186 个，占全国累计绿色建筑评价标识项目的 57.91%；累计获得绿色建筑二星标识项目 2 243 个，占比 31.03%；累计获得绿色建筑三星标识项目 800 个，占比 11.07%；三星标识项目总体偏少[②]。

● 绿色建筑产业链

绿色建筑产业基于循环经济的理念形成了一条关于绿色建筑的完整的产业链。上游为绿色建筑科技服务业：包括绿色建筑的策划和规划设计、针对环境场地以及建筑的勘察检测，针对建筑和部品材料的认证服务以及新技术、新方法、新设备、新材料的研究开发。中游为绿色建筑制造业：包括工业化建造，绿色建材（包括建筑材料回收再利用）和设备制造包括绿色施工等。下游为绿色建筑配套服务业，主要是指绿色运营管理包括绿色建筑本身的节能、节水、节材和室内环境管理，以及以绿色建筑为载体和主体开展的绿色相关综合服务业务。

4.14.1.3　绿色建筑与绿色债券支持范畴

《目录》在第一大类"节能"中，列出了"1.2 可持续建筑"，具体指"1.2.1 新建绿色建筑"，其界定条件为 "1. 新建工业建筑：达到《绿色工业建筑评价标准》（GB/T 50878—2013）二星级及以上标准；2. 新建住宅建筑和公共建筑：达到《绿色建筑评价标准》（GB/T 50378—2006）二星级及以上标准"。

国际上的绿色债券准则（GBP）及气候债券标准（CBS）的支持项目类别里亦都有与绿色建筑相匹配的领域。GBP 体系下，支持项目类型中有一大项为能效，其中说明包括诸如新建和整修建筑。CBS 体系下，其支持的项目中有一大类为"低碳建筑"，说明中包括有：新型住宅、新型商业

---

① 中国建筑节能协会能耗统计专委会，《中国建筑能耗研究报告（2017）》。

② 前瞻产业研究院，《2018—2023 年中国绿色建筑行业发展模式与投资预测分析报告》。

模式、模式创新和建筑节能产品，此外在"气候变化适应"板块里，也有关于"建筑"的要求。

4.14.2 绿色建筑评估

绿色建筑的星级认证评价，本身即为系统性的综合评估，同时属于建筑领域具有很强的专业性和全面性的认证结论，"四节一环保"也基本能涵盖建筑与生态环境影响所需要关注的各个方面。然而另一方面，具体的绿色建筑评价工作涉及方面众多，建筑行业外的非本专业人士虽然可以通过不同的星级等级来简单评判建筑的绿色程度，但具体到某个绿色建筑的生态环境方面的评估时，仍需要在绿色星级之外，考察各具体项目在"四节一环保"等方面中某些要素的特定表现，特别是建筑对生态环境具有更为直接和明确影响的若干要素的实际表现情况。此外，各绿色建筑项目还特别需要考虑建筑项目在特定区域环境内所需要特别考察的区位影响因素。

本书着重分析绿色建筑评价标准中，在评判项目的常规建筑性能以外，项目可能对生态环境产生重要影响的主要因素，并从此若干因素中分析和判断项目的表现水准，进而用以综合评估和判断绿色建筑的绿色程度。

4.14.2.1 绿色建筑星级的评估方法

根据绿色建筑评价标准，绿色建筑评价应遵循因地制宜的原则，结合建筑所在地域的气候、环境、资源、经济及文化等特点，对建筑全寿命期内节能、节地、节水、节材、保护环境等性能进行综合评价。绿色建筑评价指标体系由节地与室外环境、节能与能源利用、节水与水资源利用、节材与材料资源利用、室内及环境质量、施工管理、运营管理7类指标组成；每类指标均包括控制项、评分项和加分项。

2014年修订后的评价标准，相较于2006年版增加了施工管理的评价指标，但不对施工管理和运营管理2类指标进行评价，但可预评；相关条文每类指标的划分依然采用三档，其中控制项的评定结果为满足或不满足，评分项和加分项的评定结果为分值，3个等级的绿色建筑均应满足所有控制项的要求，且每类指标的评分项得分不应小于40分，最终总得分为各个指标加权合计分数，按照该加权合计分数将绿色建筑划分为一星级（对

应得分为 50 分)、二星级（对应得分为 60 分)、三星级（对应得分为 80 分)
3 个等级。

表 4-51　绿色建筑评价中 7 类评价指标的加权系数

评价指标加权系数		节地与室外环境 a1	节能与能源利用 a2	节水与水资源利用 a3	节材与材料资源利用 a4	室内及环境质量 a5	施工管理 a6	运营管理 a7
设计评价	居住建筑	0.21	0.24	0.2	0.17	0.18	—	—
	公共建筑	0.16	0.28	0.18	0.19	0.19	—	—
运行评价	居住建筑	0.17	0.19	0.16	0.14	0.14	0.1	0.1
	公共建筑	0.13	0.23	0.14	0.15	0.15	0.1	0.1

注：“—”表示施工管理和运营管理两类指标不参与设计评价；对于同时具有居住和公共功能的单体建筑，各类评价指标权重取居住建筑和公共建筑所对应权重的平均值。

资料来源：《绿色建筑评价标准》GB/T 50378—2014，中债资信整理。

《目录》将绿色建筑二星级及以上列为了可支持的绿色项目，因而在实际的绿色建筑评估中，绿色建筑的星级认证是基础性的评估材料。同为二星、三星级绿色建筑，其建筑的综合表现是通过综合打分所得，在各方面的表现仍有差异。具体到与能源资源消耗和生态环境相关的领域，各方面的表现可能仍有差异。因此，中债资信在评估绿色建筑此类的绿色项目时，除了参考星级认证结论之外，还将特别关注各项目在“四节一环保”方面中的重要指标要素的表现。

4.14.2.2　绿色评估的关注要素

● 节能

建筑使用过程中大量消耗电能、热能、冷能来实现室内升温、降温、照明等功能，若采用电直接供暖、制冷或加湿将会造成资源的浪费。为了降低建筑的能耗，通常可从建筑结构、制冷通风系统、照明与电气系统和能量综合利用等方面采取措施来实现能耗的降低。

建筑结构方面，外窗、玻璃幕墙的可开启部分能使建筑获得良好的通风，良好的设计可实现建筑内部的自然循环通风，改善建筑内部环流，进而也减少使用电力驱动建筑内部强制通风和气流循环的能源消耗。

　　围护结构是指建筑及房间各面的围挡物，如门、窗、墙等，能够有效地抵御不利环境的影响，而围护结构的热工性将直接决定建筑的采暖和制冷的空气调节能耗。围护结构的总体热工性能是否符合基本的节能设计要求、同时能优于普通建筑的入门级别的要求，可以有效保证绿色建筑的节能属性优良。

　　目前可用的节能途径包括：太阳能光热系统、太阳能光伏系统、地源热泵系统、毛细管三维辐射采暖制冷系统、温湿度独立控制空调系统、光导管采光系统、智能照明系统、建筑自身设计结构节能（自然通风、自然采光、墙体节能、窗户节能及屋面节能）等，外窗、玻璃幕墙的可开启部分能使建筑获得良好的通风。例如北京奥运村采用的建筑一体化的太阳能热水系统，该系统包括集热系统、储热系统、换热系统和生活热水系统，在奥运会期间该太阳能热水系统为参赛的16万多名运动员提供洗浴热水，奥运会后，其又成为周边近 2 000 户居民生活热水的来源。

　　绿色评估中，绿色建筑在节能方面的表现，主要可以通过表 4-52 中对于建筑能源消耗有主要影响的若干要素，综合考察受评估的建筑表现水准。特别地，各建筑有无根据当地的自然资源条件，充分合理地利用可再生能源、区域主导能源等有利条件，尽可能实现建筑的节能降耗。

表 4-52　绿色建筑评估中的节能方面的主要指标

序号	节能评价指标	节能评价指标解读
1	热工性能	围护结构热工性能或供暖空调全年计算负荷，优于国标 5%
		围护结构热工性能或供暖空调全年计算负荷，优于国标 10%
2	冷、热源机组能效	比《公共建筑节能设计标准》GB 50189—规定值的优秀程度
3	供暖、通风与空调系统	合理选择和优化供暖、通风与空调系统
		采取措施降低过渡季节供暖、通风与空调系统能耗
		采取措施降低部分负荷、部分空间使用下的供暖、通风与空调系统能耗
4	照明功率密度值	照明功率密度值达到现行国家标准
5	蓄冷蓄热系统	合理采用蓄冷蓄热系统
6	利用可再生能源	根据当地气候和自然资源条件，合理利用可再生能源
7	建筑能耗指标	有无优于国标中的能耗指标的约束值和引导值

● 节地

"节地"是绿色建筑"四节一环保"的重要组成部分，主要包括土地利用、室外环境室及交通设施与公共服务三个主要方面。其中土地利用涉及节约集约用地、绿化用地设置、地下空间利用三个重要方面，鼓励建设项目适度提高容积率、建设普通住宅并充分利用地下空间，从而实现提高土地使用效率、节约集约利用土地的目的；同时引导建设项目优化建筑布局与设计，设置更多的绿化用地，提高土地使用的生态功能，从而改善和美化环境、调节小气候、缓解城市热岛效应；室外环境涉及光污染控制、环境噪声控制、风环境要求、降低热岛强度的措施；交通设施与公共服务涉及公共交通联系、无障碍设计、停车场所设置、公共服务配置四个重要方面。

根据以上与节地有关的措施，结合绿色本质要求，选出容积率、绿地率、降低热岛强度、公共交通设施、公共服务设施和绿化方式与植物 6 个主要要素，对绿色建筑进行评估，如表 4-53 所示。

表 4-53　绿色建筑评估中的节地方面的主要指标

序号	节地评价指标	节地评价指标解读
1	容积率	容积率是否属于合理范围内，住宅建筑需适度，公共型建筑通常越高越节地。
2	绿地率	合理范围内，绿地率越高则表现越优。
3	降低热岛强度	红线范围内户外活动场地有乔木、构筑物等遮阴措施的面积达到 10%~20%； 超过 70% 的道路路面、建筑屋面的太阳辐射反射系数不小于 0.4。
4	公共交通设施	场地出入口到达公共汽车站、轨道交通站的步行距离 500~800 米； 场地出入口步行距离 800 米范围内设有 2 条及以上线路的公共交通站点； 便捷的人行通道联系公共交通站点。
5	公共服务设施	场地出入口到达幼儿园、小学、商业服务设施的步行距离合理与否； 场地的相关设施集中设置并向周边居民开放； 场地 1 000 米范围内是否有多种公共服务设施。
6	绿化方式与植物	种植适应当地气候和土壤条件的植物，采用乔、灌、草结合的复层绿化，种植区域覆土深度和排水能力满足植物生长需求；居住建筑绿地配置乔木不少于 3 株 /100 平方米，公共建筑采用垂直绿化、屋顶绿化等方式。

● 节水

根据调查显示，全国 670 座建制城市中有 400 座不同程度的缺水，110 座严重缺水正常年份全国城市缺水 60 亿万立方米。面对这种严峻的缺水形式，国家的政策调节和人们的节水意识都显得尤为重要。绿色建筑中的节水措施分为使用替代水源与提高用水效率两类。

替代水源方面，目前建筑中常用的替代水资源包括雨水、中水、冷凝水等。中水主要来源于建筑生活排水，包括冷却排水、沐浴排水、盥洗排水、洗衣排水等杂质排水（不含厨房排水），也包括卫生器具排水。这些水经过处理后，达到规定水质标准便形成了中水。根据调查显示，我国目前建筑生活废水占建筑总排水量中，住宅为 69%，宾馆、饭店为 87%，办公楼为 40%。若将这些水收集起来经过净化处理成为中水，便相当于增加了城市的供水量。在我国，目前已有超过 1/3 的大城市引入了市政中水系统，便于各个建筑直接接入使用。雨水利用是一种综合考虑雨水径流污染控制、城市防洪以及生态环境的改善等要求。现阶段雨水回用主要为三个方面：调蓄排放、地面雨水入渗、回收利用屋面雨水。对雨水进行收集和利用，不仅可以直接补充水资源用于非饮用水，还可以通过保护河流水系的自然形态、增加坑塘湿地等下渗系统，保障地表水和地下水的健康循环和交换，可以间接地补充城市水资源。

绿色建筑中采用雨水及污水回收系统的典型案例中，北京奥运村将水处理系统与景观、花房相结合，在花房中的植物与微生物环境下实现自然净化污水，然后将其用于景观绿植的灌溉中，实现了污水的回收利用；世博中心利用屋面收集雨水，并将其用于道路冲洗和绿化灌溉，并通过绿地和渗水材料铺设路面、广场、停车场等使得雨水蓄渗回灌，从而实现水资源的充分利用。

替代水源的优势在于减少自然水源的过量消耗，在非饮用水领域内大量使用，如绿化灌溉、地面清洗、景观水体补水、冲厕、洗车等。特别是水资源比较紧缺的内陆城市，使用替代水源可较大程度额外分担城市供水压力。但替代水源的不足在于成本较高。对于那些没有市政中水的城市，引入替代水资源，势必会在建筑内增加一套专门收集和处理替代水源的系统，根据水处理等级和设备类型的不同，造价在几十万元到几百万元不等，并且该类系统的运营和维护成本也随着使用年限的增加而大幅上涨，由此限制了替代水源的普及程度。

用水效率方面，绿色建筑可通过采取有效措施避免管网漏损、给水系统无超压出流现象、使用较高用水效率等级的卫生器具、绿化灌溉采用节水灌溉方式、空调设备或系统采用节水冷却技术等。国际上有很多种用水效率高的节水器具，如自动感应水龙头、曝气水龙头、节流喷头、改进型低高（位）冲洗水箱、免冲式小便器，等等。节水器具一般分为两种，一种是分流节水控制用水量，另一种是通过感应式的装置控制水的用量达到节水目的。例如，在住宅建筑与公共建筑生活用水中，便器冲洗水量通常占到全天用水量的 30%~40%，因此是建筑节水的重点区域。目前市面上的节水便器多为延时自闭冲洗阀式便器或自动感应冲洗便器，节水效率可以达到 12% 左右。

根据以上分析，在绿色建筑节水评估中，需要予以关注的要素包括了6 个充分体现用水效率及替代水源利用情况的指标，具体如表 4-54 所示。

表 4-54　绿色建筑评估中的节水方面的主要指标

序号	节水评价指标	节水评价指标解读
1	采取有效措施避免管网漏损	选用密闭性能好的阀门、设备，使用耐腐蚀、耐久性能好的管材、管件；室外埋地管道采取有效措施避免管网漏损；设计阶段根据水平衡测试的要求安装分级计量水表；运行阶段提供用水量计量情况和管网漏损检测、整改的报告。
2	给水系统无超压出流现象	用水点供水压力不大于 0.20~0.30 兆帕；且不小于用水器具要求的最低工作压力。
3	使用较高用水效率等级的卫生器具	用水效率等级达到 2~3 级。
4	绿化灌溉采用节水灌溉方式	是否采用节水灌溉系统；是否设置土壤湿度感应器、雨天关闭装置等节水控制措施；种植无须永久灌溉植物。

续表

序号	节水评价指标	节水评价指标解读
5	空调设备或系统采用节水冷却技术	循环冷却水系统设置水处理措施；采取加大集水盘、设置平衡或平衡水箱的方式，避免冷却水泵停泵时冷却水溢出； 运行时，冷却塔的蒸发耗水量占冷却水补水量的比例不低于80%； 是否采用无蒸发耗水量的冷却技术。
6	合理使用非传统水源、替代水源	绿化灌溉、道路冲洗、洗车用水、冲厕等采用非传统水源的用水量占其总用水量需达到一定的比例。

● 节材

建筑材料作为建筑的载体，是建筑的物质基础和基本元素。绿色建筑材料在满足建筑所需的基本质量标准的前提下，在原料采集、生产制造、材料使用、废弃再生的全寿命周期过程中减少对地球资源、能源的消耗，降低环境的负荷，有利于建筑使用者身心健康，满足建筑绿色发展需求的建筑材料，主要体现在低消耗、低能耗、低排放、无污染、多功能、可循环利用六大方面。

节材主要通过建筑材料就地取材，或者建筑材料生产点位于施工现场500公里范围内；采用耐用性能好的建筑材料，比如高强度钢、高性能混凝土、高性能混凝土外添加剂等；建筑垃圾资源化综合利用，提高可循环利用材料的应用占比，在保证房屋结构性能及居住要求的前提下，采用以工业或生活废弃物为原料的建筑材料；结构性施工与装修工程一次施工到位等方面，避免重复装修造成材料浪费；使用可改善室内空气质量的功能性装修修饰材料。在评价建筑的节材指标过程中，选取土建工程与装修工程一体化设计、采用工业化生产的预制构件、选用本地生产的建筑材料、现浇混凝土采用预拌混凝土、合理采用高强建筑结构材料及采用可再利用材料和可再循环材料等指标进行评价。主要关注的指标如表4-55所示。

表 4-55　绿色建筑评估的节材方面的主要指标

序号	节材评价指标	节材评价指标解读
1	土建工程与装修工程一体化设计	住宅建筑的土建与装修一体化设计的户数比例需达到 30% 及以上；公共建筑公共部位、所有部位是否实现土建与装修一体化设计。
2	采用工业化生产的预制构件	预制构件用量比例是否达到 15% 及以上。
3	选用本地生产的建筑材料	施工现场 500 千米以内生产的建筑材料重量占建筑材料总重量的比例达 60% 以上；
4	现浇混凝土采用预拌混凝土	是否采用预拌混凝土。
5	合理采用高强建筑结构材料	混凝土结构，400 兆帕级及以上受力普通钢筋的比例 30% 以上；混凝土竖向承重结构采用强度等级不小于 C50 混凝土用量占竖向承重结构中混凝土总量的比例达到 50% 以上。
		钢结构，Q345 及以上高强钢材用量占钢材总量的比例达到 50% 以上。
		混合结构，对其混凝土结构部分和钢结构部分，分别按上述要求进行评价，得分取两项得分的平均值。
6	采用可再利用材料和可再循环材料	住宅建筑、公共建筑的可再利用材料和可再循环材料用量比例需达到一定比例。

● 环保

绿色建筑对室内空气质量、热环境、光环境、声环境等都有不同程度的改善，这些改善有助于提高建筑的舒适性，提高使用者的工作效率，降低疾病概率。在评价建筑环保性能是选取主要功能房间的室内噪声级、改善建筑室内天然采光效果、采取可调节遮阳措施降低夏季太阳辐射得热、供暖空调系统末端现场可独立调节、优化建筑空间平面布局和构造设计改善自然通风效果及地下车库设置与排风设备联动的一氧化碳浓度监测装置6 个指标进行评价，如表 4-56 所示。

特别地，对于已经建成投运的绿色建筑而言，绿色建筑评价标准内对运营期设置了市内空气质量标准。在建成运营满一年后，标准重点关注了包括氨、甲醛、苯、总挥发性有机物（TVOC）和氡的浓度限值，其中前三项为 1 小时均值，TVOC 为 8 小时均值，氡则需为年均值，各污染物均不得高于质量标准的限值。对于建成投运的绿色建筑项目，需要关注室内空气质量是否达标、如未达标是否及时采取有效措施消除污染源、并实现空气质量达标。

表 4-56 绿色建筑环保评价指标及指标解读

序号	环保评价指标	环保评价指标解读
1	主要功能房间的室内噪声级	噪声级达到现行国家标准《民用建筑隔声设计规范》GB 50118 中的低标准限值和高要求标准限值的平均值，或者达到高要求标准限值。
2	改善建筑室内天然采光效果	主要功能房间有合理的控制眩光措施；
		内区采光系数满足采光要求的面积比例达到 60%；
		地下空间平均采光系数不小于 0.5% 的面积与首层地下室面积的比例至少 5% 以上。
3	采取可调节遮阳措施，降低夏季太阳辐射得热	外窗和幕墙透明部分中，有可控遮阳调节措施的面积比例达到 25%、50% 以上。
4	供暖空调系统末端现场可独立调节	供暖、空调末端装置可独立启停的主要功能房间数量比例达到 70%~90%。
5	优化建筑空间、平面布局和构造设计，改善自然通风效果	居住建筑：通风开口面积与房间地板面积的比例在夏热冬暖地区达到 10%，在夏热冬冷地区达到 8%，在其他地区达到 5%；设有明卫。
		公共建筑：在过渡季典型工况下主要功能房间平均自然通风换气次数不小于 2 次 / 小时的面积比例至少 60% 以上。
6	地下车库设置与排风设备联动的一氧化碳浓度监测装置	地下车库设置与排风设备联动的一氧化碳浓度监测装置。

4.14.3 绿色建筑的环境效益及环境影响

4.14.3.1 绿色建筑的环境效益

在建筑的建造和使用过程中，需要消耗大量的自然资源，同时增加环境负荷。据《绿色建筑评价标准编制说明》的统计，人类从自然界所获得的 50% 以上的物质原料用来建造各类建筑及其附属设备。这些建筑在建造和使用过程中又消耗了全球能量的 50% 左右；与建筑有关的空气污染、光污染、电磁污染等占环境总体污染的 34%；建筑垃圾占人类活动产生垃圾总量的 40%。因此，建筑的节能减排成为未来的大趋势。

　　绿色建筑的环境效益，其实从"四节一环保"中即可以得到体现，即包括节约能源、节约土地、节约水源、节约其他的资源，并在建设、运营中更为环保友好。在《目录》中，绿色建筑被归纳到"节能"板块中的"可持续建筑"中，因而总体而言，绿色建筑的节约能源的环境效益，相比其他方面的环境效益，表现得更为显著。

　　具体到各项目层面，以各方面达到国家建设标准的普通建筑作为基准，绿色建筑的环境效益集中可以体现在节约能源的消耗、节约水资源的消耗。对于"四节"中的节约土地方面，绿色建筑相比普通建筑，通常可以更高效率地使用土地资源、并提供相对而言更为集中的公共服务设施或者更便利的公共服务获得途径，但对于拟用于建筑项目建设的城市用地而言，土地并没有实质意义上的节约，因而此方面的环境效益可以不予以重点关注；节材方面，绿色建筑可以使用更高比例的可再生材料、预制材料、当地生产的建材以减少运输过程的能源消耗和污染排放，但是通常而言，在建筑的生命周期内，作为建筑的基础骨干的相关材料几乎不会出现再生循环使用，节材更多体现在更高比例地采用了环境友好和资源节约型的材料，因而直接循环性的环境效益并不在建设和运营期出现，因而此方面环境效益亦不做重点关注。

4.14.3.2　绿色建筑的环境影响

　　绿色建筑仍属于建筑范畴。建筑领域的环境影响，主要体现在施工期的扬尘、烟气、噪声、废水、开挖土方、建筑业固废以及生活垃圾的排放，特别是对于属于较为敏感的环境功能区内的建设项目，需要特别注意降低相关污染的排放，消除施工期的负面影响，在绿色建筑中强化落实绿色施工行为。在运营期，建筑的能源消耗和水资源消耗表现得较为显著，特别是对于大型的公共建筑、大型居住社区类建筑，因照明办公、采暖制冷、日常生产生活需要消耗大量的能源和水源；建筑运营水平的高低，同样可以决定建筑的能耗水平和水耗的强度。绿色建筑，辅以良好的绿色施工和绿色高效运行，将可以实现更高水平的绿色效益。

4.14.4　小结与展望

在我国建筑工程领域，越来越体现绿色环保的要求，绿色建筑越来越受到关注。满足二星级以上的绿色建筑的项目标的，预期将在市场中不断涌现。在建筑技术发展方面，除了传统的设计满足绿色建筑要求之外，例如类似装配式建筑的技术应用，也在不断拓展绿色建筑的概念范畴；诸如装配式的建筑，在施工和装饰装修两方面均具有高效节能的特点，预期将有着良好的发展趋势。

建筑与人民的生活生产和公共活动密切相关。通过绿色债券等绿色金融工具，我国可以进一步推动绿色建筑的发展，扩展绿色建筑的覆盖面积，进而助力节能减排工作，实现我国碳减排达峰的国际承诺，同时实现建设美丽中国的愿景。

4.15　燃料电池发展现状及其环境效益评估

在我国能源结构中，石油储量相对较少，同时为减少传统石化能源燃烧所产生的二氧化碳、二氧化硫、氮氧化物等带来的温室效应及酸雨等环境问题，开发一种储能密度大、热效率高的清洁能源应用于汽车行业已经成为时代发展的趋势，目前锂离子动力电池和燃料电池为两个主要的汽车动力电池的发展方向，而本篇研究重点分析介绍燃料电池中发展较早亦较为成熟的质子交换膜燃料电池（PEMFC）。

单独一节 PEMFC 燃料电池（又称电池单元）的工作电压较低，因此在实际应用中，通常由数百节单电池组成电池电堆，电池电堆再和储氢系统、其他附件构成燃料电池系统。受储氢系统技术、成本、寿命及安全性的限制，储氢系统的体积储氢密度的提升存在瓶颈，同时燃料电池仅可发电不可储存电能，因此燃料电池通常和蓄电池、超级电容组合构成燃料汽车和混合动力系统。本书在讨论燃料电池的性能指标时仅考虑燃料电池单元所涉及的指标，暂不考虑储氢系统及燃料电池与蓄电池、超级电容组成的混合动力系统的情况。

4.15.1 燃料电池行业概况

4.15.1.1 概念及分类

燃料电池是指为燃料汽车提供动力的组件,与可充电的动力锂离子电池等二次电池不同,燃料电池为一次电池,即不可充电,放电时需要持续消耗氧化剂和还原剂,因此其由燃料电池和燃料储存装置组成,其中燃料电池是将燃料储存装置中燃料的化学能转化为电能并输出的装置。电池所用燃料不同,其燃料存储装置也不同,例如氢燃料电池的燃料存储装置为高压储氢瓶。燃料电池的能量密度直接由氧化剂、还原剂的能量密度及化学能—电能的转化效率决定。

虽然根据电池的工作温度、载流子[①]及所用燃料的差异可将燃料电池划分为多个细分种类,例如碱性燃料电池(AFC)、磷酸盐燃料电池(PAFC)、熔融碳酸盐燃料电池(MCFC)、固体氧化物燃料电池(SOFC)、质子交换膜燃料电池(PEMFC)及直接甲醇燃料电池等,但综合考虑工作温度、电效率、功率密度及催化剂稳定性等技术指标后,质子交换膜燃料电池的综合性能最适用于乘用车及商用车,其电解质为聚合物膜、燃料为氢气、氧化剂为氧气、载流子为氢离子、电解质为固体质子交换膜。虽然质子交换膜燃料电池电效率水平中等,但其工作温度较低,同时启动速度快。此外,固体氧化物燃料电池也具备应用潜力,但目前其仍处于开发阶段。

---

① 载流子指可以自由移动的带有电荷的物质微粒,如电子和离子,即电流载体。

表4-57 不同类型的燃料电池概况

类型	电解质	燃料	氧化剂	催化剂	工作温度	载流子	电效率	发电能力	用途
碱性燃料电池（AFC）	氢氧化钾	纯氢	纯氧	无	90~100℃	氢氧根（OH^-）	60%~70%	10~100千瓦	太空、军事
磷酸盐型燃料电池（PAFC）	磷酸盐基质	氢气	空气、氧气	铂	190~200℃	氢离子（H^+）	36%~45%	1~100千瓦	分布式发电
碳酸盐型燃料电池（MCFC）	碳酸锂、碳酸钠、碳酸基质	氢气、煤气、天然气等	空气、氧气	无	600~700℃	碳酸根（CO_3^+）	45%~50%	100~400千瓦	分布式发电、电力公司
固体氧化物型燃料电池（SOFC）	氧化锆等薄板	氢气、煤气、天然气等	空气、氧气	无	700~1000℃	氧离子（O_2^-）	55%~65%	300kw~3兆瓦	辅助电源、电力公司、分布式发电
质子交换膜燃料电池（PEMFC）	聚合物膜	氢气、甲醇	空气、氧气	铂	80~100℃	氢离子（H^+）	40%~60%	1千瓦~2兆瓦	备用电源、移动电源、分布式发电、运输、特种车辆

资料来源：中债资信整理。

4.15.1.2 我国燃料电池发展现状

● 相关政策梳理

我国燃料电池汽车产业发展仍处于较为初级的阶段，相应技术成熟度不高，且燃料电池国内外技术水平差距较大。我国出台多项政策规划从产业指引、企业激励等多层面通过补贴、引导等方式推动燃料汽车产业链发展，为促进国家层面的政策落地，地方政府也纷纷出台扶持政策。

产业政策从宏观发展到具体技术均给出明确的方向。宏观发展指引方面，2015 年 5 月 19 日，我国出台的实施制造强国战略第一个十年的行动纲领——《中国制造 2025》指出，将继续支持电动汽车、燃料电池汽车发展，掌握汽车低碳化技术，形成从关键零部件到整车的完整工业体系和创新体系，推动自主品牌节能与新能源汽车同国际先进水平接轨。此后，氢能与燃料电池技术创新被列入国家发展改革委和国家能源局于 2016 年 3 月出台的《能源技术革命创新行动计划（2016—2030 年）》所提出十五个重点任务中，研究基于可再生能源及先进核能的制氢技术、新一代煤催化气化制氢和甲烷重整/部分氧化制氢技术、分布式制氢技术、氢气纯化技术。2017 年中国汽车工程学会公布的《节能与新能源汽车技术路线图》为我国燃料电池汽车的发展指明了思路：近期（5 年内）以中等功率燃料电池与大容量动力电池的深度混合动力构型为技术特种，实现燃料电池汽车在特定地区的公共服务用车领域大规模示范应用；中期（10 年内）以大功率燃料电池与中等容量动力电池的电电混合为特征，实现燃料电池汽车的较大规模批量商业化应用；远期（15 年内）以全功率燃料电池为动力特征，在私人乘用车、大型商用车领域实现百万辆规模的商业推广，以可再生能源为主的氢能供应体系建设与规模扩大支撑燃料电池汽车规模化发展。技术引导方面，《节能与新能源汽车技术路线图》指出 2020 年、2025 年及 2030 年燃料电池主要参数的发展目标，比功率和寿命是主要的技术参数目标，全产业链均有技术创新需求。

表 4-58　近年来燃料电池相关的指引性政策

发布机构	时间	政策名称	政策主要内容
国务院	2015 年 5 月	《中国制造 2025》	继续支持电动汽车、燃料电池汽车发展，掌握汽车低碳化技术，形成从关键零部件到整车的完整工业体系和创新体系，推动自主品牌节能与新能源汽车同国际先进水平接轨。
发展改革委和国家能源局	2016 年 3 月	《能源技术革命创新行动计划（2016—2030 年）》	研究基于可再生能源及先进核能的制氢技术、新一代煤催化气化制氢和甲烷重整/部分氧化制氢技术、分布式制氢技术、氢气纯化技术。
中国汽车工程学会	2016 年 11 月	《节能与新能源汽车技术路线图》	近期（5 年内）以中等功率燃料电池与大容量动力电池的深度混合动力构型为技术特种，实现燃料电池汽车在特定地区的公共服务用车领域大规模示范应用；中期（10 年内）以大功率燃料电池与中等容量动力电池的电电混合为特征，实现燃料电池汽车的较大规模批量商业化应用；远期（15 年内）以全功率燃料电池为动力特征，在私人乘用车、大型商用车领域实现百万辆规模的商业推广，以可再生能源为主的氢能供应体系建设与规模扩大支撑燃料电池汽车规模化发展。
财政部、工业和信息化部、科技部、发展改革委	2018 年 2 月	《关于调整完善新能源汽车推广应用财政补贴政策的通知》	燃料电池汽车补贴力度保持不变，燃料电池乘用车按燃料电池系统的额定功率进行补贴，燃料电池客车和专用车采用定额补贴方式。
工业和信息化部、财政部、商务部、海关总署、质检总局	2018 年 4 月	《乘用车企业平均燃料消耗量与新能源汽车积分并行管理办法》	燃料电池乘用车功率达到 30 千瓦即可获得接近满分的 4.8 分，与续航里程 350 千米以上的纯电动乘用车基本相当。

资料来源：中债资信整理。

　　从补贴政策来看，燃料电池汽车补贴幅度未出现弱化，政策支持力度仍强劲。2018 年 4 月开始执行的《乘用车企业平均燃料消耗量与新能源汽车积分并行管理办法》对燃料电池乘用车积分的规定也相对宽松，功率达到 30 千瓦即可获得接近满分的 4.8 分，与续航里程 350 千米以上的纯电动乘用车基本相当。2018 年以来，纯电动/插电混动乘用车补贴开始退坡，上限仅为 5 万元，但长续航里程（300 千米以上）的燃料电池乘用车补贴不降反升，补贴上限依然维持在 20 万元，燃料电池商用车补贴上限则高达 50 万元。燃料电池乘用车积分计算方法从续航里程改为燃料电池系统额定功率，对于 1 倍积分，对燃料电池系统额定功率的硬性要求从 30 千瓦下降到 10 千瓦，同时删去了 250 千米的续航门槛线。

表 4-59　未来燃料电池主要参数的发展目标

主要参数		2015 年	2020 年	2025 年	2030 年
最高效率		55%	60%	65%	65%
冷启动温度（℃）		-20	-30	-40	-40
材料成本（元/千瓦）		4 000	1 000	500	150
乘用车	额定功率（千瓦）	35	70	90	120
	寿命（时）	3 000	5 000	6 000	8 000
	体积比功率（千瓦/升）	2	3	3.5	4
	质量比功率（千瓦/千克）	1.5	2	2.5	3
商用车	额定功率（千瓦）	35	70	120	170
	寿命（时）	30 00	10 000	20 000	30 000
	体积比功率（千瓦/升）	1.5	2	2.5	3

资料来源：中债资信整理。

地方性扶持政策方面，截至目前，我国已有北京、上海、广州、深圳、武汉、苏州等地方政府出台了地方性燃料电池产业扶持政策，内容涵盖燃料电池汽车地方性补贴、产业示范应用、产业技术研发、整车开发、产业集群打造乃至示范城市建设等内容；已有多个省确认了不同额度的燃料电池汽车地方性补贴。

在我国燃料电池的支持力度较大。除我国外，美国、日本、韩国及欧盟等国家均出台了对燃料电池产业链相关研发提供资金支持、部分产品减免税收等多方面支持产业链建设的政策。

表 4-60　近年地方性燃料电池扶持政策及补贴政策情况

地方	时间	产业扶持政策名称	产业扶持政策主要内容
江苏如皋	2016 年 8 月	《如皋"十三五"新能源汽车规划》	建设"氢经济示范城市",重点突出制氢技术、氢气存储和加注技术、氢燃料大巴及燃料电池热电联供等氢能应用的示范引领。
广东深圳	2017 年 7 月	《深圳市 2017 年新能源汽车推广应用财政支持政策》	给予燃料电池乘用车 20 万元 / 辆,燃料电池轻型客车、货车 30 万元 / 辆,燃料电池大中型客车、中重型货车 50 万元 / 辆的补贴。
上海	2017 年 9 月	《上海市燃料电池汽车发展规划》	用三年时间,把上海打造成国内领先的燃料电池汽车技术示范城市。打造包含关键零部件、整车开发等环节的产业集群,聚集超过 100 家燃料电池汽车相关企业,燃料电池汽车全产业链年产值突破 150 亿元。
河北张家口	2017 年 12 月	《氢能源示范城市发展规划》	依托 2020 年冬奥会,全面推进风电制氢、燃料电池车辆用氢相关工作。
北京	2017 年 12 月	《北京市加快科技创新培育新能源智能汽车产业的指导意见》	科学布局并适度超前推进燃料电池汽车、智能网联汽车的研制和示范,培育产业新增长点。重点增强燃料电池电堆及系统、氢气循环泵、空压机等零部件,高压储氢、液态储氢等的研发生产能力。
湖北武汉	2018 年 1 月	《武汉氢能产业发展规划方案》	建设国内领先的氢能产业园,聚集超过 100 家燃料电池汽车产业链相关企业,燃料电池汽车全产业链年产值超过 100 亿元;建设 5~20 座加氢站,燃料电池公交车、通勤车、物流车等示范运行规模达到 2 000~3 000 辆。
江苏苏州	2018 年 3 月	《市政府办公室关于转发苏州市氢能产业发展指导意见(试行)》	到 2020 年,氢能产业链年产值突破 100 亿元,建成加氢站近 10 座,推进公交车、物流车、市政环卫车;到 2025 年,氢能产业链年产值突破 500 亿元,建成加氢站近 40 座,公交车、物流车、市政环卫车和乘用车批量投放。
广东佛山	2018 年 4 月	《佛山市南海区促进加氢站建设运营及氢能源车辆运行扶持办法(暂行)》	扶持范围涵盖在南海区建设运营的商业化运营或公共服务用途的加氢站、加氢加油合建站和加氢加气合建站,以及整车、动力系统总成或电堆为南海区内企业生产的并在南海区运行的氢能源车辆。新建固定式加氢站建设最高补贴 800 万元。
上海	2018 年 5 月	《上海市燃料电池汽车推广应用财政补助方案》	燃料电池车按照中央财政补助 1:0.5 给予上海市财政补助。燃料电池系统达到额定功率不低于驱动电机额定功率的 50%,或不小于 60 千瓦的,按照中央财政补助 1:1 给予上海市财政补助。

续表

地方	时间	产业扶持政策名称	产业扶持政策主要内容
广东广州	2018 年 6 月	《关于征求广州市推动新能源汽车发展若干政策公众意见的通知》	除燃料电池汽车按照不超过国补 1∶1 的比例给予地补外，纯电动汽车、插电式混合动力混合动力（含增程式）汽车按照国补 1∶0.5 的比例给予地补，且国补和地补资金总额最高不超过车辆销售价格（国补＋地补＋消费者支付金额）的 60%。
广东省	2018 年 6 月	《关于加快新能源汽车产业创新发展的意见》	地补资金中 30% 用于支持氢燃料电池汽车推广应用；推进产业链相关技术研发，基础设施建设，标准体系建设，人才队伍建设等。
海南省	2018 年 6 月	海南省转发四部委发布的《关于调整完善新能源汽车推广应用财政补贴政策的通知》	2018 年海南省新能源汽车车辆购置地方财政补贴标准继续按中央财政同期补贴标准的 1∶0.5 执行，其中，省、市县两级财政各承担 50%。各市县要加快推进充电基础设施建设，新能源汽车地方购置补贴资金将根据中央政策要求逐渐转为支持充电基础设施建设和运营、新能源汽车使用和运营等环节。
河南省	2018 年 6 月	关于公开征求《关于调整河南省新能源汽车推广应用及充电基础设施奖补政策的通知》有关意见的通知	河南省财政在新能源专用车、货车以及燃料电池车按照国家补助标准的 30% 给予推广应用补助。并随国家进一步细化标准进行调整。纯电动、插电式混合动力客车按照国家补助标准的一定比例给予推广应用补助，但车长低于 8 米的车辆不再补助。
武汉	2018 年 2 月	《武汉市新能源汽车推广应用地方财政补贴资金实施细则》	对单位和个人购买的燃料电池汽车，按照中央财政单车补贴额 1∶1 的比例确定地方财政补贴标准。
上海市	2018 年 5 月	《上海市燃料电池汽车推广应用财政补助方案》	燃料电池车按照中央财政补助 1∶0.5 给予本市财政补助。燃料电池系统达到额定功率不低于驱动电机额定功率的 50%，或不小于 60 千瓦的，按照中央财政补助 1∶1 给予本市财政补助。
西安	2018 年 5 月	《西安市新能源汽车推广应用地方财政补贴资金管理暂行办法》	对单位和个人购买新能源汽车（包括燃料电池汽车）的，以享受的中央补贴为基数，公共服务领域（包括公交领域，巡游出租车领域，环卫用车、救护车和校车）的单车按 1∶0.5 给予地方补贴，非公共服务领域的单车按 1∶0.3 给予地方补贴。
海南省	2018 年 6 月	《关于调整完善新能源汽车推广应用财政补贴政策的通知》	燃料电池汽车购置地方财政补贴标准继续按中央财政同期补贴标准的 1∶0.5 执行，其中，省、市县两级财政各承担 50%。

地方	时间	产业扶持政策名称	产业扶持政策主要内容
河南省	2018 年 6 月	《关于调整河南省新能源汽车推广应用及充电基础设施奖补政策的通知》	明确燃料电池车按国家补助标准的 30% 给予推广应用补助。
广东省	2018 年 6 月	《关于加快新能源汽车产业创新发展的意见》	2018—2020 年新能源汽车推广应用省级财政补贴资金中 30% 用于支持氢燃料电池汽车推广应用；最高地方单车补贴额不超过国家单车补贴额度的 100%。各级财政补贴资金单车的补贴总额（国家补贴＋地方补贴），最高不超过车辆销售价格的 60%。
重庆	2018 年 6 月	《重庆市 2018 年度新能源汽车推广应用财政补贴政策》	燃料电池汽车补贴标准约为同期国家标准的 40%。

● 成熟应用程度

1839 年，燃料电池原理问世，1889 年，以铂黑为电催化剂、钻孔的铂为电流收集器组装出燃料电池，虽然输出电压仅为 0.73 伏，但该电池为近现代的燃料电池的雏形。此后很长时间，燃料电池在航空航天领域得到了一定的发展，例如作为辅助电源成功地应用在阿波罗登月飞船上。1973 年研究重点从航天转向地面发电装置，磷酸燃料电池（PAFC）、熔融碳酸盐电池（MCFC）以及直接采用天然气、煤气和碳氢化合物作燃料的固体氧化物燃料电池（SOFC）作为电站或分散式电站相继问世。

1973 年发生石油危机后，世界各国普遍认识到能源的重要性，人们研究了以净化重整气为燃料的磷酸型燃料电池（PAFC，称为第一代燃料电池）、以净化煤气、天然气为燃料的熔融碳酸盐型燃料电池（MCFC，称为第二代燃料电池），还有固体氧化物电解质燃料电池（SOFC，称为第三代燃料电池）。1993 年，加拿大 Ballard 电力公司展示了一辆零排放、最高时速为 72 千米 / 小时、以质子交换膜燃料电池（PEMFC）为动力的公交车，引发了全球性燃料电池电动车的研究开发热潮。

目前在 PEMFC 向商业化迈进的过程中，氢源问题异常突出，氢供应

设施建设投资巨大，氢的贮存与运输技术以及氢的制备技术等还远落后于
PEMFC 自身的发展。20 世纪末，以醇类直接为燃料的燃料电池成为研究
与开发的热点，受到了世界各国的广泛重视，并取得了长足的进展。从丰
田、本田、奔驰和现代等巨头在燃料电池车型方面取得的最新进展来看，
燃料电池乘用车在技术方面已经初步成熟且体现了续航里程、充能时间、
能量密度、环保特性等多方面的鲜明特色。鉴于燃料电池乘用车的实际成
本多在 40 万元以上，可以认为其初步具备了在高端车型细分领域和当前
动力电池乃至燃油乘用车分庭抗礼的实力。

- 市场发展概况

　　虽然目前燃料电池汽车技术并不是多数整车巨头的首选，但它已是巨
头丰田未来提升销量并实现节能减排的关键产品之一。国内燃料电池汽车
的示范运营也还主要在商用车领域，包括宇通客车、青年客车、福田汽车、
东风汽车、上汽大众等企业，车辆运营总量不超过 1 000 辆，其中，专用
车占 78%，客车占 22%。与燃料电池乘用车相比，商用车的技术门槛较
低。这主要表现在商用车的电堆功率较低（30~60 千瓦即可满足需求），
空间充裕所以储氢瓶内氢压也可以较低（35 兆帕即可满足需求）等方面。
燃料电池商用车仅依靠加装储氢瓶即可实现长续航里程。动力电池乘用车
在整车技术成熟度、产品类别方面完备度方面要领先于燃料电池乘用车，
且领先优势在短中期仍将保持。综合多个产品情况来看，动力电池汽车已
初步具备了较完备的产品线，从 A00 到 B 级以上车型均有量产产品；而
燃料电池汽车尚处于量产初级阶段，产品线集中于 B 级以上，动力电池电
堆及整车成本距主流消费区间仍有差距。另外，当前动力电池乘用车的续
航里程已有明显提升，里程焦虑现象大幅减轻，且用能成本低于燃料电池
乘用车；动力电池乘用车快充性能不及燃料电池乘用车，但各类快充、慢
充桩建设成本与灵活性优于加氢站，这也潜在地削弱了燃料电池乘用车的
实际竞争力。所以燃料电池乘用车的规模化推广应用仍需要时间；未来，
可兼容充电与加氢两种供能方式的插电混动 / 增程式燃料电池乘用车或后
来居上，成为受青睐的燃料电池乘用车。

　　动力电池商用车在整车技术成熟度和配套基础设施等方面对燃料电池商用车具有一定程度领先，但商用车对储能系统体积敏感程度相对较小，其续航里程对车重敏感程度较高，且需要长续航、快速能量加注的应用场景较丰富，同时中型／大型加氢站定点设置与管理时可体现部分规模效应降低成本，使用便利性也有一定程度提高。所以装备多个储氢罐，具备续航里程与燃料加注时间双重优势的燃料电池（增程式）商用车有望在相应细分领域通过示范项目应用率先突围。

　　目前制约 PEMFC 发展的问题有很多，主要是如何解决催化剂的中毒问题和提高其活性，保证电解质膜的成型能力及机械强度以及密封的问题。目前国内有很多单位都在对催化剂做大量的研究工作并取得了显著成果。如华南理工大学的廖世军采用 Si-Mo 酸共沉积制备催化剂，所得催化剂比 E-TEK 公司的催化活性要高，用他们自己制备的催化剂组装的 DMFC 的电压为 0.38 伏，电流大约在 n×10 毫安。北京有色金属研究总院的张向军等采用浸演还原法，进行浸演—还原—干燥的步骤，改变了碳的表面官能团从而得到了高担载量高分散性的 PVC 催化剂，有效减少了催化剂用量，优化了催化剂层的结构，降低了催化剂的制备成本。北京交通大学的朱红等采用原位还原法制得了 PVC 催化剂。

● 产业链

　　氢燃料电池主要包括电池组件和燃料两个部分。因此其上游主要是氢气供应以及电池零组件。氢气供应部分主要是为燃料氢气而准备的，主要流程包括氢气生产、输送和充气机。而电池零组件部分则主要生产燃料电池组、氢气存储设备和配件。中游则是将上述组装，形成一个完整的可投入使用的燃料电池系统，每种系统构成都依据其不同的应用领域而有所不同。下游的应用板块则主要包括了固定、交通运输和便携式三个主要领域。

　　产业链的核心在于中游的燃料电池系统，而在燃料电池系统中，燃料电池模块是最为重要的。一般燃料电池由电解质、催化剂和双极板组成，在这三者中，催化剂的有无对燃料电池成本的影响最为巨大。对于

PEMFC 来说，由于其使用昂贵的铂族金属作为催化剂，其价格一直居高不下，可以说，催化剂是燃料电池价格的决定因素之一。另一个重要决定因素是电解质，不同技术类型的燃料电池对电解质的要求不同，不同的电解质的价格也会有不同，并最终对燃料电池价格产生影响。

● 与绿色债券支持范畴的一致性

《目录》在第四大类"清洁交通"中，列出了"4.6 新能源汽车"，具体包括两个子项，即"4.6.1 零部件生产及整车制造"，其界定条件为"电动汽车、燃料电池汽车、天然气燃料汽车等新能源汽车整车制造、电动机制造、储能装置制造以及其他零部件、配件制造"；以及"4.6.2 配套设施建设运营"，界定条件为"新能源汽车配套充电、供能等服务设施建设运营"。

国际上的绿色债券准则（GBP）及气候债券标准（CBS）的支持项目类别里亦都有与燃料电池相匹配的领域。GBP 体系下，支持项目类型中有一大项为清洁交通项目，具体包括电力交通、混合动力交通、公共交通、铁路交通、非机动车、联运及与之配套的基础设施、可减少有害气体排放的清洁能源车辆等；燃料电池归属于这一范畴。CBS 体系下，其支持的项目中有一大类为低碳陆地交通项目，具体包括公共交通、以电力/混合动力/可替代能源驱动的货物运输工具、专用的货运铁路线及配套的基础设施等，燃料电池在 CBS 体系中亦明确符合其要求。

4.15.2　燃料电池结构、工作原理及主要性能指标

4.15.2.1　PEMFC 燃料电池的结构

PEMFC 燃料电池结构单元主要由膜电极组件、阴阳双极板及密封元件构成，其中膜电极组件作为燃料电池的核心部件，是电化学反应的主要场所，包括电解质层、催化剂层、气体扩散层等。电解质层，又称为固体质子交换膜，目前应用较多的质子交换膜为全氟磺酸膜，可传导电化学反应中生成的质子，同时起到隔绝电子和反应体系、环境中的各种气体的作用。除了成本因素，固体质子交换膜还需要具备良好的机械性能、热稳定性、化学稳定性和电化学稳定性。催化剂层可通过降低电子释放过程中所需的活化能从而降低电化学反应势垒，最终提高电化学反

应速率。目前应用较多的催化剂层为铂基催化材料，不同的产品区别在于通过化学手段修饰以提高催化剂的比表面积、优化微观结构，最终减少催化活性物质铂的使用量，提高催化反应效率。目前铂用量由 0.8~1.0 克/千瓦（g/kw）下降到 0.3~0.5 克/千瓦（g/kw），未来通过改性催化剂有望继续降低铂用量，2020 年燃料电池电堆的铂（Pt）用量或可降低至 0.1 克/千瓦（g/kw）左右。气体扩散层可使气体反应物（燃料氢气及氧化剂氧气）在催化剂表面扩散均匀以提高电化学反应效率，同时导出电子供给外电路，并将反应产物水排出电池体系。目前常用的气体扩散层材料为改性碳材料。双极板在燃料电池中起到结构性支撑和功能性集流、隔气的作用，其主要技术指标为导电性、化学稳定性、电化学稳定性、散热能力、可加工性和成本等。目前常用的双极板材料为石墨材料、金属材料和复合材料三类，其中金属双极板额功率密度/比功率较高。

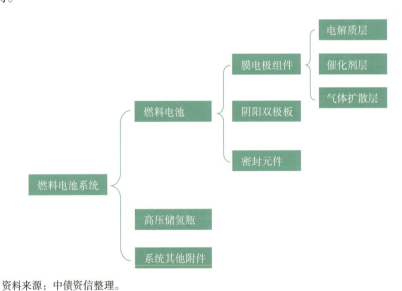

资料来源：中债资信整理。

图 4-54　燃料电池系统构成

额定工作条件下，一节单电池工作电压仅为 0.7 伏，在实际应用中为满足汽车对能量的需求，通常由数百节单电池组成电池电堆，电池电堆再和储氢系统、其他附件构成燃料电池系统。其中储氢系统主要为燃料电池提供能源补给，目前储氢系统主要有高压储氢罐、液氢储氢罐及吸附储氢罐等，储氢罐的储氢容量直接影响电池的续航能力。由于高纯度氢气泄漏后与空气混合易爆炸，因此其高压存储对储存装置的密闭性及储存温度要求较高。受储氢系统技术、成本、寿命及安全性的限制，储氢系统的体积储氢密度的提升存在瓶颈，同时燃料电池仅可发电不可储存电能，因此燃料电池通常和蓄电池、超级电容组合构成燃料汽车和混合动力系统。本书在讨论燃料电池的性能指标时仅考虑燃料电池单元所涉及的指标，暂不考虑储氢系统及燃料电池与蓄电池、超级电容组成的混合动力系统的情况。

4.15.2.2　PEMFC 燃料电池的工作原理

PEMFC 燃料电池提供动能并非通过燃烧燃料（H_2）获得热量使得空气膨胀的传统内燃机模式，而是以电化学反应方式将燃料的化学能转变为电能，从而为电动机提供电能的模式，其形成电流的三个主要过程如下：

（1）氢离子（H^+）和电子（e^-）的形成：燃料电池阳极板上，氢气（H_2）中氢原子（H）在催化剂作用下释放出一个电子（e^-）形成氢离子（H^+）；

（2）氢离子（H^+）和电子（e^-）的移动：离子（H^+）穿过质子交换膜到达燃料电池阴极板，而氢原子（H）释放的电子（e^-）通过外部电路到达燃料电池阴极板，电子（e^-）移动过程形成电流；

（3）氢离子（H^+）和电子（e^-）的汇合：燃料电池阴极板上，电子（e^-）与氧原子、离子（H^+）生成水（H_2O），该过程中的氧气可从空气中获得，生成的水（H_2O）不断的排除，从而形成循环。

由 PEMFC 燃料电池的工作原理可看出，其燃料是氢气（H_2），氧化剂是氧气（O_2），生成产物仅为水（H_2O），无一氧化碳（CO）和二氧化碳（CO_2）生成，也无硫化物和微粒产生。因此，PEMFC 燃料电池汽车是真正意义上的零排放、零污染汽车。在燃料电池工作过程中，燃料氢气可以像传统车汽油一样速度充装，与纯电动汽车相比，燃料汽车在能源补充方面具有优势。

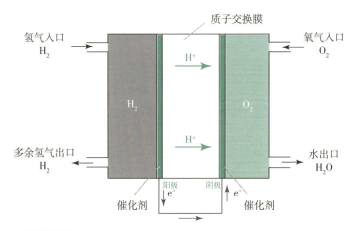

资料来源：中债资信整理。

图 4-55　燃料电池工作原理

4.15.2.3　影响燃料电池性能的主要指标

● 功率密度——决定汽车的速度和动力性能

功率密度分为质量功率密度和体积功率密度两个维度，是衡量燃料电池动力性能的指标，数值上等同于燃料电池输出最大的功率和整个燃料电池系统重量或体积的比，单位为瓦/公斤或瓦/升。功率密度和比功率均为衡量动力性能的参数，二者的区别在于，比功率是从汽车整体出发，衡量汽车动力性能的一个综合指标，数值上等同于汽车发动机最大功率与汽车总质量之比。目前我国燃料电池产品功率密度在 2 千瓦/升左右，而同期国际先进水平已经达到了 3 千瓦/升左右。

从公式角度来看，燃料电池系统的能量密度由燃料电池自身质量、体积、功率及储氢系统的储氢质量/体积百分比等因素决定。燃料电池自身的质量、体积和功率等指标的突破在于新型材料的应用，例如通过采用导电性优异、柔性良好和透气性高的电极材料取代传统质子交换膜燃料电池中的石墨或金属集流体，电极同时作为气体传输层和集流体，不仅提高反应物和产物输运，而且极大减小了燃料电池的体积和重量。而在不增加系统重量或者体积的前提下，进一步提高燃料汽车的续航里程就必须采用更高效率的储氢系统。相比较而言，锂离子动力电池能量密度增加并不遵循摩尔定律，因此其能量密度的提升空间有限，而 PEMFC 燃料电池能量密度提升的可操作性亦相对容易。

虽然目前开发更高储氢率的新型储氢材料的战略意义已经很明确，但在过去数十年的研发中，国际上新型储氢材料的研究并没有取得突破性进展，而先前学术界非常热门的碳纳米管（CNT）储氢和金属有机框架（MOF）储氢受到国际学术界的广泛质疑。因此，新型储氢材料的研究任重而道远。

● 催化剂寿命——决定电池的放电性能和寿命

催化剂可降低燃料电池电化学反应所需的活化能，降低电化学反应势垒，最终提高反应速率，因此其为燃料电池中的关键材料，决定了电池的放电性。催化剂分为铂催化剂、低铂催化剂与非铂催化剂。尽管铂材料容易在硫化物或一氧化碳等有害组分的作用下失活，影响燃料电池寿命，但由于 PEMFC 燃料电池的工作温度不足 100 摄氏度，对催化剂的低温活性要求很高，因此铂催化剂成为最理想、也是当前唯一商业化的催化剂。国内动态工况实测寿命大概在 3 000 小时；据报道，国外已经达到了 9 000 小时。

我国燃料电池催化剂的研究更多地停留在实验室阶段，而在应用中一直依赖高成本的进口催化剂。据报道，2018 年 5 月，燃料电池关键材料催化剂产业化生产难题已被清华大学氢燃料电池实验室与武汉喜玛拉雅光电科技股份有限公司的联合研发团队攻克，实现量化生产的催化剂为 Pt/C 催化剂，其具有高活性、高稳定性和低成本优势。目前，该催化剂获得 17 项专利，产能达到每天 1 200 克，且价格仅为进口产品一半；7 月底，我国首台采用全国产化材料燃料电池驱动的公交车在湖北咸宁成功试运行，它的能量转化效率高达 50% 至 80%，为内燃机的 2 至 3 倍。

表 4-61 2015 年乘用车及商用车燃料电池寿命及未来目标

单位：小时

寿命	2015 年	2020 年	2025 年	2030 年
乘用车	3 000	5 000	6 000	8 000
商用车	3 000	10 000	20 000	30 000

资料来源：中债资信整理。

● 低温起动性能

当燃料电池内的温度低于冰点时，电池工作产生的水会结冰，而催化层内的水若冻结，电化学反应将会因冰封停止，同时冰的形成导致体积膨胀可能对膜电极组件的结构产能严重破坏，因此燃料的低温起动性能为关键指标之一。现有的燃料电池系统冷起动均需要辅助方法，例如辅助热源加热、冷却介质加热、热气体吹扫、氢气氧气电池内部直接接触反应放热等方式。考虑到辅助冷起动系统增加电池系统的体积和质量，因为未来需要加大发展无辅助冷起动技术的研究力度。目前丰田等燃料电池汽车实现零下 30 摄氏度启动。

● 动态响应特性

燃料电池在运行过程中是动态的，而动态响应特征是指，随着电池内部结构、能源气体浓度、负载及运行工况的变化，燃料电池的实际运行参数及输出特征会随着时间发生变化，即呈现动态过程。电池内部的电化学反应和热传质的动态变化会对电池的性能和耐久性造成一定的影响，影响的方式和程度与具体的工况、电堆结构和运行参数相关。在燃料电池的测试验收过程中，通常用 10% PE~90% PE 的响应时间作为评价燃料电池发动机的动态相应指标，其中 PE 为燃料电池发动机额定功率。

4.15.3 燃料电池的环境效益及环境影响

4.15.3.1 燃料电池的节能效益

燃料电池作为燃料汽车动力系统的主要构成，其节能效益主要通过燃料汽车来体现。目前，根据所消耗能源形式不同，汽车主要为传统燃油汽车、动力锂电池汽车和燃料电池汽车三类。

首先，对比燃料电池汽车和燃油汽车，燃油汽车主要原料为石化能源汽、柴油，该能源主要经过原油开采、炼制等过程获得，而燃料电池的能源氢气则电解水制氢，然后将氢气压缩存储用于燃料电池汽车，该过程中的电解水所用的电能来源较为重要，可通过风力发电、光伏发电和火力发电三种主要方式，因此燃料电池汽车能耗和电池及电解水所用能源来源有关。从近期同济大学汽车学院孔德洋等人 ① 的研究结果来看，不同能源汽车（传统燃油车、风电—燃料电池车）行驶 100 千米能耗相比较，燃料电池汽车的能耗并未低于燃油汽车，其中火力发电电解水制氢的燃料电池汽车的百公里能耗高于燃油汽车，而光伏发电及风力发电电解水制氢对应的燃料电池汽车的能耗水平明显低于燃油车。整体百公里能耗水平排序为：火电—燃料电池车＞燃油车＞风电—燃料电池车＞光电—燃料电池车。

表 4-62　不同能源种类汽车百公里能耗水平

单位：兆焦 / 一百千米

能源类型	燃油车	火电—燃料电池车	光电—燃料电池车	风电—燃料电池车
煤	7.73	452.57	36.03	86.96
天然气	45.50	6.80	12.25	5.66
石油	304.99	7.52	21.09	4.04
合计	358.22	466.89	69.37	96.66

资料来源：中债资信整理。

与动力锂离子电池汽车比较，燃料汽车在续航能力、燃料加注时间及显性 / 隐性成本方面较锂离子动力电池具有优势，但考虑到氢气来源为水电解，该过程能耗较锂电池直接使用电能的能耗高。

表 4-63　锂电池汽车与燃料电池汽车对比表

	动力电池乘用车	燃料电池乘用车	动力电池商用车	燃料电池商用车
百公里政策电耗 / 氢耗	15 千瓦时	1 千克	125 千瓦时	7 千克
百公里用能成本	30 元	40 元	250 元	280 元
百公里电耗折算	18 千瓦时	55 千瓦时	150 千瓦时	385 千瓦时
综合能量利用效率	大于 80%	25%	大于 80%	25%

① 孔德洋，唐闻翀，柳文灿，王敏敏 . 燃料电池汽车能耗、排放与经济性评估 [J]. 同济大学学报（自然科学版），2018，46（4）：498-503+523.

续表

	动力电池乘用车	燃料电池乘用车	动力电池商用车	燃料电池商用车
续航里程	400 千米	大于 500 千米	小于 300 千米	大于 500 千米
燃料加注时间	大于 30 分钟	小于 5 分钟	大于 2 时	小于 15 分钟
使用寿命	一般	一般	一般	一般
显性 / 隐性环境成本	一般	较低	一般	较低

资料来源：中债资信整理。

4.15.3.2 燃料电池的环境效益

传统燃油汽车在汽车运行过程中产生的二氧化碳、硫化物及氮化物直接对环境造成污染，而相对清洁的锂离子电池汽车所用的电能中较高比例来自燃煤发电，燃煤发电过程产生硫化物、氮氧化物，及粉尘，因此锂离子电池汽车的污染在上游发电环节。燃料电池属于清洁环保能源，由于其反应过程为氢气和氧气的电化学反应，最终生成的产物只有水，反应过程不会产生有毒气体、颗粒物等。虽然燃料电池应用环节无环境污染，但在上游制氢环节采用电解水制氢，在电解水过程中消耗电能，因此锂离子电池和燃料电池的环境效益取决于百公里电耗水平及电能类型。

4.15.3.3 燃料电池生产污染程度及报废回收方式

燃料电池使用过程中主要为氢气与氧气反应生成水，该过程并不产生污染，因此燃料电池的污染主要集中在生产过程。燃料电池所用材料中除催化剂涉及少量贵金属外，重金属较少，因此相比于锂电池，燃料电池重金属污染很低。此外，燃料电池的应用尚处于初级阶段，目前我国全年燃料汽车产量较小，因此燃料电池的回收产业尚未形成。

总体来看，燃料电池作为新能源电池的主要细分，目前仍处于产业发展初期，政府出台多项政策规划，从产业指引、企业激励等多层面通过补贴、引导等方式推动燃料汽车产业链发展，为促进国家层面的政策落地，地方政府也纷纷出台扶持政策。通过研究燃料电池的结构及工作原理筛选出 4 个主要指标——功率密度、催化剂寿命、低温起动性能及动态响应特性来衡量燃料电池的性能。节能效益方面,燃料电池的节能程度主要取决于上游制氢过程中电能的来源,其中火电电解水制氢能耗最高,其百公里能耗高于传统燃油车。环境效益方面,燃料电池应用环节无环境污染,但在上游制氢环节采用电解水制氢,在电解水过程中消耗电能,因此锂离子电池和燃料电池的环境效益取决于百公里电耗水平及电能类型。

4.16　绿色评估视角下的产业绿色转型和绿色融资

经过前期的发展与积累,我国经济建设取得了较大成就。然而,以往传统产业以高耗能、高投入、高污染为特征的发展模式,在为社会创造大量物质财富的同时,也消耗了巨额资源并带来严重的生态破坏、环境污染问题。自然资源约束与生态环境压力的存在,迫使传统产业需放弃原有粗放模式、向绿色产业转型,而绿色发展日渐成为社会共识。发展绿色产业包括两大内涵,第一是传统产业的绿色化转型,特别是制造业、农业、能源等对环境影响较大的传统实体经济产业;第二是发展以环保产业、清洁能源、废弃物管理、旅游产业、文化为代表的新型绿色产业 [①],区别于高能耗、高物耗的传统产业。其中,对于传统产业的绿色化改造,任务最为紧迫,绿色发展空间最大,其具体可以从绿色制造、低碳转型、循环发展三个方面着手实施,以满足未来建设发展生态经济、低碳经济、循环经济的需求。

绿色制造涵盖了绿色设计、生产制造过程及产品绿色化、节能减排、清洁生产等思想。低碳转型要求用能行业提高能源使用效率、优化能源结构,减少二氧化碳排放以降低单位 GDP 的碳强度,以避免全球气候变化影响社会生产生活。循环发展能有效打破资源瓶颈的约束,改变传统产业"资源→产品→废物"的经济模式,向"资源→产品→再生资源"的模式转型。

---

① 岳鸿飞,杨晓华,张志丹.绿色产业在落实 2030 年可持续发展议程中的作用分析 [J]. 城市与环境研究,2018(1):78–87.

绿色制造、低碳转型与循环发展相辅相成，并组成一个构建生态经济、低碳经济、循环经济的有机整体。绿色制造要求在产品的全生命周期内考虑资源节约循环、生态环境保护等要素，在广义上包括和涵盖了低碳转型与循环发展的要求；低碳转型则是调整能源战略的目标、应对气候变化的手段；循环发展是提高资源利用率的有效方式。以上三者构成了传统产业绿色转型升级、实现未来可持续发展的有效途径。

4.16.1 传统产业绿色转型升级途径

4.16.1.1 发展绿色制造业

绿色制造是一种综合考虑环境影响和资源、能源消耗的现代制造模式，其手段是借助于各种先进制造技术、制造工艺、管理技术，其目标是使得产品在从设计、生产、包装、运输、使用到报废处理为止的全生命周期中，对环境负面影响最小，资源利用率最高，并使企业经济效益和社会效益协调优化。绿色制造的特点及其基本要求如表 4-64 所示。

表 4-64　绿色制造特点及实施基本要求

绿色制造特点	实施绿色制造的基本要求
最大限度地减少环境污染	选用绿色材料；采用绿色设备；绿色制造工艺；产品设计时考虑废弃方式或处理工艺
最大限度地节省资源	尽量减少材料使用量；采用标准化、模块化设计；使产品在使用中对资源利用率最高
最大限度地降低能耗	采用高效、低耗的绿色设备及制造工艺；设计阶段就考虑产品使用和废弃阶段的能耗
利用计算机和信息技术	绿色制造数据库和知识库、并行设计技术、先进管理技术（如 ERP）等
绿色性覆盖产品全生命周期	设计、生产、使用、废弃处理等任一环节均关注产品的整个生命周期

注：吴迪冲 . 关于绿色供应链的研究 [J]. 成组技术与生产现代化，2002（2）：15-17.
资料来源：相关参考文献，中债资信整理。

绿色制造体系的构建，要求发展科技含量高、资源消耗低、污染排放少的制造业。2016 年 8 月，工信部、发展改革委、科技部、财政部联合发布了《绿色制造工程实施指南（2016—2020 年）》，以具体的指标值明确了我国构建绿色制造体系的主要目标，即到 2020 年，绿色制造水平明显提升，绿色制造体系初步建立，与 2015 年相比，重点行业主要污染物排放强度下降 20%，工业固体废物综合利用率达到 73%，单位工业增加值二氧化碳排放量、用水量分别下降 22%、23%，等等。可以看出，以上目标主要围绕提升制造业资源能源利用效率与清洁生产水平而展开。

传统制造业在绿色化改造过程中，可以在生产过程中实施清洁化改造。重点区域清洁生产方面，可在钢铁、水泥、陶瓷等行业实施清洁化技术改造，减少烟粉尘、二氧化硫及氮氧化物的排放；重点流域清洁生产方面，可通过造纸、皮革、化肥、农药、印染等行业的清洁化技术改造，减少化学需氧量、氨氮等污染物的排放；重金属污染物削减方面，可在铅酸蓄电池及再生铅行业、铬盐、皮革、铜铅锌采选冶炼等行业推广应用清洁生产技术，降低总铅、总铬、砷、汞等重金属的排放。此外，可对传统产业实施能源利用的低碳化改造，以及资源利用的高效化改造，实现产业的绿色转型与升级。

4.16.1.2 提升能源使用效率

能源是人类生存社会发展的重要物质基础，伴随经济的快速发展，国内能源消费量也不断增长。2000 年，国内能源消费总量为 14.70 亿吨标准煤，2016 年则增长至 43.58 亿吨标准煤。从产业能源消费结构来看，工业用能占全社会能源消耗的比重较大，2016 年，国内工业能源消费总量为 29.02 亿吨标准煤，占到国内能源消费总量的 66.60%。图 4-56 为 2000—2016 年国内能源消费总量与工业能源消费总量情况。

从工业细分行业来看，国内工业领域存在能源消耗较为集中的相关行业，主要包括钢铁、有色、石油、化工、建材、电力行业六大重点耗能行业。以上六大重点耗能行业在统计口径中分别对应黑色金属冶炼和压延加工业，有色金属冶炼和压延加工业，石油加工、炼焦和核燃料加工业，化学原料和化学制品制造业，非金属矿物制品业，电力、热力生产和供应业。图 4-57 为国内 2000—2016 年六大重点耗能行业能源消费总量及其占工业能源消费总量比例的情况。

资料来源：国家统计局，中债资信整理。

图 4-56　2000—2016 年国内能源消费总量与工业能源消费总量情况

资料来源：国家统计局，中债资信整理。

图 4-57　2000—2016 年国内六大重点行业能源消费总量及占工业能源消费总量比例情况

从图 4-57 可以看出，六大重点行业能源消费总量占工业能源消费总量的比例，自 2004 年后便一直维持在 70% 以上，占工业总能源消费总量的比例较高。

当前我国经济发展步入新常态，发展质量和效率问题突出，供给侧结构性改革刻不容缓。根据《能源发展"十三五"规划》，到 2020 年，我国将能源消费总量控制在 50 亿吨标准煤以内，单位国民生产总值能耗比 2015 年下降 15%，单位国内生产总值二氧化碳排放比 2015 年下降 18%，我国面临的节能降耗任务整体较为严峻。结合上文所述可知，国内能源消费以工业产业为主，其中钢铁、有色等六大行业在工业能源消费结构中占据较大比重。因此，针对六大重点耗能工业实施低碳化绿色改造，提高其能源使用效率，对于提升国内工业整体的能效水平，完成《能源发展"十三五"规划》中制定的相关能耗目标，具有重要意义。

六类行业可以根据其行业特点、工艺特征等，实施能源利用效率提升改造，走低碳化发展之路。例如，有色冶炼行业可以应用新型阴极结构铝电解槽、高效强化拜耳法氧化铝生产、粗铜连续吹炼等技术，化工行业应用航天炉粉煤加压气化、硝酸综合处理等技术。六大高耗能行业低碳化改造的部分模式如表 4-65 所示。

表 4-65　六大高耗能行业低碳化改造部分模式

高耗能行业	能源利用高效低碳化改造部分模式
钢铁行业	实施副产煤气高值利用等。
有色行业	实施新型阴极结构铝电解槽、高效强化拜耳法氧化铝生产、粗铜连续吹炼等技术改造。
石油行业	实施丙烷脱氢、百万吨级精对苯二甲酸装置（PTA）等改造。
化工行业	实施航天炉粉煤加压气化、硝酸综合处理等改造。
建材行业	水泥行业实施高固气比熟料煅烧、无球化粉磨等改造。
电力行业	自备电厂实施烟气系统余热深度回收利用、循环水余热回收利用、超临界混合工质高参数一体化循环发电、冶金余热余压能量回收同轴机组应用等技术改造。

资料来源：《绿色制造工程实施指南（2016—2020 年）》，中债资信整理。

对于以上行业能效提升效果的评价，可以参见《全国工业能效指南》，该指南目前为 2014 年版本，涵盖了六大重点耗能行业不同产品、不同工艺的能效指标水平，具体分为能耗的国标限定值、国标准入值、国标先进值、行业平均值、能效标杆企业参考值以及国际先进值，具有较强的参考意义。

4.16.1.3 促进资源循环利用

传统产业粗放的发展方式，一方面加速了各种物质资源的枯竭，带来发展难以为继的问题，另一方面资源利用完之后即废弃和无序处置，也造成了生态环境的破坏，加重末端治理的处理负荷。以上问题的解决急需提高对资源的利用效率。循环发展作为我国经济社会发展的一项重大战略，是破解当前资源环境约束、推动绿色发展的重要途径之一。

为促进经济绿色转型，推动循环发展，2017 年 4 月，国家发展改革委、科技部等 14 个部委联合印发了《循环发展引领行动》，并明确了"十三五"时期循环发展的主要指标。为实现以上目标，《循环发展引领行动》从构建循环型产业体系、完善城市循环发展体系、壮大资源循环利用产业等方面具体着手实施。其中，涉及的主要行业及其资源循环利用模式如表 4-66 所示。

表 4-66　典型行业废弃物、余热余压利用等资源循环利用模式

循环发展体系	涉及行业	资源循环利用模式
城市低值废弃物资源化利用	建筑行业	建筑垃圾资源化利用
	园林行业	园林废弃物资源化利用
	污水处理行业	城镇污泥资源化利用
	餐饮行业	餐厨废弃物资源化利用
产业废弃物循环利用	采矿业	综合利用共伴生矿和尾矿
	冶金行业、化工行业	综合利用大众工业固废
	农林行业	农林废弃物资源化利用
再生资源回收利用提质升级	再生资源行业	完善再生资源回收体系、开发利用"城市矿产"
生产系统和生活系统循环链接	钢铁行业、化工行业	余热用于城市集中供暖，化工可燃废气生产燃料供应城乡居民
	水务行业	城市污水处理后的再生水用于城市生态补水、景观用水、工业用水、农业灌溉用水
	水泥行业	水泥窑协同处理危险废物、污泥、生活垃圾
再制造产业规范化、规模化发展	机电行业	重点设备品种再制造

资料来源：《循环发展引领行动》，中债资信整理。

由表 4-66 可知，我国发展绿色循环产业，或对传统产业进行绿色循环改造涉及多个行业，主要围绕产业废弃物循环利用、余热余压利用等展开。下文将以有色金属的再生循环及工业固体废物的综合利用为例进行说明。

有色金属再利用方面，铜、铝、铅、锌、镍、锡、锑、汞、镁、钛在内的十种有色金属是重要的工业基础物质，对于社会生产及生活均具有重要意义。随着我国经济的发展，对以上十种有色金属的需求量与日俱增，但由于资源禀赋有限等因素影响，其供给全部依靠矿产开采满足产业发展需求已不现实。对已有金属资源进行循环再利用，充分发挥挖掘现有资源潜力，已成为我国发展循环经济及构建资源节约型社会的重要举措。图 4-58 为我国 2003—2016 年以上十种有色金属再生量、矿产量、产量及再生率的有关情况。2003—2016 年，我国十种有色金属产量从 1 228.00 万吨增加至 5 350.91 万吨，增长了 335.74%；再生量从 115.60 万吨增加至 408.77 万吨，增长了 344.28%。再生利用的有色金属已经成为其供给的重要组成部分，但目前占比仍相对较低。随着社会工业的不断发展及资源需求的持续增长，对采矿业、冶金行业、机电行业等所废弃的有色金属，进行回收循环再利用，在未来仍有较大进步空间，从而使以上行业的绿色循环升级改造具备了条件。

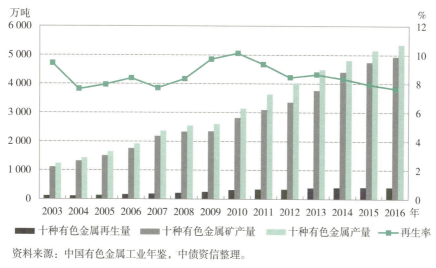

资料来源：中国有色金属工业年鉴，中债资信整理。

图 4-58　2003—2016 年中国十种有色金属再生量、矿产量、产量及再生率情况

工业固体废物综合利用方面，主要指对未列入《国家危险废物目录》的工业固体废物按其特征、性质等进行资源化利用的活动。我国每年产生大量的工业固体废物，包括冶金渣、化工渣、磷石膏、电解锰渣、钢渣、煤矸石、粉煤灰、脱硫石膏等，以上工业固体废物的无序堆放，不但占用大量宝贵的土地资源，还造成了生态破坏和环境污染。另外，工业固体废物属于放错地方的资源，具备综合利用的潜力，例如粉煤灰用作铺路建筑材料、冶金渣回收战略性稀缺贵金属资源等。图 4-59 为 2003—2016 年全国工业固体废物产生量、综合利用量及综合利用率情况。2016 年，我国工业固体废物产生量为 30.92 亿吨，综合利用量为 18.41 亿吨，综合利用率为 59.54%。产生工业固体废物的相关产业，如冶金行业、钢铁行业等，开展综合利用活动，一方面能消纳大量固体废物，另一方面也为其他行业提供了原料资源，也是其绿色转型升级的重要途径。

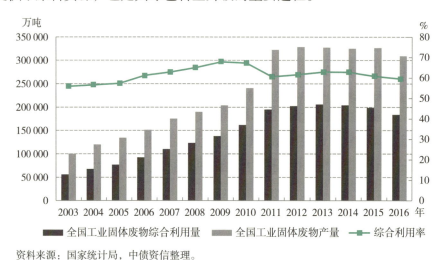

资料来源：国家统计局，中债资信整理。

图 4-59　2003—2016 年全国工业固体废物产生量、综合利用量及综合利用率情况

4.16.2　典型行业绿色转型升级探讨

4.16.2.1　钢铁行业

钢铁工业属于典型的流程制造业，即将原料经过一系列改变其物理、化学性质为目的的加工—变性处理，获得具有特定物理、化学性质或特定

用途产品的工业。钢铁厂在未来可持续发展过程中，其流程制造（特别是高炉—转炉长流程）将主要发挥三大功能：钢铁产品制造功能，产品包括型材、棒材、长材、线材、管材、板材等；能源转换功能，包括发电、供热、制氢等；废弃物消纳处理及再资源化功能，包括炉渣利用、垃圾处理、污水处理等。

　　钢铁产业的绿色转型，可以以清洁生产为基础，在提高资源利用率的同时实现节能减排，全面发挥钢铁产品制造、能源转换、废弃物再资源化三大功能，从而升级为具备良好经济效益、环境效益及社会效益的绿色产业[①]。未来，钢铁产业绿色转型实现的关键技术具体如表 4-67 所示。

表 4-67　钢铁产业绿色转型升级关键技术

	重点推广技术	完善后推广技术	前沿探索技术
钢铁产品绿色制造	洁净钢生产系统技术、新一代控轧控冷技术、高炉长寿技术等。	适应劣质矿粉原料的成块技术优化、经济炼焦配煤技术、转炉多用废钢新工艺等。	换热式两段焦炉、高效清洁的全废钢电炉冶炼新工艺。
提高能源使用效率	高温高压干熄焦技术、烧结矿显热回收利用技术、富氧燃烧及蓄热式燃烧技术等。	烟气除尘和余热回收一体化技术、烧结机节能减排及防漏技术、钢厂中低温余热利用技术等。	竖罐式烧结矿显热回收利用技术、焦炉荒煤气余热回收技术、钢厂利用可再生能源技术。
废弃物再资源化	城市中水和钢厂废水联合再生回用集成技术、煤气干法除尘、封闭料场技术等。	烧结烟气污染物协同控制技术、焦化酚氰废水治理及资源化利用技术、焦炉烟道气脱硫脱硝技术等。	高炉渣和转炉渣余热高效回收和资源化利用技术、CO_2 捕集回收存储和利用技术等。

资料来源：中债资信整理。

　　到 2020 年，中国钢铁产业绿色发展的战略目标包括：绿色钢材质量得到普遍提高；钢铁产业能耗强度与污染物排放强度进一步下降，达到国际先进水平；与行业上下游及其他行业建立循环连接取得突破。具体目标如表 4-68 所示。

[①] 张春霞、王海风、张寿荣、殷瑞钰.中国钢铁工业绿色发展工程科技战略及对策 [J]. 钢铁，2015，50（10）：1-7.

表 4-68　2020 年中国钢铁产业绿色转型发展目标

类别	项目	单位	2020 年目标
能源	吨钢综合能耗	kg/t	≤ 580
	余热资源回收利用率	—	＞ 50%
	吨钢 CO_2 排放量	—	比 2010 年下降 10%~15%
资源	废钢综合单耗	kg/t	≥ 220
	利用城市中水占补充新水量	—	＞ 20%（北方缺水地区＞30%）
	冶炼渣综合利用率	—	＞ 98%
	吨钢新水消耗	m^3/t	≤ 3.5
环保	吨钢 SO_2 排放	kg/t	0.8（0.6）*
	吨钢 NO_x 排放	kg/t	1（0.8）*
	吨钢 COD 排放	kg/t	28
	吨钢烟粉尘排放	kg/t	0.5

注：* 括号中指标为京津冀、长三角等重点区域对应目标。
资料来源：相关参考文献，中债资信整理。

4.16.2.2　化工行业

化工行业在我国国民经济结构中占据重要地位，同时也是典型的高能耗、重污染行业，面临较大的转型升级压力。为适应未来发展的需求，化工行业需将绿色发展的理念贯穿整个生产流程，大力推进清洁生产、低碳转型、循环发展。在绿色转型升级过程中，化工行业可以加大科技创新，促进科技进步，提高绿色化工产品供给的比例，进一步降低单位产品能耗水平，加强与上下游行业及跨行业之间的余热余压利用与废弃物循环再利用，构建资源节约型、环境友好型的产业结构体系。

绿色生产制造方面，可围绕以下几个方面开展：第一，原料的绿色化，选择无毒、无害原料以及替代性和可再生性原料，如生物质、淀粉和纤维素，通过采用新技术，提高传统原料、资源的利用效率；第二，化学反应绿色化，从源头上阻止或减少污染物的产生，反应介质绿色化，采用无毒、无害的催化剂、溶剂和助剂等；第三，产品的绿色化，设计和生产对环境友好的化学产品[①]。

提高能源利用效率方面，可以在石化化工行业实施炼化能量系统优化、烯烃原料轻质化、先进煤气化、硝酸生产技术提升等技术改造；煤化工行业推动产品结构优化，加大资源加工转化深度，推广整体煤气联合循环发电技术（IGCC）等技术；工业锅炉优先实施高效节能技术改造或清洁能源替代；工业窑炉重点推进全（富）氧燃烧、蓄热式燃烧、燃料替代及余热利用等技术改造。

废弃物资源化利用与再生循环方面，可推进工业固体废物综合利用：以资源回收为重点，对资源型废气回收利用生产化工产品，提高资源利用价值；以副产物资源化利用为重点，与相关产业相结合，对生产过程副产酸、碱、盐等进行资源化利用。磷石膏立足于安全环保堆存，推广大掺量工业固体废物化学法分解生产工业产品及制备建材产品，力争到 2020 年磷石膏综合利用率达到 40%。基础化工大力推进电石渣、碱渣、气化炉渣、钛石膏、氟石膏、磷渣等固体废物综合利用。推进铬渣、钡渣等处理处置与综合利用，铬渣处置利用率达 100%。推动废橡胶再生利用及规范发展，到 2020 年，环保再生胶的生产达到 100%[②]。

4.16.2.3 有色行业

我国是有色金属生产和消费大国，铜、铝、铅、锌、镁、锡等 10 种有色金属产量和消费量连续多年位居世界第一。随着生产技术和装备水平的不断进步，中国有色金属行业在清洁生产、重金属污染物防治、废物综合利用和末端技术等领域取得显著进步，但由于国家对环境保护的要求不断提高，有色金属行业未来绿色转型空间仍然较大。

从能耗水平来看，近年国内有色金属行业的能耗处于持续增长阶段，

---

① 胡山鹰，陈定江，金涌等 . 化学工业绿色发展战略研究：基于化肥和煤化工行业的分析 [J]. 化工学报，2014，65（7）：2704-2709.

② 秦志强 . 坚持绿色发展　构建绿色产业　浅谈我国石化行业面临的形势与任务 [J]. 江苏氯碱，2016（5）：1-5.

2016 年能耗值达到 2.13 亿吨标准煤，占工业能源消费总量的 7.33%，同比增长 2.79%，增幅处于近年低位（2002—2016 年国内有色金属行业能源消费总量及增长率情况如图 4-60 所示）。未来，有色行业可从应用有色金属冶炼短流程工艺，研发超大容量电解槽、连续吹炼等设备与工艺，实施新型结构铝电解槽、铝液直供、富氧熔炼等技术改造方面，进一步降低单位产品的能耗值和二氧化碳排放强度值，实现整个行业的低碳化发展。

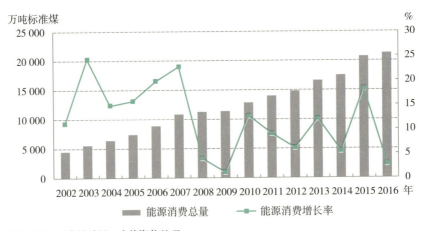

资料来源：国家统计局，中债资信整理。

图 4-60　2002—2016 年国内有色金属行业能源消费总量及增长率情况

由于传统有色行业具有高污染、高排放的特征，对生态环境构成了一定破坏风险，因此在绿色转型升级过程中，必须加强对污染物的末端治理以及废弃物的循环利用。其中，2016 年有色行业环境污染物的排放情况如表 4-69 所示。针对有色金属行业产生对环境污染较为严重的重金属污染物，如汞、铅、镉、砷等的关键领域，以铜铅锌锡锑等重有色金属冶炼生产过程控制为重点，有步骤、有计划实施清洁生产技术改造，从源头削减铅、砷、汞等污染物的产生，减轻末端治理的压力，提高有色金属行业环境保护水平。废弃物循环利用方面，可加大对废有色金属的回收，对冶金废渣进行综合利用，提高资源节约利用水平。

表 4-69　2016 年有色金属行业污染物排放统计

	污染物	单位	有色矿采选业	有色冶炼及延压加工业
废水	总排放量	亿立方米	332.4	32 635.6
废气	SO_2	万吨	1.4	122.3
	NOx	万吨	1.5	36
	烟粉尘	万吨	0.4	26.4
一般工业固体废物	产生量	万吨	37 977	11 181
	综合利用量	万吨	13 964	5 698
	综合利用率	—	36.7%	50.7%
危险废物	产生量	万吨	83	654
	综合利用量	万吨	67	36.3
	综合利用率	—	83.2%	73.1%

注：邓湘湘.我国有色金属行业绿色发展及技术转型研究 [J].世界有色金属，2017（15）：1+3.
资料来源：相关参考文献，中债资信整理。

4.16.3　传统产业升级改造的绿色融资渠道

传统产业在绿色化升级改造过程中，需要一定的资金支持。仅依赖自筹资金，则资金来源较为单一，难以支撑绿色转型过程中对于资金的需求。由于产业绿色化改造能产生一定的生态环境效益，因此可借助绿色金融的各类产品来拓宽融资渠道，例如绿色信贷、绿色债券、碳金融、绿色产业基金等。

4.16.3.1　绿色信贷

绿色信贷是指商业银行等金融机构根据国家规定的环境经济政策和环境保护政策，对开发、利用新能源的企业，从事循环经济生产制造的企业以及生态农业企业等相关企业、机构提供贷款支持和优惠利率；同时，相应地对污染企业新建项目的融资贷款采取限制贷款额度的措施并实施惩罚性的高利率手段[1]。绿色信贷主要投向具有一定节能、资源节约或生态

---

[1]　徐胜，赵欣欣，姚双.绿色信贷对产业结构升级的影响效应分析 [J].上海财经大学学报，2018，20（2）：59-72.

环境效益的产业领域及项目，具体包括绿色农业开发、绿色林业开发、工业节能节水环保、可再生能源及清洁能源项目等。据中国银监会统计，截至 2017 年 6 月末，我国绿色信贷投向节能环保项目及服务的余额为 65 312.63 亿元，其投向的具体绿色项目分类如图 4–61 所示。

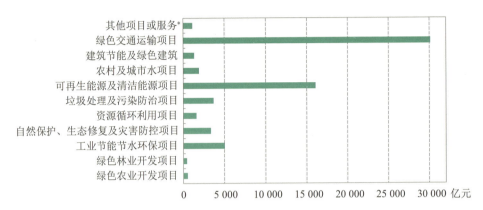

注：* 其他项目或服务：包括节能环保服务、循环经济（资源循环利用）服务、采用国际惯例或国际标准的境外项目。

资料来源：中国银监会，中债资信整理。

图 4–61　截至 2017 年 6 月末绿色信贷投向绿色项目分类余额统计

　　相关产业转型升级过程中对于资金的需求投向，符合绿色信贷对于绿色项目以上分类的要求时，可以寻求当地金融机构绿色信贷的支持，以拓宽企业融资渠道，促进绿色项目的落地及其环境效益的发挥。

4.16.3.2　绿色债券

　　除绿色信贷外，传统产业绿色化转型过程中的企业还可以选择通过直接融资渠道来满足资金需求，即发行绿色债券。绿色债券是指募集资金投向特定绿色项目的债券工具，其中，对于绿色项目的定义，可以参见《目录》以及国家发展改革委《指引》。目前，国内绿色金融债、绿色公司债及非金融企业绿色债务融资工具均参考《目录》。《目录》将发行绿色债券所支持的项目分为六大类：节能、污染防治、资源节约与循环利用、清洁交通、清洁能源、生态保护和适应气候变化，其中每一大类又可以分为若干小类、共计 31 小类，例如节能项下设工业节能、可持续建筑、能源管理中心、具有节能效益的城乡基础设施建设等几小类。

　　据中债资信统计，2016—2018 年，我国非金融企业主体所发行的绿色债券发行数量合计 190 只，发行规模合计 2 179.64 亿元，其主要投向的项目分类如图 4-62 所示。

资料来源：公开资料，中债资信整理。

图 4-62　2016—2018 年非金融企业发行绿色债券主要投向统计

　　发行绿色债券属于直接债务融资渠道，企业通常可以获得相比信贷等间接融资方式更低成本的资金，有利于合理配置资金，降低企业的财务成本，但直接融资通常适合具有一定资质条件的企业主体。传统产业绿色升级过程中的募投项目符合《目录》对于绿色项目的界定时，有条件的企业可选择发行绿色债券，来进一步拓宽融资渠道。

4.16.3.3　碳金融

　　碳金融市场，是出售基于项目的温室气体减排量，或交易碳排放许可所获得的一系列现金流的统称。《联合国气候变化框架公约》与《京都议定书》两部国际法律文件为碳金融的发展奠定了基础。碳金融的功能在于，通过利用为减少温室气体排放所进行的各种金融制度安排和金融交易活动，包括碳排放权及其衍生产品的交易、低碳项目开发的投融资、碳保险、碳基金，以及相关金融咨询服务等金融市场工具和金融服务转移环境风险，实现优化环境目标，做到降低金融风险、增加社会效益[①]。

我国是全球能源消费最大与二氧化碳排放量最大的国家，目前自愿强制减排的目标，是到 2020 年单位 GDP 碳排放强度在 2005 年基础上降低 40%~45%[②]。由于减缓及适应气候变化的国际规则和制度安排使得碳排放权具有了金融的属性，建立健全碳金融市场，对于我国未来发展低碳经济、促进传统产业低碳转型具有重大意义。

为支持产业升级转型的实施，近年来我国积极构建多元碳金融体系，并成立了北京、上海、天津等 7 个碳排放交易试点。到目前为止，以上试点市场仍以现货交易为主，主要交易产品包括各省市碳排放权配额和经审定的项目减排量两大类。根据北京环境交易所和北京绿色金融协会编制的《北京碳市场年度报告 2017》，2017 年，七省市二级市场线上线下共成交碳配额现货接近 6 740 万吨，交易额约 11.81 亿元。

2017 年 12 月，国家发展改革委印发《全国碳排放权交易市场建设方案（发电行业）》，全国碳排放交易体系正式启动。未来碳金融市场的发展，能够为传统产业低碳转型升级提供一定资金来源。

4.16.4　总结

目前，我国正处于传统产业绿色升级转型的关键时期，以应对当前资源约束、生态环境保护压力、气候变化等问题，走低碳发展、循环发展、可持续发展之路。传统产业的绿色转型，具体可以从绿色制造、低碳转型、循环发展三个方面着手实施，各产业可结合自身特点，有针对性地选择适合的清洁生产路径，在产品及服务的全生命周期内，降低能源消耗及二氧化碳的排放强度，加强废弃物的循环再用及"变废为宝"，减少污染排放，从而实现绿色转型。鉴于传统产业绿色化改造所具备的环境效益，其实施可借助各类绿色金融产品来满足转型过程中的资金需求，具体包括绿色信

---

① 杜莉，李博 . 利用碳金融体系推动产业结构的调整和升级 [J]. 经济学家，2012（6）：45–52.

② 饶兰兰，苏珂，袁嘉健，陈思全 .CDM 视角下中国碳金融市场对区域经济生态化的影响及对策研究 [J]. 中国市场，2018（17）：11–12.

贷、绿色债券、碳金融、绿色产业基金等。未来，我国可通过加强产业政策引导、完善绿色金融产品供给体系等手段，进一步促进传统产业的绿色升级，并最终形成绿色经济的发展模式。

第 5 章
市场发展建议及展望

5.1 市场发展存在的问题

（1）企业开展持续绿色融资的积极性

以我国绿色债券市场为例，目前市场经历了三年的发展，市场已初具规模，参与的企业主体数量也呈现逐年增加的趋势。然而，通过分析绿色债券发行人再次发行绿色债券的情况看，已发行过绿色债券的企业再次申请注册发行的意愿总体不强，多数企业在一次发行（或者一次注册分期发行）之后，不再进行绿色债券发行。这对绿色债券市场的可持续发展带来了一定的挑战。

总体而言，具有绿色债券融资需求的企业，其典型诉求和发行动机包括：①优质企业形象与良好社会声誉的建设目的；②丰富企业融资渠道和融资产品，开展创新型融资；③绿色环保行业企业的绿色项目或绿色经营的融资需求；④具有符合《目录》要求绿色项目的企业的融资需求。

前两种类型的企业，发行阶段通常不太在意成本价格，但实现首单效应或完成声誉建设后，通常再次发行的积极性明显降低。后两种类型的企业客观存在发行积极性，但是企业实际需求存在一定差异：对于信用级别高、融资环境良好的优质企业，有绿色项目同时有融资需求，但企业在意融资成本的考核，在绿色债券没有成本优势、且需要负担认证成本时，这类企业没有明显偏好；对于其他有绿色项目融资需求的企业，特别是自身信用级别偏低、融资渠道相对紧张的企业，发行绿色债券仅是其满足融资需求的途径之一。

（2）绿色项目的多元化和复杂性的困境

在实际的绿色项目的融资过程中，也存在着现实的困境和问题。以发行绿色债券为例，按照《目录》的界定标准，符合其要求的单一纯粹的绿色项目，在实际项目开发中并不多，而此类项目通常属于业务明确且已形成良好运营模式，例如水务行业的污水处理厂，电力生产行业的风电、光伏、水电建设项目，城市交通领域的地铁线路建设、公交运营，绿色建筑等领域。此类项目，通常存在于各类行业的代表性企业手中。

很多城投类或者国资运营的企业，通常也有绿色项目，但常常公益性较强；为了实现具有良好现金流的经营性质项目的要求，会在绿色项目的基础上，打包为综合性的商业开发类型的项目，此类项目较为复杂，绿色与否难以明确界定；因为此类项目中，可能会有类似包括河道治理、环境修复、生态环境治理、绿色交通相关场站线路等绿色子项目，但同时可能有不太直接产生环境效益的经营性子项目，如商业体开发、停车场建设、岸线开发等类型；而此类综合性项目，即便按照绿色子项目去开展融资，后期项目的实际用款也会面临追踪困难的难题。所以，类似这种情况，即为了规避纯公益性项目不可以债务融资的要求而打包的具有绿色子项目的综合项目，是否可以发行绿色债券、如何界定、如何管理募集资金，也是今后需要关注的问题。

此外，单一业务的企业可以认定为绿色企业，比如纯风电水电生产企业、公交运营公司，等等，这类企业的业务单纯，业务即是绿色的，环境效益明确；但是对于多元化的企业，特别是有绿色业务、又有非绿业务的企业，是否也可以认定为绿色企业，还值得讨论和确认。

（3）绿色评估中环境效益的评价标准不统一，形式认证与定量认证并存

以第三方认证行为为例，由于现阶段大部分的第三方认证需要发行人额外付出一定的成本，虽然监管部门已有评估认证行为的指引出台，并对市场起到了较好的规范和引导作用，但在实际市场行动操作中，以低价竞标或与其他中介服务捆绑等方式迎合发行人降低发行成本诉求的行为，实际上仍客观存在。第三方认证对于规范绿色债券市场、推动市场健康发展有重要的意义，但对于此类业务成本都难以保证的低价竞争，则会影响第三方机构在评估认证工作中所需的专业技术人员配备以及评估认证所需要付出的合理充分的工作时间，进而最终干扰认证结果的独立性和有效性。

随着市场扩容，预计各种符合《目录》界定要求的绿色项目增多，且不再限于简单易识别的领域，这也就对更准确客观专业的第三方评估认证提出了新要求。部分主营业务可能仍属于传统行业范畴的企业，其技术升

级、节能改造、污染防治等绿色转型升级的实际需求同样可带来绿色项目的融资需求，此时即需要第三方评估认证在更大范围内甄别符合《目录》界定要求的绿色项目，并向市场传递更有价值和更准确的绿色评估认证信息。

（4）投资人对绿色融资产品暂未有特殊的偏好，绿色投资人群体亟待发展壮大

相比于国际绿色债券市场自下而上的发展，我国绿色债券市场在中国国情下，呈现自上而下的政策性市场的特征，这也极大地动员市场各方力量、有效地推动了境内市场的快速发展。但是经历了两年多的发展，市场存在的缺点也开始逐步体现出来，即我国市场内绿色投资人群体相比国际市场仍较为弱小。大部分的市场投资人在投资绿色债券时，并未特别区分其与普通债券的差异，价格因素往往还是其关注的核心点。以绿色发展、可持续发展或者社会公益为主要投资目标的投资群体，目前仍是国内市场需要重点培育和发展的；而此类投资群体的发展壮大，亦是金融市场发展成熟的标志之一。而包括发行人在内的市场其他参与方，也需要逐步建立其绿色债券是值得长期关注和支持的金融产品，而非仅仅是声誉建设和宣传的工具，特别是对于业务属性为绿色的企业、具有绿色发展战略的金融机构等单位而言，绿色发展更应当持续地体现在日常业务经营中。

（5）绿色业务中对于企业所属的行业类型、绿色属性与风险、盈利的矛盾

商业银行青睐的客户主要是重资产行业的企业，集中在钢铁、煤炭、电力、水泥等行业，企业的信用品质和偿付来源通常相对较好，但这些行业往往又是容易发生环境污染的行业。而将环境效益、绿色表现纳入商业银行的项目审批体系，可能造成信贷审批标准较高、大量项目不符要求，甚至导致部分传统客户流失，影响银行自身业务规模的扩大和盈利的实现。而具有较多绿色项目的环保类型企业，项目本身的投资规模大、回报周期长、盈利水平相对较低、且还具有一定的公益性，又会在无形中影响企业在授信审批中的评判。

　　商业银行在绿色信贷业务开展过程中，除了简单明确的绿色信贷业务之外，通常倾向于在传统优质的客户中，开发挖掘相关的绿色信贷；部分客户所属行业可能仍处于传统范畴，虽然也有节能减排等绿色项目的出现，但实际此类绿色项目的建设融资需求并不大，而相当部分的授信，仍然有可能投向了传统的业务经营环节中。这也就产生了绿色信贷资金投放所产生环节效益的相对低效。

5.2　绿色债券市场展望

　　目前，绿色债券所受的市场追捧已趋回归理性，成本优势已明显弱化，一定程度上将影响部分发行人的积极性；但是，国家层面对于绿色发展和生态文明建设的高度关注，实体经济企业仍面临着结构调整、技术升级以及节能减排等转型升级的现实要求，绿色融资需求仍大量存在。预期非金融企业仍有对标《目录》的各类型项目涌现。绿色债券可支持传统行业采用新技术新工艺和环保友好的企业发展，进而推动行业的整体升级，这亦符合绿色金融推动产业结构调整的初衷。

　　随着各地方绿色金融改革试点的探索推进，包括绿色债券在内的绿色金融产品需求将被逐步激发；非试点区的绿色融资需求亦能被调动起来；各地绿色金融体系建设将逐步开展；伴随绿色债券顶层政策的细化和完善，包括《目录》等标准文件也在修订中，绿色债券市场发展将更规范。